国家出版基金项目
NATIONAL PUBLICATION FOUNDATION

**心理学与社会治理丛书**
Series on Psychology and
Social Governance

丛书主编：杨玉芳　郭永玉

许　燕　张建新

Psychosocial Support

in

Crisis Management

# 危机管理中的心理与社会支持

郭永玉　徐步霄 等 / 著

北京师范大学出版集团
BEIJING NORMAL UNIVERSITY PUBLISHING GROUP
北京师范大学出版社

# 丛书总序

经过多年的构思、策划、组织和编撰，由中国心理学会出版工作委员会组织撰写的书系"心理学与社会治理丛书"即将和读者见面。这是继"当代中国心理科学文库""认知神经科学前沿译丛"两大书系之后，出版工作委员会组织编撰的第三套学术著作书系。它的问世将是中国心理学界的一个具有重要理论和现实意义的里程碑式事件。

之前的两套书系在社会上产生了广泛的影响，也赢得了同行普遍的好评。但是这些工作主要基于由科学问题本身所形成的内容架构，对于现实问题的关切还不够系统和全面，因而不足以展现中国心理学界研究的全貌。这就涉及我们常讲的"自下而上"与"自上而下"的问题形成逻辑。我们感到，面对当前中国社会的变革，基于当下现实生活的复杂性和矛盾性，中国心理学界应该尽力做出回应，要有所贡献。而社会治理正是心理学探讨时代需求、关注现实社会的重要突破口，同时也是很多中国心理学者近年来一直努力探索并且已有丰富积累的一个创新性交叉学科领域。

社会治理是由作为治理主体的人或组织对以人为中心的社会公共事务进行的治理。因此，社会治理的核心是"人"的问题，社会治理的理论和实践都离不开"人"这一核心要素，自然也就离不开对人性和人心的理解。这既源自心理学的学科性质，也是由社会治理的本质要素所决定的。一方面，就学科性质而言，心理学是研究人的心理和行为的学科，它兼具自然科学与社会科学的双重属性。2016年5月17日，习近平总书记在哲学社会科学工作座谈会上指出"要加快完善对哲学社会科学具有支撑作用的学科"，这其中就包括心理学。早在现代心理学诞生之初，它就被认为在整个社会科学中具有基础学科的地位。但是在漫长的学科发展历史上，由于心理学本身发展还不够成熟，它作为社会科学基础学科的作用并未得到充分体现。尽管如此，近年来由于理论、方法的不断发展与创新，心理学在解决现实问题方面的建树已经日益丰富而深刻，已经在相当程度上开始承担起支撑社会科学、解决社会问题的责任。

另一方面，从社会治理自身的学理逻辑出发，当前中国社会治理现代化的过程也离不开心理学的支持。社会治理作为一种现代化的理念，与社会统治和社会管理在基本内涵上有很大差异。首先，它强调治理主体的多元性，除了执政党和政府，还包括各级社会组织、社区、企业以及公民个人。其次，社会治理的客体是以人为中心的社会公共事务，目标是消解不同主体之间的冲突与矛盾。最后，社会治理的过程也不同于传统意义的社会管理，它包括了统筹协调、良性互动、民主协商、共同决策等现代化治理策略与手段。因此，不管从主体、客体或过程的哪个方面讲，社会治理都必须关注社会中一个个具体的人，关注这些个体与群体的心理与行为、矛盾与共生、状态与动态、表象与机制等心理学层面的问题。也只有依托心理学的理论与方法，这些问题才能得到更深入的探索和更彻底的解决。因此可以说，在学科性质、学理关联、问题关切、实践技术等多个层面，心理学均与社会治理的现实需求有着本质上的契合性。

正因为如此，近年来国家对于心理学在社会治理中的作用给予了高度重视。党的十九大报告在"打造共建共治共享的社会治理格局"这一部分提出，加强社会心理服务体系建设，培育自尊自信、理性平和、积极向上的社会心态。党的十九届四中全会审议通过的《中共中央关于坚持和完善中国特色社会主义制度 推进国家治理体系和治理能力现代化若干重大问题的决定》再次强调健全社会心理服务体系。可以看出，心理学已经被定位为社会治理现代化进程中不可或缺的一部分。这是时代对中国心理学界提出的要求和呼唤。而本书系的推出，既是对时代需求的回应，也是心理学研究者肩负使命、敢于创新的一次集中探索和集体呈现。

明确了这一定位之后，我们开始积极策划推动书系的编撰工作。这一工作立即得到了中国心理学会和众多心理学界同人的大力支持与积极响应。我们在充分调研的基础上，成立了书系编委会，以求能在书目选题、作者遴选、写作质量、风格体例等方面严格把关，确保编撰工作的开展和收效达到预期。2015 年，编委会先后三次召开会议，深入研讨书系编撰工作中的一系列基础问题，最终明确提出了"问题导向、学术前沿、项目基础、智库参考"的十六字编撰方针，即要求书系中的每一本书都必须关注当下中国社会的某一现实问题，有明确的问题导向；同时，这一问题必须有明确的学术定位，要站在学术前沿的视角用科学解决问题的思路来对其加以探讨；此外，为了保证研究质量，要求每一本专著都依托作者所完成的高层次项目的成果来撰写。最后，希望每一本书都能够切实为中国社会治理提供智力支持和实践启示。

基于这样的方针和定位，编委会通过谨慎的遴选和多方面的沟通，确立了一个优秀的作者群体。这些作者均为近年来持续关注社会治理相关心理学问题的资深专家，其中也不乏一些虽然相对年轻但已有较深积淀的青年才俊。通过反复的会谈与沟通，结合每一位作者所主持的项目课题和研究领域，编委会共同商讨了每一本专著的选题。我们总体上将本书系划分为四个部分，分别为"现代化过程

中的社会心态""群体心理与危机管理""社区与组织管理""社会规范
与价值观"。每一部分邀请 6～8 位代表性专家执笔，将其多年研究
成果通过专著来展现，从而形成本书系整体的内容架构。

在这些工作的基础上，2016 年 1 月，中国心理学会出版工作委
员会召开了第一次包括编委会成员和几乎全体作者参加的书系编撰
工作会议，这标志着编撰工作的正式开启。会上除了由每一位作者
汇报其具体的写作思路和书目大纲之外，编委会还同作者一道讨论、
确定了书系的基本定位与风格。我们认为本书系的定位不是教材，
不是研究报告，不是专业型综述，不是通俗读物。它应该比教材更
专门和深入，更有个人观点；比研究报告更概略，有更多的叙述，
更少的研究过程和专业性的交代；比专业型综述更展开，更具体，
更有可读性，要让外行的人能看懂；比通俗读物更有深度，通而不
俗，既让读者能看进去，又关注严肃的科学问题，而且有自己独到
的看法。同时，在写作风格上，我们还提出，本书系的读者范围要
尽可能广，既包括党政干部、专业学者和研究人员，也包括对这一
领域感兴趣的普通读者。所以在保证学术性的前提下，文笔必须尽
可能考究，要兼顾理论性、科学性、人文性、可读性、严谨性。同
时，针对字数、书名、大纲体例等方面，会上也统一提出了倡议和
要求。这些总体上的定位和要求，既保证了书系风格的统一，也是
对书系整体质量的把控。

在此后的几年中，书系的编撰工作顺利地开展。我们的"编撰工
作会议"制度也一直保持了下来，每过半年到一年的时间即召开一
次。在每一次会议上，由作者报告其写作进度，大家一起交流建议，
分享体会。在一次次的研讨中，不仅每一本书的内容都更为扎实凝
练，而且书系整体的立意与风格也更加明确和统一。特别是，我们
历次的编撰工作会议都会邀请一到两位来自社会学、法学或公共管
理学的专家参会，向我们讲述他们在社会治理领域的不同理论视角

和研究发现，这种跨学科的对话极大地丰富了我们心理学者的思维广度。当然，随着编撰工作的深入，有一些最初有意愿参与撰写的作者，出于种种原因退出了书系的编撰工作，这不能不说是一种遗憾。但同时，也有一些新的同样资深的学者带着他们的多年研究成果补充进来，使书系的内容更加充实，作者团队也更加发展壮大。在这些年的共同工作中，我们逐渐意识到，我们正在做的事情不仅是推出一套书，还基于这一平台构建了一个学术共同体，一起为共同的学术愿景而努力，为中国的社会治理现代化进程承担心理学研究者应尽的责任。这是最令人感到骄傲和欣慰的地方。

我们还要感谢北京师范大学出版集团的领导和编辑们！他们对于本书系的出版工作给予了大力的支持。在他们的努力下，本书系于 2020 年年初获批国家出版基金项目资助，这让我们的工作站到了更高的起点上。同时，还要感谢中国心理学会"学会创新和服务能力提升工程"项目在组织上、经费上提供的重要帮助。

在作者、编委、出版社及各界同人的共同努力下，书系的编撰工作已经接近完成。从 2021 年开始，书系中的著作将分批刊印，与读者见面。每一本专著，既是作者及其团队多年研究成果的结晶，也凝结着历次编撰工作会议研讨中汇聚的集体智慧，更是多方面工作人员一起投入的结果。我们期待本书系能够受到读者的喜爱，进而成为中国心理学和社会治理的科研与实践前进历程中的一个重要里程碑。

主编

杨玉芳　郭永玉　许燕　张建新

2021 年 7 月 22 日

# 自　序

在人类文明高度发展的当代社会，尽管科学技术不断突飞猛进，但我们在大自然与复杂人性面前依然渺小，还无法避免和有效应对许多危机事件。近一二十年以来，全球范围内接续发生了一系列自然的、人为的或意外的重大灾难，例如美国"9·11"恐怖袭击事件、印度洋海啸、中国汶川地震、日本核泄漏、SARS（严重急性呼吸综合征）事件、新型冠状病毒感染事件……除了这些触目惊心的重大灾难之外，还有大大小小、不计其数的危机事件。这些事件不但给民众的生命财产造成了极大的损失，而且使受灾者的心理蒙受了巨大的阴影和创伤，给其日后的生活与工作带来了长期的负面影响。

鉴于当前的自然环境状况和人类认识水平，可预见类似的风险还会持续存在，并且还可能出现其他新的危机。在经历过多次沉痛的教训之后，许多国家的政府部门都意识到了危机管理的重要性和必要性，而且为了尽可能地预防和减少未来危机事件所带来的危害，许多国家都已经制定并出台自己的危机管理方案，我国也不例外。党的二十大报告指出，我国发展进入战略机遇和风险挑战并存、不确定难预料因素增多的时期，各种"黑天鹅""灰犀牛"事件随时可能发生。报告还专门提到了国家应急管理体系、社会治理体系的完善，推进国家治理体系和治理能力现代化。然而，我国的危机管理建设起步比较晚，在许多方面还存在不足，尤其是危机中的心理与社会支持，我国当前在这方面还未建立起较为完备的机制——而这是全面有效的危机干预所必需的。

在此背景下，依托于国家社科基金重点项目的资助，本课题组针对"危机管理中的心理与社会支持"这一主题进行了专门的研究，其中既包括新颖的基础实证研究，也包括借鉴国外经验的应用文献研究——重点参考了联合国机构间常设委员会(Inter-Agency Standing Committee，2007)、红十字会与红新月会国际联合会(IFRC，2009)、国际助残组织(Calvot，Pégon，Rizk，& Shivji，2013)、爱尔兰健康服务管理署(Health Service Executive，2014)、新西兰卫生部(Ministry of Health，2016)、土耳其红新月会(Turkish Red Crescent，2008)等国家职能部门或国际组织，以及欧盟支助项目(Seynaeve，2001；Juen et al.，2016)专门针对危机管理中心理与社会支持而发布的文件或手册。这一系列研究旨在为我国危机管理中的心理与社会支持体系的构建提供参考。可以说，对于心理与社会支持体系的建设，不仅能够响应民众在危机中与危机后的多方面需求，有利于灾后的重建与恢复，而且能够展现一个国家的综合实力与人文关怀。这本书的编写就是我们朝着这个方向所做出的一点努力。

本书在绪论中对危机、危机管理及心理与社会支持等基本概念和内容进行介绍之后，主要围绕以下三大部分的内容具体展开。

第一编是基础研究，这部分专门介绍本课题组根据危机管理领域热点问题而自行设计并开展的研究，内容大体涉及危机事件中个体心理与行为特征研究、心理与社会因素对危机事件的影响，以及危机事件的消极影响及应对。尽管这些实证研究还不够全面与深入，可能还存在一些不足，但我们相信，这些研究能够为今后的进一步研究提供一个良好的起点，并给危机管理以及心理与社会支持方案的设计带来一定的启发。

第二编是应用研究，这部分主要借鉴与总结了国外当前在危机管理中心理与社会支持方面的实践经验，同时又结合了我国的实际国情，尽可能全面系统地梳理和介绍了该领域所涉及的内容。因此，这一编的成果虽然主要源自文献研究，但在国内也具有一定的开创性。内容具体包括以下几方面：危机管理中的心理与社会支持概述、心理与社会支持的阶段及流程，以及不同类型危机中的心理与社会支持。需要特别指出的是，我们在这部分开头介绍了一个重要模型，即"迫害与创伤后的适应与发展模型"（Silove，2013），它是目前危机管理中心理与社会支持方面应用最为广泛的指导科学研究及应用实践的概念框架之一，能够帮助我们了解并把握心理与社会支持所涉及的基本原则和要素。

第三编是操作原则与实施指南，这最后一部分内容建立在先前章节的基础上，主要面向心理与社会支持的工作实践者，着重介绍了其工作的要点及方法，具体涉及危机管理中心理与社会支持的基本原则、实施指南以及心理与社会支持的方法与工具。特别是最后一节专门推荐了一系列常用的量表，附录部分还包括一些重要的预案文件及实用的指南和手册，希望能够给未来的危机干预者带来一些方便。

本书的撰写工作由我和我的研究生团队共同完成，具体分工情况如下：第一章，徐步霄；第二章，李凯、张彦驰、白洁；第三章，强瑞超、舒首立、李小新；第四章，白洁；第五章，任怡丹、王雪；第六章，顾玉婷、王雪、于泽坤；第七章，杨琛、李同晓；第八章，茆家炎；第九章，范帷筹；第十章，冯文倩、李同晓；附录，顾玉婷、茆家炎、任怡丹、范帷筹、李同晓。郭永玉、徐步霄负责组织和统稿。2013 年申报项目过程中，博士生张钊协助我撰写了申报书。

　　由于作者水平的限制，本书还存在一些疏漏或不足的地方，欢迎读者批评与指正。

郭永玉

2021 年 3 月 3 日

于金陵随心斋

# 目　录

# 第二编　应用研究

# 1

# 绪　论

　　进入 21 世纪以来，人类面临的灾难似乎与日俱增。无论是自然灾害，如海啸、地震等，还是人为的事故灾难，如恐怖袭击、核泄漏、军事冲突等，都给人类社会带来了巨大的冲击与考验。这些危机事件不仅给人类的生命、财产造成了重大的损失，还给人们的心理留下了难以抹去的阴影。这些心理与社会问题如果处置不当，除了会给社会带来更大的经济损害之外，还可能给当事者的工作和生活造成持久的负面影响。可见，在危机事件此起彼伏的当代社会，系统而有效的危机管理十分重要，它是维护社会稳定运行、促进人民生活幸福安康的必要保障。而作为能够帮助民众与社区积极应对危机的重要机制，心理与社会支持已经成为危机管理中必不可少的一个环节。

　　作为本书的开篇之章，本章将首先对危机及危机管理的基本概念与内容进行简要介绍，随即进入本书的主题，即危机管理中的心理与社会支持。在此，我们一方面将介绍危机通常可能给个体带来的心理与社会影响，另一方面还将阐明心理与社会支持在危机管理中的定位与功能，以便为后续章节的展开做好铺垫。

## 1.1　危机

在危机管理中，首先要说明的便是"危机"。那么，何谓"危机"或者说"危机事件"呢？它有何具体的特征，又有哪些主要的类型呢？本节将基于过往文献，尝试逐一回答这些问题。

### 1.1.1　危机的概念

英文中的"危机"（crisis）一词源于希腊语κρίσις，是鉴别或判定的意思。其最初是一个医学术语，指游离于生死之间的状态。在医学领域，它被用以形容一种至关重要的、需要立即采取相应决断的状态。后来，这一概念的适用范围不断扩大，在《朗文现代英语词典》中，"危机"还包括了事物发生过程中的一个转折点、不确定的时间或状态、非常危险或者困难的时刻。危机研究的先驱者赫曼（Hermann，1975）把危机定义为威胁到决策集团优先目标的一种新形势，在这种形势中，决策集团做出反应的时间非常有限，且形势常向着令决策集团惊奇的方向发展。荷兰危机研究专家罗森塔尔及其同事（Rosenthal et al.，1989）认为，危机是一种严重威胁社会系统基本结构或基本规范的形势，在这种形势中，决策集团必须在很短时间内、在极不稳定的情况下做出关键决策。据此，他们提出了一个已被广泛接受的对于危机的实用定义：一种在感知上对社会系统的核心价值或维系生存的功能产生威胁的情境，且该威胁迫切要求在不确定环境中的补救措施。

中文中的"危机"一词作为日常用语的意思是"严重困难的关头"。在国内学术界，有学者借鉴了国外学者对危机的多种定义，把危机定义为"决策者的核心价值观念受到严重威胁或挑战，有关信息很不充分，事态发展具有高度不确定性和需要迅速决策等不利情境的汇聚"(薛澜，张强，钟开斌，2003)。类似地，另有学者提出，危机是一种紧急事件或者紧急状态，其出现和爆发严重影响了社会的正常运作，对生命、财产、环境等造成威胁和损害，超出了政府和社会常态的管理能力，要求政府和社会采取特殊的措施加以应对(张成福，2015)。综合考虑危机的多种界定之后，本书把危机理解为如下一种状态：在其中，系统原有的秩序已经、正在或者即将被打破，它要求及时且有效的响应措施，否则系统将继续往不利方向发展。

在当今社会，人类正在不断遭遇各种不可预测的冲突和挑战。以我国为例，十多年以来，发生过地震等重大自然灾害和各种安全事故，还发生过群体性事件和恐怖袭击事件。由于危机具有爆发时间、地点等的不确定性，往往会给社会秩序和人们的安全带来重大的影响。从这个角度来看，危机往往表现为突发紧急事件。《危机管理百科全书》也指出，就广义来说，危机在大多数情况下都是突发的、预期之外的负面性变化，它在个体、团体、组织或社区层面造成一个紧要的、危险的、不稳定的情境(Penuel, Statler, & Hagen, 2013)。因此，突发事件也就成了危机的代名词。尽管在具体研究中，危机的定义和突发事件略有差异。但针对社会层面和公共层面的国内外研究，基本上都将危机事件(crises)与突发事件(emergencies)混合使用，对两者没有严格的定义区分。例如，有学者对突发事件作了同样适用于危机的界定，"对一个社会系统的基本价值、行为准则、社会秩序等产生严重威胁，并且在时间压力和不确定性极高的情境下，需要由以政府为核心的公共管理系统做出决策来加以解决的事情"(张国庆，2004)。类似地，《国家突发公共事件总体应急预案》将突发公共事件定义为"突然发生，造成或者可能造成重大人员伤亡、财产损失、生态环境破坏和严重社会危害，危及公共安全的紧急事件"。考虑到突发事件的内涵与危机事件的内涵十分相似，本书一般也不区分两者。

### 1.1.2　危机的特征

对危机特征的了解，有助于加深对危机的认识。危机在所有层面上皆可能发生，并且具有各种各样的表现形式。一般而言，危机可能伴随着严重威胁、不确定性、未知后果以及紧急性，并且会打破计划、中断连续性、扰乱正常运转、危及生命（Farazmand，2014）。有学者（曹蓉，张小宁，2013）根据以往研究和对危机事件的描述，归纳了危机的四项特点，简单介绍如下。

（1）突发性和紧急性。危机事件通常是在意想不到、毫无准备的情况下爆发的。无论是自然灾害还是人为的安全事故或社会安全事件等，往往都难以预测。而突发事件的紧急性不仅仅表现在爆发的急促、无征兆，也表现在其影响往往超过了人们的心理预期，并且人们需要在极短的时间内进行决策，实施危机管理和干预。

（2）高度不确定性。首先，危机事件爆发的诱因往往让人难以准确判断，加之在时间上的不确定性，使得人们在危机爆发后难以用常规经验和方法予以应对。其次，危机的事态发展往往存在较高的不确定性，很可能会出现"连锁反应"或"涟漪效应"，因而使得危机管理者和危机中的受牵连者因这种不确定性而产生复杂的心理和行为反应。

（3）公共性。首先，危机事件的影响范围一般较广，往往会波及某一类人群或者是某一特定区域的人群，对他们的安全产生较大的影响，还会对公共利益构成一定程度的损害。其次，危机事件的有效应对一般依赖于主体之间的通力协作，并且需要由政府作为公共事务的管理者，承担起管理和领导的责任。

（4）破坏性和危险性。危机事件的发生，往往会带来人员伤亡、财产损失等，导致危害性的影响。例如，据全球灾害统计，仅1996—2000年，各类突发事件所造成的直接经济损失便高达20 350亿美元，致死425万人。与此同时，危机事件还可能造成生产力、竞争力和公信力的下降，使得整个社会系统的有效性和正当性受到明显损害或威胁。

除了上述特点之外，还有必要指出危机所蕴含的机遇性。尽管危机倾向于被认为是消极的，但其中仍然潜藏着发展机遇，有助于发现问题、解决问题，从而带来积极的转变、创建新的秩序并产生积极的结果。也就是说，危机可能创造着自身的对立面，从而辩证地加强并完善人类社会系统的积极力量（Farazmand，2014）。例如，尽管 SARS 事件曾给中国造成巨大损失，但也许正是从 SARS 事件中吸取的经验教训，使得中国在 2019 年新型冠状病毒感染事件爆发之后能够比其他国家更有效地稳住疫情。

### 1.1.3　危机事件的类型

不同危机事件的性质、发生过程和机理都有差异，对危机经历者的影响乃至对社会稳定的作用机制也有所不同。因此，有必要区分不同类型的危机事件，从而具体而深入地认识危机。根据我国《国家突发公共事件总体应急预案》的规定，突发公共事件可以划分为以下四类：自然灾害、公共卫生事件、事故灾难和社会安全事件。在现实中，不同类型的危机事件经常是彼此相关的。例如，地质灾害与工矿企业安全生产事故密切相关；地震等重大自然灾害之后，常伴随着公共卫生事件。只有对每一类危机事件有了基本认识后，才能更好地分析更复杂的危机事件。下面就对如图 1-1 所示这四类具有不同程度人为性的危机事件进行简要介绍。

**图 1-1　危机事件的类型**

　　(1)自然灾害。自然灾害主要包括水旱灾害、气象灾害、地震灾害、地质灾害、海洋灾害、生物灾害和森林草原火灾等，是指由于自然原因而发生的对人类的生命、财产及其赖以生存的资源和环境造成威胁和损害的事件。我国是世界上受自然灾害影响最为严重的国家之一，而这些自然灾害在城市区域发生时，对城市的公共安全造成巨大威胁。例如，2008年的汶川地震，造成大约87 000人死亡或失踪，直接经济损失达8 451亿元。

　　(2)公共卫生事件。公共卫生事件主要包括传染病疫情、群体性不明原因疾病、食品安全和职业危害、动物疫情以及其他严重影响公众健康和生命安全的事件。随着生态环境的破坏程度日益严重，公共卫生事件对公共安全的威胁日益凸显。城市公共卫生事件主要包括城市重大传染病疫情、城市食品安全事件等。以 SARS 为例，从2002年年底到2003年7月，中国内地共24个省(自治区、直辖市)发现了疫情，波及266个县和市(区)，累计报告病例5 327例，死亡349例，对公众健康和社会正常秩序造成严重威胁和深远影响。

　　(3)事故灾难。事故灾难主要包括工矿商贸等企业的各类安全事故、交通运输事故、公共设施和设备事故、环境污染和生态破坏事件等。事故属于人为灾害，是与自然灾害相对而言的，它是指造成人员伤亡、职业病、财产损失或其他损失的意外事件。以2015年天津港"8·12"特别重大火灾爆炸事故为例，该次事故中爆炸总能量约为450吨 TNT 当量，造成了165人遇难、8人失踪、798人受伤、304幢建筑物、12 428辆商品汽车、7 533个集装箱受损。

　　(4)社会安全事件。社会安全事件主要包括恐怖袭击事件、经济安全事件、涉外突发事件等。这些事件由人为因素造成，对公共安全形成现实威胁和损害。特别是在经济转型、社会转轨的特殊时期，社会利益关系失调，社会行为失范，社会矛盾凸显，社会安全事件层出不穷，对公共安全造成严重威胁。近年来，群体性事件对社会

安全产生的影响也引起了人们的关注。中国社科院 2014 年发布的
《中国法治发展报告》显示，根据公开可获取的信息，在 2000 年 1 月
至 2013 年 9 月之间，国内百人以上群体性事件发生多达 871 起。另
有学者通过公开途径采集 2010—2019 年的群体性事件信息，共统计
出有新闻报道的群体性事件 309 起，其中超过半数为群体维权事件
（李倩倩等，2022）。

　　显然，不同类型的危机事件中，所涉及人群心理与行为反应的
基本规律既有共性，又存在着诸多差异。例如，地震等自然灾害与
群体性事件都可能会给民众心理带来较大的冲击，但对于地震等自
然灾害中的受灾者，他们在心理上所面临的问题可能主要是创伤后
应激障碍（post-traumatic stress disorder，PTSD），而对于群体性事
件的受牵连者而言，他们在心理上面对的可能更多是困惑与愤怒。
为了尽可能减少各类危机事件给社会带来的负效，这就需要有效的
危机管理。

## 1.2　危机管理

　　危机管理，简言之就是对危机事件或突发事件等这一类事件的
管理。鉴于危机对人类社会的重大影响，危机管理已经成为国内外
学者共同关心的主题。目前，学界已经在该领域积累了众多的研究
成果。围绕本书主题，本节将首先介绍危机管理及其要点，然后简
述国内外的相关研究情况，最后就危机管理的阶段和重点关注人群
进行探讨。

### 1.2.1　危机管理及其要点

　　所谓"危机管理"（crisis management），通常被定义为"一个组织
用以应对一场引起混乱的、威胁到组织本身及其利益相关者之福祉

的意外事件的过程"（Bundy，et al.，2017）。需要说明的是，上述定义中的"组织"的范围很广，可以小到一个企业或机构等单位，大到一个政府或国家等社会系统。当危机事件对公共利益构成威胁，此时危机管理的核心主体是政府，具体涉及政府通过监测、预警、预控、预防、应急处理、评估、恢复等措施，防止可能发生的危机，处理已经发生的危机，达到减轻损失，甚至将危险转化为机会的目的，以保护公民的人身权和财产权，维护国家安全（刘刚，2004）。若没有特殊说明，本书所探讨的危机管理就是这类社会系统层面上的危机管理。

由于危机本身往往是复杂多变的，危机管理的整个过程必然也是相当复杂的。大体来说，危机管理主要涉及计划、应对、从意外事件的影响中恢复等过程（Penuel，Statler，& Hagen，2013）。典型的危机管理会牵涉多元的主体，他们来自不同的行政层级和部门，同时包括决策层与实施层。那么，危机管理的关键是什么呢？根据公共管理领域著名学者法拉兹曼德（Farazmand，2014）的观点，危机管理的关键在于准确又及时地分析判断出问题的临界状态以及事件发展的动态机制，而且这种准确又及时的研判要求危机管理者具备许多素质，比如知识、技能、领导力以及一定程度的冒险能力和警惕性等。成功的危机管理还要求危机管理者具备良好的动机、紧迫感、承诺以及带有长远战略眼光的创造性思维，同时能够留心于必要的日常操作性事务。不过，在危机管理的过程中，既有的组织规范规则、文化和程序都可能成为障碍，比如对于危机管理者而言，紧迫感可能敌不过惰性、组织庇护以及自我保护的倾向。因此，成功的危机管理包含着一系列要求：（1）能感知到当前问题的紧迫性；（2）能创造性且战略性地考虑危机事件的程度、范围、表现形式及影响；（3）能做出大胆决定并勇敢忠实地行动；（4）能摆脱自我保护的组织文化并能采取值得冒险的行动以产生最佳解决方案；（5）能保持对不断变化的局势的持续警惕。总之，理性、创造性思维和毅力必须作为危机管理者的指导性原则。任何差错都可能导致进一步的灾难，并给民众造成无法挽回的损失。

对于政府及其官员而言，危机管理是一项核心的责任，也是一项相当困难的任务。在危机事件爆发之后，政府不但要应对充满模糊性、不确定性、紧急性的意外局面，经常还要面临大量的批评和争议。因此，危机事件不仅挑战着政府的"治理能力"（governance capacity），并且还可能引发诸多关于"治理正当性"（governance legitimacy）的问题。所谓"治理正当性"，主要牵涉政府权威与民众之间的关系，并且与民众对于政府权威的行动是否可欲、合理或恰当的看法有关（Jann，2016）。治理正当性与治理能力两者之间存在紧密联系，前者不但会受到后者的影响，也能影响后者。比如在危机事件中，政府的正当性越是充分，政府就越是能有效完成其任务；当政府的治理能力与民众期望之间存在差距时，危机管理往往会出现问题，乃至于政府的治理正当性也会降低。由此可见，治理能力与治理正当性两者对于成功的危机管理都是至关重要的。总之，危机管理不只是治理能力的问题，同时还是治理正当性的问题（Christensen，Lægreid，& Rykkja，2019）。那么，在考察危机管理的成效时，我们不仅需要重视结果如何，同时还要关切过程如何。

### 1.2.2　危机管理的国内外研究

西方学术界对危机管理的研究起初重点在自然灾害类事件。随着危机事件影响范围的扩大，研究也得到了扩展。到了 20 世纪 60 年代至 80 年代，大国关系成为继自然灾害之后的重点研究领域，随后研究领域逐步从技术领域经过政治领域向经济、社会等领域扩展，内容涉及理论研究、国际危机研究、灾难研究、冲突研究、危机中的组织行为研究、危机中的心理与行为研究等。与此同时，危机管理领域的研究方法也发生着改变，学者们开始更多地注重系统论、博弈论、数理统计、模型与模拟等定量化分析手段，而非传统的定性分析方法。随着经济全球化的不断推进，新的危机层出不穷，跨国恐怖袭击、气候变化和新型传染病扩散等一系列危机事件，表明现代危机事件已经呈现出综合性和复杂性的特点，危机管理研究也呈现出跨学科特征。特别是"9·11"恐怖袭击事件以来，在西方不仅是学者，普通大众也都感到突发事件似乎越来越多，影响越来越大。这些事件极大地影响了一个社会的安全，并引发了公众的一系列心理问题。自然而然，与危机管理中的心理与社会支持相关的研究也成为当前西方危机管理研究的热点之一。以欧洲为例，有研究者早在 2001 年就在欧洲委员会的支持下，编写了政策指导性的《大型突发事件下的心理与社会支持》(*Psycho-Social Support in Situations of Mass Emergency*)(Seynaeve，2001)。2013 年 7 月，由德国等 11 个国家联合发起了为期 3 年的"危机管理中的心理与社会支持"项目研究(简称 PsyCris Project)，斥资近四百万欧元。

在我国，危机管理研究无论是在理论上还是在实践上都与发达国家存在一定的差距。该领域较早的研究大多是来自专业部门对特定灾难的专业研究，如消防、气象、水利、航天、公共卫生等的灾害风险控制和安全研究。在 SARS 事件发生之后，基于国家战略需要的推动和社会关注程度的提高，学界关于危机管理的研究迅速增多。总体来说，目前国内危机管理的研究主要围绕于危机管理的过程分析、政府危机管理的决策体制、地方政府危机管理的个案分析、国外危机管理经验借鉴等方面(任勇，2019)。然而，这些有关危机管理的研究大多是被动反应式的，偏重于危机的现场反应和救助，既缺乏综合应急反应体系与规划、部门沟通与协调等方面的研究，也缺乏对危机可能产生的政治影响、经济影响和社会冲击的研究。而且与国外研究相比，目前针对危机中民众心理与行为特征以及与此相应的心理与社会支持方面的研究仍然较为稀少。当然，国内也有一些学者曾初步探讨了危机事件对公众心理与行为的影响。例如，有学者指出，由公共危机事件所导致的公众心理上的刺激是强烈和持久的，这种刺激直接影响着危机对公众生活的冲击程度与范围(宋歌，2008)。另外也有学者指出，危机除了导致伤亡和财产损失之外，还会对人们的心理产生巨大影响，这种伤害会引发一系列的应激反应，而且，危机事件带来的心理创伤一般不会在短时间内消失(时勘等，2010)。

还有学者指出了民众心理干预是危机管理的重要内容，并且还论述了危机事件中常见的民众消极心理表现，主要包括：(1)疏忽大意。面对危机，总有一些民众存有侥幸心理，认为危机离自己很远，不会那么轻易波及自己，不重视对危机防护措施的学习。(2)轻信流言。流言通常只是无意识地进行传播，不带恶意，但是有时也会造成严重后果，甚至引发社会混乱。流言总会给民众带来或大或小的心理压力。(3)过度恐慌。人们遇到重大的灾害性事件时，通常会出现不安、恐惧、紧张、惊慌等反应，产生退缩或逃避等行为。(4)群体性应激反应。群体性应激反应的形成与群体压力和从众心理有关，可以说是一种社会性心理反应。由于危机中的民众心理具有从众性，个体的恐慌、焦虑等负面反应如果形成一定强度，并且有了一定群体规模，便会形成群体性应激反应。鉴于此，政府有必要重视和加强对危机中民众的心理干预，从而尽可能减少种种消极心理，并增加民众对政府的信任，乃至化"危"为"机"(叶国平，2009)。

### 1.2.3  危机管理的阶段与对象

#### 危机管理的阶段

由于危机事件本身是一个动态发展变化的过程，而且危机不同阶段对危机经历者很可能会有许多不同的影响，所以危机管理一般都要划分为多个阶段来考察。可以说，危机管理就是整个危机发生发展过程的应对策略集合。那么，危机管理有哪些阶段呢？很明显，危机管理阶段最简单的划分方式即是划分为事前、事中、事后三个阶段。还有研究者曾提出危机管理的4R模型，将危机事件的应对过程分为减弱（reduction）、就绪（readiness）、反应（response）、恢复（recovery）四个阶段（Heath，1998）。

当前，最具综合性的危机管理模型也许是由米特罗夫（Mitroff）提出的五阶段模型（Penuel，Statler，& Hagen，2013），这五个阶段分别是：信号侦测（signal detection）、预防与准备（prevention & preparedness）、遏制（containment）、恢复（recovery）以及学习（learning）。（1）在信号侦测阶段，危机管理活动聚焦于搜寻一些可能警告着一场危机的信号，并将这些信号与其他更常规的信号区别开来。（2）在预防与准备阶段，危机管理活动涉及系统性地制订计划，以使组织准备就绪于应对危机，并明确在危机情境中要分派的关键人员、资源和行动。（3）在遏制阶段，危机管理的目标是防止危机进一步加剧，并控制由危机所造成的损害；该阶段的活动还涉及致力于保护组织的声誉。（4）在恢复阶段，危机管理活动聚焦于尽可能消除危机所导致的破坏。（5）在学习阶段，危机管理活动主要是根据从新危机中学习到的经验来重新设计危机应对方案。整体而言，前两个阶段是危机管理的前瞻性阶段，决定了一个组织对危机的准备就绪程度，而后三个阶段则是危机管理的反应性阶段，包括一些在危机发生后要实施的行动。

此外，在影响较大的灾难类危机中，一般可以根据实际情况将危机管理划分为以下几个主要阶段：（1）紧急阶段（救援）。这个阶段包含灾难后立即开展的和那些根据灾难的量级经常保持1～3个月的行动。（2）恢复阶段。这个阶段包含的行动要满足受影响者的最低限度的基本需要，例如通信、交通，以及公用服务设施如水、电、排水、教育、长期临时性住房、经济与社会活动等。(3)痊愈阶段。这个阶段包含重建被灾难破坏的经济、社区的社会和心理完整性，目标在于将受到影响和伤害的人类活动带到一个比灾前更好的阶段。(4)平静与准备阶段。这个阶段包含灾难反应策略的决定、应急服务的计划、临时性住宿地点的确定、训练准备、个体与家庭以及当地社区与组织可以用来缓和灾难可能伤害的手段的确定、意识提升等。

**危机管理的重点关注人群**

危机事件中的个体和群体，是危机管理的直接对象或者说目标人群。由于不同人群在危机中往往受到不同的影响并且具有不同的需要，危机管理者有必要区分不同的人群进行危机干预和相关工作。在泰勒和弗雷泽(Taylor & Frazer，1981)提出的"涟漪效应"(ripple effect)模型的相关研究中，他们对危机发生后受害者的类型及特点进行了分析，并且区别了三种不同人群，分别是幸存者(survivors)、相关者(relatives)以及救援者(responders)。其中，幸存者是指亲历危机并在危机中遭受躯体或心理创伤的个体；相关者是指危机幸存者的重要他人，包含家人、重要朋友等；救援者是指参与危机救援或救援管理等相关活动的人员，包含专业救援人员、志愿者、政府管理者等。显然，这三类不同的人群在危机中很可能会因处境不同而需要不同的外部支持或支援。

与此类似，在危机事件后的心理危机干预方面，根据我国卫健委(改组前为卫生部)印发的《紧急心理危机干预指导原则》，重点关注人群可以分为四个级别：第一级人群指亲历灾难的幸存者，如死难者家属、伤员、幸存者；第二级人群指灾难现场的目击者(包括救援者)，如目击灾难发生的灾民、现场指挥、救护人员(消防、武警官兵，医疗救护人员，其他救护人员)；第三级人群指与第一级、第二级人群有关的人，如幸存者和目击者的亲人等；第四级人群指后方救援人员、灾难发生后在灾区开展服务的人员或志愿者。一般来说，干预重点应从第一级人群开始，逐步扩展，因为第一级人群一般需要更多的心理与社会支持等方面的危机干预。一般性宣传教育则要覆盖到四级人群。

除了上述比较宽泛的关注人群划分方式之外，还有一些更加精细的划分方式，可以在各类或各级人群内部进行进一步区分，以便开展更具针对性且有效的危机干预。例如，有研究者（Ehrenreich，2001）根据个体在危机中的脆弱性或易受伤害程度而区分出了六类特殊人群（即儿童、妇女、老年人、残疾人、难民以及参与救援的工作人员），并且指出危机干预措施必须要考虑到这六类人群的特殊需求，给予专项干预。另有研究者（Juen, et al.，2016）根据个体在危机中的应对能力或恢复能力也区分出了这几类特殊人群。需要指出的是，尽管这些划分方式已经比较精细，但很多时候仍无法满足实际需要，因为哪怕对于同属一个类别下的某个特殊人群的两个人，他们仍然很可能会在危机事件中遭受不同的影响，并产生不同的身心需要。因此，为了实现有效的危机干预，危机管理者应充分考虑各种人群在不同情况下的需要以及相应的心理与社会支持。

## 1.3 危机管理中的心理与社会支持

危机中的心理与社会支持干预，有助于个体与群体尽快从危机事件中恢复，降低危机事件对公众产生的消极影响，并增进民众对政府的信任。自从欧盟在 2001 年的一项政策文件（Seynaeve，2001）中强调了心理与社会支持在危机管理中的重要性以来，世界范围内众多危机管理指南都开始纳入心理与社会支持，并且心理与社会支持已经在应急管理实践中扮演着越来越重要的角色。作为后续章节的铺垫，本节将介绍危机管理中的心理与社会支持的概念，并具体探讨危机对个体产生的多重影响以及心理与社会支持的功能与定位。

### 1.3.1 危机管理中心理与社会支持的基本概念

心理与社会支持(psychosocial support)是一个内涵丰富的概念。根据英文词典,"心理与社会的"(psychosocial)这个形容词既可以表示"同时涉及心理方面与社会方面",也可以指"涉及心理因素与社会因素之间的相互关系"。那么,当从完整意义上来界定"心理与社会支持"时,就需要把支持过程中所涉及的心理因素与社会因素以及两者的关系都考虑在内。一般而言,"心理与社会支持"可以指所有能够促进人们在社会世界中的整体幸福的过程和行为,不仅包括人们(个人、家庭和社区)为了保护自身在心理与社会方面的福祉所做的一切,还包括由外部人士或机构提供的用来满足个人、家庭和社区的心理、社会、情感及实际需要的干预,其目标是保护、促进和改善人们在心理与社会方面的福祉(UNICEF,2011)。在危机管理的语境下,"心理与社会支持"可以被界定为"一种以一系列原则(如安全、联结、自我及集体效能、平静、希望)为指导的,旨在增进危机中个人、家庭、群体和社区的韧性或者说复原力的综合性方法"(Juen,et al.,2016)。

有时候,"心理与社会支持"会被与"精神卫生"结合起来构成一个复合术语,即"精神卫生和心理与社会支持"(mental health and psychosocial support,MHPSS)。联合国机构间常委会(IASC)使用MHPSS这个新术语来描述"为了保护和促进心理与社会方面的健康以及(或者)预防或治疗精神障碍而采用的任何形式的当地支持或外部支持"(Inter-Agency Standing Committee,2007)。实际上,"心理与社会支持"和"精神卫生"两者密切相关,只不过对于这些术语的确切定义,不同机构、不同学科、不同国家甚至同一个组织内部都会有所不同。举例来说,对于"心理与社会支持"这个术语,卫生部门以外的援助机构倾向于将其视为广义的,且包含精神卫生方面的支持(符合上一段中的那些定义);而卫生部门则倾向于将其理解为狭义的，且与精神卫生方面的支持互补。鉴于此，IASC 将两个术语联合起来使用，以便涵盖尽可能多的行动者，并强调在提供适当支持的过程中采取多元化和互补性的措施。因此，MHPSS 这个复合术语可以被视为广义上的心理与社会支持，也正是本书所探讨的主题。

结合上述讨论与本书内容，我们把危机管理中的心理与社会支持理解为：以帮助受危机影响者恢复正常生活、提升心理健康和幸福程度为宗旨的支持措施及其相伴的综合性管理活动。这种理解包含几个要点：首先，危机中的心理与社会支持的宗旨不止于帮助受危机影响者满足基本需要、恢复正常生活，还包括尽可能地促进个人与社会的福祉；其次，心理与社会支持的措施不仅包括一般性的心理援助活动，还包括精神障碍、心理健康问题的专门干预；再次，危机管理中有关生命救援、物资筹发、社会秩序管理等方面的支援也是心理与社会支持的有机组成；最后，心理与社会支持的顺利实施必然需要与之配套的包括统筹、准备、协调、评估等环节在内的综合性管理活动。鉴于此，为了创建切实有效的心理与社会支持方案，本书主要关注以下问题：危机中个体与群体的心理与社会需求特征，宏观应急预案下的心理与社会支持的体系设计与协调运行，危机中心理与社会支持的具体干预流程与措施，等等。总之，只有一个能够兼顾各方面需求、整合各方面资源并实现良好对接的心理与社会支持方案，才能在危机管理中发挥出最大的成效。

## 1.3.2　危机事件对个体产生的心理与社会影响

危机事件一般都会在人群中引起各种反应，而且任何个体都可能在相当短的时间内经历从"觉得可以应对"到"感到不知所措"等种种反应(Health Service Executive, 2014)。这些反应都是心理与社会支持项目有必要认识和面对的。

### 个体对创伤性事件的一般反应

创伤事件通常会影响个体的各个方面，包括生理、情绪、行为、认知和精神方面。大多数人面对突如其来的危机事件，都会产生诸如失眠、多汗、头痛、害怕、焦躁、恐惧、悲伤、失落、无助、怀疑、否认等身心反应。这些体验的强度和持续时间在不同个体和群体当中可能非常不同。只要这些体验是短暂的，并且程度不是特别强烈，那么它们往往可以被认为是在"异常"情况下的"正常"反应。然而，如果这些反应的程度过于强烈，或者持续时间过长，就有可能发展成心理应激障碍或疾病。

表 1-1　危机中可预期的早期反应

| 情绪反应 | 认知反应 | 社会反应 | 生理反应 |
|---|---|---|---|
| 震惊和麻木<br>害怕和焦虑<br>无助和无望<br>害怕再次发生<br>愧疚<br>快感缺乏<br>愤怒 | 记忆受损<br>注意力受损<br>困惑或迷失<br>扰人念头，分裂或否认<br>自信或自尊降低<br>过度警觉 | 退行<br>退缩<br>烦躁<br>人际冲突<br>回避 | 失眠<br>过度唤醒<br>头痛<br>身体不适<br>牢骚<br>胃口减少<br>精力减退 |

（来源：Alexander，2005）

　　一般来说，在危机中很难一下子就区别出某种心理或行为反应是正常的还是异常的。其评价标准往往会受到生理状况、社会环境等因素的影响。常见的因危机事件产生的心理与行为异常反应主要有：抑郁、幻觉、躁狂、自残自伤、攻击他人；思维迟缓、少言寡语、行动缓慢；甚至可能会出现自杀企图等。为了做出准确的判断，一般应该由专业人士按照专业的程序进行操作，例如通过临床诊断标准、社会适应标准、统计学标准和既往经验标准来进行综合分析判断。

　　实际上有数据表明，多达 75％ 的灾难幸存者并没有心理健康方面的困难，尽管他们会有规律地表现出暂时性的心理体验（如悲痛），并且有时还伴有功能障碍。此外，大约有 20％～40％ 的受影响者，可能会经受持续时间更长的痛苦，这些痛苦会持续数日，而且其严重程度在事件平息之后还可能继续增加，但通常会在这些人脱离危机后的一个月内逐渐减少。

### 长期性的影响

目前，在复原力、风险和保护因子方面的知识表明，一般很难预测谁更有可能从他们的即时反应或痛苦中恢复过来，谁更有可能经历持久的痛苦或患上精神障碍类疾病。有研究显示，受影响人群患上精神障碍的比例有着相当大的变异（Steel，et al.，2009）。最典型的健康问题有焦虑、抑郁、创伤后应激障碍和药物滥用等。在英国的一项流行病学调查发现，男性和女性精神卫生疾病的终生患病率分别为 27.2% 和 31.1%（Bunting，et al.，2013）。创伤后应激障碍终生患病的概率为 8.8%，12 个月患病的概率为 5.1%。另有一项调查发现，在美国"9·11"恐怖袭击事件之后，对儿童来说最常见的诊断有广场恐怖症、分离焦虑和创伤后应激障碍（NATO，Joint Medical Committee，2008）。

过往文献已经描述了人们随着时间对创伤事件作出反应的一般模式。大约有 75% 的人不需要专家干预就能够在心理上康复，他们主要依赖于亲友的照顾、援助和良好关系以及社区的支持。不过，上述比例会根据危机事件的性质和所涉个人的情况而改变。举例来说，在水灾这种常见的自然灾害情况下，受灾人群在心理与社会方面所受到的影响往往特别普遍和长久。这可能是因为水灾会直接影响人们的家园和生计，而包括财务和物质补偿在内的恢复可能需要很长一段时间。

在创伤事件发生后，个体的持续反应模式大体可划分为以下四类：（1）表现出短暂痛苦的具有抵抗力的人。这类人很少感到不安。（2）表现出痛苦的具有复原力的人。这类型包括两个亚组，一组人在创伤事件发生后将适度、暂时且可预测地感到不安，但其痛苦与任何实质性的功能障碍都无关，另一组人虽然更为痛苦，但还能正常生活和工作，其痛苦并没有转变成心理障碍。（3）具有与功能障碍相关的持续痛苦的人。这类型也包括两个亚组，一组是有可能自行恢复的人，但他们的恢复需要更多时间，如果给予适当的援助，他们的恢复可能较快，另一组是可能患精神障碍的人。（4）患有精神障碍的人。这些人在重大紧急事件之后需要专家评估，并得到及时和有效的心理保健。

　　心理与社会影响的足迹

　　大型危机事件之后，心理与社会方面的"足迹"往往要大于医疗方面的"足迹"（Shultz, et al., 2007），这是因为这类事件在心理与社会方面的影响力波及着更多人群，并且对社区、社会和环境的影响也更为巨大。危机事件的心理与社会影响不仅会影响到受伤者，而且会影响到危机事件的响应者、帮助者、目击者、受伤者的朋友和亲属以及未受伤但被卷入其中的人员。另外，需要特别指出的是，处理由危机产生的心理与社会需求所需要的时间可能比用于治疗受伤人员的时间要长得多。图 1-2 给出了大型危机事件之后幸存者需求演变的一般图示。该图说明了受影响者的医疗、心理和实际需求是如何随时间的推移而发生变化的。

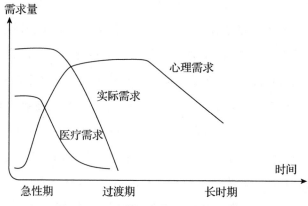

**图 1-2　大型危机事件后幸存者的需求**
（Health Service Executive, 2014）

对应图中的三类需求，有三类适当的响应。(1)针对医疗需求的响应：身体伤害的治疗；中期和长期的康复治疗。(2)针对心理需求的响应：心理与社会支持；视情况提供中期和长期的心理与社会/精神健康的支持。(3)针对实际需求的响应：视具体需要而定的避难场所、食物、信息、衣物、与家属的联系、财务支助、住房安置等。另外，这些响应会随着危机类型与所涉个人的特点而发生改变，因而可能只包括其中某些元素，也可能包括所有元素。

### 1.3.3　心理与社会支持在危机管理中的功能与定位

在危机管理中，心理与社会支持活动可以帮助个人、家庭和社区克服压力反应，并通过社区活动采取积极的应对机制。心理与社会支持服务在应对涉及大量人口的危机事件时发挥着十分关键的作用，因为这些服务可以及时有效地满足大多数受影响人群的需要。它们能够帮助人们从危机中尽快恢复，并减少心理健康等问题的发生。显然，各种形式的心理与社会支持服务有助于扩大服务范围，同时也有助于减轻卫生系统的负担。

那么，心理与社会支持在整个危机管理中处于什么样的位置？红十字会与红新月会国际联合会(IFRC，2009)提供了危机管理中心理与社会支持的四种定位(如图 1-3 所示)。在危机事件发生之后，需要经过需求评估和背景分析，进而采取与实际情况相适应的心理与社会支持方案。(1)独立的心理与社会支持计划(stand alone psychosocial programme)：在整个危机管理中扮演一个独立的部分，针对心理与社会需求，对危机中的人群进行心理和社会支持。(2)心理与社会支持附加(psychosocial plus)：也被称为心理与社会支持计划，但它会在独立的心理与社会支持计划中额外加入其他要素，比如庇护所、食品、衣物、水等生存必需品。(3)整合模型 A(integrated model A)：将心理与社会支持活动加入到诸如医疗援助、健康服

务或危机管理等其他响应计划中，即心理与社会支持是一个更大型
计划的一部分。（4）整合模型 B（integrated model B）：以心理与社会
支持体系作为整个危机管理平台，在此平台上集成危机管理的所有
其他响应，旨在为个人、家庭和社区提供整合性的支持或援助。

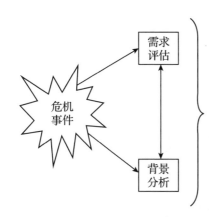

**图 1-3　心理与社会支持在危机管理中的定位**

　　这四种定位的心理与社会支持，都可以发挥其作用，促进危机
管理的有效实施。前文提到的联合国 IASC 的 MHPSS 属于整合模型
B，即把心理与社会支持平台作为整个危机管理的基础平台，不过
MHPSS 也能提供心理与社会支持的模块化运用，即根据危机的种
类、阶段和不同人群，以菜单方式提供心理与社会支持干预计划。
在危机管理中应该采用心理与社会支持的哪种模式取决于具体情境、
实际需求、可得资源和机会等因素。有时候可能在危机响应之初选
择了一个模型，随后转而选择另一个模型，这在现实中也很常见，
因为人们的心理与社会需求随时都可能发生变化，重要的是确保所
选择的支援措施始终是相关的。

# 第一编

# 基础研究

# 危机事件中个体心理
# 与行为特征研究

在当前的自然生态环境、国内外政治经济局势下，由于潜在的各类危机越来越繁多且复杂多变，研究危机管理尤其是危机中的心理与社会支持特别重要，这不仅出于改善当前有关部门危机应对能力的现实考虑，而且还出于防患于未然的前瞻考虑。为了实现有效的危机管理，显然有必要充分而深入地认识危机事件中民众或个体的心理与行为特征。唯有如此，才能制定出最具有针对性且符合实际需求的危机干预方案，并帮助危机中的个体与社区尽早恢复到正常状态。基于这种认识，已经有许多研究者开始探究并揭示出危机中人们的心理与行为特征。

本章将基于心理学在这方面现有的研究成果，对危机事件中个体的心理与行为特点进行举例介绍，具体将从三个方面展开。首先是考察危机情境下个体的秩序需求特点；其次是以自然灾害情境为背景，揭示洪水风险下政府信任与风险感知的关系；最后是以公共安全事件为背景，探讨信息特征及信任度对暴恐事件风险感知的影响。当然，危机中个体的心理与行为特征及其影响因素远不止这些内容，还需要未来研究的进一步探索。

## 2.1　危机情境下个体的秩序需求

近年来，伴随着社会经济的快速发展、经贸活动的增加、人员的频繁流动，世界范围内危机事件发生的概率都在大幅度增加。在面临危机时，公众会产生一些心理与行为的反应。如在两次世界大战期间，公众极端渴望社会秩序的恢复，以至于催生出了法西斯主义、纳粹主义等极端意识形态；经历了日本海啸或中国汶川地震的公众，展现出了想要重修残破、凌乱家园的强烈愿望；即使是遭遇了一起普通安全事故的人们，也特别希望政府相关部门出动以维持公共秩序。这些常见的心理与行为反应共同折射出了公众在面临危机时的一种心理需求——它可以被称为秩序需求（白洁，郭永玉，杨沈龙，2017）。

### 2.1.1　秩序需求

秩序需求是怎样的一种心理需求？按照《辞海》的解释，秩序，指人或事物所在的位置，含有整齐守规则之意。秩序又可以分为自然秩序和社会秩序，前者是指由自然所支配的规律（如日出日落）；后者是指在长期的社会交往过程中人们所形成的相对稳定的关系模式、结构和状态。在心理学中，秩序需求（need for order，又译为结构需求）最初被视为一种人格特质，体现了个体对有结构的、简单的、清晰的模式的需求差异（Neuberg & Newsom，1993）。在此基础上，一些研究者也将秩序需求归于动机的范畴，认为它是个体对简单、清晰的结构，事物之间的规律，以及社会规范（或秩序）的需求倾向（Barrett，et al.，2005；刘艳丽，陆桂芝，刘勇，2016）。

这一心理需求存在着明显的个体差异，高秩序需求的个体会对简单而有组织、清晰而有条理的事物（或环境）的需要和偏好程度更

大，且伴随着对含糊不清、杂乱无章的厌恶和不适。通常尽责性、
神经质水平较高的个体秩序需求较高，而外向性、开放性水平较高
的个体秩序需求往往较低(Neuberg & Newsom，1993)。并且，随着
个体健康水平的降低(Hess，2001)、社会经济地位的降低(王艳丽，
郭永玉，杨沈龙，2017)、风险感知的增加(Parmak，Mylle，& Eu-
wema，2013)，秩序需求也会随之升高。一些情境因素往往也能够激
发个体的秩序需求，诸如有时间压力的情境(Kruglanski & Freund，
1983)或是无组织的、充满不确定的危机情境，这些情境因素也会增
强人们对清晰的、有组织的事物(或环境)的总体需要。

### 2.1.2　危机增强个体秩序需求的理论基础

　　有关危机情境下个体秩序需求的增强，这种现象已在补偿性控
制理论中得到一定程度的阐述。由凯等人(Kay，et al.，2009；Lan-
dau，Kay，& Whitson，2015)提出的补偿性控制理论(compensatory
control theory)认为，个体在现实生活中丧失控制感的体验是难以避
免的，小到学业挫折、工作失利，大到自然灾害或人为事故等危机
事件，它们都可能使个体的控制感降低。这些丧失控制感的经历会
促使个体寻找各种补偿控制感的途径，包括增加自身的能力、知识、
技能等个人控制(personal control)，以及借助于他人的帮助、支持
等外部控制(external control)。补偿性控制理论还提出了一种特殊
的控制感补偿途径，也就是泛化的结构确认(nonspecific structure
affirmation)。具体来说，个体在危机事件等丧失控制感的情境下，
秩序需求会增强，继而个体会表现出更加强调外部世界的结构、规
律、秩序的倾向，如偏好结构简单、清晰的形状，希望了解自然或
社会现象的发展规律，向往稳定、有序的政治体制或商业模式等。
也就是说，通过强调外部世界结构、规律、秩序的存在，个体能够
感知到事物尽管不一定由自己掌控，但总是在控制之中。

作为一种特殊的补偿控制途径，泛化的结构确认的特殊性主要表现在两个方面：第一，个体所进行结构确认的层面可能与产生控制感丧失体验的领域无直接联系，而是广泛地存在于知觉、信念、行为层面；第二，通过此途径获得的控制感，并不是源于个人控制或外部控制，而是来自外部世界的结构、规律、秩序。如经历了某重大地震灾害的公众，可能会通过听信、传播与灾后捐款有关的谣言来增加自己对整个事件的控制感。这里跟灾后捐款有关的谣言与地震灾害本身并无直接的联系，而且控制感的来源既不是增加与灾害防护有关的知识、技能等个人控制，也不是依靠政府的援助、保护等外部控制。

### 2.1.3　个体秩序需求增强的表现

自补偿性控制理论提出之后，大量研究基于此理论框架探索了个体在经历了危机等丧失控制感的情境后，秩序需求增强的表现，或者说泛化的结构确认倾向。结果发现，这些表现存在于个体的知觉、信念、政治行为、经济行为等许多方面。这些研究并非人为地"制造"出某种危机情境，这从操作上来说难以实现，而且也不符合研究伦理。由于这一理论框架下的研究主要关注在自然灾害、恐怖袭击、战争等各种危机情境中个体控制感的丧失，这些研究一般都通过认知任务（Whitson & Galinsky，2008）、回忆任务（Kay，et al.，2008）或阅读任务（Sullivan，Landau，& Rothschild，2010）来模拟民众在个人经历或公共危机中丧失控制感的体验，继而揭示个体秩序需求增强的一系列表现。

（1）知觉层面。研究者最先考察了个体在知觉层面的秩序需求增强的表现，发现人在丧失控制感后会进行模式识别（pattern recognition）。模式识别源于完形心理学派对视觉领域的研究，它是一种将独立的视觉元素知觉为有意义的整体的现象。在一项研究中，研究者(Whitson & Galinsky，2008)通过概念形成任务(concept forma-tion task)这一认知任务模拟了控制感丧失的体验，部分被试由于其任务程序已预先被设定，他们无论怎样努力都无法找到正确答案，由此不断体验到控制感的丧失。研究者随后向所有被试呈现散点图，结果发现相比于对照组，丧失控制感组的被试更倾向于将散点图知觉为完整而有真实意义的图形。斯泰亚等(Stea & Hodgins，2012)采用此实验范式在赌博者、烟瘾者等不同群体中展开了研究，也得到了相似的结论。

(2)信念层面。个体在信念层面的秩序需求增强的表现主要是想了解各种自然或社会现象发展规律，继而相信那些对不同现象作出(看似)合理解释的理论或信念。

首先是科学理论。有研究者(Rutjens，van der Pligt，& van Har-reveld，2010)发现，在回忆丧失控制感的经历后，个体会非常青睐康韦·莫里斯(Conway Morris)的进化论观点对人类起源的解释。而且有研究进一步表明，即便是一般的生理或心理现象，人们也会倾向于认为科学的解释是值得信服的，如埃里克森(Erikson)的同一性发展的八阶段论、科尔伯格(Kohlberg)的道德发展理论以及揭示老年期痴呆发展规律的医学理论(Rutjens，et al.，2013)。

其次是伪科学信念。除了科学理论会对宇宙起源、生理、心理等现象进行解释之外，一些伪科学信念(pseudoscientific beliefs)同样会对诸多现象的发展规律作出看似合理的解释。因此，在满足人们了解自然或社会现象发展规律的需求上，伪科学信念与科学理论有着相似的功效，并且危机的发生会加速一些伪科学信念的蔓延。如占星术(horoscope)试图用一个人的出生地、出生时间和天体位置来解释人的性格和未来，在世界上的许多文化中，人们都曾经或至今仍然相信占星术的观点。曾有调查研究显示，在政治或经济危机期间，占星术方面的书籍发行量和销量会大大上升(Padgett & Jorgenson，1982)。

最后是阴谋论。个体在经历危机后也倾向于信奉阴谋论。阴谋论(conspiracy theory)是对社会事件提出的未经证实的、不太合理的说法，该说法宣称某社会事件是权力组织或群体秘密联合策划的行动(van Prooijen & Acker，2015；van Prooijen & Jostmann，2013)。经历了危机事件的个体，受到秩序需求的驱动(想要了解事件发展的规律或脉络)，会倾向于发展出阴谋论的"眼光"，即认为很多事情的发生都有潜在的阴谋。有研究者(Sullivan，Landau，& Rothschild，2010)在美国 2008 年大选期间对选民开展调查，部分被试通过阅读实验材料了解到当前社会存在大量的危机，如自然灾害、疾病、旅行风险等，结果发现这些了解了社会危机状况的选民更加相信所支持候选者的竞争对手在参选过程中实施了阴谋手段。类似地，另有研究者(Rothschild et al.，2012)启动了被试对龙卷风、洪水等自然灾害不可控的体验，随后要求他们分析环境污染的原因，结果发现他们更加相信环境污染是源于石油公司不平衡的发展。事实上在现实生活中，这种相信有阴谋的观点或者说阴谋论看法往往都只是捕风捉影，甚至是与事件的真相背道而驰的。

(3)政治行为。在危机中个体秩序需求的增强还体现于政治态度与行为的变化，最典型的是对政府或政治领袖依赖的增加。在自然灾害、恐怖袭击、战争等危机事件的无序混乱中，富有权力的组织或个人常常被认为是最有意愿也是最有能力恢复社会秩序的力量。因此，一些危机的情形会增加人们对政府组织或政治领袖的依赖。如凯等人(Kay，et al.，2008)分析了从 1994 年至 2003 年世界价值观调查(World Values Survey)的数据，该调查样本涵盖了来自 67 个国家的 9 万多名市民，结果发现，市民在控制感越低的情形下，越期待政府当局加大管控力度。来自弗里森等人(Friesen，et al.，2014)的实验研究也发现，当公众感受到当前的社会潜藏着经济危机时，他们会认为为了良好的社会秩序，某些人或群体理应被赋予更大的权力。

在危机之下，这种对政府或政治领袖的依赖有时也会演化成在社会中广泛蔓延的极端意识形态(ideological extremism，Kay & Eibach，2013)。有战争研究学者通过对两次世界大战的分析发现，战争的发生会促使人们极度渴望秩序，甚至胜过对自由的渴望，这在当时也推动了法西斯主义与纳粹主义的形成(Gerwarth，2016)。研究还发现在危机之下，个体对政府或政治领袖的依赖也会受到一些宏观社会或政治因素的影响，如政府的廉洁性、稳定性、危机来源等。对于腐败或极不稳定的政府，即使在危机发生之际，公众也很难将其视为信赖的对象(Kay，et al.，2008；Kay，et al.，2010)。一些特殊的、由政府本身造成的危机则可能会使公众转向另一种极端的政治态度。例如，奥巴马政府所出台的加强对贸易市场管控的政策，曾被公众视为是对自由市场的破坏，以至于他们产生了一定程度的反政府态度(Kay & Eibach，2013)。

(4)经济行为。危机也会促使个体的消费偏好等经济行为发生微妙的变化，包括注重商品样式与功能上的结构、秩序及不同商品(品牌)间的界限。这些变化也体现了个体秩序需求的增强。有研究者(Cutright，2012)通过情景实验使被试置身于噪声危机的情境，随后向其提供不同设计风格的商品，结果发现与对照组相比，这些置身于噪声危机情境的被试格外喜好有清晰设计轮廓的壁画、餐盘、鞋柜，并认为这类设计会使生活变得更加简约、有序。类似地，另有研究(Shepherd，et al.，2011)发现，回忆不可控的危机经历会使个体更加在意产品所提供的可提高生活秩序的功能。

另一项研究(Cutright，2012)通过巧妙的实验设计发现，不可控的危机经历也会使消费者特别在意购买环境的整洁。在这项 2(控制感：高、低)×2(超市整洁度：高、低)被试间设计的实验研究中，来自杜克大学的 80 多名大学生首先被随机分为两组，分别被要求回忆自己对结果有控制或无控制的危机经历，从而完成控制感高、低的实验操纵；接着他们被随机邀请进入不同的模拟超市选购商品，其中商品的种类、价格统一，不同的是一家超市的商品按其类别整齐摆放，而另一家超市的商品则随意堆放。研究者事先并未告知被试真实的实验目的，而是谎称实验室主任下学期打算开一家超市，因此想要初步了解在学生群体中不同商品的畅销度。结果发现，控制感较低的被试在整洁度较高的超市中所达到的消费额，远远高于在另一家超市中所达到的消费额；而对于控制感较高的被试而言，超市的整洁度高低对被试消费额的影响不显著。同时，在整洁度较高的超市中，控制感较低的被试的消费额显著高于控制感较高的被试的消费额，而在整洁度较低的超市中，控制感高低对被试的消费额的影响不显著。

　　此外，个体不仅在意不同商品在物理空间的界限，还会特别注重不同商品品牌间的定位与界限，以至于对品牌延伸(brand extension)格外保守、谨慎。如在一项研究(Cutright，Bettman，& Fitzsimons，2013)中，被试在回忆不可控的危机经历后，被告知有 12 种品牌打算推出新产品或服务(如某快餐品牌将推出照片处理服务、某雪糕品牌将推出爆米花、某果汁品牌将推出白酒)，接着他们被询问是否有兴趣尝试这些新产品或服务。结果发现，无论是市场营销部的经理还是普通消费者，他们对于一些新产品，尤其是与原品牌关联度较低的产品没有表现出太大的兴趣。

### 2.1.4　一项来自国内的实证支持

　　以上关于危机增强个体秩序需求的实证研究都来自国外，那么这种关系在中国背景下也同样成立吗？有研究者(白洁，2015)为此展开了一项实验，检验了危机情境下中国被试的秩序需求会如何发生变化。这项实验采用了单因素组间设计，自变量为危机情境启动，分为危机情境与中性情境两个水平，因变量为秩序需求。研究对象为某高校 81 名本科生与研究生，具体的研究程序如下。

首先，让被试观看关于危机情境或中性情境的启动视频。危机情境的视频由在网上收集的近些年发生的各类暴恐案件的新闻报道及图片汇制而成。视频时长约 3 分钟，内容包括新闻报道截图、事件图片、字幕和配音。中性情境的视频是对国内景点的介绍，视频时长同样约 3 分钟，内容包括某地风景照片、字幕、配音(配音与危机情境视频的配音为同一个人)。

其次，测量了被试的安全控制感水平。研究采用自编的安全控制感量表，共 5 道题，7 点计分，从完全不同意到完全同意，得分越高代表着被试的安全控制感越高。具体题目为：①生活中的许多安全隐患，我都无法察觉(反向计分)；②我的生活是否安全，在自己的掌控之中；③我能合理地应对许多突如其来的危险；④生活中层出不穷的安全问题让我感觉忐忑不安(反向计分)；⑤生活中发生的很多事情，我都无法改变(反向计分)。随后，通过中文版秩序需求量表测量被试的秩序需求水平。

最后，要求被试报告一些基本的人口学信息。整个实验采用单独施测的方式，做完当场回收，并向被试送上实验礼品表示感谢。

对自变量危机情境启动的有效性进行检验，结果发现危机情境启动组被试的安全控制感显著低于中性情境启动组被试的安全控制感，此结果表明危机情境的启动是有效的。接下来以危机情境启动为自变量、以秩序需求为因变量进行分析，结果发现，危机情境启动组被试的秩序需求水平显著高于中性情境启动组被试的秩序需求水平。也就是说，在危机情境下，民众的秩序需求水平显著变高。

这一研究不仅说明在中国背景下危机情境同样会增强个体的秩序需求，而且也为危机中的心理与社会支持提供了科学指导。危机事件的频繁发生，会对民众的心理产生巨大的影响。国际上许多危机管理组织都将心理与社会支持作为危机管理的重要内容，如联合国机构间常设委员会（IASC）和欧盟组织都出台了相关干预方案。而与这些发达国家或地区相比，国内目前仍然较为缺乏对危机中公众心理需求的探索，也尚未形成综合而完善的心理与社会支持体系。因此，该研究对危机情境下公众秩序需求的探索具有一定的理论与现实意义，为后续研究的开展及制定完整的心理与社会支持奠定了基础。

### 2.1.5　小结

总体来看，补偿性控制理论及其框架下的研究揭示了在不可控的危机情境下，个体秩序需求的增强所引发的知觉、信念、政治行为、经济行为的变化。这为现实生活中的危机管理带来了重要启示。首先，秩序需求是公众面临危机时的重要心理需求，而满足公众的秩序需求也应是相关组织或部门所提供的心理与社会支持的一项必要内容。其次，可以根据这项心理需求，制定出具体的心理与社会支持方案。例如，考虑到公众在危机之后对有秩序、整洁环境的迫切需要，在自然灾害、人为事故之后，相关管理部门应尽快为受灾者提供有秩序、整洁的生活环境。最后，这些研究也提醒我们，危机时期也常常是伪科学观点、阴谋论、谣言等的高发期，因此也需要格外注重相关信息的及时公开和信息透明。

补偿性控制理论主要从丧失控制感的体验（这也是危机的核心特征）出发，重点关注了公众秩序需求的增强。而在面临危机之时，公众必然也会存在其他的心理与行为特征。这些心理与行为特征也应是开展危机管理工作时需要重点考虑的。那么，在危机中公众还有哪些心理与行为特征呢？这些心理与行为特征又会产生怎样的影响呢？接下来的章节将对此进行充分的阐述。

## 2.2 自然灾害中的政府信任与民众风险感知

自然灾害是可能对民众生命及财产造成严重威胁的危机事件之一，而民众的风险感知(risk perception)则可能加剧这种危机事件的负面影响。那么，民众在自然灾害中的风险感知是怎样的，而政府信任又会怎样对民众的风险感知产生影响呢？本节就以洪水这种比较常见的自然灾害为背景，对这些问题进行探讨。

### 2.2.1 自然灾害中民众的风险感知

尽管现代社会的科技、医疗有了高速的发展，但人类面临的风险却并未随之降低，人们仍需面临灾害可能给生命和财产带来的挑战。风险似乎成了伴随着人类社会的永恒主题之一。当今社会中，威胁人类安全与健康的灾害事件仍频频发生，每年被地震、暴雪、洪涝等自然灾害夺取生命的人数以万计。显然，对自然灾害开展全面的预防和治理是保障人民群众安居乐业的必要工作。

在自然灾害风险的预防与治理中，民众的风险感知是重要的决定因素之一。以往对于自然灾害治理的经验告诉我们，对自然灾害问题的处理，无论是事发之后的紧急救援，还是危险来临之前的积极预防，都需要广大民众的积极参与和配合。而民众是否会积极参与和配合，受到诸多因素的影响，在这众多的因素中，首要的因素便是民众对自然灾害的认知和感受。对于此问题，曾经有学者指出，让民众安全是远远不够的，管理者还需要让他们感觉到安全(Leppin & Aro, 2009)。除了这些经验外，实证研究也支持了民众的风险感知在危机管理中的重要性。一些研究发现，民众的风险感知越高，购买和储备食品、水、衣物等应急物品的可能性就越大，也更可能为家庭制订应急计划(Rogers, et al., 2007)。由此可见，在自

　　然灾害的危机管理中，公众对风险事件的感知是策略制定和危机管理工作需要充分考虑的因素，政府必须能够做到在风险管理早期提高民众风险感知，也促使其做出必要准备工作，同时还需要在危机发生时有能力降低民众风险感知，以防止民众恐慌和社会混乱。

　　由于民众风险感知在危机管理工作中是如此重要，了解影响民众风险感知的相关因素及其发生机制，对现实中的社会危机管理工作有着重要的指导价值，对社会的安宁和稳定有重要的意义。自然灾害问题自古以来就是当政者面临的重大危机之一，自然灾害问题的预防与处置，关系到百姓的安宁，关系到社会的稳定。例如，历朝历代的统治者都非常重视洪水这种自然灾害的防御和治理。《孟子·滕文公下》就曾经讲道，"昔者禹抑洪水而天下平，周公兼夷狄、驱猛兽而百姓宁"，说的就是对洪水等自然灾害问题当给予足够的重视！党的十八届三中全会以来，党和政府十分重视社会治理的现代化，现代化的社会治理需要广大民众的积极参与和配合，制定行之有效的危机应对策略就显得格外重要，同时也是政府应急管理部门所面临的巨大挑战。

　　除了社会管理工作者，近几十年来，社会科学的学者们也开始关注民众的风险感知问题。那么，什么是风险感知呢？有学者（Slovic，1987）曾在《科学》杂志上发表文章指出，风险感知是指个体对外界环境中各种客观风险的主观感受、经验和认识。后来的学者们将其操作化定义为人们对情境中风险程度的估计和感受，包括对情境不确定性的估计、对该不确定性的可控制性的估计以及对这些估计的信心度（Sitkin & Weingart，1995）。

### 2.2.2　风险感知的基本理论框架

　　在过往对风险感知研究的历史中，共存在三种主要的理论框架：风险感知的心理测量范式、风险的社会放大框架以及风险的文化理论。这三种理论框架分别解决了风险感知研究不同层面、不同角度的问题，下面我们来依次介绍这三个理论框架。

风险感知的心理测量范式

风险感知的心理测量范式（psychometric paradigm）是由斯洛维克等人在 20 世纪 80 年代提出的，它假定人们对风险事件的感知是主观建构的，尤其是对于普通民众来说，对风险事件的感知是基于风险事件的质性特征。因此，要实现对风险感知的量化研究，就可以采用心理测量的方式。在此假设的基础上，早期的研究者们借鉴了心理学中人格测量的方法，即运用调查问卷，来询问人们对不同事件的风险和收益感知的偏好（e. g.，Starr，1969；Fischhoff, et al.，1978）。这些研究得到了许多影响民众风险感知的风险性事件的特征，包括个体的自愿性、影响的即时性、事件的新奇性及可控性、人们对该事件的熟悉程度以及是否对后代有影响等（Fischhoff, et al.，1978）。

随后，研究者（Slovic, 1987）采用因素分析的方法，得到了人们评估风险事件时主要依靠的两个因子——忧虑性（dread risk）和未知性（unknown）。其中，忧虑性维度主要包括风险的不可控程度、令人恐惧的结果、潜在的悲惨结局、感知到的不公平以及恶劣影响是否会扩大等因素；而未知性维度则主要包括风险的无法观测性、科学上无法解释、灾难后果的延迟性和事件的新奇性等。对于普通民众而言，大多数风险性事件都会落在由这两个维度所确定的二维空间的"认知地图"（cognitive maps）中，用平面二维坐标轴来表示，即横轴代表风险的忧虑性特征，从左到右代表着风险事件的忧虑性越来越高，而纵轴代表着风险的未知性特质，从下往上代表着风险的未知性越来越高。这样，一种风险事件所处坐标轴上的位置也反映了风险事件在民众心目中的严重程度（Slovic, Fischhoff, & Lichtenstein，1979）。斯洛维克等人的心理测量范式想要调查普通公众眼中的风险特征，从而用地图来描述人们对不同风险类型的认知。

风险感知的心理测量范式解决了对风险事件分类的问题，即从主观感知的角度对风险事件的类别做出了区分，从而解决了如何测量风险感知的问题。想要实现对风险感知的科学的量化研究，必要的前提条件之一即能够对风险感知实现量化测量，因此，风险感知的心理测量范式成为该领域最重要的理论框架之一，得到了大量研究者的认同和应用。

但是，要对风险感知进行研究，单单解决测量的问题是远远不够的。除了心理测量范式外，风险的社会放大框架以及风险的文化理论也是风险感知研究领域中重要的理论。其中，风险的社会放大框架反映传播学的思想，它虽然也寻求考察风险感知的影响因素，但更多强调信息传播过程中存在多种因素的动态作用，要综合地理解风险感知的问题。而风险的文化理论，则更多体现了社会学的思维，是从文化、亚文化群体和价值观层面探讨风险感知的问题。

### 风险的社会放大框架

风险的社会放大框架(social amplification of risk framework)是由卡斯帕森等人(Kasperson，et al.，1988)提出的，旨在描述心理、社会、文化和政治因素如何互相作用影响人们对风险的感知。其核心观点为一次事故或者一次恐怖袭击事件，将会与民众心理、社会组织以及社会文化等发生交互作用，进而放大或缩小人们对该事件的风险感知(Kasperson，et al.，1988；Masuda & Garvin，2006)。风险的社会放大框架借助于沟通理论中的信号放大效应来解释风险的传播，尝试说明风险信息将如何通过复杂的传递机制影响公众的心理感知(Mase，Cho，& Prokopy，2015)。

根据风险的社会放大框架理论，风险感知常常受到大众媒体的影响。风险性事件一旦发生，不仅会使人们的生命财产遭受极大的损失，而且会进一步地造成人们对生活极大的恐惧与担忧，这些恐惧和担忧等心理感受又往往带来次级的社会危害。风险的社会放大框架理论认为，风险的社会放大包含两个机制：关于风险或风险事件的信息传递，即信息机制和社会的反应机制（Kasperson et al.，1988）。斯洛维克曾经提出，风险事件所引发的影响的大小，不仅取决于风险事件本身的性质，比如其危害的程度、方式等；同时，也取决于在风险信息传播的过程中，公众如何获得相关信息以及如何知觉和解释这些信息。社会放大由污染、疾病暴发和破坏性事件等类似的可大可小的不良事件引发，通过风险放大的过程，不良事件的影响有时会远超过其直接造成的伤害，并且可能导致大规模非直接影响。风险的社会放大或弱化示意图可见图 2-1（Slovic，2002）。

　　大量研究都证实了风险的社会放大理论。研究者（Yannopoulou，Koronis，& Elliott，2011）通过案例研究的方法发现，消费者接受大众媒体放大的信息后，所产生的对品牌的信任危机要高于直接消费体验时产生的。有学者（Walter，Battiston，& Schweitzer，2009）研究发现，媒体报道可能直接调节着公众的风险感知，媒体引发的公众关注是一个重要的与健康相关行为有关的因素，并且同样的结论也出现于对美国和法国的研究。而 2010 年的一项研究（Yoo，et al.，2010）显示，媒体报道可以对民众对于疾病的认知和接种疫苗的意愿产生积极影响。总的来说，风险的信息沟通对风险感知有直接的影响，风险沟通中的任何一种因素，都可能对公众风险感知产生巨大的影响。

　　由此可见，在对风险感知问题进行研究的时候，应当从一种动态的、全面的视角来入手，更多地把风险感知问题放置于事件所发生的中观环境中去，综合分析影响民众风险感知的形成与变化的外围因素。

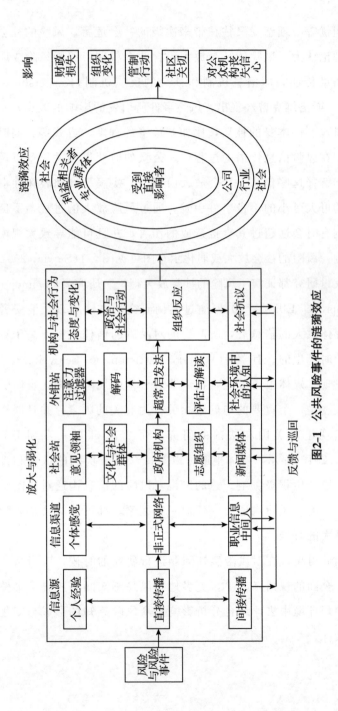

**图2-1 公共风险事件的涟漪效应**

### 风险的文化理论

学者们还从社会学的视角研究了风险感知问题，更多地将个体对风险的感知放在文化、关系群、组织或生活方式的背景中(e. g.，Kaptan，Shiloh，& Önkal，2013)。在社会学视角下，风险感知的研究方法发展成了风险的文化理论(cultural theory of risk)。风险的文化理论预设：存在一个积极的风险事件的感知者，这个感知者并非个人，而是一种受组织规则所驱动的，以挑选管理中应得到重视的风险为目的的制度或组织(Douglas，1985)。从此视角来看，影响个体是否害怕某种风险的最重要的因素并非个体的认知过程(如健康威胁感知、失去控制感等)，而是所处社会群体所共享的世界观，亦即文化偏差决定了个体的感知(Dake，1992)。简单来讲，文化理论认为，个体所处的文化制度、社会价值观是决定他们风险感知存在差异的重要因素(Douglas & Wildavsky，1983；Rayner，1992)。

根据文化理论，戴克认为，拥有不同价值观的群体有着不同的风险感知(Dake，1992)。按照他的文化价值观分类标准，群体可以分为等级主义者(hierarchism)、平等主义者(egalitarianism)、个体主义者(individualism)和宿命论者(fatalism)。其中，等级主义者倾向于信任权威，也更加关注那些威胁社会秩序的风险；而平等主义者则常常对权威持怀疑态度，更加关注那些由于社会制度不公而带来的风险问题；个体主义者面对风险时，倾向于基于自己的选择而做出最大努力；宿命论者则倾向于将各种事情看成是命运和机会的结果，因此，在面对风险时，他们觉得无能为力(Dake，1992)。

然而，文化理论在实证研究的应用中，也遭受了许多的批评。例如，在采用文化理论对民众感知到的风险进行研究时，研究者们发现文化理论所解释的比例非常有限，通常只有 5% 甚至更少(Sjöberg，2000)。

### 2.2.3　民众对政府的信任程度会影响他们的风险感知吗？

在风险感知研究领域，信任和风险感知的关系一直是社会风险管理研究的热点问题之一（e. g.，Siegrist，Cvetkovish，& Gutscher，2001；Sjöberg，2001）。信任是指一种心理状态，包括在对他人意图或行为做出积极预期的前提下，接受伤害（vulnerability）的可能性（Rousseau，et al.，1998）。根据信任的这一定义，首先，我们可知，信任关系的发生通常指向一定的客体，即信任拥有目标对象；其次，信任包含着对目标对象的一种积极的期待，认为对方会做出对自己有益的行为而非相反；最后，信任通常是一种用来减少理性判断必要性的捷径（Siegrist & Cvetkovich，2000）。在公共的危机管理中，信任通常涉及的是民众对于政府管理者的信任，也就是说，我们所论述的信任与风险感知，实际上就是指政府信任与民众的风险感知。政府信任是指在社会公众与政府的关系中，当面临着不确定性时，公众仍然相信政府意图或行为具有可预测性和可靠性，从而对其抱有可信赖的正面期望状态（徐彪，2013）。政府信任可以区分为普遍信任和具体信任，其中普遍信任是指责任感、诚实等态度的可靠性评价，而具体信任则是对能力的评价（Viklund，2003）。

尽管出现了大量的研究，但信任究竟能解释风险感知多少变异，或者说信任是否能一致地影响民众的风险感知，研究的结论并不一致。许多的研究发现，信任与风险感知有显著的负相关（e. g.，Earle，2010；Flynn，et al.，1992）。在瑞典进行的一项研究（Biel & Dahlstrand，1995）甚至发现，民众对专家的信任和风险感知的相关系数竟然达到-0.63。有学者认为，由于信任能够简化信息的复杂程度，因而信任是降低个体认识到风险情境中负性结果可能性的关键因素（Luhmann，1985）。不过，也有学者认为信任和风险感知的关系即便存在，也是非常弱的关系。例如，有研究者（Sjöberg，2000）采用实证研究的方法指出，信任和风险感知的相关性很低，甚至要低于价值观量表所解释的比例(10.2%)。在一项对核废料选址问题的研究(Drottz-Sjöberg,1999)中,结果也发现尽管民众对公司有很高的信任度,但他们仍然拒绝将核废料处理设施建设在其居住地周围,这也说明了信任对风险感知影响的有限性。

信任和风险感知相关强度的不一致,在一定程度上说明,信任与风险感知的关系需要进一步的探索。梳理以往有关信任与风险感知的研究,我们发现,研究所关注的风险事件类型以及民族文化都可能是影响风险感知和信任两者关系的因素。其一,风险事件的类型会影响信任和风险感知的关系。如只有当决策者面对不确定性的情境时,尤其是当个体缺乏关于灾难的知识时,信任才会变得很重要。在一项对地震、火山爆发和洪水等多种自然灾害的研究中发现,当人们面对新风险事件时,信任可以降低他们感知到的不确定性和复杂性(Frewer & Salter,2007;Paton,2008)。其二,信任和风险感知的关系在不同的民族中,强度也不一样。一项跨国取样的研究结果就发现,在西班牙和法国的样本中,这种关系就较弱,而在英国和美国的样本中,这种相关强度就能达到中等的水平(Viklund,2003)。除了风险事件类型和民族文化外,对信任如何影响风险感知具体过程的探究可能也会有助于我们理解信任与风险感知的关系。

佩蒂(Petty)和卡乔波(Cacioppo)提出的精细加工可能性模型(the elaboration likelihood model,ELM)曾尝试回答信任与风险感知之间的关系问题。根据 ELM 理论,个体对信息来源的信任不同,信息加工的路径也就不同,信息所达成的说服效果也就不同(Petty,Priester,& Briñol,2002)。基于 ELM 理论,研究者们发现,信任可以视为一种信息线索,对信息的加工方式,即对系统性—启发性信息加工系统的选择有显著的影响。具体来说,对于高可信度的信息,个体就会很少对其做出详细的辨别和加工,而是更多地依赖于先前的态度(De Dreu & Beersma,2010)。相反,对于低可信度的信息，个体会更多地对其进行思考。同时，研究者们在疾病风险、核污染风险等领域又发现，启发式信息加工与风险感知存在负相关，而系统式信息加工与风险感知呈现正相关（Tortosa-Edo, et al., 2014; Trumbo & McComas, 2003, 2008）。

### 2.2.4  政府信任对风险感知的影响及机制：一项实证研究

为了探究政府信任影响风险感知的具体过程，李凯（2017）检验了在洪水背景下，政府信任对民众风险感知的影响，以及政府信任影响民众风险感知的心理机制，即信息加工方式的中介效应。实验借助网上调查平台，将实验材料通过链接的形式分发，最终得到有效参与者 160 人，其中男性 63 人，女性 97 人，平均年龄为 23.98 岁，标准差为 4.91 岁。

实验采用单因素两水平的设计，自变量为政府信任，中介变量为信息加工方式，因变量为风险感知。在实验中，阅读低信任启动材料的参与者有 75 人，阅读高信任启动材料的参与者有 85 人。低信任启动材料为：事实表明，灾难面前，政府似乎是靠不住的。例如，A 市曾被戏称"7 月请到 A 市来看海"。于是，2013 年，A 市曾经大力宣传将斥资 130 亿元，全力打造海绵城市。然而，2016 年 7 月初，一场暴雨袭击 A 市，造成全城内涝严重，给民众生命财产带来极大威胁。据了解，在过去几年的城市建设中，A 市并未重视"看不见"的地下排水工程，而是以城市面子工程为第一发展要务。这样的时代，还有什么可以作为百姓生活质量的保障呢？

高信任启动材料为：事实表明，灾难面前，政府永远是值得信赖的。例如，由于地理位置特殊，A 市常常遭遇城市洪水威胁，但政府在防治洪水问题上不惜血本。2016 年 7 月初，一场暴雨袭击 A 市，在灾难期间，A 市各级政府领导日夜奔波在抗洪救灾第一线，连续奋战十多天。在洪水退去之后，A市政府又多次召开会议，论证城市建设规划方案，重新拟定极端天气预防方案，制定各级各部门详细职责，坚决最大限度地减少城市居民未来面临的洪水威胁。

中介变量的测量工具为信息加工方式问卷，包含系统式加工问卷及启发式加工问卷。因变量的测量工具为风险感知问卷。系统式加工问卷采用特朗博和麦科马斯（Trumbo ＆ McComas，2003，2008)所采用的问卷。问卷包含四个题目，分别为："当看到与洪水威胁相关的天气、河流水位等信息时，我需要仔细思考其可靠性和真实性"；"为了清楚地知晓我们所面临的洪水威胁，我会尽可能地去搜索更多的观点而不是只听政府公布的信息"；"只要出现与洪水问题相关的信息，我都会关注并思考，而不是只听官方报道"；"我尝试着学习更多有关洪水的知识，以便于我自己能够更好地对我们面临的洪水问题做出判别"。在本研究中该量表的 α 系数为 0.78。

启发式加工问卷同样采用特朗博和麦科马斯（Trumbo ＆ McComas，2003，2008)所采用的问卷，也包含四个题目："以往经验使我很轻松地对我们面临的洪水威胁的严重程度做出判断"；"当我看到大量政府对洪水问题的分析报道时，我不太需要仔细辨析各个细节是否准确"；"当我对洪水问题做出判断时，我并不需要那么多关于洪水问题的相关信息"；"关于我们可能面临的洪水风险，我听从政府的指示"。问卷采用 7 点计分的方法。在本研究中该量表的 α 系数为 0.54。值得注意的是，这样的 α 系数意味着该工具的内部一致性有可能较低，但学者们已指出，一般要测量启发式加工过程相对来说较为困难，人们常常由于社会赞许性的原因，不太愿意承认他们在信息不足的情况下快速形成判断（Trumbo ＆ McComas，2008)。总体来说，尽管这种测量工具不是十分理想，但在以往的研究中还是发现它能够很好地预测风险感知（Trumbo ＆ McComas，2008)。

风险感知问卷包含五道题目，分别为：(1)在未来五年的梅雨时

期，假如 A 市再次面临像 2016 年夏季一样的降雨量，那么，你认为
A 市再次遭遇城市内涝的可能性为多大？（2）在未来五年的梅雨时
期，假如 A 市再次面临像 2016 年夏季一样的降雨量，你认为洪水问
题对 A 市所造成的影响的严重程度有多大？（3）在未来五年的梅雨时
期，假如 A 市再次面临像 2016 年夏季一样的降雨量，你认为在 A
市会有多少人因洪水而受伤或死亡？（4）在未来五年的梅雨时期，假
如 A 市再次面临像 2016 年夏季一样的降雨量，你认为在 A 市居住
的市民对洪水威胁的担忧程度为？（5）在未来五年的梅雨时期，假如
A 市再次面临像 2016 年夏季一样的降雨量，你认为在 A 市居住的市
民对洪水威胁的害怕程度为？问卷采用 5 点计分的方法，问卷的 α
系数为 0.72。

　　最后研究结果发现，高信任组与低信任组在启发加工上得分存
在显著差异，高信任组比低信任组更多地采用启发加工；在风险感
知上也存在显著差异，高信任组的风险感知显著低于低信任组。此
外，在高信任组中，启发加工与风险感知有中等负相关，而在低信
任组中，启发加工与风险感知相关并不显著。进一步采用所得数据
对中介模型进行检验，结果发现：政府信任能够显著预测启发加工
和风险感知，但不能预测系统加工；当信息加工方式和政府信任都
进入回归方程时，政府信任和启发加工能够显著负向预测风险感知；
并且启发加工在政府信任和风险感知关系中的中介作用显著，而系
统加工则不能预测风险感知，其中介效应也不显著。

## 2.2.5　小结

　　危机管理的重要工作之一是让民众能够积极配合相关部门或组
织有效地应对危机。在面对潜在的危机事件时，民众如何感知风险，
是学者和社会管理者需要考虑的重要问题之一。我们在中国的洪水
风险问题背景下探讨了政府信任与风险感知的关系，发现了以下几

点重要问题。

首先，我们发现民众对政府的信任程度越高，风险感知就越低。此研究结果补充和完善了信任与风险感知关系领域的研究，给信任与风险感知的关系提供了新的数据支撑。根据该研究的结果，我们建议，在未来自然灾害等危机事件的管理中，政府应当注重提高自身公信力，为危机管理做好重要的前提保障工作。

其次，我们发现信息加工方式是政府信任影响风险感知的一个中介机制。从信息加工的视角来看，风险感知作为一种对风险信息加工的结果，对风险信息的加工方式可能是其决定因素之一。我们的结果验证了这一假设，在洪水风险问题中，高信任通过诱发民众的启发加工，进而导致民众有更低的风险感知；而低信任对风险感知的影响通常是直接而非间接的。该结果与前人的研究结果部分一致(Trumbo & McComas，2003，2008)。

最后，比较有意思的是，当政府信任较低时，民众有较高的风险感知，但这一关系无法通过信息加工的中介来解释。具体来说，当民众对政府的信任较低时，他们的启发加工水平较低，系统加工水平也并未提高，却表现出较高的风险感知。这与研究者(Tortosa-Edo，et al.，2014)以化工污染风险为研究背景所得出的研究结论恰好相反。我们推测，这是由于风险事件的类型不同，涉及的心理机制也不一样。例如，由于启发式加工更加依赖于人们过去的经验，而与化工污染、核污染风险相比，洪水风险通常被视为一种更为传统的风险，人们有较多的关于此类风险的直接或者间接经验，对此类风险也相当熟悉(Ge，et al.，2011)，因此人们在面对洪水风险时，可能有更多的启发式加工。例如，有研究者(Leiserowitz，2006)发现，民众在对气候变化的风险感知方面，更多的是根据经验系统进行判断。未来研究可以深入关注不同风险事件如何影响人们的心理加工机制。同时，政府管理工作者还应当看到，即便是相似度很高的危机事件，也可能存在不同的心理机制。因此，只有探索不同危机事件中的不同心理机制，根据其具体特点具体分析和研究，才能够得到最适宜的危机管理办法，制定出行之有效的危机管理方案。

## 2.3　信息特征及信任度对暴恐事件风险感知的影响

上一节探讨了在自然灾害危机中政府信任对民众风险感知的重要作用，那么在其他类型的危机事件中，这种作用是否同样存在？此外，是否有其他因素会与信任一起交互影响民众的风险感知？本节就以暴恐事件为背景，探讨信任度及信息特征对民众风险感知的可能影响。

### 2.3.1　暴恐事件中民众的风险感知

2001 年美国"9·11"恐怖袭击事件发生后不久，就有含炭疽杆菌的信件被送往美国邮政部门。这些严重的恐怖主义行为，导致美国政府将对恐怖主义的调查及防范置于了优先地位。但在很长的一段时间里，大多数国人一直以为恐怖主义主要是美国、英国等西方国家所面临的威胁，它与我们自身的安全好像没有太大的关系。但2014 年发生的"3·1"昆明火车站严重暴力恐怖案件和"5·22"乌鲁木齐暴力恐怖案件，使国人转变了这个看法。

尽管恐怖主义袭击相比于类似火灾或交通事故这样的事件来说，其发生率很低，但它仍会引起人们相当大的恐惧。大量研究都强调了这样一个事实，除了物质损失之外，恐怖主义威胁还会对民众的心理和行为造成持久的影响，而民众对恐怖主义或暴恐事件的风险感知就是其中受影响的心理变量之一。目前，国外已经有许多相关的研究发现。例如，赫伦和詹金斯(Herron & Jenkins-Smith, 2006)长期以来对公众恐怖主义风险感知进行了大量的调研，他们成立专家小组，调查了美国公众关于核武器、恐怖主义和安全的意见，发现自 1993 年后，民众对核恐怖主义威胁的平均评估相对稳定，而民众对所有形式的恐怖主义威胁的总评估，2003 年要高于 1997 年，其中"9·11"事件发生后的一段时间内最高。有调查发现，98％的 16 岁以上美国居民相信在他们的一生中还会遭遇恐怖主义袭击。可见，恐怖主义威胁或事件本身即是民众对暴恐事件的风险感知最为直接的影响因素。

此外，民众对暴恐事件的风险感知也受到其他一些因素的影响。例如，人们与受攻击的目标越是靠近，他们对未来一年内自己所在社区发生恐怖袭击的可能性判断越高，并且这一关系在女性以及低收入人群中格外明显（Woods, et al., 2008）。在瑞典的一项研究发现，评估恐怖主义威胁水平时，女性比男性估计得更高，学历低的老年被试的风险感知更高（Sjöberg, 2005）。尽管如此，在影响风险感知的因素中，人口学因素只占了一小部分；相比人口学因素来说，心理因素与风险感知有着更强的相关。

### 2.3.2 信息特征及信任度对风险感知的影响

在暴恐事件发生之后，大部分民众并非亲身经历者，而是通过各种信息渠道间接了解事态进展的。显然，民众对暴恐事件的风险感知会受到信息及其传播和加工过程的影响。根据精细加工可能性模型，进行信息分析时，首先应该考虑的方面是信息来源以及对来源的信任，因为这两个因素会影响论证的强度以及随后的说服效果，特别是在精细加工的情况下（Petty, Priester, & Briñol, 2002）。影响信息来源信任度的因素主要包括专业技术性、能力高低、客观性等。总的来说，高可靠性、高信任度的信息来源（如官方机构、专家）相比低可靠性、低信任度的信息来源更具有说服性（Pornpitak-pan, 2004），对公众的风险感知影响更大。已有研究表明，特别是在不确定情境下，人们更倾向于相信权威的政府机构（Betsch & Sa-chse，2013），政府部门发布的信息将会对公众风险感知产生更大的影响。但这并不意味着官方信息源总是具有更高的信任度和相应的影响力，也不意味着非官方渠道发布的信息就不会对公众风险感知产生影响。因此，值得考察的一个问题就是信息源与信任度对民众风险感知的交互影响。

精细加工可能性模型还指出，当个体对信息有高水平的卷入时，论证的强度会是一个重要的说服因素，而强烈的论证是指那些显著的、看似合理的和新颖的论证。除此之外，语言特征也可能对信息的强度产生影响。例如，语言有力与否可以影响信息的可信度（Blankenship & Holtgraves，2005）。因此，信息内容及语言特征都可能是影响民众风险感知的重要因素。然而，这些因素在现实中似乎没有得到应有的重视。在危机事件浮现之时，官方为了维护社会秩序、安稳民心、减少恐慌，经常会采用单纯否定风险存在或严重性的沟通策略。但过往研究表明，由于消极偏见的存在，与"没有风险"的信息相比，人们更倾向于相信表面风险存在的信息（Siegrist & Cvetkovich，2001；White，et al.，2003）。这意味着，有时候政府越是强烈否定风险的存在或严重性，民众越是可能不相信政府，转而相信非官方来源的信息甚至是谣言，以致引发更高水平的风险感知。相比之下，采用"弱否定"的沟通策略反而会引发更低水平的风险感知。当然，民众对政府的信任度也可能在这个过程中起到一定的弥补作用。因此，信任度与信息内容中的否定强度对民众风险感知的影响也是一个值得考察的问题。

### 2.3.3　信息特征及信任度影响风险感知的实证研究

为了考察信息特征及信任度对暴恐事件中民众风险感知的影响，陈汉明（2015）设计并进行了两个研究。研究一为相关研究，通过问卷法考察了信息源及信任度对暴恐事件风险感知的可能影响，研究二则进一步通过实验法考察了信息内容及信任度对暴恐事件风险感知的可能影响。

研究一：信息源及信任度对风险感知的影响研究

研究一选取了非在校成人为研究对象，对湖北省黄冈市的居民进行了调查。经过培训的心理学专业学生在该地对非学生的成年人发放了问卷，并要求他们依次对人口学信息、信任度和风险感知问卷进行作答。共发放问卷 250 份，回收问卷 194 份，问卷回收率为 77.6％。剔除漏答过多和规律性作答的问卷后，最终得到有效问卷 185 份。样本的平均年龄为 37.3 岁，标准差为 9.19 岁。

研究的自变量为信任度，要求受调查对象回答对所呈现信息的信任度，信息来源的类型包括官方与非官方两类。一部分受调查对象回答对官方来源的信息的信任度，具体的项目为："对于官方网络途径（政府网站，门户网站，政府及官方机构的认证微博、微信平台等），您相信或者不相信的程度如何？""对于官方非网络途径（电视、报纸杂志、广播、出版的书籍、单位或社区的传达等），您相信或者不相信的程度如何？"；另一部分受调查对象则回答对非官方来源的信息的信任度，具体的项目为："对于非官方的网络途径（各类论坛、社区、贴吧，个人微博、QQ、微信朋友圈等），您相信或者不相信的程度如何？""对于非官方的非网络途径（口口相传，不明来源的张贴物、传单等），您相信或者不相信的程度如何？"量表采用 7 点计分的方式，分数越高代表信任度越高。

因变量为风险感知，根据斯洛维克的心理测量范式以及以往对暴恐事件风险感知的研究，并结合研究的目的，所测量的风险感知维度包括：威胁发生的可能性、发生的范围、后果的严重性、威胁的可控性、对威胁是否了解（即知识性）及总体的风险水平。题项如："综合您了解到的信息来考虑，您认为近期中国再次爆发严重暴恐事件的可能性有多高?""综合您了解到的信息来考虑,您认为目前在中国,暴恐事件的总体风险有多大?"量表为 10 点计分,分数越高代表风险感知水平越高。

以暴恐事件发生的可能性为因变量的方差分析结果显示,信任度与信息源的交互作用显著。具体来说,当信息来源于官方时,信任与否对风险发生可能性感知的影响不显著;当信息来源于非官方时,信任可以显著提高个体对风险发生可能性的估计,即对非官方来源的暴恐信息的信任程度越高,民众越认为暴恐事件发生的可能性大。

以暴恐事件发生的范围为因变量的方差分析结果显示,信任度与信息源的交互作用显著。具体来说,当信息来源于官方时,信任可以显著降低个体对风险发生范围的知觉;当信息来源于非官方时,信任显著扩大了个体对风险发生范围知觉。总之,民众越信任官方来源的暴恐信息,越感觉暴恐事件造成的影响范围小;民众越信任非官方来源的暴恐信息,越感觉暴恐事件造成的影响范围大。

以暴恐事件发生的严重性为因变量的方差分析结果显示,信任度与信息源的交互作用显著。当信息来源于官方时,信任与否对个体风险严重性知觉的影响不显著;当信息来源于非官方时,信任可以显著增强个体对暴恐事件严重性的知觉,即民众越信任非官方来源的暴恐信息,越认为暴恐事件造成的后果严重。

以暴恐事件发生的可控性为因变量的方差分析结果显示,信任度与信息源的交互作用显著。当信息来源于官方时,信任与否对个体风险可控性知觉的影响不显著;当信息来源于非官方时,信任显著降低了个体对风险可控性的估计,即民众越信任非官方来源的暴恐信息,越认为暴恐事件不可控。

以暴恐事件威胁了解程度为因变量的方差分析结果显示,信任度与信息源的交互作用不显著。

最后，以暴恐事件发生的总体风险为因变量的方差分析结果显示，信任度与信息源的交互作用显著。当信息来源于官方时，信任可以显著降低个体对总体风险的知觉；当信息来源于非官方时，信任显著提高了个体对总体风险的知觉。总之，民众越信任官方来源的暴恐信息，对暴恐事件的总体风险感知越低；民众越信任非官方来源的暴恐信息，对暴恐事件的总体风险感知越高。

通过上述分析可以得出结论：对于官方来源的信息，信任度不一定能够显著预测风险感知水平，而仅在暴恐事件发生的范围和总体风险两个维度上能够负向预测风险感知水平；而对于非官方来源的信息，信任度则能够显著正向预测大多数维度上的风险感知水平。这意味着，民众对官方来源信息的信任度，能够在一定程度上降低他们对暴恐事件的风险感知水平，而民众对非官方来源信息的信任度，则会明显增加他们对暴恐事件的风险感知水平。

研究二：信息内容及信任度对公众风险感知的影响

研究二采用实验法来考察信息内容中的否定强度对公众风险感知的影响，以及官方信任度在其中所能起到的作用。实验被试为华中地区某高校学生共 113 名，其中男性 43 人，女性 70 人，年龄范围在 18 到 32 岁之间，平均年龄为 22 岁，标准差为 2.5 岁。

实验采用 2(否定强度：强烈、轻微)×2(官方信任度：高信任、低信任)的组间设计。因变量为被试的风险感知水平。这样就可以得到四个实验组：组一为强烈否定的信任官方组，组二为轻微否定的信任官方组，组三为强烈否定的不信任官方组，组四为轻微否定的不信任官方组。

在实验开始后，首先向四组被试呈现相同的国内某地暴恐事件背景信息，并测量其对该暴恐事件的关注度。具体题项是："过去的一年里，暴力恐怖事件频频在该地发生，你是否对其有所关注?"采用 7 点计分，分数越高代表关注程度越高。

其次，要求被试想象自己正在参与一个社会调研项目，项目组张同学提出他要去该地开展一次为期 10～15 天的调研，这项调研对项目的完成很有帮助。项目组组长出于对张同学安全的担心，打算让大家充分考虑这么做可能存在的风险，进行不记名投票，表明是否同意张同学去该地调研。

再次，向被试呈现一个虚拟官方微博（"社会预警研究院"）关于近期该地安全风险的辟谣信息。在呈现具体的微博辟谣信息之前，高信任组被试先阅读强调"社会预警研究院"高可信度的描述，低信任组被试则先阅读不强调"社会预警研究院"可信度的描述。微博辟谣信息的表述方式分为强烈否定和轻微否定两种类型，分别呈现给强烈否定组和轻微否定组的被试。

最后，测量被试的风险感知水平，包括可能性、严重性、总体风险水平以及反对意愿四个维度。具体来说，要求被试在综合考虑相关信息后回答："你认为张同学如果去该地各城乡广泛调研，在其所经范围碰到人身安全方面的风险事件的可能性有多大？""如果去该地碰到了人身安全方面的风险事件，可能的后果有多严重？""请评估该地目前总体的社会风险水平。""你对张同学去该地调研的反对程度有多高？"全部项目采用 7 点计分，分数越高代表风险感知水平越高。

方差分析结果显示，信任度的主效应在可能性、总体风险水平和反对意愿三个指标上均达到了显著水平，但在严重性上不显著，表明在高官方信任条件下，被试会感觉风险发生的可能性更低，该地总体的社会风险水平更低，对张同学去该地调研的反对程度更低。总体而言，对官方机构的信任度提升可以降低被试的风险感知水平。

结果还发现，否定强度的主效应仅在风险严重性维度上呈边缘显著，但其对风险感知的影响趋势符合预期，即否定强度越强，公众的风险感知水平反而越高。虽然官方信任度和否定强度的交互作用在风险感知的四个维度上均不显著，但其趋势仍旧符合预期：对于可信来源的信息，无论是强烈的否定还是轻微的否定，否定强度对风险感知的影响差别并不大；而对于不可信来源的信息，强烈的否定会导致更高水平的风险感知。

总之，研究二在一定程度上揭示了信息内容的否定强度对公众风险感知的影响，以及官方信任度在其中所能起到的作用。造成实验结果趋势符合预期但未达到显著水平的可能原因有很多。例如，实验被试全部为在校大学生，被试数量有限也可能是这一现象的原因之一。另外，实验室条件有限也可能会对被试造成干扰，从而影响了实验结果。

### 2.3.4 小结

目前，我国正面临着一系列潜在的社会风险，其中暴恐事件便是一个令政府部门和民众普遍感到担心的风险因素。为了更有效地增进民众对社会安定的信心，有必要从更多方面来探究民众风险感知的影响因素。本节所介绍的两个研究在关注信任度的同时，分别考察了信息源和信息内容对公众风险感知的可能影响，得到了具有一定启示意义的结果。

研究一的结果发现，信任度与信息源能够交互影响民众的风险感知，即民众对官方来源信息的信任度的提升，能够在一定程度上降低他们对暴恐事件的风险感知水平，而民众对非官方来源信息的信任度的提升，则会明显增加他们对暴恐事件的风险感知水平。也就是说，越信任官方信息的公众将会有越低的风险感知水平，而越信任非官方信息的公众则将会有越高的风险感知水平。这一结果不仅与之前的研究发现相一致，而且揭示了对非官方来源信息的信任对风险感知的负面影响。一般来说，民众要么更信任官方来源的信息，要么更信任非官方来源的信息。考虑到对不同信息源的信任度对风险感知的不同影响，为了增进民众对社会安定的信心，政府就要树立好自身的公信力，让民众有权威可信赖，从而降低公众的风险感知，让危机管理过程更加有效。

　　研究二的结果发现，官方信任度与风险否定强度的交互作用并不显著，但仍然存在类似的趋势。从结果中可以看到，官方信任度的主效应除了在风险严重性维度上不显著外，在其他三个维度上都显著。这说明对官方机构的信任度会显著影响民众的风险感知，并且民众越信任官方，其风险感知水平会越低。这不仅与研究一及过往研究的结论一致，还建立了因果关系。另外，研究二还发现信息内容中的否定强度会在一定程度上产生适得其反的作用，即否定强度越强烈，人们的风险感知水平反而越高。这种现象主要出现在民众对官方的信任度较低的情况下，当民众对官方的信任度较高时，无论是强烈地否定风险还是轻微地否定风险，对民众风险感知的影响并不大。这意味着，只有当官方部门具有较高的公信力时，否定风险的策略才是有效的，而当官方部门缺乏公信力时，否定风险的策略只会进一步加剧民众对风险的感知，乃至妨碍社会的稳定发展。所以，这一研究发现对政府部门具有一定的启示意义，即在危机浮现、谣言四起的情况下，"辟谣优先""一味否定风险存在"的做法并不一定是安稳民心的有效策略，只有当自身公信力足够高时，这种策略才是有效的。一般而言，更值得推荐的做法是保持诚实，积极响应，通过行动切实改善自身的公信力。

**3**

# 心理与社会因素对危机
# 事件的影响

上一章通过相关研究的介绍，我们了解了民众在危机中的某些基本心理与行为特征，例如民众在危机后一般倾向于较高的秩序需求，希望恢复有秩序的局面；并且其风险感知水平会受到对政府信任程度的影响。这些特征因素不仅可能给个体带来负面影响，倘若处置不当，还可能反过来加剧危机事件及其负面影响，增加危机管理的难度与挑战。现实中还有许多其他心理与社会因素可能对危机事件产生影响，这些因素都是整合视角下的危机管理项目所必须关注和考虑的。基于此，本章将通过继续介绍相关的研究，专门针对其中的一些重要因素进行探讨，旨在为危机管理提供一些参考或启示。

在本章中，我们将首先以群体性事件这类公共安全事件为例，探究民众的道德判断和系统合理化在其中的作用，揭示出可能造成或激化群体性事件的重要因素。然后，我们将目光转移到优势/弱势群体对受不公平对待的威胁敏感性差异上，考察社会中的弱势群体是否倾向于比优势群体对不公感受更敏感，并产生更强烈的反应。

## 3.1　道德判断在群体性事件中的作用

　　群体性事件是社会治理和危机管理中的一个重大现实问题，其发生一般会涉及众多影响因素。本节将首先对群体性事件及其特征和解释理论进行介绍，然后通过三个实证研究，逐步深入探讨道德判断在群体性事件中的关键角色。

### 3.1.1　群体性事件的典型案例

　　一段时间以来，群体性事件仍未销声匿迹。2004年10月重庆市万州区曾发生一起事件，起初只是胡权宗妻子与进城务工人员在路上行走时因不小心碰撞而产生口角，但由于胡权宗言行嚣张，还谎称自己是公务员，可以靠花钱摆平事情，引发了围观群众的不满和情绪激化，且有少数好事者进行言语煽动，结果演变为执法民警被围困、区政府玻璃大门被砸的群体性事件，一度造成数千群众聚集围观，以致当日下午至晚间公共场所秩序遭受较大影响。（新华网，2004-10-20）

　　万州事件是群体性事件的典型代表，其典型特征是事件发生过程中政府工作人员和政府部门遭受牵连，对社会秩序造成了严重的破坏，具有爆发性、破坏性等特点。与此相似的群体性事件还有许多，这些事件不仅类型多样，而且发生地也较为分散。早期统计数据显示，群体性事件的数量和规模曾经一度呈上升趋势（汝信，陆学艺，李培林，2004，2008），但这些数据已不能准确反映社会现状，因为随着社会治理能力提升和法律体系完善，群体性事件的发生频率和影响范围已得到一定控制。然而，这并不意味着我们可以对此掉以轻心。相反，随着社会经济环境的变迁，催生群体性事件的环保、民生、失地、劳资纠纷等社会问题将依然存在。有学者指出，未来 15 至 25 年仍可能是群体性事件多发期(孙元明,2013)。因此,研究群体性事件已经成为社会学、政治学、心理学等学科的迫切任务之一。

这些事件都有明显的共同点。就万州事件而言,围困胡权宗夫妇以及警察的民众,在这起事件中自身并未受到胡权宗夫妇的欺凌,不是欺凌事件的当事人,是欺凌事件的非直接利益者。毫无疑问,对胡权宗夫妇以及警察的"义愤",即由道德判断所导致的愤怒,是他们围困胡权宗夫妇以及围攻警察和政府大楼的直接心理原因。正是这种义愤让他们认为自己被赋予了围困胡权宗夫妇以及攻击警察和政府大楼的"权利",让他们认为这种攻击行为是"道德上合法的"。这种由道德判断所赋予的"行为合法性",正是自古以来民众与官方发生冲突的主要原因之一。因此从道德判断的角度,探讨非直接利益者参与群体性事件的原因,有着重要的意义。

### 3.1.2　群体性事件及其特征

探讨群体性事件,我们需要从理论的角度探讨群体性事件的本质和影响因素。群体性事件是集群行为的一种,因此集群行为的相关理论能为探讨群体性事件提供重要框架。

集群行为(collective action/collective behavior),指的是旨在改善整个群体而非一个或少数人的地位、权力或者影响力的行动(Wright, Taylor, & Moghaddam, 1990a; van Zomeren & Iyer, 2009)。在集群行为研究领域中,集群行为和抗议(protest)被视为可以互换的概念(Stürmer & Simon, 2009; van Stekelenburg & Klandermans, 2013; Crossley & Ibrahim, 2012)。国内将之译作"集群行为"(张书维,周洁,王二平,2009)或者"集体行动"(陈浩,薛婷,乐国安,2012;石晶,崔丽娟,2014)。集群行为可以划分为规范性集群行为和非规范性集群行为(normative versus nonnormative action），前者的目标在于改变群体在系统内部的地位但不破坏当前系统的规则，例如普通的游行、和平与理性的示威；后者破坏和违反当前系统的规则，例如骚乱（Wright，2009）。需要注意的是，这种区分并不仅仅是暴力与非暴力的区分。非规范性的集群行为不仅挑战当前群体间地位的不平等，更挑战决定群体地位的社会结构和规则（即手段）。因此，当规范性集群行为对社会秩序提供无声的支持时，非规范性行为则向内群体成员、外群体传递清晰的信息，那就是他们认为当前社会秩序是不合理的。所以，参与非规范性集群行为，可能要求更强的外群体行为不公正/不道德的信念。在规范性通道是畅通的时候，人们一般会优先选择规范性行动。然而，如果体制内的策略被证明无效或者优势群体采用非规范性的手段来保持他们的权力，被知觉到的体制合法性就会打折扣，规范性集群行为就会让位于非规范性集群行为（Wright，2009）。可以看出，由于具有暴力性和破坏社会秩序的特点，群体性事件属于非规范性集群行为，是集群行为的一种。

群体性事件是指由人民内部矛盾引发、群众认为自身权益受到侵害，通过非法聚集、围堵等方式，向有关机关或单位表达意愿、提出要求等事件及其酝酿、形成过程中的串联、聚集等活动（中共中央办公厅，2004）；有一定人数参加的、通过没有法定依据的行为对社会秩序产生一定影响的事件（于建嵘，2009）；指一种非阶层性的、偶发短暂的、无直接利益关联的群体性冲突行为（周连根，2013）；是当下我国典型的集群行为，是部分群众与当地党政部门或强势社会集团的对抗性冲突，是民众在现行体制外的一种利益诉求方式（张书维，周洁，王二平，2009；张书维，王二平，周洁，2012）。这些定义集中于群体性事件的群体参与性、秩序破坏性、不合法性、官民冲突的根源性、行为指向性（行政部门及其工作人员）、政治上的安全性。不同的界定者强调的重点不同，但他们都承认这些特征。有研究者(Pierskalla & Hollenbach，2013)在研究中采用的暴力性集群行为(violent collective action)概念也恰好能描述群体性事件的特征。

### 3.1.3　解释群体性事件的重要理论

对集群行为的研究，早期局限于客观群体差异，忽视了个体主观认知，后来研究开始强调个体心理动机的作用(van Zomeren，Postmes，& Spears，2008；van Zomeren & Iyer，2009)。在解释集群行为的理论中，有三个理论最重要：相对剥夺理论(relative deprivation theory)、社会认同理论(social identity theory)、资源动员理论(resource mobilization theory)。

相对剥夺理论

相对剥夺理论认为只有当人们感知到他们的处境被相对剥夺了，他们才会体验到愤怒和怨恨，才会寻求改变他们的命运，从而导致集群行为(Crosby，1976；Runciman，1966)。相对剥夺理论认为，对不公平的主观体验比其客观的、物质的根源更重要。

相对剥夺理论包含人们为什么参与群体行为的两个关键观点(van Zomeren，Postmes，& Spears，2008；van Zomeren & Iyer，2009)。第一，剥夺必须被认为是基于群体的才能预测群体性的。元分析(Smith & Ortiz，2002)显示，当不利地位被知觉为基于个体和不公正的时候，剥夺感并不会预测集群行为，但是当同样的不利地位被知觉为基于群体和不公正时，相对剥夺便是集群行为的强有力的预测因素。同时体验到个人剥夺和群体剥夺有最强的动机采取反抗行动(van Stekelenburg & Klandermans，2013)。第二，人们不会只是知觉到社会不公正或者不公平，而是经常由此唤起情绪(Kawakami & Dion，1995；Leach，Snider，& Iyer，2002)。相对剥夺理论者认为，正是这种情绪反应驱使人们做出集群行为(van Zomeren，Postmes，& Spears，2008)。例如，基于群体的愤怒和怨恨会激发人们参与集群行为的意愿(Mummendey，et al.，1999；van Zomeren，et al.，2004)。同样地，美国和英国公民对他们国家占领伊拉克行为的羞耻感和愤怒感显著激发对占领行为的抗议(Iyer，Schmader，& Lickel，2007)。根据相对剥夺理论可以认为，群体剥夺导致愤怒等情绪，这些情绪导致集群行为。

在集群行为研究中，相对剥夺、不公平(inequity)、不公正(unjust)、冤屈(grievance；van Stekelenburg & Klandermans，2013)这几个概念指的是同一事实，都指的是个体对客观不公正的主观感知。经典理论认为，人们参加抗议、反抗是为了表达源自他们的相对剥夺、挫折或者知觉到的不公正的冤屈。后来学者们认为，需要解答的问题不在于人们反抗是不是因为有冤屈，而是有冤屈的人是否参加反抗，他们指出效能、资源和机会会起到预测作用。

### 社会认同理论

社会认同理论(Tajfel，1978；Tajfel & Turner，1979)提出新的框架，认为是人们对于社会结构性特征的知觉决定了他们对群体的认同，而群体认同预测着人们参与社会改变策略的可能性(Kawakami & Dion，1995；Mummendey，et al.，1999；Wright，Taylor，& Moghaddam，1990a)。换言之，社会认同是集群行为的重要影响因素。

社会认同理论提出了集群行为的三个条件。第一是群体可渗透性。群体成员需要知觉到内群体(低社会地位)与比较群体(高社会地位)之间的边界是不可渗透的，因此他们不能加入高社会地位群体和改善个人地位(Ellemers，1993)。第二是合理性或者说正当性。群体的低社会地位需要被认为是不合理或者不该得的(Mummendey，et al.，1999)。这意味着人们需要有能力去想象与现状不同的情境(Tajfel，1978)。第三是社会结构的稳定性。这种不公平需要被认为是不稳定的，即可以被改变的，反映出一种社会结构可以改变的能力感(a sense of agency)(e. g., Wright，Taylor，& Moghaddam，1990a)。

人们对不公平与不公正的基于群体的知觉、情绪反应被认为是影响人们参与集群行为意愿的重要预测变量。如果低地位的群体认为群际地位分化是不正当和不稳定的，他们更可能认同自己的群体并参与到集群行为中，以改变群际地位分化。在社会认同理论的基础上，研究者(Simon & Klandermans，2001)提出，对一个社会运动的高度发展和政治化的认同，是对这种行为的最好预测变量。研究表明，当人们的群体与集群行为没什么关系时，他们不会去参与集群行为(Ellemers，Spears，& Doosje，1999)。这也为示威游行仅仅吸引所有同情这个事业的人们中的一小部分所验证(Oegema & Klandermans，1994)。群体认同理论实际上主要强调了相对剥夺理论中的"基于群体的剥夺"这一个要点，因此群体认同理论与相对剥夺理论是互相补充的。

资源动员理论

研究者认为，不公正和认同理论并未考虑个体对知觉到的集群行为的成本与收益的更加工具性的思考。资源动员理论(McCarthy & Zald，1977)是这方面具有影响力的理论。资源动员理论的研究集中于政治组织的形成和组织，特别是社会运动组织。这种研究聚焦于客观和结构化的因素，伴随着一种假设，有时是隐含的假设，那就是集群行为基于理性个体的决策。按照这个思想，个体加入集群行为的决策，是基于最小化个人损失和最大化个人收益的选择。资源动员理论假设，社会抗争(social protest)构成一系列理性的集群行为，通过集群行为去推进他们的目标和利益，对掌权者施加压力迫使他们服从于弱势地位者的要求。从这个角度看，集群行为是一种策略性和政治性的事业，而不是对感知到的不公正的激烈反应(van Zomeren，Postmes，& Spears，2008)。

资源动员理论认为，只有个体相信他们拥有资源去发动对不公平或不公正的富有成效的挑战时，相对剥夺才会引起群体抗议行为。换言之，人们经常不参加集群行为，因为他们不认为他们的努力有（物质或社会的）回报（Stürmer & Simon，2004）。同样地，人们或许会认为他们的群体太过弱小，难以实施社会改变（也可以表达为获得改变的群体效能不足；Mummendey et al.，1999；van Zomeren et al.，2004）。有研究者（Mummendey，et al.，1999）指出群体效能是集群行为的更近的预测变量，并将之定义为"个体对所在群体能通过共同努力解决群体的冤屈不平的信念"。换言之，群体效能给人们一种集体力量的感觉，在此基础上他们相信自己能改变群体的处境和命运（Drury，Reicher，& Stott，1999；Reicher，1984，1996）。赖特（Wright，2009）指出，一个群体的行动的成功对于其他群体的效能感会有激励作用，非洲和印度民主运动的成功对于美国公民运动者来说证明了改变是可能的，同样，公民运动的成功会对南非反种族隔离运动和北美女权运动有影响。需要注意的是，从行为意向到实际上付诸行动还有距离，人们可能会因为没有足够的机会或者网络以参加社会运动或集群行为，或者他们会面临付诸实际行动的障碍而没有实际的集群行为。资源动员理论与效能理论密切关联，但是效能理论是一种心理感知，而资源动员理论包含的内容更为广泛，涉及很多社会、政治、文化方面的因素。

另外，效能不仅仅对是否参与集群行为有作用，对于参与的集群行为类型也有作用。它不仅可以分为个体效能和群体效能，还可以涉及政治效能，并且跟规范性集群行为、非规范性行动的选择有关。有研究者（van Stekelenburg & Klandermans，2013）指出，对于可以把握的改变的可能性，需要人们认为群体能联合起来共同为事务而努力，并且必须认为政治环境愿意听取他们群体的呼声。前者指的是群体效能，即与群体有关的问题能通过群体努力解决的信念

（Bandura，1997）；后者指的是政治效能，即相信政治行动能对政治进程产生影响的感觉（Campbell，Gurin，& Miller，1954）。政治效能被认为包含两个维度：内部效能和外部效能。内部效能指的是个体相信自己理解并因而参与政治的程度；外部效能指的是公民对政府的信念和信任，即个体认为政府会响应民意的程度。政治效能与政治犬儒主义（political cynicism）相关联，政治犬儒主义被界定为政治效能的对立面，并与对政府的信任成反比（Cappella & Jamieson，1997）。规范性的反抗形式（比如请愿和示威）倾向于吸引高效能的人群，而非规范性的反抗形式则更倾向于吸引低效能的人们（Tausch，et al.，2008）。有研究者（Tabri & Conway，2011）研究发现知觉到的群体无效能感导致更少的集群行为，受到消极群体预期的中介作用，而且知觉到的不公正通过增强消极群体预期而削弱集群行为，表明负面预期会削弱规范性集群行为。当合法路径被关闭时，轻蔑会导致非规范性（体制外）行动（Wright，Taylor，& Moghaddam，1990a），当情境无望引起"没什么好失去"的策略时会导致非规范性行为（Kamans，Otten，& Gordijn，2011）。总之，在对集群行为的心理学研究中，资源动员理论实际上演变成了效能理论。

综合三个理论，可以发现这三个理论强调了集群行为的不同影响因素：相对剥夺、群体认同、效能，三种理论互为补充。换言之，只有基于群体的剥夺且在效能高的情况下，人们才会投身于某个具体的集群行为。

### 3.1.4　道德判断是群体性事件发生的重要心理机制吗？

道德判断是个体基于道德准则或价值对特定个体或群体的行为赋予道德评价的过程（Greene，2003），是个体对于某类行为的善恶好坏和是非对错所进行的评价及判断（叶红燕，张凤华，2015）。人们因为道德判断而采取行动的例子比比皆是。例如，1970年，乔治·温尼(George Winne)在加利福尼亚大学圣地亚哥分校，将一束破布浸泡在汽油中，然后将自己点燃。温尼的自焚行为只是在于抗议越南战争，一场他认为不道德的战争(Keen，1970)。同样，2012年，一位读者写信给《水星报》(*Mercury News*)的编辑，解释他对死刑的观点，"我会投票废除死刑……不仅仅是因为这在财政上是不明智的，更重要的是，这在道德上是错误的"。显然，这位读者因为做出道德判断认为死刑是不道德的而决定做出行动以改变局面。这种因为道德判断而做出的行动在内在机理上与温尼的行动本质上是一致的。

　　道德判断对人的情绪和行为有重要影响。研究者(Tetlock，2002)指出，当一个团体所主张的价值观被冒犯时，该团体中的人们就会体验到动机唤醒，而这些动机唤醒会导致道德愤怒反应(例如贬低冒犯者)和道德清洁反应(例如重申价值观)。例如，研究发现，当有人怀疑耶稣的道德优越性时，有强烈基督教信仰的人会表现出道德愤怒和道德清洁反应(Tetlock，et al.，2000)。同样，道德判断在集群行为中也有重要作用。当人们认为内群体遭遇不道德对待时，会形成强烈的参与集群行为的动机(Zaal，et al.，2011)。已有对暴力性、非规范性集群行为的研究指出，当群体遭遇出乎意料的不公平和不道德的对待时，群体成员会倾向于采用暴力形式的集群行为(Wright，et al.，1990a，1990b)。很多人出于捍卫道德边界而参与涉及个人利益或者外群体的集群行为(van Zomeren & Spears，2009)。当群体地位或者待遇被认为是外群体不道德行为或道德冒犯的结果，采取行动去改变处境就成为一种道德事业，其他考虑诸如个人代价就不再重要(Wright，2009)。这些研究表明，判断自己的遭遇以及他人的遭遇是否符合道德标准，是人们产生愤怒情绪和集群行为的重要影响因素。根据群体性事件这种非规范性集群行为的参与者无直接利益性特征，道德判断可能是这种非直接利益者参与群体性事件的影响因素。那么，大量无直接利益的旁观者参与群体性事件的内在原因可能是他们共享了对当地政府和官员的道德判断。

道德判断对集群行为的影响可能是通过愤怒情绪实现的。已有理论和实证研究指出，对道德标准的冒犯会导致愤怒(e. g. , Rozin, et al. , 1999；Shweder, et al. , 1997；Skitka, Bauman, & Sargis, 2005；Tetlock, 2002)。从这些研究中可以看出，道德判断是愤怒产生的基础，同时愤怒又是集群行为的直接影响因素，因此道德判断对集群行为的作用，可能通过愤怒的中介作用实现。

### 3.1.5 道德判断影响群体性事件的实证研究

为了检验道德判断在群体性事件发生中的作用，有研究者(舒首立，2016)开展了三个相关研究。研究主要探讨三个问题：(1)道德判断对群体性事件参与意向的影响。(2)不公正感通过道德判断和愤怒情绪对群体性事件参与意向的影响。(3)政治效能通过道德判断和愤怒情绪对群体性事件参与意向的影响。

研究一：道德判断对群体性事件参与意向的影响

研究一通过问卷网招募在校大学生被试 1 085 名。其中男生 481 人，女生 604 人，最高年龄 23 岁，最低年龄 16 岁，平均年龄 18.73 岁。采用单因素二水平的组间设计，自变量为道德判断，中介变量为愤怒情绪，因变量为群体性事件参与意向。

研究中道德判断的对象同时包含官员和政府，其中正面道德评价的材料为"某地官员非常清廉，政府很好地保护了民众的利益，政府和官员的做法符合人们的期望，民众认为他们是好官员、好政府"，负面道德评价的材料为"某地官员贪污腐败严重，官商勾结，欺压百姓，政府和官员的做法严重违背人们的期望。民众认为他们是坏官员、坏政府"。

愤怒情绪的测量针对"当地人们对官员愤怒的程度"和"当地人们

对政府愤怒的程度"，请被试在 7 点量表上评分，1 表示完全不愤怒，7 表示极端愤怒，愤怒情绪问卷的 α 系数为 0.92。

关于群体性事件参与意向的测量，研究综合了一些真实群体性事件的特点进行了材料编写，重点突出群体性事件的非法性、暴力性以及被试作为旁观者的特点。旁观者的群体性事件参与意向的测量基于如下材料："当地的一位居民晚上在超市购物后出来时，看到一位官员因为一位老人的购物车剐了他的车子而大打出手，别人拉架他还是继续打人，对老人拳打脚踢，老人毫无还手之力。当时周围的人实在看不下去，大家对该官员群起而攻之。这时候，这位当地居民参与到人群中打这位官员的可能性为多大?"被试在 0 到 10 的量表上指出情境实验中主角参与群体性事件的可能性，0 为完全不可能，10 为完全可能。后续研究对群体性事件参与意向的测量与此相类似。

道德判断操纵效应的检测题为"该地民众对政府和官员的评价有多高"，被试在 1 到 5 点量表上评分，1 表示非常低，5 表示非常高。结果表明，实验对道德判断的操纵有效。道德判断与愤怒显著负相关，道德判断和群体性事件参与意向显著负相关，愤怒和群体性事件参与意向显著正相关。对愤怒情绪在道德判断和群体性事件参与意向之间的中介效应进行分析，发现愤怒情绪在道德判断和群体性事件参与意向之间起部分中介作用，情境实验中主角对政府和官员的道德判断越正面，被试认为该主角参与群体性事件的可能性越低。因此，情境实验的结果表明，道德判断对群体性事件参与意向有影响，并且道德判断是部分通过愤怒情绪而对群体性事件参与意向产生影响的。

研究二：不公正感通过道德判断和愤怒情绪对群体性事件参与意向的影响

研究二招募了在校大学生被试 92 名。其中男生 40 人，女生 52

人，最高年龄 23 岁，最低年龄 17 岁，平均年龄 20.17 岁。采用单因素二水平的组间设计，组间变量为不公正待遇，中介变量为道德判断和愤怒情绪，因变量为群体性事件参与意向。

　　其中，公正待遇的情境为："假设您家住在城市和乡村接合处的某个乡镇，有自家的房子和农田。您家附近就是工业园区。最近由于政府扩大工业园区的面积，需要拆迁大家的住房，并占用一片农田。拆迁是为了建一个大型商贸中心和物流中心，商贸中心和物流中心都从属于同一家商贸公司。您家的住房和农田都在拆迁范围之内。拆迁最大的问题在于经济补偿。您家有一套刚好 100 平方米的住房和 5 亩农田在拆迁范围之内。这几年全国因为拆迁补偿而引起的官民冲突非常多，其根本原因是村民认为政府在拆迁过程中克扣了村民拆迁补偿款。由于这方面报道很多，村民们非常警惕，担心政府克扣补偿款，所以自发地组成几个代表团体去镇政府、商贸公司要求公开征地补偿标准，这给镇政府带来了一定的压力。与此同时，镇政府也吸取其他地方征地纠纷的教训，考虑到商贸中心的建设本身能给镇政府带来收入，所以能认清不应该克扣补偿款。商贸公司开出的补偿标准是在住房以一补一的同时每 100 平方米补偿 10 万元、每亩农田补偿 10 万元。镇政府分文未扣，但由于平整农田需要一定费用，每亩抽 1 万元作为半整费用，最终每亩农田补偿 9 万元，住房补偿不变。村民对这个安排比较满意，大家很快在拆迁协议上签了字。"不公正待遇的情境为："……拆迁最大的问题在于经济补偿。村里干部说房子以一补一，并每 100 平方米补偿 10 万元动迁款，农田则每亩补偿 7 万元。您家刚好有一套 100 平方米的住房和 5 亩农田在拆迁范围之内。按照这个价格计算，在获得一套住房之外，您家可以获得 45 万元补偿款。但是有人透露消息说，这家商贸公司给政府开出的价格是在住房以一补一的同时每 100 平方米补偿 10 万元、每亩农田补偿 10 万元。这个消息在村民之间快速传播。按照这个标准，每户村民都被镇里和村里干部克扣了补偿款。您家本来应该可以得到 60 万元的补偿款，却被克扣了 15 万元。村里居民议论纷纷，都拒绝在拆迁协议上签字，每户选一个代表去找镇长要说法。在镇政府大院，村民与保安起了冲突，有七八位村民被警察带走。这些村民在被拘留 4 天后被保释出来，每位村民被罚款 4 000 元。镇里和村里干部利用这件事吓唬村民，村民们无奈只好在拆迁协议上签了字。"

道德判断的测量，包含对政府的道德判断和对官员的道德判断两个维度。对政府的道德判断维度包含"政府施行的是善政""政府保障了社会的公平正义""政府的做法符合人们对政府公平正义的期望""政府的做法符合政治道义"4 道题，α 系数为 0.91，对官员的道德判断维度包含"官员的做法合乎道德要求""官员是道德楷模""官员的做法达到了人们对他们的道德要求""官员是好人"4 道题，α 系数为 0.87，两个维度共 8 道题的 α 系数为 0.93。被试在 1 到 7 点量表上作答，1 表示完全不同意，7 表示非常同意。两个维度之间的相关系数为 0.74。

愤怒情绪的测量，包含对政府的愤怒和对官员的愤怒两个维度。对政府的愤怒维度包含"我对政府很生气""政府让我很愤怒""政府让我愤慨不已"3 道题，α 系数为 0.95；对官员的愤怒维度包含"我对官员很生气""官员让我很愤怒""官员让我愤慨不已"3 道题，α 系数为 0.96。两个维度共 6 道题的 α 系数为 0.96。被试在 1 到 7 点量表上作答，1 表示完全不同意，7 表示非常同意。两个维度之间的相关系数为 0.79。

群体性事件参与意向的测量，直接采用研究一中群体性事件参与意向的测量。测量共包含 4 道题，α 系数为 0.86。不公正待遇操纵效应的检测题为"根据最终补偿方案，您家在这一拆迁事件中受到的对待是怎样的"，被试在 1 到 7 点量表上评分，1 表示非常不公正，

7 表示非常公正。

结果表明，实验对不公正待遇的操纵有效。对道德判断和愤怒情绪在不公正待遇和群体性事件参与意向之间的中介效应进行分析表明，不公正待遇通过道德判断和愤怒情绪对群体性事件参与意向产生影响，道德判断和愤怒情绪在不公正待遇和群体性事件参与意向之间起链式中介作用。也就是说，被试越是感觉受到不公正待遇，他们对政府和官员的道德评价越低，进而对政府和官员越愤怒，结果越有可能参与群体性事件。

研究三：政治效能通过道德判断和愤怒情绪对群体性事件参与意向的影响

政治效能指的是民众感知到的政府响应民意的程度（Campbell，Gurin，& Miller，1954）。已有研究指出，政治效能与愤怒、鄙视有关系，对非规范性集群行为有预测作用，被试政治效能越低越有可能参与非规范性集群行为（Tausch，et al.，2008，2011）。另外有学者（张书维，王二平，2011）指出，群体性事件是民众在现行体制外的一种利益诉求方式。这就表明，群体性事件是在规范性的、平和的集群行为被证明无效之后的无奈之举，是低政治效能之下的选择。有许多研究者（陈绪兆，王习胜，2008；王林松，王庆功，张宗亮，2012；王金红，黄振辉，2012；金太军，沈承诚，2012）明确指出，群体性事件是民意渠道堵塞的结果，二者存在因果关系；同时，响应民意被认为是政府道德的一部分（郭金鸿，2008；陈艳红，陈向阳，2009）。因此，政治效能可能通过影响道德判断，最终影响情绪和群体性事件参与意向。

研究三通过问卷网招募在校大学生被试 1 029 名。其中，男生446 人，女生 583 人，最高年龄 24 岁，最低年龄 16 岁，平均年龄18.61 岁。采用单因素二水平组间实验设计，自变量为政治效能，中介变量为道德判断和愤怒情绪，因变量为群体性事件参与意向。

高政治效能的情境为："某地居民感到政府经常了解居民的各种需求和意见，能感受到政府的积极回应，认为政府在决策和行动上充分考虑了民众的诉求和意见。"低政治效能的情境为："某地居民感到当地政府从不了解当地居民的需求和意见，觉得政府完全不理会居民的诉求和意见，感受不到政府的任何回应，深感意见无处表达。"

道德判断的测量包含两道题。第一道题为"当地居民认为当地官员是"，被试在1到5点量表上作答，1表示非常坏的官员，5表示非常好的官员。第二道题为"当地居民认为当地政府是"，被试在1到5点量表上作答，1表示非常坏的政府，5表示非常好的政府。两道题的α系数为0.88。

愤怒情绪的测量针对"当地居民对官员愤怒的程度"和"当地居民对政府愤怒的程度"，请被试在7点量表上评分，1表示完全不愤怒，7表示极端愤怒，愤怒情绪问卷的α系数为0.88。

群体性事件参与意向的测量采用研究一中的测量："当地的一位居民晚上在超市购物后出来时，看到一位官员因为一位老人的购物车刮了他的车子而大打出手，别人拉架他还是继续打人，对老人拳打脚踢，老人毫无还手之力。当时周围的人实在看不下去，大家对该官员群起而攻之。这时候，这位当地居民参与到人群中打这位官员的可能性为多大？"

政治效能操纵效应的检测题为"当地居民认为政府响应民意的程度有多高"，被试在1到5点量表上评分，1表示非常低，5表示非常高。结果表明，实验对政治效能的操纵有效。此外，对道德判断和愤怒情绪在政治效能和群体性事件参与意向之间的中介效应进行分析表明，政治效能对群体性事件参与意向有影响，并且这种影响通过道德判断和愤怒情绪实现。政治效能越低，即民众感知到的政府响应民意的程度越低，民众对政府和官员的道德判断越负面，对政府和官员的愤怒情绪越高，群体性事件的参与意向越高。

### 3.1.6 小结

对政府和官员的道德判断，能够通过愤怒情绪对群体性事件产生影响。该研究结果具有重要的实践指导意义。第一，道德判断可以作为群体性事件的预警因素。正是道德判断与愤怒情绪、群体性事件参与意向的联系，使得它可以作为群体性事件的有效预警因素起作用。第二，政府需要重视和改善自身的道德形象。道德判断对群体性事件参与意向的作用说明，道德判断在民众心中具有重要的位置，因此政府需要从道德判断的角度来建立自己的政府形象。只有通过实际行动改善了自己在民众心中的道德形象，才能从根源上杜绝群体性事件这种破坏社会秩序的事件的发生。

个人不公正待遇（不公正感）通过道德判断和愤怒影响群体性事件参与意向，说明群体性事件其实也是表达个人利益诉求的一种方式。大量非直接利益者，对政府和官员存在负面道德判断且有愤怒情绪，其原因之一就是自己遭遇了不公正待遇。正如何丽艳（2012）所指出，在群体性事件爆发的过程中，"与事件本身没有直接利益关系的人群，因为已经遭受利益损失的事实或即将遭受利益侵害的联想而不断聚集，对他者利益的关注成为表达自我利益的一种方式"。从这个角度来看，非直接利益者并不完全是无利益相关，而是间接的利益相关者，研究民众的不公正感及其影响因素，保护、保障民众的利益不受侵犯，降低民众的不公正感，对于减少群体性事件、维护社会秩序有重要的意义。同时，张书维、王二平和周洁（2010）指出，在现实生活中，个体的相对剥夺感可能会潜藏较长时间而不被察觉，于是成为社会不稳定的隐患。如果相同年龄、相同职业或其他社会身份相同的社会群体成员都有相似的相对剥夺经历，则容易唤起人们的群体相对剥夺感。群体相对剥夺感一旦出现，就形成了群体性事件爆发的心理基础。这时候如果人们因群体相对剥夺感而产生的社会不满不能通过体制内合法的渠道表达，这种社会不满就会在当局意想不到的时间以意想不到的破坏性方式宣泄出来。研究结果说明，政府关心和减少民众的不公正感，能提升民众对政府和官员的道德判断，对于减少非规范的、暴力性的集群行为有重要作用。

研究发现，政治效能通过道德判断、愤怒情绪对群体性事件参与意向产生影响。这个研究结果也有重要的实践指导意义。孙元明（2013）指出，组织化虽然是制度化利益表达机制的基本特征和必要条件，实际上较高组织化水平的群体性事件更为温和，更能在与政府博弈过程中获得认可和成功，如厦门 PX 项目事件，在经过厦门市民与当地政府的理性博弈、充分协商和合作后，PX 化工项目问题最终得以温和解决。相比之下，群体性事件对社会秩序、政治稳定的破坏性更大。还有研究者（金太军，沈承诚，2012）指出，有序政治参与制度供给不足、公民的利益表达制度缺失、制度化利益表达渠道的狭窄与低效（利益表达渠道的梗堵、不畅通）使部分公民群体的正当利益诉求无法得到回应与弥补是群体性事件的制度性根源之一。他们指出，没有顺畅的利益表达机制，就不可能出现公民有序政治参与的局面。因此，对弱势群体而言，在利益诉求无法得到回应与供给时，个体以极端方式放大利益受损感受，吸引媒体及其他公众眼球，进而引发政府及相关部门干预，是其理性选择。从这个意义上看群体性行动不仅是弱势群体的权利救济形式，更是必须具备的生存手段之一。伴随诸多体制内反映利益诉求的无果，它日益成为弱势群体的首选（何丽艳，2012）。对于政府而言，全面开放信访、行政诉讼、游行、集会、示威、舆论监督等利益表达机制是需要慎重的，这意味着民众具有更多的与政府博弈的手段。但是堵塞利益表达机制会降低民众的政治效能，使之选择暴力性的博弈或诉求表达手段，而且长此以往，对政治稳定的破坏更大。因此，研究结果具有非常重要的实践意义，政府以特定的方法和程序逐步开放利益表达渠道，增强民众的政治效能，培养以温和、合法、有序方式参与政治活动的现代公民，是政府需要考虑的问题。

## 3.2 系统合理化对集群行为的影响

上一节探讨了道德判断在群体性事件中的关键作用，揭示了政府和官员在民众心中的道德形象的重要性。本节将以系统合理化理论为依据，聚焦于"系统合理化"这个更宏观的涉及整个社会系统的变量，探索它对集群行为的影响及机制，从而为集群行为研究与防治提供新的视角和思路，同时为危机管理提供进一步的参考和启示。

### 3.2.1 系统合理化及其测量和操纵

系统合理化的概念最初是在研究刻板印象的功能时被提出的（Jost & Banaji，1994）。以往社会认同理论（Tajfel，1978）从群际差异和冲突的角度，强调个体拥有自我、群体合理化的动机；这种动机使个体通过社会认同的实现和维持来提高自尊，并且运用这种刻板印象来维护自我和群体的利益。但是这并不能很好地解释个体将现状合理化的现象，例如弱势群体成员经常表现出的外群体偏好，不同群体一致认可某些刻板印象等。因此，研究者提出了系统合理化理论（system justification theory），试图解释这些现象。系统合理化理论认为，个体除了自我、群体合理化的动机之外，还会认为所在的社会系统是合理公正的，拥有一种系统合理化的动机和倾向。系统合理化最为常用的测量工具是凯和约斯特于 2003 年编制的系统合理化量表（System Justification Scale）。该量表只有一个维度，主要反映个体对所在社会系统合理与否以及具体的政策是否有利于人民的感受和认识。杨沈龙（2014）对该量表进行了中文版的修订，使之可适用于测量中国人的系统合理化。代表性的题目有"中国社会是公平的""中国的大多数政策给民众带来了好处""中国的社会体系能够保证每个人得到他所应得的"等。该量表共 7 个项目，7 个项目的平均分即为系统合理化的分数。

系统合理化比较常见的操纵方法有两种。第一种方法是案例启动法(Wakslak, et al., 2007)，具体来说，高系统合理化条件会让被试阅读个人通过自身努力和奋斗最终获得成功的故事(如刻苦训练赢得比赛的励志故事或者白手起家获得商业上的巨大成功的案例等)；低系统合理化条件则会让被试阅读个人或家庭遭遇无法克服的苦难或者无辜受害的案例材料，意在提醒被试很多人遭受了本不该有的不幸和不公正对待。第二种方法是回忆启动法(Jost, et al., 2012)，具体来说，低系统合理化条件会要求被试写下一些否定系统的内容，让被试尽可能从多方面(如法律、政策、政府机构、就业、教育、家庭、传统文化或宗教等)批评本国的现状，从而降低其系统合理化水平；控制组则只需回忆日常的工作生活内容。

### 3.2.2　系统合理化理论及研究

国内已有研究者(梁明明，李晔，李薇娜，2010)对系统合理化理论进行了专门的介绍。系统合理化是指个体倾向于支持现存的社会系统，并将其合理化和合法化的动机和心理过程(Jost & Banaji, 1994)。这一定义中，"社会系统"指的是建立在自然和社会基础(包括家庭、机构、组织、政府等)之上的社会安排。"合理化"是指合理化或正当化某些想法和行为的动机和观念。系统合理化理论的核心观点是个体具有将现有社会系统正当化的动机，以此为基础，发展为以下几个观点：(1)有一种普遍存在的将当前社会系统合理化的动机；(2)系统合理化倾向大多是无意识的，在内隐层面更加突出；(3)系统合理化具有心理缓冲功能，能使个体在心理上获益(Jost,

Banaji，& Nosek，2004)。

许多研究者从不同的角度对系统合理化理论进行了检验。总的来说，系统合理化理论主要关注两个问题：第一，个体在思维方式上普遍具有维持现状的倾向。个体将系统合理化当作有意识或无意识的目标，无论现状是否符合个体或群体利益，都倾向于合理化现状，维持现有的社会系统(Jost & Hunyady，2005)。为了解释个体维持现状的原因以及怎样在认知上维持现状，相关研究主要集中在现状合理化(rationalization of the status quo)、互补刻板印象(complementary stereotype)以及补偿性控制(compensatory control)等方面。第二，分析系统合理化对社会和个体心理层面产生的影响，特别是对弱势群体成员。这方面的研究主要集中于心理缓冲功能、权利感的抑制以及自我合理化、群体合理化和系统合理化这三种动机之间的冲突。系统合理化研究中值得特别注意的一项发现是，人们不仅会对有利于自身和内群体的现状进行合理化，而且还会合理化对自身不利的现状(如群体不公正的现状)(Blasi & Jost，2006；Kay，Jimenez，& Jost，2002)。有研究发现，弱势群体成员可能比优势群体成员具有更强烈的维持现状的动机(Henry & Saul，2006；Glick & Fiske，2001)。这与社会认同理论的观点是相反的，因为社会认同理论认为弱势群体成员与优势群体成员相比，更容易拒绝现存的社会系统，卷入到对抗行为当中，因为维护现状不利于自身地位和利益。系统合理化理论对此的解释是个体维持现状并不是为了避免惩罚或是获取奖励，而是出于将现状知觉为合法的动机(Tyler & Jost，2007)。系统合理化能够满足个体重要的社会和心理需要，减少个体(特别是弱势群体成员)的认知失调和情感焦虑，以面对可能出现的各种形式的威胁并维持"世界是公正的"的看法(Jost & Hunyady，2005；Hafer & Bègue，2005)。许多研究也证实了系统合理化这种心理缓冲功能是个体减少不公正带来的负面情绪和不确定性的应对机制，能够促进积极情感的产生，增加对现状的满意度(Jost，et al.，2003；Jost & Hunyady，2002；Napier & Jost，2008；Wakslak，et al.，2007)。

### 3.2.3　系统合理化会怎样影响集群行为?

集群行为指的是群体成员参与的并以改变群体现状为目的的集体行动。研究者(Jost，et al.，2012)根据是否扰乱社会秩序、打破社会规则的标准，把集群行为分为了破坏性集群行为(disruptive collective action)与非破坏性集群行为(nondisruptive collective action)。破坏性集群行为包括罢工、暴动、冲击政府等，形式上较为激烈、极端，可能会造成暴力冲突，目的在于谋求群体地位甚至社会变革。非破坏性集群行为包括请愿、写信、签名等，形式上较为温和，一般不具有暴力攻击性，目的是争取群体被公平公正地对待，宣泄愤怒、沮丧等情绪及引起重视等。那么，系统合理化会怎样影响集群行为呢?

系统合理化对集群行为的影响

根据社会认同理论，弱势群体的群体相对剥夺感能够导致集群行为的发生。当弱势群体成员在以群体身份进行群际比较时，如果所产生的群体相对剥夺感无法克服，比如难以实现社会流动、无法通过改变参照群体减轻认知失调等，那么他们将会参与到集群行为中，力图实现群体的目标追求(Tajfel，1981)。因此，与优势群体成员相比，弱势群体成员更容易拒绝现存的社会系统，卷入到对抗行为当中。而系统合理化理论强调，个体具有将整个社会系统视为公正、合法、稳定的需要，即系统合理化的倾向。这种对现状正当化与合理化的倾向，会减少个体特别是弱势群体成员的认知失调和情感焦虑，进而促使他们维护现存社会系统的合法性和稳定性(Blasi & Jost，2006；Jost & Hunyady，2005)。可见，根据系统合理化理论的观点，系统合理化会增加个体对现状的认可，促使他们拒绝现有的社会系统发生改变，进而会降低个体参与集群行为的意愿（Owuamalam，Rubin，& Issmer，2016；Jost et al.，2012）。

有一些研究检验了系统合理化和集群行为意向之间的关系。约斯特等人（Jost，et al.，2012）以希腊和英国的罢工运动为背景，分别通过设置不确定情境和操纵刻板印象（如穷困却感到幸福）的方式启动被试的系统合理化，结果发现系统合理化降低了被试参与集群行为的意愿。另一项研究（Owuamalam，Rubin，& Issmer，2016）比较了系统合理化和社会认同对于集群行为的预测，结果发现系统合理化增加了个体对现状的认可，使其相信群体的现状在未来会得到改善，进而拒绝改变现有的社会系统，并更少地参与到集群行为当中。

### 系统合理化影响集群行为的可能机制

既然系统合理化能够减少个体参加集群行为的意愿，那么其中的机制会是什么呢？根据过往文献，愤怒情绪很有可能在其中扮演着重要的角色。群际情绪理论指出，愤怒是引发集群行为的重要动因。由不公正引发的愤怒，特别是基于群体成员身份产生的群体愤怒达到一定程度时，就有可能转化为实际的对抗行为。大量相关研究证实了群体愤怒对集群行为的预测作用（Iyer，Schmader，& Lickel，2007；Tausch & Becker，2013；张书维，王二平，周洁，2012）。还有研究者指出，群体愤怒会增加集群行为的冒险性，使群体成员采取更激进的行为方式（Rydell，et al.，2008；van Zomeren，Leach，& Spears，2012）。不过，以上这些研究所涉及的主要是非破坏性集群行为。有研究发现，群体愤怒虽然可以有效预测非破坏性集群行为，但无法预测破坏性集群行为（Tausch，et al.，2011；Jost，et al.，2012）。

根据系统合理化理论，系统合理化具有心理缓冲的功能，能促进个体产生积极情感，增加个体对现状的满意度（Napier & Jost，2008；Jost，et al.，2003；Jost & Hunyady，2002）。在认知方面，系统合理化能够缓解不平等现状所导致的认知失调，帮助个体获得更高的控制感（Kay & Eibach，2013）；在情绪方面，系统合理化能减少不公正事件所导致的愤怒等消极情绪（Wakslak，et al.，2007）。系统合理化的这种心理缓冲功能，是个体应对不公正带来的负面情绪和不确定性的有效机制（Napier & Jost，2008；Wakslak，et al.，2007）。可见，系统合理化可以有效地减少群体愤怒（Jost，et al.，2003；Wakslak et al.，2007）。所以，系统合理化对集群行为的影响很可能是通过群体愤怒这条路径来实现的。

### 3.2.4　系统合理化影响集群行为的实证研究

为了考察系统合理化对集群行为的可能影响及其机制，陈冬明（2017）开展了两个研究。研究一为相关研究，运用系统合理化量表、自编情境材料和集群行为意向问卷，检验了大学生被试的系统合理化与破坏性集群行为、非破坏性集群行为的相关关系。研究二为实验研究，通过操纵系统合理化，进一步考察系统合理化对集群行为的影响及其心理机制。这两个研究属于递进关系，在探明系统合理化与集群行为相关关系的基础上，进一步通过实验证明它们之间的因果关系。

研究一：系统合理化对集群行为的预测作用

研究一通过问卷法考察了系统合理化对破坏性集群行为与非破坏性集群行为的预测作用。随机选取了武汉市三所高校的在读大学生作为研究对象，被试的年龄范围是 16 至 27 岁。研究者在这些大学生所在的教室通过集体施测的方式收集数据。被试在拿到问卷后首先填写人口学信息（如性别、年龄）与系统合理化量表；然后阅读自编的情境材料，假设自己是材料中受影响的学生之一，根据个人对此事的想法和感受，完成集群行为意向的测量。研究一共发放问卷 200 份，最终回收有效问卷 185 份。

所用的系统合理化量表（Kay & Jost，2003；杨沈龙，2014）的题项有 7 个，例如，"中国社会是公平的""在追求财富和幸福时，每个中国人都有公平的机会"。集群行为意向量表（Jost，et al.，2012）的题项有 6 个，其中 3 个题项测量非破坏性集群行为意向，分别是"我愿意和其他同学一起，给学校的领导发邮件或写信""我愿意参与到其他同学组织的关于此事件的聚会讨论中去""我愿意和其他同学一起发放关于此次事件的传单"；另外 3 个题项测量破坏性集群行为意向，分别是"我愿意和其他同学一起参与到此次事件的游行示威中去""我愿意和其他同学一起到学校办公大楼门前抗议""我愿意和其他同学一起，参与到围堵学校办公大楼的行动中去"。两个量表都是 7 点计分，其中 1 表示非常不同意，7 表示非常同意。

考虑到研究对象都是在校大学生，为了充分贴近研究对象的生活实际，研究者将由真实事件改编的"校方私自扣除学费"事件作为情境材料的主题。内容如下："2016 年 11 月 21 日，研究生学业奖学金下发到学生银行卡，不到半小时，学校财务处在未通知学生的情况下自主扣除学费及住宿费 8 000 元，其中包括已办理助学贷款的学生，往年并没有此做法。学校这一做法导致那些已经办理助学贷款的学生与其他学生在没有相应心理准备与经济准备的情况下，被学校单方面剥夺了其将奖学金用作生活费或另作他用的权利。学校这一行为引发了学生的议论和严重不满，后多数学生通过各种渠道向财务处反映。财务处回复后面会统一处理好，但是财务处并未对其自主划扣学费或住宿费这一行为做出相关解释。"

相关分析的结果显示，系统合理化可以显著负向预测大学生的破坏性集群行为意向与非破坏性集群行为意向。同时，破坏性集群行为意向与非破坏性集群行为意向之间具有一定的相关性。这些结果表明，当人们感知到较高的系统合理化水平时，他们对现状的满意程度也会较高，乃至于较少地参与到集群行为当中。

研究二：群体愤怒在系统合理化影响集群行为过程中的中介作用

研究二通过实验法考察了系统合理化对集群行为的影响及其心理机制。共招募到了88名社会成人被试，其中男性42人，女性46人，年龄范围是18至54岁。被试来到实验室后，先填写人口学信息，然后被随机分配到两种实验条件下。实验组被试接受启动，以降低其系统合理化；控制组被试则完成与系统合理化无关的任务。随后，所有被试填写系统合理化量表作为操纵检验。接着，被试阅读有关"征地"的情境材料，并设想自己是被征地农民中的一员，根据自身对此事的想法和感受，完成群体愤怒问卷与集群行为意向问卷，最后通过社会认同量表筛选有效被试。

系统合理化操纵材料的内容是："下面请回想一下我国在政治、法律、社会和经济上的决议和举措。尽可能尝试写出在这些方面哪些措施是运行得非常不好的，并完全不建议其他国家效仿，可说明原因。可以从以下几个方面入手：法律、政策、政府机构、就业、教育、家庭、社会规范、传统文化或宗教等（请至少写五条）。"为了达到匹配的效果，控制组阅读的文字材料是："下面请回想一下你认为非常不好的学习、工作、生活方式或习惯，希望他人不要采取或养成，并说出你的理由，请尽可能详细地将它们写下来（请至少写五条）。"系统合理化量表与研究一中所使用的量表相同。

自编情境材料结合社会现实以"征地"为主题，具体内容是："'征地'成了中国社会的一个热门词。据悉，某市市政府计划使用相当比例的征地补偿款进行投资。此项政策一出，便引起了巨大的争议，更是引起了被征地农民群体的强烈不满，他们纷纷表示抗议，并想要团结起来采取进一步的行动来维护自己的权益。"

群体愤怒量表包括3个题项，例如"作为被征地农民中的一员，想到政府的决策和行动，您感到愤怒/反感/生气"（张书维，2013）。量表以 7 点计分，1 代表一点也不，7 代表非常。集群行为意向量表仍与研究一中的量表相同，并根据情境需要将其中的行为角色改为"农民"。社会认同量表共有两个题项，分别是"在回答上述问题时，我把自己当成被征地农民"和"我感到与农民有着很强的联系"（参照张书维，2013）。量表以 7 点计分，1 代表非常不同意，7 代表非常同意。

结果表明，实验对系统合理化的操纵有效。对群体愤怒在系统合理化与非破坏性集群行为意向和破坏性集群行为意向之间的中介效应进行分析表明，系统合理化能够显著负向预测非破坏性集群行为意向以及破坏性集群行为意向，同时，群体愤怒可以正向预测非破坏性集群行为意向与破坏性集群行为意向，然而系统合理化未能显著预测群体愤怒。尽管如此，群体愤怒在系统合理化与两类集群行为意向之间的中介效应仍然达到了边缘显著水平。

### 3.2.5 小结

集群行为将引发政府、民众对社会不稳定的广泛担忧。上述研究基于这样的社会现实背景，结合心理学中有关系统合理化与集群行为关系的理论分析，提出了研究者们所关注的问题：系统合理化是否影响集群行为的参与意愿，以及影响过程中的潜在心理机制为何？两项研究针对这两个问题进行了探索：研究一以大学生群体为研究对象，采用问卷法检验了系统合理化与集群行为的直接关系；研究二引入群体愤怒为可能的中介变量，以社会成年群体为研究对象，考察了系统合理化影响集群行为过程中群体愤怒所起的作用。所得的主要结论如下：第一，系统合理化对破坏性集群行为与非破坏性集群行为均有明显的负向预测作用，系统合理化水平越高，集群行为越少。第二，系统合理化对破坏性集群行为与非破坏性集群行为的影响是部分通过群体愤怒的中介作用实现的，系统合理化在一定程度上可通过减少群体愤怒进而减少两种类型的集群行为。

### 系统合理化对集群行为的影响

系统合理化可以负向预测集群行为，这一结果符合系统合理化理论的核心假设，即系统合理化使个体在面对不利情境时，倾向于合理化当前的社会系统，更多地维持现状，并表现出更少的反抗行为（Kay & Friesen，2011；Jost，et al.，2003）。面对不公正的情境，系统合理化可以通过使个体在心理上正当化和合理化现状，减少个体特别是弱势群体成员的认知失调和焦虑情绪，进而促使他们拥护现存社会系统的合法性和稳定性（Jost & Hunyady，2002）。对现有社会系统的合理化会明显减弱个体参加集群行为的动机，即个体倾向于拒绝通过集群行为改善自身的不利处境。因此，系统合理化可以有效降低个体参与集群行为的意向。

进一步来看，系统合理化在一定程度上是通过影响群体愤怒进而影响人们的破坏性集群行为与非破坏性集群行为意向的。值得注意的是，在我国背景下，愤怒情绪能够显著预测破坏性集群行为，这与国外研究结果存在一些差异。陶施等人（Tausch，et al.，2011）的研究表明，群体蔑视（contempt）对破坏性集群行为具有显著的预测作用。该研究中对蔑视的测量由鄙视和厌恶构成，与本研究测量的愤怒情绪较为接近。舒首立（2016）曾同时测量了愤怒和鄙视对集群行为的影响，发现这两种情绪在我国被理解为同一种构念，两者对集群行为的影响无法分离。这说明在我国背景下，愤怒对于破坏性集群行为仍是重要的预测变量。

### 对社会治理与危机管理的启示

群体愤怒在系统合理化影响集群行为过程中起到部分的中介作用，这说明系统合理化可以减弱基于群体身份的愤怒情绪，并进一步减少集群行为的发生。这为政府更好地进行危机管理，特别是处理好群体性事件这类公共安全事件提供了有益的指导。具体而言，本研究的实践启示在于：第一，培育群众的系统合理化，根本上需要建设公平公正的社会环境，不仅仅局限于强调政府和官员本身的作风，而且还要重视就业、住房、医疗、教育、社会保障等各方面的公平公正，从而确保大众对当前和未来社会的公平正义有足够的信心；第二，引导民众对社会现状有客观准确的认识，唤起社会大众对系统合理化的重视与关注，营造理性平和的社会氛围，避免人们在冲突情境下做出过激行为；第三，化解集群行为的一条重要途径是注重情绪疏导，特别是群体的愤怒情绪，因为群体愤怒是集群行为的重要导火索。

## 3.3 优势/弱势群体对不公平对待的威胁敏感性差异

因自己或家人没有受到很好的对待，即向他人或社会施暴，近年来此类恶性报复事件曾发生多起——从 2002 年南京人陈正平汤山投毒，2006 年陕西邱兴华杀害香客，到 2013 年河北吕月庭"毒饺子案"。到底是什么促使他们走上了这样一条不归路。原因必然牵涉很多方面，但除了个人因素之外，他们的经历往往是其中重要的一环，不论是专家的分析还是施害者的自述，大多都显示他们认为自己曾经遭受过不公平对待。

上两节已经表明，受不公正对待、系统不公正感是促发民众集群行为的重要原因。那么，不同群体对不公平对待的感知和反应是否会有差别？更具体地说，来自弱势群体的民众，他们对不公平对待的威胁是否具有更高的敏感性？如果确实如此，那么就更需要重视并改善弱势群体的主客观境遇，降低他们受不公正对待的威胁体验和经历，否则群体性事件很容易因此而被促发。本节将先介绍威胁敏感性的相关内容，随后再探讨优势群体与弱势群体之间是否存在威胁敏感性差异，尤其是在不公平对待方面的威胁敏感性差异。

### 3.3.1　威胁敏感性及其影响

自然界的生命出现之后，各类生命族群时刻都在遭遇和应对环境中的各种威胁或危险。对威胁评估、感知和应对的能力已经进化成为人类必备的生存技能（彭晓哲，周晓林，2005；Schmidt-Daffy，2011）。而对威胁的评估、感知和应对存在个体差异，即为威胁敏感性（threat sensitivity）的差异。已有研究发现，威胁敏感性对焦虑（Dennis & Chen，2007）、攻击性（Smith & Waterman，2003）和人际关系发展（Romero-Canyas，et al.，2010）等都有着显著的影响。

考察威胁敏感性对情绪的影响，首先不得不提焦虑情绪。研究者起初提出威胁敏感性这一概念，就是为了解释焦虑水平存在个体差异的原因。研究者们发现个体在加工威胁刺激的过程中，焦虑个体与非焦虑个体对威胁刺激的预期水平和探测水平都存在显著的差异，且焦虑情绪的产生就是出于对即将面临的危险或威胁的应对过分担心。尤其在认知风格理论提出对威胁刺激的警觉和回避策略后，很多研究开始考察各种类型的焦虑症患者对于威胁刺激的敏感性及加工过程特点（e.g.，Mogg，et al.，2004），多项研究证实，焦虑情绪与高威胁敏感性呈显著正相关。通过考察威胁敏感性和焦虑障碍之间的相关，研究者提出威胁敏感性高是焦虑障碍的潜在心理机制（Shankman，et al.，2013）。此外，威胁敏感性除了与焦虑障碍显著正相关，它与恐怖症、妄想症、抑郁症、孤独症等情绪障碍也有一定的关系。

在攻击性行为方面，"战斗—逃跑—僵化系统"（fight-flight-freeze system，FFFS）理论认为，当遭遇威胁和危险时，个体在防御状态下极有可能选择其中一种行为进行反应。然而，在现代人际威胁感知过程中，由于社会化和社会称许性的要求，个体可能不会或

无需立即采取战斗或逃跑的应对方式来对威胁进行反应，但高威胁
敏感性也可能带来较多的敌意情绪和攻击行为。研究表明，攻击性
行为与威胁敏感性具有显著的正相关。此外，在人际互动行为方面
的研究发现，个体的威胁敏感性越高，也越容易将他人的行为和举
动视为威胁刺激，影响到个体对待他人的态度和反应，以致不利于
正常的人际互动。

　　还有研究显示，威胁敏感性还被证实和健康行为、生理健康结
果相关。例如，有研究者(Roth，1995)通过问卷调查和行为实验的
方法，给胃溃疡患者、高血压患者和健康个体都施测了卡特尔16种
人格因素问卷、生气—害怕—抑郁调查，并邀请所有被试都参与情
绪编码、解码及心理挑战实验程序。结果发现，高血压患者能够更
准确地编码和解码敌意情绪，包括生气、蔑视和厌恶，对人际间的
威胁敏感性更高，较多采用即时的冲动反应来应对；而胃溃疡患者
容易将人际间的情境知觉为威胁，且采用退缩反应来进行应对，容
易感到受伤或被剥夺。

### 3.3.2　威胁敏感性的理论基础

　　关于威胁敏感性，在理论基础、概念内涵和测量指标上存在两
种明显不同的取向：生理取向和认知取向。在两种不同的研究取向
中，生理取向注重考察个体在对威胁进行评估和应对时的生理、情
绪和行为反应水平的差异，认知取向则着重于个体在威胁出现前后
对威胁的认知加工特点。以下就这两种不同的取向对威胁敏感性的
理论基础进行介绍。

　　敏感性强化理论

　　早在1970年，英国生理心理学家杰弗里·格雷(Jeffrey Gray)在
动物脑功能研究结果的基础上提出了敏感性强化理论(reinforcement
sensitivity theory，RST)，认为人的大脑中有两个相对的控制中枢：

行为激活系统(behavioral approach system，BAS)和行为抑制系统(behavioral inhibition system，BIS)。行为激活系统主要负责感知偏好刺激或奖赏，并启动趋近行为；而行为抑制系统主要负责趋避冲突的解决，对惩罚和潜在的危险很敏感，倾向于回避消极或者痛苦的后果，负责产生害怕、焦虑、沮丧、难过等情绪，引发抑制、消除或者回避行为(Gray，1987)。后来，卡弗等人在此基础上发展出了相应的行为抑制量表，着重考察个体遭遇威胁之后的情绪和行为反应，将行为抑制系统量表的得分视为行为抑制系统敏感性，并直接将行为抑制系统和行为激活系统的敏感性等同为威胁敏感性和奖赏敏感性(Carver，2004，2008；Carver & White，1994)。换句话说，生理取向是从机体应对威胁的中枢神经系统假设出发，将行为抑制系统敏感性等同为威胁敏感性，后来诸多研究者以此作为威胁敏感性的界定和测量方法。

格雷的敏感性强化理论还描述了一个独立的"战斗—逃跑系统"(fight-flight system，FFS)，后来这个理论经过发展，被修订为"战斗—逃跑—僵化系统"，FFFS和BIS都被作为威胁防御系统，解释机体对威胁刺激的应对和防御机制(Gray & McNaughton，1996)。FFFS假设个体对所有的厌恶刺激(比如蛇)很敏感，它负责调节愤怒、害怕和恐慌情绪，启动战斗或者逃跑行为来回避危险(De Young，2010)，而BIS一般处理的是趋避冲突中对威胁的回避。总之，二者都描述了个体对威胁进行应对和防御的生理机制，并强调了焦虑、害怕、恐惧等负性情绪在激活威胁防御行为时的重要作用(Perna，2013)。根据这个理论，机体中威胁防御生理系统的敏感性就被定义为威胁敏感性，相应的操作性定义为个体在应对威胁时的生理、情绪和行为反应，而这些反应的个体差异即被认定为威胁敏感性差异。

### 认知风格理论

20世纪50年代，为了解释个体间的焦虑水平存在差异的原因，认知风格理论将压抑和敏感作为了个体知觉威胁刺激的两种倾向性反应模式(Byrne，1964)。在此基础上，克罗内(Krohne，1993)发展出了应对模式模型(modes of coping model)，这个模型假设威胁情境包含两种不同类型的刺激：一是预示危险的威胁刺激，二是模糊刺激。不同类型的刺激会引发个体不同的初级感受状态、焦虑反应和相应的应对状态。威胁刺激引发情绪的生理唤醒，唤起个体的害怕情绪，而认知回避就是用来控制这种情绪的策略。相反，模糊刺激引发不确定感，对可能造成的伤害或风险的担心，而认知警觉是用来应对这种不确定感的策略。这个模型下概念化的认知回避和认知警觉是两个独立的维度，分别反映对唤醒和不确定的零容忍，后续认知研究也部分支持了此种假设(DeGroot，et al.，1997；Krohne，et al.，2000)。

认知警觉和认知回避这两种策略，在行为学实验中表现为注意偏向的特点，并被认为是两种不同的注意偏向(Calamaras，Tone，& Anderson，2012；DeGroot，et al.，1997；Krohne，et al.，2000)。随着研究的不断深入，有研究者(Mogg，et al.，2004)在应对模式模型基础上提出"警觉—回避假说"，认为威胁刺激的注意过程有着阶段性的特点，警觉和回避并不是完全独立的，个体先是警觉环境中的威胁刺激或者线索，然后迅速回避应对以避免焦虑。而对于模糊刺激，研究者发现个体对它的线索加工和解释存在偏差，特定人群更倾向于将模棱两可的刺激或情境解释为具有威胁性的(Bailey & Ostrov，2008)，这种现象被称为解释偏向。总之，认知风格理论从威胁刺激认知加工的角度出发，考察在威胁认知加工时个体的加工方式差异，在行为学实验中表现出的对威胁刺激的解释偏向和注意偏向，都反映了个体间不同的威胁警觉性，即威胁敏感性的差异。

### 3.3.3　优势群体与弱势群体中的个体的威胁敏感性一样吗？

优势群体与弱势群体的形成是物质资源分配不均造成的结果，

但这种物质资源分配的结果对人们的心理和行为特征也会产生一定的影响。在西方学术界，社会阶层一般被用来指称这种在社会资源分配上的相对优势或相对弱势处境。克劳斯等人（Kraus, et al., 2012）提出社会阶层的社会认知理论，认为阶层植根于个体的社会物质生活和社会地位感知，也是个体人生观和世界观建立的关键点之一。也就是说，高社会阶层和低社会阶层不仅代表了不同的社会群体，且因为掌控资源丰富性的差异也代表了不同的社会环境，导致其所面对的生活挑战不同，由此产生高低阶层不同的心理和行为特征。克劳斯等人（Kraus, et al., 2012）把这种差异概括为唯我主义倾向和情境主义倾向。

具体来说，高阶层群体或优势群体由于物质资源和社会资源的相对充足，不用考虑自己的生存资源和周遭环境，长期在这种状态下形成的唯我主义倾向，使得他们的心理和行为更多受到个体内部因素的影响，忽略和抵制情境因素的影响。而低阶层群体或弱势群体由于物质和社会资源相对短缺，受教育程度较低，居住环境较为恶劣，时常受到疾病、失业、暴力、不公等威胁，生活中充满了不确定性，这些因素都增加了他们对外部环境的依赖和重视。长期处于这种状态会使他们形成一种情境主义倾向，这种倾向使得他们的心理和行为更容易受到情境或环境因素的影响。

显然，弱势群体中的个体往往会有更多的外部威胁和外部障碍，而且在面临生活中各种挑战和压力时，由于心理社会资源和物质资源的不足，常常不能有效应对，很容易导致威胁感上升（Taylor, et al., 2008）。并且，与优势群体中的个体相比，弱势群体中的个体更容易遭受社会排斥和社会侮辱（Johnson, Richeson, & Finkel, 2011），因而他们更容易发展出"这个世界是充满威胁的"的信念。研究者通过问卷、实验等方法也发现，相对于优势群体，弱势群体对于社会排斥、社会认同、男子气概等威胁的敏感性较高。简言之，较高水平的威胁敏感性是弱势群体中的个体情境主义倾向的重要表现之一。

目前，国外研究已经考察了优势/弱势群体对侮辱、敌意等威胁的敏感性差异，但将不公平对待威胁作为社会威胁的一种来探讨优势/弱势群体的差异尚无人涉猎。分配不公平作为重要突出的社会现实，其对优势/弱势群体的心理和行为产生了重要的影响，甚至会影响到社会的稳定。因此，有必要在社会阶层的社会认知理论和威胁敏感性框架下，针对不公平对待威胁这一特定的社会威胁进行探讨。

### 3.3.4　优势/弱势群体对不公平对待的威胁敏感性差异研究

为了检验优势群体与弱势群体对不公平对待的威胁敏感性差异，李小新(2014)通过三个研究分别考察了来自优势群体与弱势群体的个体对不公平对待威胁的预期水平、探测水平和反应水平，探索了在中国背景下优势/弱势群体与威胁敏感性之间的关系。

研究一：优势/弱势群体身份对不公平对待威胁预期水平的影响

优势/弱势群体中的个体由于受到过去生活经历、家庭教养方式和周遭生活环境等因素的影响，对生活中可能出现的不公平对待威胁的预期水平很可能是不同的。过往研究常采用威胁解释偏向作为威胁预期水平的考核指标，它指的是个体将模糊情境解释为具有威胁性的情境的倾向(Johnson，Richeson，& Finkel，2011)。因此，研究一采用不公平对待威胁模糊情境问卷作为因变量测量指标，来考察优势/弱势群体身份对不公平对待威胁预期水平的影响。

被试为来自武汉、天门、恩施、福州、泉州、厦门等地的城乡居民(不包括在校学生)。采用纸质问卷施测的方式，共发放问卷1 200份，回收后剔除规律性作答或者漏答较多的问卷，共得到有效问卷1 127份，被试平均年龄为40.94岁。

优势/弱势程度的测量包括主观指标和客观指标。主观指标用的是麦克阿瑟主观社会经济地位量表（MacArthur Scale of Subjective Social Status），这是一个 10 级阶梯量表，阶梯从低到高代表了具有不同收入水平、受教育程度和职业的社会成员所处的位置。在实际操作中，首先给被试呈现这个阶梯的图片，并让其想象这个梯子代表了人们的社会优势/弱势程度，等级越高，代表所具有的社会优势程度越高，然后让被试写下代表自己社会优势程度的数字，表示其所感知到的自己在整个社会资源分配结构中所处的位置（Kraus, Côté, & Keltner, 2010）。客观指标则采用了受教育程度、职业和收入水平这三者来进行考察。

不公平对待威胁模糊情境问卷，共包含 6 个不公平对待的模糊情境，以第三人称的叙述方式呈现，比如：情境后附上包含两种可能结果的预期表，预期表一端是主人公被公平对待的结果或解释，另一端是主人公被不公平对待的结果或解释，可能性等级从一端到另一端分为 9 级，越靠近某一端的选项表示这端结果发生的可能性越大。施测后对其中某些项目进行反向计分，问卷得分越高，表示被试不公平对待的解释偏向越大。

相关分析结果表明，客观优势/弱势程度与不公平对待解释偏向相关不显著，而主观优势/弱势程度对不公平对待解释偏向具有更好的预测作用。进一步的回归分析发现，在控制人口学变量以后，自变量主观优势/弱势程度可以解释不公平对待解释偏向总变异的 3.7%。此外，不公平对待解释偏向对主观优势/弱势程度的回归系数是显著的，即主观优势程度可以负向地预测不公平对待解释偏向。

研究二：优势/弱势群体身份对不公平对待威胁探测水平的影响

除了考察威胁预期水平，威胁探测和反应过程中的个体差异也能够一定程度上反映个体威胁敏感性的差异。研究二采用单因素两水平的实验设计，自变量为优势/弱势群体身份，因变量为个体的不公平阈限和公平判断，旨在考察优势/弱势群体身份对不公平对待威胁探测水平的影响。

实验中（相对）优势群体的被试选取高校教师（包括在职博士）、个体工商户、私营企业主等共 34 人，其中男性 17 人，女性 17 人；平均年龄为 34.44 岁；文化程度方面，大专文化的有 2 人，本科的有 8 人，硕士及以上的有 24 人。（相对）弱势群体的被试选取高校清洁工人、园林科工人和食堂服务员共 32 人，其中男性 16 人，女性 16 人；平均年龄为 47.53 岁；文化程度方面，小学及以下的有 8 人，初中的有 17 人，高中/中专/技校的有 7 人。

实验任务为通牒博弈任务，根据阿尔莱和桑菲（Harlé & Sanfey，2010）研究中使用的博弈程序改编而成。被试进入实验室后，端坐在一台计算机前。首先告知被试将参加一个有关决策的实验任务，指导语如下："欢迎你参加本实验！下面你将参加一项关于决策的实验，和在线参加实验的其他伙伴一起完成对 100 单位货币的分配。在实验中，你的选择将决定你在实验结束后获得的报酬。请认真阅读指导语。每一次决策开始前，系统会将所有在线伙伴随机分组，每组 2 人，其中一人被称为提议者，另一人被称为回应者。整个实验共需要做 20 次决策，在每次决策中你的搭档是不固定的，你将扮演的角色也是不同的。每一次决策开始前，每组将拥有 100 单位的实验货币，如果你是一位提议者，你所要做的工作就是决定如何将这 100 单位的实验货币在你和你的搭档（即回应者）之间进行分配。如果你是一位回应者，那么你要决定是否接受你的搭档（即提议者）提出的分配方案。如果回应者接受了提议者的分配方案，那么双方就按提议者所提议的分配方案来分配这 100 单位的实验货币；如果回应者拒绝了提议者的分配方案，那么双方将什么都得不到。"

随后的实验过程中，设定程序都选择被试作为回应者与程序虚拟的其他在线被试一起进行 100 元的分配，程序虚拟每次参与的提

议者编号都不同，提议分配方案从分配给回应者 5 元到 50 元共 10
个等间距数额，提议分配方案的呈现是随机的。每个试次首先呈现
分配角色的结果及其角色任务，然后呈现提议者的编号 2 秒，请被
试等待提议者用 10 秒给出提议，预留 10 秒时间给回应者选择"接
受"或者"拒绝"，若超出时间未做出选择，程序则默认为拒绝，之后
根据被试的选择呈现给被试这一轮分配中双方的收入分别为多少。
每个试次最后一项程序是邀请被试对提议者的分配方案做出公平判
断，从"非常公平"到"非常不公平"7 点计分，被试可采用鼠标或者数
字按键进行选择。实验结束后，请被试进行优势/弱势程度主客观指
标的测量，方法同研究一。问卷填写完毕后给予被试现金作为报酬。

对实验结果分析后发现，分属优势群体、弱势群体的被试对自
身主观优势/弱势程度评定的差异极其显著，这说明被试在优势/弱
势程度的客观评定和主观评定上具有一致性。根据被试在不同分配
提议条件下的"拒绝"或"接受"反应计算出每个被试的不公平阈限，
阈限越高表示被试愿意为维护公平放弃的个人利益越多，也即不公
平对待探测敏感水平越高。结果显示，分属优势群体与弱势群体的
被试的不公平阈限差异显著，来自弱势群体的被试不公平阈限更高，
更偏向拒绝偏离公平分配程度较高的分配方案。最后，将被试对不
同分配提议的公平判断评定值相加，得到每个被试的不公平判断总
值，数值越大表示被试判断分配方案越不公平。结果发现，分属优
势群体与弱势群体的被试的公平判断平均值差异也显著，来自弱势
群体的被试认为实验中的分配提议不公平程度更高。

研究三：优势/弱势群体身份对不公平对待威胁反应水平的影响

研究三通过视频给被试呈现不公平对待威胁情境，采用生物反
馈仪收集客观生理指标，使用自陈式情绪评定量表来考察被试的威
胁反应水平，旨在比较优势/弱势群体的威胁反应水平的差异。实验
为 2×2 两因素混合设计，组间自变量为优势/弱势群体身份，组内

自变量为观看视频类型(中性视频、不公视频),因变量为个体的生理反应和情绪反应。

实验中(相对)优势群体的被试选取高校教师(包括在职博士)、个体工商户、办事人员等共 29 人,其中男性 14 人,女性 15 人;平均年龄为 34.24 岁;文化程度方面,大专文化的有 2 人,本科的有 4 人,硕士及以上的有 23 人。(相对)弱势群体的被试选取高校清洁工人、园林科工人和食堂服务员共 28 人,其中男性 14 人,女性 14 人;平均年龄为 48.82 岁;文化程度方面,小学及以下的有 8 人,初中的有 16 人,高中/中专/技校的有 4 人。

被试进入实验室后,先请他们稍作休息,填写基本信息等纸质问卷,待情绪稍微稳定后开始佩戴生理指标感应器。待被试生理指标平稳后,首先记录被试的基线水平生理指标,随后请被试观看不公视频和中性视频,并同时记录被试的生理指标。这两段视频的播放顺序在所有被试间进行平衡,一半被试先观看中性视频,另一半被试则先观看不公视频。不公平对待情境视频采用通过预实验筛选得到的《高考加分不公平》视频材料,内容为一档名为《腾飞中国》的电视评论节目节选,节目中报道了近年来的高考加分不公平现象,加分群体都集中为有权势家庭子女,且存在权钱交易现象;中性视频则采用《兰亭序》诗词朗诵视频(吴鹏,2013)。

实验采用生物反馈仪记录了心理生理实验中常见的肌电(electromyography,EMG)、指端血容频率(blood volume pulse,BVP)、皮电(galvanic skin response,GSR)、皮温(skin temperature)、呼吸(respiration)等各种生理指标(Gross,1998;黄敏儿,郭德俊,2003)。此外,还用《情绪状态量表》评定了被试在观看视频前后各种情绪的主观体验。量表采用 7 点计分,包括 12 种情绪,分别是快乐、愤怒、厌恶、兴趣、敌意、悲伤、惊奇、恐惧、蔑视、满意、痛苦、紧张(Kraus,et al.,2011;姜媛,林崇德,2010)。

　　所有被试在进入实验前都精神状态良好，且分属优势群体与弱势群体的被试在情绪感受及生理基线值上基本没有显著差异。进一步分析表明，所有被试在观看不公视频后都存在积极情绪下降、消极情绪上升的现象，且差异显著。然后，参照已有研究的做法，用观看视频中的平均数减去观看视频前的基线值得到被试的威胁生理反应变化值，再除以基线值的绝对值即得到威胁生理反应变化率（张萌萌，2012）。为准确检验分属优势群体与弱势群体的被试的生理反应差异，将被试在不同阶段的生理反应变化率作为因变量进行分析。

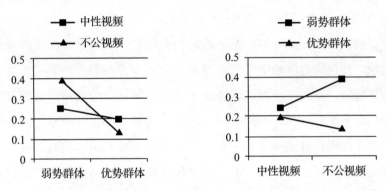

**图 3-1　优势/弱势群体身份与视频类型在皮电反应变化率上的交互作用**

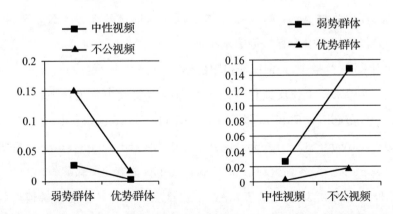

**图 3-2　优势/弱势群体身份与视频类型在呼吸频率反应变化率上的交互作用**

　　结果发现，皮电反应变化率的视频类型主效应不显著，优势/弱

势群体身份的主效应不显著，但二者的交互效应边缘显著。进一步
对视频类型和优势/弱势群体身份的交互作用进行简单效应分析发
现，来自弱势群体的被试观看不公视频的皮电反应变化率边缘显著
高于中性视频；但来自优势群体的被试观看不公视频和中性视频的
皮电反应变化率没有显著差异。不仅如此，在观看中性视频过程中
的皮电反应变化率上，分属优势群体与弱势群体的被试不存在显著
差异；而在观看不公视频过程中的皮电反应变化率上，来自弱势群
体的被试的皮电反应变化率显著高于来自优势群体的被试。

　　此外还发现，呼吸频率反应变化率的视频类型主效应不显著，
优势/弱势群体身份主效应不显著，但二者的交互效应边缘显著。进
一步对视频类型和优势/弱势群体身份的交互作用进行简单效应分析
发现，来自弱势群体的被试观看不公视频的呼吸频率反应变化率显
著高于中性视频；但来自优势群体的被试观看不公视频和中性视频
的呼吸频率反应变化率没有显著差异。不仅如此，在观看中性视频
过程中的呼吸频率反应变化率上，分属优势群体与弱势群体的被试
不存在显著差异；而在观看不公视频过程中的呼吸频率反应变化率
上，来自弱势群体的被试的呼吸频率反应变化率显著高于来自优势
群体的被试。这些结果表明了弱势群体在某些反应水平指标上确实
表现出了相对较高的威胁敏感性。

## 3.3.5　小结

　　上文从社会阶层的社会认知理论和威胁敏感性角度考察了优势/
弱势群体对不公平对待的威胁敏感性差异，具体介绍了三项实证研
究，分别检验了优势/弱势群体对不公平对待的威胁预期水平、威胁
探测水平和威胁反应水平，结果表明优势/弱势群体对不公平对待的
威胁敏感性存在显著差异。

　　研究一通过不公平对待威胁模糊情境问卷考察了优势/弱势群体

的威胁预期水平差异，发现优势/弱势程度的主观指标与不公平对待解释偏向呈显著负相关，并且主观优势/弱势程度可以部分解释不公平对待解释偏向的差异。具体来说，主观优势程度越低的个体，不公平对待解释偏向越高，越倾向于认为模糊情境中的对待方式或结果是不公平的，对于自己遭遇不公平对待威胁的预期水平越高。这一结果说明，对于不公平对待这种人际威胁，相对于优势群体而言，弱势群体的威胁敏感性更高。这与约翰逊等人（Johnson，et al.，2011）考察污名预期水平得到的结果是一致的，对于来自不同家庭社会经济地位的大学生，家庭社会经济地位越低，污名焦虑预期水平越高。

研究二采用最后通牒博弈实验范式，考察了优势/弱势群体对不公平对待威胁的探测水平差异。结果发现，相比于来自优势群体的个体，来自弱势群体的个体的不公平阈限值更高。也就是说，弱势群体能够接受的提议分配数额下限相对更高，他们为维护公平而愿意放弃的个人利益更多。与此同时，对于同一分配提议，来自弱势群体的个体相比来自优势群体的个体所作出的不公平判断平均值更高，也就是说弱势群体的不公平感更高，更多地觉得这些分配方案是不公平的。这也说明了弱势群体对不公平对待的威胁敏感性更高。类似地，国外有研究者（Kraus，et al.，2011）通过现场实验的方式考察了优势/弱势群体对他人敌意威胁的敏感性差异，结果也发现，来自弱势群体的被试更容易准确知觉到他人的敌意情绪，即威胁探测水平较高。

研究三通过记录生理反应指标，对优势/弱势群体对不公平对待威胁的反应水平进行了考察。结果发现，在皮电和呼吸频率这两个指标上，来自弱势群体的被试相对于来自优势群体的被试对不公平对待威胁的生理反应水平较高。具体来说，来自弱势群体的被试在观看不公视频过程中的生理反应变化率显著高于中性视频，且就观看不公视频过程中的生理反应变化率而言，来自弱势群体的被试的生理反应变化率要显著高于来自优势群体的被试。这说明不公视频有效地引发了来自弱势群体的被试的自主生理反应，引发他们的皮肤导电性增加，呼吸频率加快，与中性视频的生理反应变化率存在显著性差异。这意味着弱势群体的不公平对待威胁反应水平要显著高于优势群体。这与国外一项更早的研究（Chen & Matthews，2001）的结果基本是一致的，研究者验证了在模棱两可的实验情境中，较低社会经济地位的儿童和青少年的心血管反应水平更高。另一项研究（Hajat，et al.，2010）通过收集来自不同族群（黑人、白人和西班牙裔）人群的皮质醇唾液样本，也发现了相对于来自优势群体的个体来说，来自弱势群体的个体日常在醒来后皮质醇的下降过程较为缓慢。由于皮质醇水平是生理压力的一个相关指标，该研究的发现被认为支持了弱势群体对于日常生活中的威胁具有更高的生理激活水平（Kraus，et al.，2012）。

因此，这几个研究不仅拓展了已有威胁敏感性研究中关于威胁的种类和领域，还验证了威胁敏感性三个不同加工过程中的差异一致性。另外，不公平对待威胁是当今世界一个重要社会现实威胁，这些研究结果具有重要的社会现实意义：不仅有助于我们了解优势/弱势群体的心理和行为特点，尤其是优势/弱势群体对受到不公平对待的威胁敏感性差异；同时为群体性事件、恶性社会事件的发生提供了一定的解释线索，可以为国家和社会管理者制定政策和制度以及考察心理社会因素对群体性事件的影响作用提供一定的借鉴，进而促进社会公平正义的实现。

**4**

<hr/>

# 危机事件的消极影响
# 及应对

上一章通过几个实证研究，我们了解了一些心理与社会因素对危机事件的影响，如道德判断、系统合理化影响公众对群体性事件的参与意向；优势/弱势群体身份影响公众对不公平经历的敏感性，进而也可能促成一些暴恐事件、恶性社会事件的发生。无论何种危机事件，其发生都会带来一定的消极影响，包括人员伤亡、社会恐慌、谣言四起等。这便涉及在危机发生后，危机管理者该如何应对，从而最大化地降低危害。这也是整个危机管理工作的核心。接续上一章的内容，本章将重点介绍危机事件的消极影响及应对。

在本章中，我们将首先从常伴随危机出现的阴谋论这一典型的消极影响讲起；随后围绕着危机情景传播理论，系统论述不同的危机事件类型所需要的应对策略；最后以暴恐事件这一类危机事件为背景，通过具体的实证研究验证不同的应对策略对公众谣言采信意向的影响。

## 4.1 危机中的阴谋论

许多危机的发生常常引发阴谋论。为何在危机中，阴谋论的硝烟总是弥漫不断？本节将以"马航事件"的阴谋论作为典型案例；并进一步分析在危机中阴谋论得以产生的心理机制及引发的消极后果；最后也将阐述一些对阴谋论进行干预的手段，旨在为相关的危机管理带来一定的参考。

## 4.1.1　危机中阴谋论的典型案例

在《美国传统英语词典》中阴谋论（conspiracy theory）被定义为有组织的密谋行动而非个人行动的理论。美国历史学家霍夫施塔特（Hofstadter，1966）认为，阴谋论是对重大政治（或社会）事件作出的未经证实的、不太合乎情理的说法，该说法宣称事件是权力群体或组织秘密联合策划的行动。而在心理学中，阴谋论多被视为一种广为流传的社会信念：认为有权力组织秘密联合、协商，旨在达到不为人知、不正当的目的（白洁等，2017；Swami, et al., 2011；van Prooijen & Acker，2015；van Prooijen & Jostmann，2013）。尽管这些对阴谋论的描述不尽相同，但都揭示了其本质：（1）多是伴随着重大政治（或社会事件）的发生而产生；（2）将事件解释为群体或组织秘密联合策划的结果。需要说明的是，心理学研究所考察的主要是人们对阴谋论的相信程度，以及这种主观信念与哪些因素有关，它对公众的心理与行为有何影响，而不太关注阴谋论到底是真是假，因为无论真假，人们的主观信念仍可能充满差异，而这种差异正是心理学所关心的。因此，下文对阴谋论的探讨与举例也都仅限于人们的这种主观信念，而不论阴谋论之真假。

阴谋论并非一定伴随着危机事件而出现，但在危机事件中尤为高发。下面以 2014 年发生的马航 MH370 客机失联事件为例进行说明。2014 年 3 月 8 日凌晨 2 点 40 分，一架航班号 MH370 的客机从吉隆坡起飞，原计划于凌晨 6 点 30 分抵达北京。然而蹊跷的是在飞行过程中，客机与管制中心失去联系，这架载有 239 人的飞机从此杳无音信。过去几年内，中国政府、马来西亚政府等一直在通过搜

寻工作来确认飞机失联的原因，然而真相一直未能浮出水面。该起
事件除了造成人员的死亡、社会的恐慌之外，还引发了诸多的阴
谋论。

　　自马航 MH370 客机失联事件发生之后，与此事件相关的阴谋论
层出不穷："美国借此探明中国在南海的军事实力""美印合谋把飞机
藏在安达曼群岛的某个军事基地以此要挟中国""飞机被恐怖分子劫
持以供他日再次发动'9·11'式的袭击"等。尽管其中相当一部分说
法至今仍属于毫无根据的猜想，却在一段时间内十分盛行，这很可
能就反映了阴谋论心理。

### 4.1.2　危机中阴谋论的心理机制

　　以上是以马航 MH370 客机失联事件为例说明了在危机发生后阴
谋论的盛行。而在人类历史上，类似的"阴谋论伴随危机事件"的事
例不胜枚举。那么在危机发生后，为何阴谋论会层出不穷？这背后
究竟反映了公众怎样的心理需求？大量研究揭示出了认知闭合需求、
秩序需求、外群体贬损对引发人们阴谋论信念的重要作用。

　　*认知闭合需求*

　　在危机发生后，当人们想要理解事件发生的原因，认知闭合需
求就会增强。阴谋论由这种需求引发主要表现在两个方面：危机事
件发生的原因越是让人感到不确定时，阴谋论信念越是强烈；特质
性认知闭合需求更高的个体，更倾向于相信阴谋论(Leman & Cinni-
rella, 2013；Marchlewska, Cichocka, & Kossowska, 2018)。这是
因为阴谋论提供了一种广泛而一致的解释，让人们能够在不确定和
矛盾的情况下保持自己的信念；或者通过阴谋论的简单解释来帮助
自己理解危机事件发生的原因，减少认知上的不确定性。

　　有研究者(van Prooijen & Jostmann, 2013)通过实验操纵被试
认知上的不确定性，结果发现，当被试接收到关于石油公司不道德

事件的信息时，只有感知到事件发生原因不确定的个体，才会认为石油公司推动引发了伊拉克战争。同样，在实验中无论一个虚构的非洲国家道德水平高还是低，只有被操纵经历了认知不确定的被试才倾向于认为即将上任的领导人所遭遇的车祸是一场阴谋。这两项实验共同说明了危机事件并不是必然会引发阴谋论，而是当对事件发生原因或过程中的相关因素不确定时，在认知闭合需求的驱动下公众才更倾向于相信阴谋论。在前文介绍的马航 MH370 客机失联事件的例子中，正是因为客机失联的原因始终扑朔迷离，而人们又希望获得认知上的确定性，才导致各种阴谋论层出不穷。也有不少研究探究了特质性认知闭合需求与阴谋论之间的联系（Leman & Cinnirella，2013；Marchlewska，Cichocka，& Kossowska，2018）。研究发现在危机发生后，认知闭合需求越高的个体，越倾向于认为"某国总统在飞机坠毁事故中丧生"背后必有阴谋。这说明一个人本身认知闭合需求水平较高，也会影响其想要获得认知确定性的程度，进而在危机面前会倾向于忽略证据而信奉简单的阴谋论（Leman & Cinnirella，2013）。

秩序需求

危机发生后人们的秩序需求也会增强，即在充满不可控的危机背景下，公众会产生想要恢复生活秩序的愿望。在秩序需求的驱动下，公众也更倾向于信奉阴谋论。这在以补偿性控制理论为框架的研究中得到了一定的揭示。补偿性控制理论（compensatory control theory）认为人们在危机等丧失控制感的情境下，会寻找各种补偿控制感的途径，包括通过自身的能力、知识、技能等实现的个人控制（personal control），借助于他人的帮助、支持等实现的外部控制（external control）。除此之外，人们还会发展出特殊的控制感补偿途径，即秩序需求增强，继而表现出一系列通过强调外部世界的结构、规律、秩序来感知事物处在控制之中的倾向（Kay，et al.，2009；

Landau，Kay，& Whitson，2015）。这种倾向在补偿性控制理论中也被称为泛化的结构确认（nonspecific structure affirmation）。

危机发生后阴谋论信念的出现，即是因秩序需求的增强而发展出的一种秩序确认倾向（Rothschild，et al.，2012；Sullivan，Landau，& Rothschild，2010）。阴谋论的解释虽然不同于真相，甚至与真相背道而驰，但是它本身的一套说法会使人感知到危机的发生是有踪迹可寻的，进而感受到整个危机处在控制之中。

### 外群体贬损

以上是从个人层面揭示出在危机中公众的认知闭合需求、秩序需求对于促发阴谋论信念的作用。而从群体层面来说，一些危机的发生（尤其是战争、经济危机等）也特别容易引起国际或国内的群体冲突，进而激发不同群体的外群体贬损（outgroup derogation），在这一群体动机的作用下阴谋论也特别容易发生。不同的调查研究均显示，在选举、战争等群体冲突比较尖锐的时刻，阴谋论的声音确实格外猖獗（Kofta & Sedek，2005；Uscinski，Parent，& Torres，2011）。有研究进一步显示，对外群体的贬损在其中起到重要作用。例如，有研究者（Mashuri & Zaduqisti，2014）对200多名来自印度尼西亚的学生展开调查，发现那些危机意识越强的学生（如认为西方世界正威胁着本族群的团结），越是认为西方人是不忠的、神秘的、具有煽动性的，进而更加笃信在本国出现的恐怖主义是西方世界的阴谋。如此看来，对外群体的贬损似乎是阴谋论产生的情绪催化剂。

关于以上所述的三种心理机制，一些阴谋论可能是其中一种心理机制的作用；而另一些可能是两种或三种心理机制共同作用的结果。仍然以马航MH370客机失联事件为例，在事件发生后，"美国借此探明中国在南海的军事实力""美印合谋把飞机藏在安达曼群岛的某个军事基地以此要挟中国"这类阴谋论似乎是公众的认知闭合需求和外群体贬损一起在起作用。

### 4.1.3 危机中阴谋论的消极后果

论及危机的影响，除了危机本身会带来一些负面影响（包括人员伤亡、财产损失、社会恐慌等）之外，伴随出现的阴谋论也会产生一定的消极后果，小到使人忽视自身健康（Bruder，et al.，2013），大到引发社会动荡（Barreto，et al.，2011）。以下内容梳理了阴谋论对公众政治行为、健康行为、环保行为的负面影响。

政治行为

一些伴随政治、经济危机事件出现的阴谋论会使公众的政治态度与行为走向极端。大量的调查研究显示，阴谋论者的政治参与度较低（Swami，et al.，2010，2011；Swami & Furnham，2012）。例如，研究者（Jolley & Douglas，2014a）以英国戴安娜（Diana）王妃"死亡之谜"事件为背景考察了阴谋论对个体政治参与意向的影响。在他们的实验中，有一半的实验参与者被启动为"阴谋论者"，通过阅读实验材料了解到戴安娜王妃的死亡是英国政府暗中策划的阴谋；而另一半的参与者被启动为"阴谋论的反对者"，通过阅读实验材料了解到戴安娜王妃的死亡与英国政府并无关系。随后询问被试在未来一年之内的政治参与意愿：是否会参与到下一届选举的投票中，是否会给支持的政党捐款，等等。结果发现，阴谋论者的政治参与意愿更低。研究进一步发现，较低的政治参与意愿是由于他们认为整个世界都在被少数的掌权者所操控，自己身为小人物并不能左右什么。

而与此政治淡漠相反的是，另一些阴谋论者对政治满怀热情。有研究者（van Prooijen & Acker，2015）调查了 1 010 名荷兰民众，发现那些认为伊拉克战争是一场阴谋的民众会表现出极左或极右的政治倾向。而这种倾向背后暗藏着民众迫切想要通过简单的途径来解决复杂社会矛盾和问题的需求。2011 年占领华尔街抗议运动更是公众政治热情高涨的典型体现。研究者认为这与自 2008 年金融危机以来美国社会流传的种种有关政治权钱交易的阴谋论密不可分（Bar-reto，et al.，2011）。

健康行为

除政治阴谋论之外，在过去的几十年里，伴随公共卫生事件出现的健康阴谋论也越来越盛行，如人类免疫缺陷病毒（HIV）阴谋论，HIV 病毒广泛传播之后，在世界范围内流传着一个说法，即美国中央情报局打着肝炎接种的幌子，用 HIV 病毒感染了大批非裔美国人；又如疫苗接种阴谋论，很多人相信，尽管医生和政府知道疫苗会导致孤独症和其他心理疾病，他们仍然希望给孩子接种疫苗（Kata，2012；Offit，2010）。类似的健康阴谋论也从未停歇，且公众对健康阴谋论的态度会影响其健康行为。有研究者（Oliver & Wood，2014）在 2013 年 4 月至 9 月收集了 1 351 名美国成人的在线样本。研究结果表明，健康阴谋论在美国相当普遍，且更加相信健康阴谋论的个体更不愿意注射疫苗、进行年度体检。另有研究（Jolley & Douglas，2014b）在一些儿童家长当中开展的调查得到了类似的结论。除此之外，对于认为 HIV 是用于种族灭绝和人口控制的人造病毒的公众来说，他们不太相信有关 HIV 会导致艾滋病的科学发现（Kalichman，Eaton，& Cherry，2010），并会表现出对医疗机构的不信任，进而很难坚持治疗（Bogart，et al.，2010）。

环保行为

伴随全球变暖等环境危害而出现的阴谋论同样在世界范围内广泛流传。早在 1996 年，在《华尔街日报》上就出现了对政府间气候变化专门委员会（Intergovernmental Panel on Climate Change，IPCC）的指控，声称全球变暖是科学家为骗取科研经费而故意捏造出来的（Oreskes & Conway，2010），而近些年来，伴随着美国参议员詹姆斯·英霍夫所著《最大骗局：全球变暖阴谋如何威胁你的未来》（*The Greatest Hoax：How the Global Warming Conspiracy Threatens*

*Your Future*）一书的问世，此类阴谋论更是被推到了风口浪尖。而这些阴谋论的散播极大地影响了公众对环境问题的态度及环保行为。有研究者（Lewandowsky，Oberauer，& Gignac，2013）对 1 377 名气候博客的访问者实施了在线调查，结果显示阴谋论者会对气候科学的诸多发现产生质疑，进而对环境问题作出过于乐观的判断，如认为在过去 50 年里矿物燃料的大幅度利用并未引发气温上升。另有研究者（Jolley & Douglas，2014a）采用实验法考察了阴谋论对公众环保行为的影响，其中"阴谋论"组的参与者被告知全球变暖是一场骗局，中性组的参与者则阅读其他材料，结果发现"阴谋论"组的参与者在随后的问卷调查中报告出了在生活中更低的选择节能电器、步行或骑自行车的意愿。

### 4.1.4　危机中阴谋论的干预手段

前述的内容揭示了伴随危机出现的一些阴谋论并不是"无伤大雅"的玩笑（Jolley，2013），它们可能会对民众的政治行为、健康行为、环保行为等产生广泛而深刻的负面影响。这对于危机本身来说无疑是雪上加霜。阴谋论的这些负面影响凸显出了相关危机管理工作的重要性：需要采取行动或措施，以阻止阴谋论的产生、蔓延。以下内容是基于公众的心理需求而揭示出的阴谋论干预手段，能够为相应的危机管理行动提供一定的参考（茚家焱，杨沈龙，郭永玉，2019）。

#### 合理化认知

合理化认知是从公众的认知闭合需求出发而进行的阴谋论干预，包括提供反阴谋论的证据，提高公众的分析性思维。研究表明，提供反阴谋论的证据是干预阴谋论最直接的手段。例如，在一项针对"9·11"恐怖袭击事件阴谋论的研究（Banas & Miller，2013）中，被试在了解了阴谋论的说法之后，实验者向他们提供了两种反阴谋论的证据：一种是基于事实的，即指出阴谋论缺少怎样的证据；另一种是基于逻辑的，即指出阴谋论缺少怎样的逻辑。结果显示，这两种反阴谋论的证据都能降低被试对阴谋论说法的相信程度；并且前者似乎比后者更有效。除了提供证据的方式之外，有研究进一步发现，提供反阴谋论证据的时机也很关键。与阴谋论已伴随危机事件出现之后再提供证据相比，在出现阴谋论之前就曝光关于危机事件的真相，能更有效地阻止阴谋论的产生和蔓延（Jolley & Douglas，2017）。

提高公众的分析性思维也是实施阴谋论干预的一种重要方式。所谓分析性思维，即是指经过仔细研究、逐步分析，最后得出明确结论的思维方式。有一项实验研究（Swami, et al. , 2014）发现，当启动被试的分析性思维之后，他们就不太倾向于相信伦敦"7·7"连环爆炸案是一场阴谋。需要说明的是，以上所提到的无论是提供反阴谋论证据还是提高公众的分析性思维，并不是说在危机发生后应该压抑或遏制公众的认知闭合需求，而是引导公众以更合理、理性的方式（而非阴谋论的方式）获得认知闭合需求的满足。

### 提升秩序感或控制感

提升控制感是从公众的秩序需求出发而进行阴谋论干预的方式。在对补偿性控制理论的阐述中，我们了解到在充满不可控的危机背景下，无论是个人控制、外部控制，还是因秩序需求的增强而表现出的秩序确认倾向，事实上都是公众获得控制感的途径（Landau，Kay，& Whitson，2015）。因此在危机面前，如果公众能够通过除了阴谋论之外的其他途径获得秩序需求的满足（即获得秩序感），或者直接获得控制感的满足，其阴谋论信念就不会显著提升（Rothschild，et al. , 2012）。这在过往研究中已经得到了一定的支持。例如，有研究（Sullivan，Landau，& Rothschild，2010）发现，当强调政府的力量能够保障社会秩序时，公众不太倾向于将一些负面的危机事件归结于阴谋。另有一项实验研究(Rothschild,et al.,2012)发现,当置身于气候变暖的危机情景时,相比于对照组的实验参与者,那些经过增强个人控制启动(书写在生活中感到能够掌控的事情)的实验参与者更不相信与气候变暖相关的阴谋论。所以,虽然与提供反阴谋论的证据以直接从源头上遏制阴谋论发生不同,但增强个人控制、保证政府控制力量,也都能满足公众的心理需求而间接抑制阴谋论的蔓延。

　　对重要他人的认知介入

　　对重要他人的认知介入是从传播机制切入而实施的阴谋论干预手段。在群体范围内,阴谋论通常是由核心阴谋论者鼓动、散播,继而被更多的普通公众信奉或推崇(Sunstein,2014)。这一过程类似于社会心理学中所称的群体极化(group polarization)现象,即相比于在个人情境下,在群体情境中人们的决策或信念都更趋于疯狂、冒险。从这一传播过程来看,对最初的核心阴谋论者的认知介入(cognitive infiltration)能够有效地阻止更多的人卷入阴谋论当中。具体来说,危机管理者可以安排人员以实名或匿名的方式进入网络或现实的核心阴谋论群体当中,促发其对阴谋论的实际前提、因果逻辑的怀疑,进而达到终止阴谋论传播的目的(Sunstein & Vermeule,2009)。

## 4.2　危机情景传播理论

　　在上一节中,围绕着伴随危机出现的阴谋论,我们在一定程度上了解到了危机的消极影响及所需要采取的干预手段。显然,危机事件的影响绝不限于阴谋论及其消极后果,还很可能涉及对相关组织的声誉造成损害等。针对危机事件发生后如何尽可能减少事件所可能带来的声誉危害,库姆斯和霍拉迪(Coombs & Holladay,2002)提出的危

机情景传播理论(situational crisis communication theory，SCCT)区
分了不同的危机类型，并阐述了在不同的危机类型中应采取的应对
策略。该理论提出近二十年以来已经得到了大量的检验与应用，为
危机管理者在危机事件中进行组织声誉保护提供了一套指导方针。
接下来，本节将展开介绍危机情景传播理论的相关概念及理论基础、
核心要素、相关研究。

### 4.2.1　相关概念及理论基础

#### 危机与声誉

危机是指威胁到组织运作的预期外的突发事件，它会给组织造
成财政和声誉上的威胁；同时也可能会给利益相关人带来人身、财
产及情绪上的伤害。这里所说的组织包括政府、政党、企业、医院、
学校、社会团体、非政府组织等(史安斌，2008)。而利益相关人是
指任何可以影响组织行为或被组织行为所影响的团体，如对于企业
来说，社区成员、员工、消费者、供应商、股东都是其利益相关人
(Bryson，2004)。

声誉是利益相关人根据组织过去的行为与自身期望的相符程度
而作出的总体评价。它是一个组织在一长段时间中积累起来的；是
组织的重要无形资产。危机管理领域很早就认识到了声誉的价值。
有研究者甚至将其称作声誉资本(Fombrun & van Riel，2003)。研究
发现在企业中，声誉资本可以吸引消费者、带来投资兴趣、提高财务
业绩、吸引尖端人才、增加资产回报、创造竞争优势等(Carmeli &
Tishler，2005)。且在危机发生后，企业先前积累的声誉资本也可以作
为缓冲剂，抵消危机所带来的声誉损害(Fombrun & van Riel，2003)。

#### 归因理论

归因理论是危机情景传播理论的重要理论基础。由韦纳(Weiner，
1985)提出的归因理论认为人们会根据控制点、稳定性和可控性来寻

求事件的起因，即对事件进行归因。其中控制点是指事件的起因是在当事人本身，还是在其之外；稳定性是指事件的起因是始终存在的，还是随着时间而变化的；可控性是指当事人能否控制事件的起因。利益相关人对事件的归因又会进一步影响其情绪与行为反应。如当判定事件的起因在当事人以外，那么利益相关人就可能产生同情与积极的行为反应；相反，当判定事件是由当事人引起的，利益相关人就会对当事人产生愤怒情绪与消极的行为反应（Weiner，2006）。

归因理论还认为不可预料性和负面性是驱使人们寻求事件起因的关键因素（Weiner，1985）。而这二者又恰好是危机的重要特征。因此，研究人员（Coombs & Holladay，2002）试图将危机与归因理论联系起来，提出了危机情景传播理论。该理论详细探讨了危机的发生是如何影响组织声誉、利益相关人的情绪与行为，以及危机的应对。

### 4.2.2　危机情景传播理论模型的核心要素

危机的影响

首先，危机情景传播理论尤为关注危机对组织声誉造成的威胁。该理论（如图 4-1 所示）提出了在危机情境中，影响组织声誉的三大因素：（1）初始危机责任（initial crisis responsibility）；（2）危机历史（crisis history）；（3）先前声誉（prior relational reputation）。其中首要因素是初始危机责任，即利益相关人对危机初始的责任归因。利益相关人越是将责任归因于组织，危机给组织造成的声誉威胁也就越大（Coombs，1995，1998；Coombs & Holladay，1996，2002）。危机情景传播理论还进一步认为在利益相关人进行初始责任归因的过程中，危机类型是关键。库姆斯和霍拉迪（Coombs & Holladay，2002）曾以企业危机为例，通过总结与扩充以往文献中的危机分类，

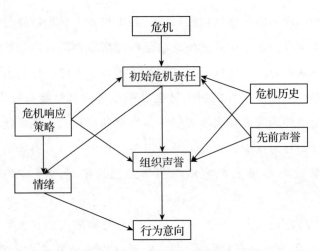

**图 4-1   危机情景传播理论模型图**

并根据利益相关人的责任归因进行聚类分析，最终得到了三种危机
类型：(1)受害者型(victim)危机，此类危机包括自然灾害、谣言、
工作场所暴力冲突及产品破坏。在受害者型危机中，组织与利益相
关人同为危机受害者，组织的危机责任归属和声誉威胁都比较轻微。
(2)意外型(accidental)危机，此类危机包括由技术故障造成的事故和
产品召回。意外型危机代表了组织的无意行为，也就是说组织并不
是有意制造危机。因此组织面临中度的责任和声誉威胁。(3)可预防
型(preventable)危机，此类危机包括组织的违法行为、人为造成的
事故和产品召回。在可预防型危机中，组织犯下本来可避免的人为
错误，或甚至故意采取不合适的行为导致危机发生。因此组织责任
严重，并受到严重的声誉威胁。危机历史是指组织是否曾有过类似
的危机。根据归因理论，危机的历史说明组织有着长期未解决的问
题(Martinko, et al., 2004)。先前声誉是指组织与利益相关人先前
关系的好坏。如果组织有一段未能处理好与利益相关人之间关系的
历史，先前声誉便是不利的(Porritt, 2005)。无论是危机历史，还是
先前声誉都可能直接影响或通过责任归因间接影响组织声誉

(Coombs，2004；Coombs & Holladay，2001)。

除声誉威胁之外，危机情景传播理论认为对危机的责任归因还会引发利益相关人的情绪与行为反应。当利益相关人将责任归因于组织，就会产生强烈的愤怒感，甚至在某些极端的案例中利益相关人产生了幸灾乐祸的情绪(Coombs & Holladay，2005)。而负面的情绪或声誉又会进一步引发消极的行为意向，如对组织猛烈抨击(进行负面的口头宣传)，或者切断与该组织的互动(Coombs & Holladay，2004)。

危机的应对

关于危机的应对，危机情景传播理论认为既然对危机的责任归因会影响组织声誉、引发利益相关人相应的情绪与行为反应，那么在危机应对过程中危机管理人员就应评估组织在危机中责任的大小来确定具体的危机响应策略，从而以较低代价最好地保护组织的声誉。首先，对危机责任的评估可以分成以下两步：(1)根据辨别出来的危机类型，评估组织的初始危机责任。即当危机出现时，危机管理者可以通过辨别危机的类型来预测利益相关人会把多少危机责任归于组织，并由此确定初始的危机责任水平和声誉损害。(2)评估危机历史和先前声誉对于初始危机责任的修正作用。危机历史和不利的先前声誉将提高对于声誉威胁的初始评估。例如，当组织存在危机历史或不利的先前声誉时，一个受害者型危机便会产生与意外型危机同等的声誉威胁。类似地，强化因素的存在也会导致意外型危机产生与可预防型危机同等的声誉威胁(Coombs & Holladay，2001，2004)。

然后，危机管理者应根据所评估的危机责任大小来采取具体的危机响应策略。危机情景传播理论根据组织承担责任的程度区分了三类响应策略：(1)否认型(denial)策略，包括回击指控、直接否认和寻找替罪羊。否认型策略的目的是撇清组织和危机之间的关系。

这类策略妥协性最弱，组织对于危机责任的接受程度也最弱。（2）弱化型(diminish)策略，包括寻找借口和正当化。弱化型策略致力于减少组织与危机的关联或利益相关人关于危机的负面看法，由此减弱危机对组织造成的声誉损害。在施行这类策略时，管理者要用证据来说明危机并没有人们想的那么严重，或者组织无法控制危机。这类策略具有中等的妥协性，表示组织在一定程度上接受部分危机责任。（3）重建型(rebuild)策略，包括表示关心同情、进行补偿和郑重道歉。重建型策略试图在危机处理中为组织创造新的声誉资本。在施行这类策略时，危机管理人员表示愿意承担危机责任，给受害者提供援助。这类策略妥协性最强，表明组织承担全部危机责任(Coombs, 2006)。且该理论建议危机类型与响应策略的匹配是：受害者型危机应采用否认型策略，意外型危机采用弱化型策略，可预防型危机采用重建型策略。若组织过去存在危机历史或不利的先前声誉，则受害者型危机应采用弱化型策略，意外型危机和可预防型危机都采用重建型策略(Coombs, 2007)。

### 4.2.3　危机情景传播理论的相关研究

危机情景传播理论模型的验证

目前，危机情景传播理论模型所涉及的主要命题已经在库姆斯和霍拉迪的系列研究中得到了实验支持(Coombs, 1995, 1998, 2006; Coombs & Holladay, 1996, 2001, 2002, 2006, 2007, 2008)。除了库姆斯和霍拉迪之外，其他研究者也对模型中的一条或多条关系路径进行了案例和实验检验，结果基本上都支持该理论模型(Lyon & Cameron, 2004; Jeong, 2009; Kim & Cameron, 2011; Schwarz, 2012; Sisco, 2012)。其中，有针对情绪方面的实验研究(Kim & Cameron, 2011)发现，不同情绪（如愤怒和悲伤）可以影响公众的信息加工过程以及对组织的态度，因此组织可以通过考虑公众的情绪需求发展出不同的响应策略。另有研究（van der Meer & Verhoeven，2014）还发现，体现在危机响应中的情绪（如羞愧和遗憾）对于组织声誉有积极的作用——降低公众的愤怒感，提升对组织的接受度。显然，这些后继研究进一步完善了危机情景传播理论模型中的关系路径。

新媒体研究对危机情景传播理论的补充

随着移动网络、博客、微博等互动媒介形式的出现，传统意义上的"受者"——例如，边缘弱势群体、非政府组织、民间压力群体——凭借新媒体获得了话语权，形成了多极化的传播格局（史安斌，2008）。针对新媒体不断蓬勃发展的背景，库姆斯和霍拉迪（Coombs & Holladay，2009）指出不同媒体类型对危机响应策略效果的影响还有待研究。目前，这方面已经积累了一些研究。例如，有实验（Schultz，Utz，& Göritz，2011；Utz，Schultz，& Glocka，2013）分析了采用传统媒体和社交媒体的不同危机响应策略对受者的声誉感知所产生的影响，结果表明媒介确实在声誉上存在主效应，通过社交媒体（如博客）的危机传播比传统报纸带来更少的负面反应和更高的声誉，但由于人们将报纸这类传统媒体视为更加可信，次级危机传播（如分享和发送信息）还是在报纸条件下更多。

危机情景传播理论的本土化研究

国内一些研究者也开始对危机情景传播理论进行本土化研究。如有研究者（Huang，Lin，& Su，2005）对危机响应策略的划分进行了跨文化适用性的检验。研究向来自台湾500强企业的公共关系实践者呈现了19种响应策略，并询问他们在危机发生时多大程度上使用过所呈现的策略。因素分析发现这19种策略可以进一步划分为5类：妥协、合理化、借口、否认、转移。可以看出前四种策略已被囊括在了库姆斯（Coombs，2006）的划分中；而最后一个策略"转移"，是指在危机发生后，危机管理者试图建立新的话题以转移公众

的注意力，或者拿之前发生的事件与当下的事件对比。这一策略是
在危机情景传播理论的划分中并未涉及的，但它却反映出了在中国
危机管理中广泛存在的特色。

　　也有研究者通过案例分析，审视了危机情景传播理论所提出的
危机类型与响应策略之间的匹配。吴宜蓁（2013）以台湾地区的相关
案例为研究对象，得出的结果部分支持了危机情景传播理论所提出
的情境与策略匹配建议，其中不一致的是自然灾害、过失以及道德
指控。危机情景传播理论建议责任最轻的自然灾害和过失只要用否
认型策略和弱化型策略即可，然而本土案例却倾向直接采用重建型
策略。对重视集体主义的华人社会来说，补偿和道歉是让自己保全
颜面并维持自己与他人和谐关系的有效方法，因此，面对造成损害
的自然灾害或过失，不论组织是否有错，都要提出补偿办法，这不
仅是面子问题，也是社会的期待。又如史安斌（2011）对汶川地震期
间中国政府部门危机传播的情境、策略和效果进行了考察和检视，
结果发现，危机情境与政府所采用的传播策略之间的关联性与危机
情景传播理论的重合度在80％左右。其中与危机情景传播理论不符
的一点是，政府新闻发言人频繁使用弱化型策略来回应各种危机情
境。尽管不一定反映事实或全貌，史安斌的研究团队通过对当时新
闻发言人的访谈找到了两个可能的原因：一是中国政府部门遵循自
上而下的层级传播秩序，发言人在无法得知高层决策过程的情况下
经常会用弱化型策略来维护形象；二是中国的集体主义价值观要求
发言人把维护政府的权威作为危机传播的重要任务。应指出的是，
理论与现实不符的地方并不表明危机情景传播理论本身不合理，而
只是说现实情况往往更复杂，而且实践者未必总能按照理论所建议
的规则来行事。例如，有研究者（Kim，Avery，& Lariscy，2009）曾
分析了1991年到2009年危机传播领域的研究，结果发现，学界公
认的最佳响应策略并不总能在实践中得到应用，部分原因可能是实

践者对相关理论不够了解，或者学者与实践者之间仍缺少交流。

## 4.3  危机中谣言采信的心理机制及政府应对策略

在上一节中，我们了解了危机情景传播理论。这一理论已逐步得到本土化研究的审视。不过，大部分本土化研究都是通过案例研究法审视了危机情景传播理论中的重要观点，即危机类型与响应策略之间的匹配在中国社会背景下的适用性。目前还有待于通过丰富研究方法、拓展研究内容来深入挖掘该理论的价值。基于此，有研究者(白洁，2015)以暴恐事件这类危机为背景，通过实验法考察了危机对公众谣言采信的影响及政府应对策略。

### 4.3.1  危机对公众谣言采信的影响

在《谣言心理学》一书中，谣言被界定为一种没有真实依据的说法，会在人群之中口口相传(Allport & Postman，1947)。该定义已经简要说明了谣言的本质，但却局限了其传播形式，有研究者(Rosnow，1991)在界定中进一步拓展了谣言的传播形式，认为谣言不仅是以口口相传的方式存在，而且会以印刷品、电子媒体和互联网的形式进行传播。总休来看无论传播形式如何，谣言都是一种没有真实依据的说法。在此我们比较一下谣言与本章第一节内容所提到的阴谋论的异同。就相同之处而言，两者都是未经证实的说法；就差异之处而言，阴谋论更多伴随着重大事件，且侧重于对事件发生原因的解释，而谣言是可以在所有一般事件中出现的，对事件相关因素的说法。可以说，阴谋论似乎是一种特殊的谣言。

与阴谋论这种特殊的谣言类似，在危机中各种一般性的谣言也会较频繁地出现。大量新闻报道及调查研究均揭示出在发生暴恐事件等危机时，公众尤其容易听信谣言(Uscinski，Parent，& Torres，

2011)。而对于这种现象背后的心理机制，目前还缺乏实证研究的探讨。基于前文所分析的危机中促使阴谋论产生的三大心理动机（认知闭合需求、秩序需求、外群体贬损），公众对一般谣言的采信也可能会有类似的机制。尤其是面对暴恐事件时，在公众的谣言采信行为中秩序需求很可能扮演着重要角色。有研究（Bordia & DiFonzo，2004）对 280 则网络谣言的分析发现，大部分谣言都是与获得秩序感有关的，以减少危机带来的无序、不可控。另一些调查研究也显示，在面临飞机坠毁、政治家遭遇枪杀等事件时，那些越是期望获得秩序的公众，越倾向于听信与事件有关的谣言（Leman & Cinnirella，2013；van Prooijen & van Dijk，2014）。

### 4.3.2   政府在危机中的应对策略

危机中谣言的高发给危机管理者带来了一定的挑战。危机情景传播理论提出了危机类型与应对策略的匹配：受害者型危机应采用否认型策略，意外型危机应采用弱化型策略，可预防型危机应采用重建型策略。这一观点已在本土化研究中逐步得到审视。大部分本土化的案例分析得到了与危机情景传播理论观点一致的发现，但也揭示了不一致的地方。如吴宜蓁（2013）通过案例分析发现即使在面对自然灾害、过失等这类受害者危机时，在本土化的情境中仍然倾向于直接采用重建型策略。

那么对于暴恐事件这一类受害者危机，政府作为主要的危机管理者，直接采用重建型策略，即通过补偿、道歉等一系列措施承担全部的危机责任，可能最有利于减少公众的谣言采信行为。这在本章第一节提到的阴谋论干预中也能找到证据。对于阴谋论这一特殊谣言的干预，在危机面前如果公众能够通过其他途径获得秩序需求的满足（即获得秩序感），或者直接获得控制感的满足，其阴谋论信念都会大大降低（Rothschild，et al.，2012）。例如有研究发现，当强调政府的力量能够保障社会秩序时，公众则不太倾向于将一些负面的危机事件归结于阴谋(Sullivan，Landau，& Rothschild，2010)。

### 4.3.3　危机影响谣言采信的实证研究

为了考察在暴恐事件中危机对公众谣言采信的影响的心理机制及政府响应策略对公众谣言采信的干预作用，有研究者(白洁，2015)开展了两项实验研究。研究一首先考察了危机对公众秩序需求的影响，进而考察了其对谣言采信的影响。研究二则进一步揭示了当政府采用弱化型策略时，公众的秩序需求能够显著预测他们的谣言采信水平，而当政府采用重建型策略时，这种预测效应则不存在。

研究一：危机对公众谣言采信的影响的心理机制

研究选取了某高校 89 名本科生与研究生，其中男生 16 名，女生 71 名，性别信息缺失者 2 名。被试的年龄范围在 18 至 28 岁之间，平均年龄为 21.32 岁，标准差为 2.38 岁。研究采用单因素组间实验设计，自变量为危机情境启动，分为危机情境与中性情境两个水平，中介变量为秩序需求，因变量为谣言采信的水平。研究分为两个阶段完成。在阶段一，被试观看关于危机情境或中性情境的启动视频。危机情境的视频由在网上收集的近些年发生的各类暴恐案的新闻报道、图片汇制而成。视频时长约 3 分钟，内容包括新闻报道截图、事件图片、字幕和配音。中性情境的视频是对国内景点的介绍，视频时长同样约 3 分钟，内容包括某地风景照片、字幕和配音。

在阶段二，首先为检验危机情境启动的有效性，研究通过自编的 5 个题项考察被试感受到的危机程度或控制感水平，具体题项为："生活中的许多安全隐患，我都无法察觉"，"我的生活是否安全，在自己的掌控之中"，"我能合理地应对、处理许多突如其来的危险"，"生活中层出不穷的安全问题让我感觉忐忑不安"和"生活中发生的很多事情，我都无法改变"。被试在 7 点量表上评分，1 表示完全不同意，7 表示完全同意。其次测量被试的秩序需求水平，采用中文版的秩序需求量表(陈阳等，2008)，共包括 11 个项目，例题如："我不喜欢不确定的情境"，"进入一个我无法预料的情境使我感到不安"，"我不会因为常规生活被扰乱而心烦"。量表是 7 点计分，1 表示很不同意，7 表示很同意。

最后对谣言采信意向进行测量。研究要求被试在 1 到 7 点计分的量表上评定对相关谣言的相信程度，1 表示完全不相信，7 表示完全相信；同时要求被试评定信息的权威性、重要性、焦虑感作为研究的协变量。

结果表明，危机情境的启动有效，危机情境组的被试具有更低的控制感水平。此外，对秩序需求在危机情境和谣言采信之间的中介效应分析表明，危机情境对被试的谣言采信有影响，并且这种影响是通过秩序需求起作用的。与中性情境相比，在危机情境下被试的秩序需求更高，进而谣言采信的水平也更高。

研究二：政府响应策略对公众谣言采信的干预作用

研究选取了某高校 104 名本科生与研究生，其中男生 19 名、女生 70 名、性别信息缺失者 15 名。被试的年龄范围在 18 至 28 岁之间，平均年龄为 22.16 岁，标准差为 2.33 岁。研究采用两因素实验设计，其中自变量 1 为秩序需求(连续变量)，自变量 2 为政府应对策略，分为重建型策略、弱化型策略两个水平；因变量为谣言采信的水平。研究分为两个阶段完成。阶段一首先呈现了危机情境作为研究背景，阅读材料节选自某篇新闻报道。为了避免任何先前经验的影响，研究在此隐去了新闻中的国名，而简称"A 国"。具体内容如下：

某西亚国家前几个月发生了一起骇人听闻的暴力恐怖袭击案。A 国某周刊杂志社遭一伙武装人员持 AK-47 突击步枪和火箭筒袭击，导致包括周刊主编在内的至少 12 人死亡。其中有 4 人为漫画家，1 人为杂志主编。而后一位目击者在接受当地电视台采访时说："大约半小时前，我看见两名用黑布蒙面的男子持 AK-47 突击步枪进入杂志社大楼。几分钟后，我听到许多声枪响，事发现场场面如同大屠杀。"而另一名目击者在附近一座建筑楼顶拍摄了袭击画面。视频中，一名袭击者高喊着"我们已经复仇了！"等口号。

在呈现危机情境之后，采用与研究一相同的中文版秩序需求量表(陈阳等，2008)来测量被试的秩序需求水平。

接下来进入阶段二重建型策略或弱化型策略的启动。重建型策略与弱化型策略的启动材料均是参照库姆斯与霍拉迪(Coombs & Holladay，2006)对危机策略的划分所编制的阅读文本。其中重建型策略的启动材料如下：

事发后，该国总统立即赶往现场，强烈谴责了这次袭击，并要求迅速调集各方的医护力量对伤者进行全面的救护工作，确保伤者生命安全。并对遇难者的家属表示慰问和关心。当地时间下午 2 点，该国政府在总统府召开部长级会议，会议决定最高反恐级别将扩大至整个首都大区范围，并要求尽快加大对新闻机构、大型商场、交通车站和宗教场所的保护力度，确保在一切公共场合中民众的人身安全。

弱化型策略的启动材料如下：

事发后，该国政府发言人出面表态，声称尚不能将此事件定性为"暴力恐怖袭击"，因其攻击对象只是一家民间的杂志社，而非任何如火车站、大型购物商场等其他公共场合。因此不排除可能只是一起由私人恩怨而引发的事件。而事件的详细情况还在进一步的调查中……

为检验启动的有效性，在呈现启动材料之后，要求被试判断该国政府采用了怎样的应对策略：A. 重建型策略，强调所有的受害者已得到妥善的安置和相应的补偿；B. 弱化型策略，即寻找借口，淡化在事件中所应承担的责任；C. 否认型策略，否认这是一起暴恐袭击案。最后通过呈现三则没有真实依据的微博消息来测量被试的谣言采信水平："该国应对突发事件的机制还不完善"，"据说，该国是全世界范围内安全经费投入占国家开支的比例较低的国家之一"，"据该国的防恐形势来看，未来此类事件会越来越多"。要求被试在7点量表上评定对以上言论的相信程度，1表示完全不相信，7表示完全相信。除此之外也要求被试评定以上言论的权威性。

结果表明，政府应对策略的启动是有效的。谣言采信对政府应对策略的回归分析表明，与弱化型策略相比，在政府采用重建型策略时公众的谣言采信水平更低。此外，秩序需求与政府应对策略的交互作用分析表明，当政府采用弱化型策略时，公众的秩序需求能够显著预测其谣言采信水平，即公众的秩序需求越高，其谣言采信水平也越强；而当政府采用重建型策略时，则不存在这一预测效应。

### 4.3.4　小结

危机的发生常带来一系列的消极后果，包括人员伤亡、社会恐慌、谣言四起等。为了尽可能地降低危机的潜在负面影响，危机管理者就有必要了解消极后果的成因，并展开有效的应对措施。本节所介绍的两个研究以危机中公众的谣言采信为例，考察了这背后的心理机制，并发现了政府应对策略的影响。

对丰富危机情景传播理论的启示

研究通过实验法揭示了秩序需求在危机影响公众谣言采信过程中的中介作用，以及重建型策略对谣言采信的弱化作用。研究为危机情景传播理论的丰富带来了一定的启示，包括在方法上、内容上以及本土化研究的审视上。在方法上，大多数基于危机情景传播理论的本土化研究采用的是案例分析法，即通过回溯大量的危机案例总结在不同危机中不同应对策略的效果（Huang，Lin，& Su，2005；史安斌，2011；吴宜蓁，2013）。而相比于案例分析，实验法能够在同一实验情境下直观地考察不同应对策略的效果。因此，未来研究可以通过更多的研究方法（如案例分析法、实验法、现场调查法、访谈法等）来挖掘危机情景传播理论的价值。在内容上，危机情景传播理论主要是从利益相关人的责任归因、情绪等角度，来考虑不同的危机类型应采取的应对策略（Coombs & Holladay，2002）。而本研究所揭示的秩序需求的中介作用，说明了除认知、情绪因素之外，还可以将更多的心理变量（如动机因素）纳入该理论模型。在本土化研究的审视上，尽管大多数本土化研究的发现都吻合于危机情景传播理论的观点，但仍有研究揭示出在本土化的情境中，面对一些危机所应采取的应对策略与该理论所建议的不同（吴宜蓁，2013）。本节的研究也发现在暴恐事件这类受害者型危机中，政府作为主要危机管理者采用重建型策略是干预谣言的更优的策略。这启示了在本土化的情境中，对于危机情景传播理论在具体危机事件中的应用需要做更为细致的考虑。

对现实危机管理的启示

本节所介绍的研究也为现实的危机管理带来了重要的启示。面对危机的发生，危机管理者所采用策略的恰当与否，不仅影响其声誉形象，还会影响社会危害的扩大程度。史安斌（2011）对汶川地震期间中国政府部门危机传播的情境、策略和效果进行了考察和检视，发现当政府频繁使用"弱化型"策略来回应危机情境时，会严重影响其声誉；而当政府采取"重建型"策略来回应时，这样的负责任态度给灾区民众带来了巨大精神支持，并为抗震救灾工作奠定了坚实基础。2020年年初，新型冠状病毒感染疫情这一公共卫生事件的发生也显示，最初地方政府职能部门某新闻发言人对病毒的传播性、事件的严重性的弱化，在一定程度上损害了公众对政府的信任。因此，在面对自然灾害、公共卫生事件、暴恐事件等危机时，纵然作为危机管理者的政府本身也是受害者，但采取重建型策略（包括进行救护、安慰、及时发布消息等），将有利于公众秩序感的获得，进而达到阻止谣言等各类社会危害的效果。

# 第二编

# 应用研究

**5**

# 危机管理中的心理
# 与社会支持概述

现代社会中，经济全球化进程带来的国际关系的复杂化和社会发展造成的环境问题，大大增加了人类生活中危机事件发生的概率。21世纪以来，全球范围内发生了一系列的重大危机事件，如美国"9·11"恐怖袭击事件、SARS事件、印度洋海啸、中国汶川地震、日本核泄漏等。无论是地震、洪涝等自然灾害，还是战争、恐怖袭击、核事故等人为灾难，这种大规模冲突和其他社会危机事件都对人们的财产安全及身心健康造成了极大的威胁。面对这种情况，国家和政府有责任及时对危机进行应对和处理，以防对公众安全及社会稳定造成更为恶劣的影响。

显而易见，危机的出现往往是突发事件，它不仅威胁和破坏了个人、群体或组织正常的生活秩序和发展进程，而且在时间压力和不确定性极高的情境下，还容易对个体或群体的心理造成极大的伤害。在重大突发事件中，不当的应对可能会导致大范围的社会恐慌，甚至社会动荡局面。因此，危机管理中的心理与社会支持显得尤为重要。本章首先从危机管理中心理与社会支持的概念框架入手，明确危机中心理与社会支持的主要原则和基本要素，为随后章节的展开提供理论指导。随后，本章将探讨危机管理中心理与社会支持的主体及体系构建，比较宏观地介绍心理与社会支持的实践内容。

## 5.1  危机管理中心理与社会支持的概念框架

如何为危机中的创伤群体提供有效的心理与社会支持是危机管理领域密切关注的问题。有学者结合该领域相关理论构建的"迫害与创伤后的适应与发展模型"(adaptation and development after persecution and trauma，ADAPT model；Silove，2013)，成为目前危机管理中心理与社会支持方面应用最为广泛的指导科学研究及应用实践的概念框架之一。本节将对该概念框架进行较为详细的介绍，主要聚焦于该模型所涉及的基本原则和要素。

### 5.1.1  ADAPT 模型及其原则

近几十年来，国外学者以经历过大规模冲突的群体及各国难民为主要研究对象，在危机管理中的心理健康干预方面取得了重要进展。不仅逐步明确了精神卫生和心理社会干预的范围和组成部分，而且在政策制定、规划设计和重要研究课题方面也取得了越来越多的共识(Allden，et al.，2009；Tol，et al.，2011)。ADAPT 模型是其中应用最为广泛的理论成果，该模型结合其他相关理论，总结出了在提供心理干预与社会支持时需要遵循的七个基本原则，以及五大要素(安全保证、关系网络、公正、角色与身份认同及存在性意义)，明确了危机事件后实现公众心理健康恢复的干预范围和基本目标。通过解释在危机事件过后，人们各类心理反应之间的内在关联，以及创伤群体在恢复过程中所需的心理与社会支持，形成了一个综合的概念框架，进一步完善了心理与社会支持的相关研究，对危机管理政策和社会干预措施的制定和实施具有重要的指导作用(Silove & Steel，2006；Tay & Silove，2017)。ADAPT 模型的七个基本原则陈述如下。

(1)在实施干预之前，首先要对创伤产生的时间和背景进行了解和评估，这是实现创伤群体的适应和心理健康恢复的前提。因为大规模冲突等危机情境给人们带来的压力和创伤往往是多重的（Silove，2013），有些人的心理应激反应是在危机发生时出现，而有些则是在危机过后才产生的，这二者对于危机事件的幸存者来说，具有不同的心理机制和意义，所以了解创伤产生的阶段和背景，是对创伤群体进行心理干预的首要工作。

(2)要避免脱离现实状况，不要仅仅根据现有理论对创伤者的心理和行为反应做出过于简单化的论断。危机事件后的心理适应是一个不断变化的过程，从创伤产生到心理干预的每一个阶段，创伤者的心理都可能会产生积极的适应性变化，比如并不是所有经历了重大创伤的人都会产生创伤后应激障碍，这主要取决于在恢复过程中他们可利用的自身或人际资源（Hobfoll，2012）。

(3)在干预过程中，需要随时关注干预对象的具体情况并及时做出调整。危机事件后的创伤群体通常会同时存在正常的与非适应性的压力反应，并且会根据时间、背景和文化环境的不同而有所改变。所以在某个时间点或某种背景下识别出的创伤后心理障碍并不是固定不变的，干预者需要依据情况的变化及时做出评估和调整。

(4)要关注不断变化的外部环境与个体和群体心理之间的交互作用。危机事件过后，人们所处的环境中往往充满了各种不稳定的因素及不可预测的变化，这样的环境特征作用于人们的心理感知并影响着一系列的压力反应。研究表明，危机情境中感受到的恐惧和创伤、恢复期间感受到的威胁会明显加重创伤后应激障碍（Trickey，et al.，2012）。因此在危机过后为创伤群体提供一个较为安全稳定的环境，对他们的心理恢复具有重要意义，干预者也需要根据个体、群体和不断变化的外部环境之间的相互作用，采取相应的干预措施。

(5)重视外部结构性因素对心理恢复过程的影响。在经历了大规模冲突或危机事件之后，个体及其所属的群体会本能地调动他们所有的可用资源，努力适应环境，并且重新树立起那些被危机事件破坏的适应性要素，这种主观能动性会在危机过后促进人们的心理恢复（Silove，1998）。如果这种恢复进程变慢或者受阻，那么除了个体、群体或文化背景的原因之外，更要考虑是不是外部结构性因素对心理健康的恢复产生了不利影响。

（6）人们在危机应对的过程中，心理上的成长与外在适应不良的表现是可以同时存在的，这是危机应对的一个正常表现。即便是在非常极端的危机事件过后，个体也可以在创伤过后不断成长或产生积极的改变（Sawyer，Ayers，& Field，2010）。危机事件中的幸存者会从他们的经历中吸取经验，并且会对自身与环境的关系形成更加清晰的认识，提高接纳自我和融入周围群体的心理动机。

（7）在危机管理中，在具有压力反应的创伤群体中，要重点关注本来就患有严重心理疾病的人群，他们可能在危机事件发生前就存在一些心理障碍，如精神失常、严重的情绪障碍等（Silove，Ekblad，& Mollica，2000）。这些患有严重心理疾病的人，在不稳定的危机情境中极有可能会被忽视或遭受虐待（Silove et al.，2008）。关注严重心理疾病患者的需要，这不仅是对基本人权的维护，而且和关注创伤压力反应一样，是危机应对和管理中的关键部分，因为在危机事件后的应激反应中，原有的心理疾病会与创伤压力反应相互作用，进一步加重危机事件带来的心理创伤。

## 5.1.2  ADAPT 模型的五大要素

在介绍了 ADAPT 的基本原则之后，下面将详细介绍该模型中的五大要素。这些要素都是一个健全的心理与社会支持项目所要重点纳入考虑的。

安全保证

各种危机情境往往都充满不断发生或持续存在的威胁，这对暴露于其中的人们的身心安全造成了极大的损害。对不同社会背景下的人群所做的研究表明，危机情境中普遍存在的恐怖威胁明显增加了人们产生创伤后压力反应的概率（Steel，et al.，2009）。因此在危机事件或冲突情境过后，保证创伤个体或群体的安全，是创伤恢复的基本要求，对于创伤应对具有基础性的意义。

近些年来，研究者对创伤后应激障碍是否属于一种心理病理现象展开了讨论。从进化角度来看，无论是何种自然或社会环境下的人，他们在创伤后产生的压力反应都具有一定的相似性。创伤记忆的不断重现是一种本能的生存机制，它可以在人们再次遇到类似的威胁时发挥保护作用（Silove，1998）。这种记忆危险线索的能力增加了人们在危险环境中存活的概率，而与过去相似的危险情境对个体生理机能的唤醒，例如高度警惕、过度惊吓以及强烈的心理反应能够使人们在危机情景下，根据具体的情况选择对抗或者逃跑。

但是，问题在于，在一些情况下，人们的创伤压力反应会变得失调，即经历了危机情境之后，他们会对那些本身不存在威胁的情境产生应激反应（Silove，1998）。一系列之前经历的威胁和当前周围环境中的创伤因素可能会导致创伤者出现长期的应激障碍（Brewin，Andrews，& Valentine，2000）。因此确保创伤人群处于一个安全的环境尤其重要，特别是当危机刚刚解除时，他们还面临着一系列的困境：持续的不安全感、未来的不确定性、对生活缺乏控制、缺乏恢复心理健康所需的社会支持和人际资源（Hobfoll，2012），如果他们持续地处于可能存在安全威胁的情境中，将不利于其心理健康的恢复，甚至会进一步发展出长期的应激障碍和心理疾病。

精神卫生方面的负责人在危机管理的心理与社会支持中负有重要的责任，他们需要向政策制定者传达心理干预的相关研究信息，协助制定干预方案，更重要的是要建立一个安全稳定、不会有突发危险的环境，这些措施通过让创伤人群在安全的环境下，适应自身的创伤应激反应，逐渐从危机事件导致的压力中恢复过来。除了这些措施之外，还可以通过培养有关工作人员的压力管理技术，作为干预治疗的辅助手段，促进创伤人群恢复心理健康。

危机事件过后，对弱势群体的保护也是一个重要的问题。这些对象主要包括遭受强暴或处在家庭暴力风险下的妇女、无人监护的未成年人，为他们提供一个安全的环境和充分的心理与社会支持，不仅对维护社会稳定具有重要意义，而且还降低了他们发展出慢性应激障碍和心理疾病的风险（Anderson，Chaturvedi，& Cibulskis，2007）。在临床层面，危机干预和紧急心理健康服务应该优先考虑那些有严重的创伤应激反应的个体（有自杀倾向，严重抑郁，无法照顾自己或其家属，表现出不良行为的人，如攻击他人、酗酒、药物滥用等）。还有一部分人，他们本身就患有不同程度的精神障碍，在经历了危机事件之后，非适应性的压力反应与原有的症状同时存在，在干预过程中，需要及时对这类病人进行筛查，以便提供适当的临床干预以避免造成长期精神障碍的风险。

关系网络

经历了大规模暴力活动并因此而流离失所的群体在此过程中往往承受着巨大的精神和物质损失，在这种创伤情境下，拥有一个良好的社会支持网络会有利于他们最终的心理恢复（Pine & Cohen，2002）。危机事件导致的情绪失调是这些创伤压力反应的一个主要表现，研究发现这种情绪失调也可以通过恢复人际关系的完整性，建立广泛的社会支持得到缓解和恢复（Morina，et al.，2010）。

因此，对于提供心理与社会支持的机构来说，帮助创伤群体修复社会关系网络自然成了其干预工作的重点。具体内容包括重新建立或加强家庭成员之间的情感联结，巩固其他未遭到破坏的社会关系，并在可能的情况下修复受损的社区关系网络。对于那些在危机中遭受严重损失的人，例如老人、丧偶者或孤儿，他们的情感失调可能是由他们的孤立地位所造成的，他们可以寻求支持的社会网络往往十分脆弱，所以干预过程中有必要针对此类人群制定特定的心理社会干预方案，帮助他们建立起新的社会支持网络。

公正

以前人们对公正的关注多集中于法律或人权方面，而很少注意到公正在心理建设中的作用。然而，临床经验表明，个体在生活中如果有较高的不公正感，在其遭受迫害或权利受到侵犯之后，这种不公正感会成为阻碍其心理恢复的主要因素（Rees，et al.，2013）。通常面对不公正的现象或者自身受到不公正对待时，人们会表现出愤怒的情绪，大部分情况下这属于正常的情绪反应，对个体的生活具有适应性的意义，因此，愤怒本身并不能被视为非适应性的创伤反应（Rees，et al.，2013）。但是，有一部分人在经历了危机事件之后，一些微小的事件就会激发他们剧烈的愤怒情绪，并且伴有攻击行为（Silove，et al.，2009），这种过度的愤怒情绪可能使个体产生严重的攻击性，从而对他人、家庭甚至整个社会造成不利的影响，而不公正感又间接加重了这种状况，并且会阻碍其心理健康的恢复。

在权利受到侵犯的群体中建立起一种持久的公正感，是危机应对和社会管理中的一项艰巨任务。尽管在过去的 30 年里，世界各地已经设立了 40 多个"真相与和解委员会"（Truth and Reconciliation Commissions，TRCs），该机构的主要目的是为那些遭受伤害或人权受到侵犯的群体澄清事实并促进矛盾双方的和解（Chapman，2007）。但事实表明，这个机构的设立并没有在建立公正感方面显示出普遍的效果（Clark，2011；Gibson，2005）。公正是整个社会高度关注的一个话题，但是要客观地研究它对心理建设的影响是很困难的，因为这个问题本身较为复杂，还未形成统一的理论体系，而且在研究中也很难对无关变量进行控制。

目前有限的研究数据表明，那些政治虐待的幸存者在参与"真相与和解委员会"之后，他们的愤怒情绪并没有得到明显的改善，这可能是因为在许多案例中，主要犯罪者都得到特赦或以其他方式避免了起诉（Silove & Steel，2006）。大规模的暴力冲突往往会加重社会经济体系中的不公正现象，这在很大程度上加重了人们的失望和挫折感，这也可能限制"真相与和解委员会"在重建社会公正感方面发挥有效的作用。从现实情况来看，创伤群体公正感的恢复将是一个缓慢而艰难的过程，这需要各个部门和基层人民的参与和推动。只有在现行政策和社区建设真正吸取以往的教训，真正开始关注人权的时候，危机事件中的受害者才有可能获得更高的社会公正感。

角色与身份认同

在大规模的暴力冲突中，原有的社会秩序被打破，大量灾民流离失所，鉴于文化、种族、宗教和阶层等社会因素对个体自我认同的影响，人们原本在家庭和社会中确立起的角色和身份认同也会随着冲突带来的混乱而遭到破坏（Kroó，2013），因此危机管理中的一项重要任务即引导人们对这种社会角色和身份认同的混乱进行积极的适应和调整。

在发展空间不足和缺乏社会支持的情况下，失业与精神健康的损害密切相关（Paul & Moser，2009）。对于大规模冲突中的受害者来说，在冲突过后他们依然会在较长一段时间内处于不稳定的社会环境当中，很难在短时间内找到新的工作，这严重影响了人们重新建立起持续的认同感以及有意义的社会角色的能力。尤其是当难民被拘束在难民营或拘留中心，被迫在敌视他们的社会环境中寻求庇护时，这些问题便显得更加突出（Silove，2002）。在陌生的社会环境中，大多数难民都缺乏归属感，边缘化、偏见和歧视也会增加他们对自身的社会角色和身份认同的不确定感，自我认同的混乱会带来一系列负面的心理后果（如社会退缩、社会隔离、抑郁等），相应的行为表现包括脱离社会、家庭矛盾、越轨行为和整体的疏离感，那么在这种情况下，个体将更难从创伤中恢复健康。

对应来看，也有一些难民身份的人得到了接受教育、职业培训的机会或其他生活目标，在新的社会环境中获得了社会角色和身份认同。一部分有着难民身份背景的人及其后代已经实现了社会地位的上升，他们接受了这种双重的身份，并且将原来所处的文化与当前的文化环境进行融合，从而确立起了新的社会角色和身份认同（Nawyn，2006）。这种对自己原有的文化特征进行适应性的改变和保留，并将它与当前文化的优点结合起来的方法，有助于缓和陌生环境造成的文化冲击，提高文化适应能力和自我与群体认同（Qin，et al.，2015）。

由此可见，如果相关的干预政策可以为难民提供受教育、找工作的机会，保障其基本的社会权利，那么这将减少他们社会参与过程中的障碍，有利于他们在全新的社会环境中重新树立起自己的社会角色和身份认同。针对家庭的心理干预方案也可以有效地促进角色转换和适应，包括性别角色、权利和地位的变化，还包括父母对孩子的期望以及他们的教养方式的调整。但是在临床实践中，医生在帮助这些群体塑造新的社会角色和身份认同的过程中，依然不可避免地要面临许多困难和挑战。临床工作者可以和一些提供心理与社会支持的机构建立密切的合作，一起帮助冲突中的创伤群体接受教育和职业培训，实现就业，保障其生活来源，这也有利于难民及其他创伤群体建立起新的有意义的社会角色和身份认同，重新确立对生活的掌控感，促进心理健康的恢复。

存在性意义

人们有一种为周围发生的事情寻求合理解释的自然倾向，这使我们可以从这些事件中感受到生命的连续性和自身存在的意义

(Singer，2004)。危机事件和流离失所是对存在意义和延续感的重大威胁，这种境遇迫使幸存者不仅要重新评价，有时甚至要从根本上改变他们的世界观和信仰体系。而在对过去的生活习俗与当下环境进行调和的过程中，必然面临着不可避免的冲突和挑战，这可能会造成代际的家庭矛盾甚至社会问题。尤其是那些对自己原属的社会背景有着较高的认同水平的难民，当被迫移居到一个遥远的地区，他们会感受到更多的社会孤立和无力感。

存在性意义始终是心理治疗过程中的一个核心问题，政策制定者需要了解对于创伤群体来说，权利受到侵犯在多大程度上影响着他们的意义体系，以及他们对意义体系可能进一步遭到破坏的敏感性。对于安置难民的政府来说，应该对多元文化采取更包容的态度，鼓励社会各阶层容纳各种不同的世界观，这对难民的心理恢复和意义重建有着积极的作用(Dale，2016)。在进行干预之前，应该对包括心理卫生专业人员在内的有关工作人员进行培训，使他们关注到人们对存在意义的需求，认识到难民在努力适应当前地区的主流文化、价值观和社会制度时所面临的挑战。

对冲突中的幸存者来说，寻找存在性意义也是危机过后的一项核心任务，但是在心理受到创伤或陌生的社会环境下，他们有时很难依靠自身的力量解决这个问题。虽然对存在性意义的探索主要依靠个人的努力，但是政策制定者以及心理干预人员应该关注幸存者所面临的困境，并为他们提供更多的心理与社会支持。

### 5.1.3  ADAPT 模型的意义与应用

ADAPT 模型提出了危机管理中，为人们提供心理与社会支持的五大要素，明确了危机干预的主要方面，是危机事件发生后社会恢复稳定的基础。ADAPT 模型对相关理论进行了整合，有助于我们更好地理解大规模冲突及其他危机事件亲历者的心理和行为反应，并给予相应的心理与社会支持。它的独特之处在于：认识到生态、社会等外部环境对创伤恢复的重要性；在判断正常和病理反应之间的界限时，还考虑到文化和个体对环境的敏感性差异等影响因素，强调了环境及个人之间的相互作用，并且重视心理社会干预的科学性和平衡性，为促进群体及个人心理创伤的康复提供了一种系统合理的方法（Miller，Kulkarni，& Kushner，2006）。

ADAPT 模型中对每个要点都用相关案例进行了解释和说明，经历过危机情境的群体和个体很容易对这些内容产生共鸣，从而提高了他们对该理论模型的接受度。而且对于危机管理有关部门的领导和工作人员来说，这种方式也使他们对干预过程及其注意事项产生了更为直观的认识，有利于他们进一步理解干预措施发挥作用的环境因素，充分认识到创伤产生的背景和当前的适应过程中可能出现的问题，只有这样从广泛的生态社会环境及个体发展的角度看待危机管理中的心理与社会干预，才能更全面地理解人们从经历危机到创伤反应的发展轨迹。总的来看，ADAPT 模型实际上为危机事件后的心理与社会支持提供了一份指南，阐明了有关各方需要注意的关键问题，无论是创伤群体在恢复中所面临的挑战和可能发生的适应性变化，还是干预者如何根据具体情况调整干预措施，都有利于危机管理中的心理与社会支持发挥出最好的干预效果。

目前危机管理中心理健康领域的大部分研究都是以 ADAPT 模型的相关理论为依据的，但是无论是流行病学还是社会心理学领域，都没有一个研究可以同时检验该模型的全部要素，但是对模型中每个要素的研究所得的结果都与模型中的理论是一致的。由于 ADAPT 模型的内容较为丰富，而且具有很强的实践特征，所以传统的研究设计尚不足以对其进行全面的检验，需要以后使用多学科和混合设计的方法对其加以研究（Bolton，Tol，& Bass，2009）。

整体来看，ADAPT 模型针对危机管理中如何对人们心理恢复的动力过程进行干预进行了创造性的理论构建，结合每一个要素的特点，可以看出该理论最重要的目标是创造良好的条件，尽可能地使创伤个体和群体能以积极的方式适应环境，恢复心理健康。一直以来，在社会危机管理当中，对心理健康的干预只是恢复社会稳定的诸多措施中较为边缘的一类，但是 ADAPT 模型提出了一套系统的综合干预模式，使危机过后的心理健康干预和心理与社会支持成为有助于社会稳定和心理康复的重要且可行的关键环节。在以后的危机管理过程中，如果人们能够采用更广泛的社会心理视角，认识到 ADAPT 模型中所说的使用多方面相互协调的干预手段的重要性，这将有利于危机过后的社会稳定和心理健康的恢复，减少危机带来的创伤发展成慢性精神障碍和长期心理疾病的风险。

## 5.2 危机管理中心理与社会支持的主体

危机管理中心理与社会支持的主体主要包括政府、专业力量和整个社会支持系统，它们各自在危机干预中扮演着不同的角色，发挥不同的作用，即需要以政府为核心的公共管理系统做出决策，专业力量积极响应，整个社会支持系统协调运作，各方面的力量共同促进心理危机的化解（王丽莉，2009）。本节将从政府部门、专业力量、社会支持系统三方面分别对危机管理中心理与社会支持的主体进行介绍，着重说明它们各自在不同危机阶段所发挥的作用。

### 5.2.1 政府部门

政府作为危机管理中心理与社会支持的主导者，在危机的整个过程中，始终发挥着核心作用（曹蓉，张小宁，2013）。

心理与社会危机预防阶段

古人言，防患于未然。如果在危机发生之前已经做了充分的预防工作，那么在危机发生时各方人员都会有充分的行为和心理准备，心理与社会危机的危害就会有所降低。日本、美国和欧洲很多国家的政府在危机预防上已经发展出一套较为成熟的系统，我国也在不断建设之中。总结各国经验，在心理与社会危机的预防阶段，政府主要从危机干预体系建设、危机干预法律颁布、危机干预教育宣传和危机干预人才储备四个方面展开工作。

心理与社会危机干预的体系建设是整个预防工作的基础。从中央到地方，需要建立一个综合军、警、消防、医疗、民间救援组织等的一体化指挥、调度体系，遇到重大危机时可迅速调动一切资源，第一时间开展救援工作，将灾情降到最低。美国早在 20 世纪 70 年代就开始了心理与社会危机干预系统的建设，主要分为三个部门：联邦应急管理局、卫生与公共服务部、退伍军人事务部。联邦应急管理局主要负责救灾体系的搭建，在危机发生时迅速调动各方资源进行救援；卫生与公共服务部主要为灾难受害者提供紧急医疗服务以及短期心理咨询和情绪恢复支持服务；退伍军人事务部主要为退伍军人提供心理复健咨询服务。德国早在 1950 年便成立了德国联邦技术救援署，在全国建立了 688 个救援点，配备了专业的救援设施和及时的救援网络信息平台，随时调遣专业心理人员开展危机紧急干预工作。我国的心理与社会危机干预体系建设则起步较晚，在经历了 SARS 事件和汶川地震后，我国的心理与社会危机干预体系建设才逐渐完善。

心理与社会危机干预的相关法律颁布是预防工作的支撑。目前世界上有 100 多个国家出台了相关法律，确保危机发生时能够有效合法地开展心理救援工作。例如美国于 1974 年通过《灾难救助法》（*Disaster Relief Act of* 1974，Public Law 93-288），首次明确授权联邦政府提供危机咨询援助及培训计划（Crisis Counseling Assistance and Training Program，CCP），为灾难幸存者和受害者提供心理支持与专业咨询服务。这一法案为灾后心理援助提供了法律基础，并在 1988 年被纳入《罗伯特·斯坦福灾难救济与应急救助法》(*Robert T. Stafford Disaster Relief and Emergency Assistance Act*，Public Law 100-707)，成为美国灾难救助体系的关键组成部分。在中国，中央大力推动相关立法，早在 1985 年，卫生部就曾指定四川省卫生厅牵头、湖南省卫生厅协同起草《精神卫生法》。2001 年，国务院制定了《中国精神卫生工作规划(2002－2010 年)》，首次明确提出心理危机干预，指出在发生重大灾难后，当地应进行精神卫生干预，并展开受灾人群心理应急救援工作，使重大灾难后受灾人群中的 50％ 获得心理危机干预服务。2004 年，国务院颁布《关于进一步加强精神卫生工作的指导意见》，再次强调心理危机干预在危机救援中的重要性。同时，各地也积极出台地方性的精神卫生条例，如上海，2001 年颁布了《上海市精神卫生条例》，这是我国最早的关于精神卫生的地方法规。北京、杭州、重庆等地方也陆续出台了相关条例来保障精神卫生工作的开展。

危机干预教育宣传是预防工作的重要环节。长期以来，我国公民的心理危机防范意识不足，危机处理能力不强，在危机发生时难以冷静、理性、智慧对待，本可避免一些伤害却因为精神上准备不足而遭受更大损失。同时，某些媒体对于危机的报道也存在表述不恰当、缺乏事实依据等问题，在重大危机面前容易造成民众的更多恐慌。所以，政府一方面需要普及危机教育，帮助民众学习如何应对灾难以及为自己的心理减压，另一方面还要引导主流媒体适当、全面地开展对危机的报道以及对危机干预的公益宣传，引导大众树立正确理性的危机观。

危机干预人才储备是必要的预防工作。危机的爆发具有不确定性、紧急性、破坏性和公共性，当危机发生时，需要第一时间派遣专业的心理与社会危机干预人员赶赴灾区，进行救援任务，所以，危机干预的人才储备显得尤为重要。在美国，有专门的心理危机干预专业人员数据库，并形成了一整套完善的辅助支持系统。在日本，政府通过建立分层分类的心理危机干预专业力量储备库，科学划分不同职能，以备不时之需。目前，我国的相关工作还不够完善，所以需要进一步学习国外经验，总结国内案例，按不同层次、类别和任务，划分不同职责与职能，搭建包括心理卫生专家、公共卫生研究人员、精神卫生工作人员和心理学相关专业志愿者的人才储备库。

心理与社会危机援助阶段

重大危机发生时最能体现政府提供公共服务的能力，灾后的心理与社会支持被看作一个国家和社会文明与进步的重要标志。尤其是在一个以政府为主导的国家中，受灾的民众最信任和最依赖的，就是他们的政府。因此，政府必须承担起灾后心理与社会支持的责任。总体来说，政府需要在三方面做出应对，一是快速响应，二是组织协调，三是宣传引导。

在重大危机、灾难面前，政府的积极响应对于安抚受灾群众心理、恢复受灾群众重建信心有着深远的意义。2008年5月12日，汶川地震发生后几分钟，国家地震局便发布了地震消息，一个多小时后中央政府做出响应，成立抗震救灾总指挥部，胡锦涛总书记作出重要批示，温家宝总理奔赴抗震救灾前线。随即国家减灾委员会启动二级响应，军队也启动应急预案。这一系列行动给灾区人民吃了一颗定心丸，安定了民心、安抚了民情，成为后续救援工作的良好开端。

组织协调各方心理救援队伍，整合各种资源，才能让心理与社会支持行动变得高效、有力。心理与社会支持是一项直接与灾民打交道的工作，因其触碰到他们内心最脆弱的地方，所以如果应对不当可能会对他们造成二次伤害。在汶川地震的心理救援初期阶段，就出现过混乱局面，很多心理危机干预者和团体，意识浅薄、干预不当、来去匆匆、不听指挥，让灾区人民不仅对心理救援队产生了误解，而且心灵上蒙受了二次伤害。令人欣慰的是，在救援后期，卫生部及时发现该问题，并发布《紧急心理危机干预指导原则》，强调任何心理救援队都应该在卫生行政部门的指挥下行动，协调一致，此后这种混乱局面才有所好转。因此，政府在开展心理与社会支持工作时，应该建立专门的协调机构，整合中央与地方、政府与公益组织、个人与团体等资源，让心理与社会支持更好地发挥效果。

权威的信息可以缓解民众的焦虑惶恐心理，避免流言扩散，减少公众猜忌，防止发生恶性群体性事件。有学者指出，在危机发生的第一时间，政府需要向公众提供准确、全面的信息，让民众了解事件的具体情况以及政府所做的努力，安抚情绪，获得理解，才能实现良好沟通（戴健林，2006）。同时，应及时向各种媒体以及新闻记者通告和披露事件真实情况和最新进展，引导媒体进行理性、合理的报道。

### 心理与社会危机恢复阶段

危机之后的心理恢复需要一个长期的过程，有学者介绍了一些国外的经验，如美国政府为受灾者提供长期的灾后心理健康服务，日本政府创建心灵创伤治疗中心，同时设置心灵创伤治疗研究所（张侃，2008）。这些国家的成功经验值得我们借鉴。建立长效机制，一方面要完善立法和政策，另一方面要进行心理援助基地建设。

我国与灾后心理援助相关的立法较少，汶川地震后，国家提高了对于危机心理救援的重视程度，国务院颁布了《汶川地震灾后恢复重建条例》，在灾后恢复重建规划中纳入了心理援助相关条目。该条例规定，民政部门具体组织实施受灾群众的临时基本生活保障、生活困难救助、农村损毁房屋恢复重建补助、社会福利设施恢复重建以及对孤儿、孤老、残疾人员的安置、补助、心理援助和伤残康复。

但是，心理援助如何展开，如何持续，是一项复杂的工程，还需要资金、人员的配合，组织机构、运行机制的设计，需要不断完善相关条例来使灾后心理救援更具有操作性、系统性。

如果说完善立法解决的是灾后心理救援的可操作性问题，那么建设心理救援基地解决的是灾后心理救援的持续性和稳定性问题。灾后心理恢复需要经过一个较长的时期，有研究显示，创伤事件发生后的 3 个月到半年之内，是自杀的高峰期，例如，汶川地震后不到半年，北川县委农办主任董玉飞便选择了自杀。另外，受创伤群体还有可能出现延迟性创伤后应激障碍，更有严重者会出现人格的改变、扭曲等。为了受灾群众长期的心理健康，应该建立区域性心理救援基地。依靠和发展当地力量，培训并建立当地心理援助人才库，建立以学校和社区为基础的较为长期的心理康复队伍。

### 5.2.2　专业力量

专业力量作为危机管理中心理与社会支持的主要力量，在危机的整个过程中，始终发挥着主体作用。

#### 心理与社会危机预防阶段

重大危机发生时，往往需要大量心理与社会支持人员对受灾群众进行心理干预，因此，在危机爆发前建立较为完备的危机干预专业力量储备库是非常必要的。一般来说，储备库基本上可以分为两大类：一是由心理学专家、公共卫生研究人员及精神卫生控制工作人员组成的高素质的心理危机干预应急专家储备库；二是由具有一定的心理学知识或接受过相关培训的专业人员组成的应急储备库。前者主要负责参与危机干预的决策，制定心理危机干预方案，一旦灾情发生，迅速组建团队进行心理与社会支持。而后者则主要负责危机时期协助专家团队工作以及平时的社区心理卫生服务。

### 心理与社会危机援助阶段

在应急指挥中心的统一指挥下，心理干预专家需要担负对心理救援进行组织、指挥与协调的关键职能。心理干预专家应迅速组织心理干预队伍赶赴灾区，与应急指挥中心保持联系，听从总指挥部署，并根据实际情况制定心理危机干预方案，有序开展心理与社会支持行动。除此之外，心理干预专家还应对受灾者的心理状况进行实时检测、评估和预警，确定危机后精神卫生干预的重点人群，制定具体的危机干预工作，并不断总结与完善。同时注意协调各个心理与社会支持团队的工作，避免重复干预。

在心理危机干预的过程中，评估是进行干预的前提条件，并且贯穿干预过程的始终，而专业人员则承担了对危机当事人进行心理评估的重要职责。专业人员需要对身处危机中的当事人进行持续的评估，评估的内容主要包括个体经历的突发事件、个体的生理和心理反应以及个体采取的应对方式等。在评估之后，就可以确定危机后精神卫生干预的重点人群，并制定出具体的危机干预方案，根据方案展开具体的干预行动。国外研究者埃弗利（Everly，2000）提出在进行心理干预时要遵循以下五个原则：（1）快速干预。在开始出现不良的情绪状态时及时干预，效果要比过后干预好得多，因此危机干预专业人员要尽可能在第一时间到达现场以便为受灾人员提供支持。（2）稳定化。面临危机时受灾人员的情绪起伏会很大，应尽最大可能为受灾人员提供物质和心理上的充分支持，帮助他们稳定心态，尽快恢复各项心理功能。（3）理解灾难。对灾难的积极认识有助于增强受灾人员战胜灾难的信心，专业人员可以提供一对一、团体辅导等咨询方式，倾听受灾人员描述危机事件发生过程，鼓励他们宣泄压抑的情绪，帮助他们度过危机。（4）注重问题解决。因为危机事件容易导致受灾人员的心理状态失衡，利用原有的经验和应对策略不能解决问题，所以他们会有控制感被剥夺的感觉，产生无助、悲观甚至绝望的情绪。对危机干预人员而言，最重要的工作是帮助受灾人员重新获得控制感、恢复信心。(5)鼓励自力更生。受灾人员的自力更生能力在危机事件后的心理重建中起着重要的作用。危机干预人员要激发受灾人员的主动性，鼓励受灾者积极寻找有效的方法来解决问题和困境。

心理与社会危机恢复阶段

在心理与社会危机恢复阶段，专业力量担负着两个重要的责任。

第一，对紧急心理救援效果的评估，需要专业人员对灾区群众的认知、情绪和行为指数等做定期综合分析评估。这一方面起到了对社会心态的监测、评估、预警作用，促进社会情绪交流渠道畅通，避免不良情绪积累而引发社会矛盾；另一方面也是对前期心理与社会支持效果的评估，有助于指导后续心理与社会支持工作。

第二，专业人员应该协助当地建立心理援助基地，培训当地救援专业力量。受现实条件限制，专业人员总有一天会撤离灾区，此时当地救援力量的作用就显示出来了。因为后者熟悉本地的风俗人情、语言等地方特点，所以更容易了解受灾者的心理状况，能对不同需要的灾民实施分类干预和个性化帮助。所以，专业力量应该在撤离前协助当地开展心理援助基地建设，如组建心理卫生重建技术指导咨询和督导组，并对当地心理与社会支持人员进行专业培训。

## 5.2.3 社会支持系统

社会支持是人在应激或受挫状态时所获得的各种帮助，在本书中指的是各种社会成员向受灾者提供的支持，其中既包括亲朋好友、邻里同事等联系密切的个人支持，又包括来自政府、社会组织、民间团体、社区等更广泛的社会联系。

研究表明，在应激条件下，当社会支持介入事件后，会影响个体对事件的主观评价，一方面可以减少个体对压力的知觉，平复神经系统，另一方面可以使个体降低对事件严重性的评价，甚至忽视潜在的压力源，获得解决问题的策略（宫宇轩，1994）。因此，社会支持作为危机管理的后备力量，在心理与社会支持中发挥着必不可少的作用。下面主要按照三个危机阶段，从亲朋好友、民间组织和社区三个支持主体来进行介绍。

心理与社会危机预防阶段

中国人重人伦，重亲疏血缘关系，当遇到困难时，更愿意向身边亲密的人寻求帮助，而不是向陌生人寻求专业帮助。亲朋好友能够在一定程度上提供物质支援，并能有效缓解人的焦虑、不安，带给人情感上的满足、幸福与归属感。所以，在平时要注重对民众进行危机和应对危机的基本教育。这样，一旦危机发生了，身边的亲朋好友就能够在第一时间察觉当事人的危机处境以及异常心理与行为，并运用经验和知识及时对其加以危机干预。

民间组织，指的是有着共同利益追求的公民自愿组成的非营利性社团（俞可平，2006）。民间组织具有非政府性、非营利性、自治性、志愿性、公益性等特点，在突发事件心理与社会支持的过程中，民间组织在不同专业领域发挥着诸多功能，可以弥补政府的不足，常常作为政府的重要补充力量。在心理与社会危机预防阶段，民间组织可以利用自身的传播力和公信力，向社会和民众普及危机预防与自救知识，发挥公益宣传的作用。

社区是由一群生活在同一地域的人所组成的社会单元，是具有共同的文化和生活方式的人组成的社会团体，社区内人与人之间的关系较为亲密。在危机预防阶段，社区在心理与社会支持上的作用主要体现为在日常生活中为社区成员提供优质、有效、全面的心理卫生等服务，降低心理疾病的患病率，缓解心理健康问题，提高居民生活幸福感。

### 心理与社会危机援助阶段

在心理与社会危机援助阶段，亲人和朋友的支持是非常重要的。但是，亲友的支持只是自发行为，缺乏专业训练与理论指导，其心理援助有可能对当事人造成误导，为了避免这种情况，掌握一些基本原则是非常必要的。首先，应确保当事人的人身安全，因为在重大变故如亲人死亡面前，当事人容易产生内疚、自责等情绪，继而可能产生自杀冲动，所以亲友应密切关注当事人的情绪状态，并在发现异常时及时予以干预或寻求外界帮助。其次，助人者应该保持全身心投入、真诚、接纳的态度来对待当事人，给予充分的倾听、积极的反馈及默默的陪伴。最后，亲友应该积极地协助当事人接受其他社会支持力量的帮助，毕竟个体的力量有限，寻求外界帮助不仅能给当事人带来更多应对问题的视角和办法，而且能够缓解亲友所负担的压力。

民间组织因其源于民间的独特性质，容易动员社会的慈善捐赠资源和社会的志愿服务资源。同时，民间组织一般都是从事某一专业领域工作的机构或团体，具备一定的专业知识和相关的工作经验，能够弥补心理学专家与专业人员在危机救援人数上的不足，在危机援助阶段提供有效的专业服务。不过，许多民间组织主要是由志愿者所组成的，他们具有来源广泛性、参与动机多样性和行为随意性等特点。因此，在危机干预期间，还应对志愿者进行适当的筛选或培训，以选拔或培训出可以胜任干预工作的志愿者，如对人具有一定的敏感性和同理心，对工作有较强的责任感和成熟理性的态度等的志愿者。

社区在危机发生后不仅可以配合有关部门和民间组织开展心理与社会支持工作，还可以通过专门组建心理与社会支持团队，向受灾人群提供包括心理咨询、健康知识普及、社区居民心理健康档案、法律援助等服务。此外，当危机发生后，社区在信息发布、群众动员、通讯联络等方面也扮演着至关重要的角色。

*心理与社会危机恢复阶段*

在危机的恢复阶段，由于家人和朋友提供的支持系统与日常生活模式一致，所以更能帮助当事人回到社会中，尽快恢复正常的生活工作。因此，在这一阶段应充分发挥亲友的作用。

民间组织在心理与社会支持中反应迅速、行动灵活、运作成本较低，能够较为持久地为灾民提供心理与社会支持，故可以在危机恢复阶段起到重要作用。另外，民间组织还能够深入参与到心理重建之中，比如组织文体娱乐活动、提供心理辅导、宣传卫生防疫知识、提供就业技能培训等，与灾民产生深度的互动，帮助受灾群众早日走出阴影。

社区在恢复阶段可以尝试将心理与社会支持内化于社区文化之中，形成"看不见的干预"，在没有压力的情况下安抚受灾居民的情绪，引导居民回归健康、积极的生活。此外，社区还可以定期组织民众一起参加防灾演习，从而强化社区居民在危机中的自助与互助能力。

## 5.3　心理与社会支持体系的构建

面对着危机频发的当代社会，世界各国都在着手建立危机管理机制，有些发达国家已经构建得较为完善。我国的应急管理体系建设起步较晚，尤其是危机后的心理与社会支持体系建设。本节首先介绍国内外心理与社会支持的现状，总结国内外经验，提出心理与社会支持体系建设的原则并探讨心理与社会支持体系如何协调运作以实现较为完善、长效的危机救援机制。

### 5.3.1　国内外心理与社会支持的现状

危机或突发事件的心理援助最早出现在美国，一个标志性事件是 1942 年的波士顿椰子园音乐厅发生大火，美国精神疾病学家埃里克·林德曼（Erich Lindemann）对受难者家属的悲伤情绪进行研究，发现灾后心理干预对缓解、稳定受难者家属情绪有着非常重要的作用。此后，很多心理学家、精神病学家开始关注灾后的心理支持工作。例如，1947 年，艾布拉姆·卡丁纳（Abram Kardiner）和赫伯特·施皮格尔（Herbert Spiegel）提出了关于危机干预的三个基本原则：快速干预、现场干预和期望干预；1964 年，杰拉尔德·卡普兰（Gerald Caplan）强调了社区心理健康项目中的首要和次要预防功能（Flannery & Everly，2000）。同时，20 世纪中后期，美国国家心理卫生署着手制定灾难受害者服务方案，1978 年发布了《大型灾难人类服务工作人员培训手册》（*Training Manual for Human Service Workers in Major Disasters*）（Farberow，1978），这本手册是美国政府机构首次发布的专注于灾后心理援助的专业指导材料，为灾后心理危机干预工作提供了重要依据；到 80 年代，通过了《罗伯特·斯坦福灾难救济与应急救助法》，正式将心理危机干预工作纳入灾难救助体系之中。阿富汗战争、伊拉克战争、"9·11"恐怖袭击事件之后，美国在心理与社会支持方面积累了大量经验，美国关于突发事件心理危机干预系统的建设也在不断完善。联邦应急管理署是政府处理平时或紧急事务的主要机构，负责统筹协调灾难援助工作。卫生和公共服务部下设的公共卫生署是灾难医疗救援的领导机构，负责灾后紧急的心理与社会支持。其下设了两个机构：一是心理卫生服务中心，建立了灾难救援项目组，主要为灾难受害人提供及时、短程的危机咨询以及情绪恢复的伴随支持等服务；二是精神保健局，建立了灾难医学救援小组，为伤病员提供紧急医疗救助。当然，除了政府行为之外，各种组织、社团，如美国的红十字会、美国精神病学会等，以及大量的志愿者，都参与到心理与社会支持的行动之中，这些都是危机心理与社会支持的重要力量。

日本是一个地震频发国，全球里氏 6 级以上的地震约 20％发生在日本。日本的灾后心理与社会支持，最具特色的内容体现在地震灾害相关方面。首先，在预防阶段，日本实施"全民皆防震"的普遍教育，校园内经常举行地震演习，设立"防灾和志愿者周"，宣传防灾救灾知识，培养了民众的防震意识。其次，在地震发生时，在灾区设置心理援助救护站，对灾民心理进行监测、预警以及提供系统的救助，各救助站之间有着密切的联系，对各灾区情况进行交流、评估，同时开设受灾者专用心理救护热线，以此弥补人员、资源短缺状况。然后，在地震后三周左右，对孤儿、重伤者以及失去孩子的高龄父母等易出现心理问题人群进行巡防，帮助人们从地震的伤痛中平复过来。最后，建立长期的心理与社会支持，如建立儿童康复中心，对震后孤儿进行妥善安置和心理疏导。除政府组织外，红十字会等公益组织、一些宗教和社区构成的民间组织，以及大量的志愿者也在整个救援过程中发挥着重要作用。总之，日本在地震灾后心理与社会支持上积累了大量经验，后来将这个经验拓展到其他灾后或事故应对上，也取得了良好的效果。

危机事件后的心理与社会支持在我国起步较晚。最早进行灾后心理干预的尝试是在 1994 年的新疆克拉玛依大火之后。当地医院在对重伤患者进行医疗救助时，发现包括受伤者和死难者亲属在内的很多人都出现了心理问题，便请求卫生部派专业的心理医生到现场支援。于是，北大精神卫生研究所专家专门对新疆克拉玛依市火灾伤亡者家属进行了为期 2 个月的心理危机干预工作，最终取得了较好的效果。之后的长江特大洪水、张北地震等事件中，陆续开始有心理危机干预者深入受灾现场展开心理援助。SARS 事件发生后，从中央到各级地方政府、民间组织积极行动起来，开始了具有实质意义的危机干预，我国心理学者也首次大规模、全方位地介入危机事件之中展开心理救援工作。SARS 事件直接促成了心理干预预案的形成，2004 年，卫生部、教育部、公安部、民政部、司法部、财政部、中国残联联合发布《关于进一步加强精神卫生工作的指导意见》，指出要："加快制订灾后精神卫生救援预案，从组织、人员和措施上提供保证，降低灾后精神疾病患病率。"2008 年汶川地震期间，卫生部先后发布了包含心理危机干预要点的《抗震救灾卫生防疫工作方案》和《紧急心理危机干预指导原则》，从准备工作、行动计划到危机干预流程作出了详细说明和规定，指导和促进了震后的心理与社会支持工作有序地展开。总的来说，我国心理危机干预起步晚，发展较为滞后，并且在理论研究、体系建设、实践操作等方面仍不太完善，未来还有很多路要走。

### 5.3.2 心理与社会支持体系的构建原则

汶川地震后，很多学者对灾后心理援助问题进行了理论研究，以中国科学院为代表，启动了"汶川地震灾区心理援助应急研究"，涉及灾民的心理反应及干预方案、灾后孤残儿童心理需要及心理援助、灾后应激心理过程及心理疾病高危人群的筛查和干预等子研究。这些研究不仅为心理干预方法、技术提供了理论支持，而且也促动了关于构建危机心理与社会支持体系的构想。在对如何构建危机心理与社会支持体系进行探讨之前，我们首先要确立危机心理与社会支持体系的构建原则。根据《突发事件心理援助体系的建设》一书，危机心理与社会支持体系建设需要遵循以下四个原则（王丽莉，2009）。

#### 协同性原则

危机事件心理与社会支持是整体救援的一个组成部分，在进行心理与社会支持时一定要注意和整体救援协调一致。具体来说，心理与社会支持工作要和政府总体救援安排相一致，如果单独行动，可能会造成救灾现场的混乱；要和整体救援的具体工作协调一致，在危机发生后，首要一步是展开生命救援，不易马上进行危机干预，等前线紧急救援工作完成，再开展心理与社会支持行动；要和医疗救援协调一致，往往在灾难中遭受重伤的受灾者最容易出现心理问题，这时他们不仅需要身体的治疗，还需要心灵的安抚等心理与社会支持。

普遍性原则

重大灾难性事故所涉及人群之广、产生的心理问题之多，决定了心理与社会支持的普遍性。除了对事件当事人进行心理与社会支持以外，救援人员、医疗人员等受到事件影响的群体都应该接受及时的干预。因为干预者在进行危机干预时，常常需要长时间地与事件当事人进行交流沟通，而当事人不能马上从悲痛、惊慌、不安等负性情绪中走出来，有较高工作动机的干预者容易感到受挫、工作效率低下，同时由于长期在具有危险性的环境中工作，忍受各种潜在的复杂问题，干预者也容易出现过劳和倦怠。

科学性原则

心理救援是一门技术性较强的工作，不仅需要干预者具备危机干预技能，同时掌握心理学、社会学、医学等专业知识也是必要的。另外，要根据突发事件后心理变化的不同时期，灵活地开展心理干预。比如在危机刚刚发生后，要引导当事人通过哭泣等方式宣泄内心积压的情绪，而不是安慰他们"没事的，不要哭"；在危机心理恢复阶段，要引导当事人用积极的态度看待灾难，重新燃起生活的希望。

"防—控—治"并举原则

前文已经提到，当事人在突发事件的不同时期，心理产生不同的变化，这也要求相应的心理与社会支持过程要包含"防—控—治"三个阶段。以心理与社会支持的主导者政府为例，在预防阶段，做好危机干预体系建设、危机干预法律颁布、危机干预教育宣传和危机干预人才储备；在危机阶段，做好快速响应，组织协调，宣传引导；在恢复阶段，完善立法和政策，建设心理与社会支持基地。

### 5.3.3　心理与社会支持体系的协调运行

心理与社会支持体系的协调运行主要包括两大方面：一是心理与社会支持主体间的协调，即心理与社会支持主体间相互联系、相互作用，共同促进心理与社会支持工作的开展；二是心理与社会支持运行过程的协调，主要包括心理与社会支持的科学决策机制、动态调控机制及持久运行机制等的协调运作。

心理与社会支持主体间的协调方面，既要明确各主体的主要职责，又要鼓励主体间积极交流、相互合作、互为补充。政府作为危机管理和心理与社会支持的主导者，负责成立应急指挥中心统一指挥。专业力量作为危机管理中心理与社会支持的主要力量，担负对心理救援队伍进行组织、指挥与协调的关键职能。民间组织及志愿者、社区等社会力量作为危机管理的后备力量，在危机发生期和恢复期深入受灾群众之中，提供及时的帮助和情感安慰。在危机干预中，专业力量听从政府的总部署，并根据实际情况制定心理危机干预方案，对受灾者的心理状况进行实时检测、评估和预警并及时向政府反馈，让政府更好地开展灾后心理与社会支持工作，同时协调民间组织及志愿者、社区等社会支持者的工作，避免重复干预。政府与专业力量主要在危机预防和危机管理中发挥着重要的作用，而社会力量在危机恢复中发挥着长久的作用。

心理与社会支持运行过程的协调方面，首先是完善心理与社会支持的科学决策机制。这要从构建心理与社会支持体系、完善心理与社会支持相关立法、建设心理与社会支持专业队伍等方面展开。这些在前文中已有介绍，便不再赘述。

　　其次，完善心理与社会支持的动态调控机制。从中央到地方，需要建立一个综合军、警、消防、医疗、民间救援组织等的一体化指挥调度体系；从政府到社区，需要建立一个包括政府、专业力量、民间组织及志愿者、社区、家属等心理与社会支持主体的多元互动体系。根据受灾者个人与受灾群体心理和行为的变化，各部门、各主体及时调整心理与社会支持行动。

　　最后，为了保证心理与社会支持在灾后很长一段时间内持续展开，需要建立心理与社会支持持久运行机制。这包含两方面的内容，一是资金筹措，二是人才储备。灾后开展心理与社会支持工作可能面临的主要困难之一就是资金的短缺。仅仅依靠政府的力量是不够的，毕竟政府的经费有限，还要把钱花在其他救灾领域，因此，需要更多的企业、公益组织参与进来，共同筹措资金，确保资金链不会出现断裂。另外，人才短缺也是灾后心理与社会支持工作难以开展的重要原因。因此未来要特别重视专业心理与社会支持人员储备库的建立。储备库中的专业人员可细分为四类：第一类是具备危机干预技能与经验的专家团；第二类是进行危机干预技术培训及专业督导的技术支持专家；第三类是接受过相关培训、具有心理学或精神病学知识、可以进行心理危机干预的专业人员；第四类是由社会工作者和志愿者组成的临时工作队（曹蓉，张小宁，2013）。各类专业人才都要经过严格的筛选和系统培训，在心理与社会支持中有效发挥自身价值。

**6**

# 心理与社会支持的阶段
# 及流程

经过上一章的宏观介绍，我们不仅对危机管理中的心理与社会支持框架和原则有了基本的认识，而且对于危机干预的主体以及心理与社会支持体系的构建有了初步的了解。在此基础上，往后的两章将更为具体和深入地探讨心理与社会支持的主要内容。本章首先将从危机的不同阶段论述心理与社会支持工作；接着介绍心理与社会支持的具体流程，涉及需求评估、计划与实施、监控与评价这三个方面；然后对心理与社会支持的培训展开介绍；最后，将从管理机构的角度，进一步说明心理与社会支持的工作内容与要素。

## 6.1 心理与社会支持的不同阶段

心理与社会支持的不同阶段对应着危机管理的不同阶段。人们通常认为，危机事件会经历危机解除、恢复重建、预防准备三个阶段，针对危机事件的心理与社会支持即在这三个阶段展开工作。

### 6.1.1 危机解除阶段

危机解除阶段是指从危机事件发生后，直到生活开始恢复的阶段，根据危机事件的严重程度持续 1～3 个月。此时危机事件对人们

的冲击最大，因此这一阶段也是人们最为关注的阶段（王丽莉，
2009；Seynaeve，2001；Turkish Red Crescent，2008）。

危机解除阶段心理与社会支持的目的

在危机事件发生后的一周内，心理与社会支持的主要目的是进
行紧急情况分析，根据心理与社会支持的基本原则和干预手段，确
定接受心理与社会支持服务的人群、方式及地点。

在危机事件发生后的一周至三个月，心理与社会支持的主要目
的是帮助受影响者逐渐恢复正常生活并进行心理社会教育活动。在
维持早期阶段已经开展的活动的同时，对后续阶段的心理与社会支
持工作进行规划并建立其基础。

危机解除阶段的心理与社会支持中心

在危机解除阶段，建立一个心理与社会支持中心有助于为此阶
段的心理与社会支持提供组织框架，以及在医疗、社会、情感和心
理需求等多方面协调有效的应对措施。

心理与社会支持中心在危机解除阶段发挥着重要的作用，它关
注在危机中受影响人群（如幸存者、目击者、遇难者的亲属和朋友
等）的心理社会需求。它的具体职能为：接待；确保为受影响人群提
供实际的援助；人员信息登记和处理；传递信息；提供情感、社会、
心理、文化等方面支持；筛查心理危机和风险情况；组织心理与社
会支持活动；为下一阶段的心理社会服务做出准备。

心理与社会支持中心的工作人员可以从预先建立的心理与社会
支持网的部分机构调派。在危机解除阶段和恢复重建阶段之间没有
特定的时间边界，这一过渡取决于危机事件的具体情况，包括受影
响的人数，在受影响人群的紧急需求得到处理后，就可以关闭心理
与社会支持中心，或者将一些职能（和一些工作人员）调配到恢复重
建阶段的工作中去。

危机解除阶段的心理与社会支持服务

(1)危机事件发生后的一周内的工作。

在危机事件发生后的一周内，一方面的工作是心理与社会支持中心需要提供的心理与社会支持服务。此时，危机事件情况紧急，心理与社会支持中心要进行的首要工作就是将专业的心理与社会支持人员安排到干预小组或危机事件发生地区，通知并动员心理与社会支持领域的其他组织或人员（如大学、非政府组织、政府机构等）提供援助。同时，还要根据危机事发的地区、社会经济结构等因素规划心理与社会支持团队开展心理干预的工作方向，监控、评估并公开干预过程。另一方面是在危机事发现场需要进行的心理与社会支持工作。在危机事件发生后，需要在现场进行需求及资源情况评估，识别危险群体和易受影响的群体，对心理与社会支持人员进行培训并根据评估结果分配到不同岗位，实施心理急救计划，如进行个人访谈，组建团队，探访受影响的人们。同时要重视信息传播工作，编写公告栏和人口信息表，记录心理与社会支持工作的具体细节。

(2)危机事件发生后一周至三个月的工作。

在危机事件发生一周后，心理与社会支持中心除了需要进行先前已经开展的工作，还要与当地政府（省、区）、其他心理与社会支持组织保持联系并开展工作会议，记录会议情况，并进行报告。此外，还要在现有精神卫生机构（精神科疾病所、公立医院、私立医院及军队医院）之间建立转诊和指导系统。

此外，还有针对社区的心理与社会支持工作。社区作为社会服务组织，其目标是在危机事件发生的紧急情况下使社会恢复运作功能，使受影响的人们恢复正常生活，并鼓励人们参加心理与社会支持活动。社区的特点是参与式的、生产性的和自给自足的，社区提供的服务包括保护、预防、教育、治疗和康复等各方面，同时还要与其他机构和组织合作，共同服务于受危机事件影响的人群。在此阶段，社区的主要工作是分析社区群众面临的共同问题，进行需求分析和资源评估，启动短期心理与社会帮扶项目，并鼓励、安排受危机事件影响的人员参与帮扶活动。

### 6.1.2　恢复重建阶段

恢复重建阶段是一个承前启后的阶段，旨在恢复受危机事件影响地区的经济、社会和心理活动，如交通、水电、住房、教育、沟通及公共服务，使所有受影响人群的活动恢复到危机事件发生之前的状态。

**恢复重建阶段心理与社会支持的目的**

在恢复重建阶段，正常生活逐渐恢复。这一阶段紧随危机解除阶段，二者之间没有明确的时间边界。在这一阶段，危机管理活动将转向长期项目，包括在社区内进行动员以及帮助受影响人群培养自助能力。此外，这一阶段还需提高地方合作组织或单位的心理社会干预能力，与相关的地方、国家和国际机构，政府组织和非政府组织建立更好的关系，以获得其重视。恢复重建阶段的主要目的是提高当地人群的心理社会能力。

**恢复重建阶段心理与社会支持的后续协调**

危机解除阶段最突出的要求是即时医疗和情绪急救，而到了恢复重建阶段，则更侧重于帮助受影响的人群适应危机事件发生后的心理、社会和实际后果。在危机解除阶段，心理与社会支持中心会组织并提供大量的心理与社会支持服务和活动，心理与社会支持的后续协调工作则没有这种直接的运作功能。后续协调工作有着更多的协调功能，以确保健康或心理与社会支持服务的正常运行，响应不同人群的心理与社会需求。

后续协调工作的作用在于促进社交网络的重新建立，加强各方合作，改善个人、群体和社区当前使用的方案和策略。恢复重建阶段的重点是帮助人们恢复各项日常活动，在这个阶段可以建立一些自助团体或活动团体，组织集体聚会和会议，举行葬礼和纪念仪式。

后续协调工作的作用还在于提供信息和建议，并建立能够应对危机事件长期影响的专业机构，提供专业的服务。同时还应列出一系列资源和需求的详细清单，并与当地政府或其他组织合作。后续协调工作应该积极主动，在恢复重建阶段开始时就对可能的需求作出预测，而不是等到问题出现时才作出反应。

恢复重建阶段的心理与社会支持服务

恢复重建阶段在维持危机解除阶段的活动的基础上，可以开展一些其他的一般心理与社会支持工作，例如：通过个人访谈和小组会议整理基本的心理与社会信息；帮助受影响群体逐渐适应新生活；对长期的心理与社会支持方案、人力资源、预算等问题进行规划，与当地政府沟通、编写宣传册，组织相关活动，以了解在下一阶段中可能出现的新问题和新需求；继续培训和组织心理与社会支持工作人员等。

除了一般的心理与社会支持工作外，还可以进行针对社区的心理与社会支持工作。也就是说，在恢复重建阶段，社区除了需要继续开展危机解除阶段进行的短期心理与礼会支持帮扶项目，还需要规划和启动新的长期项目，建立社区服务中心，组织并安排心理与社会支持工作人员，建设基础设施，跟踪中心的运作情况，利用媒体及其他方式进行宣传，计划如何通过宣传材料和集体活动帮助解决受影响人群在生活上出现的问题(如工作和家庭问题、酒精和药物滥用、失去希望等)。

## 6.1.3 预防准备阶段

最高明的危机管理不是在危机事件发生后的补救，而是在危机事件发生前的预防。预防准备阶段包括制定危机事件处理方案，规划紧急救援服务，确定临时住房地点，准备志愿服务人员培训，预估个人、家庭、社区可能的损失情况，提高人们对危机事件的认识，并为此做出准备。

预防准备阶段心理与社会支持的目的

预防准备阶段的目的是在危机事件发生前或发生后，对事件过程、带来的危害和风险进行分析，并规划一系列应对措施，提高个体和社会对危机事件的抵抗能力。这一阶段采取的行动旨在使受危机事件影响的人群重新发挥正常的社会功能，迅速恢复日常生活，提高其自助能力。同时，要加强地方单位和组织进行心理社会干预的能力，可以建立专门的危机管理社区中心，并定期组织危机事件演习。

预防准备阶段心理与社会支持的后续协调

与恢复重建阶段相比，心理与社会支持后续协调工作的作用在预防准备阶段发生了变化。在此阶段，后续协调工作的主要作用是积极主动地为受危机影响的人群提供建议，帮助他们到医院或其他机构转诊以及提高他们的自助能力，同时与专业的机构、组织建立合作关系，使当地的卫生和社会服务机构或专业机构成为提供心理与社会支持的主体。在预防准备阶段，大部分受影响的人们生活逐渐恢复正常，后续协调工作在这个阶段的重点应该放在持续存在问题和困难的特定领域，以及脆弱并需要持续援助的特定小组。

此外，后续协调工作具有与一系列人员和组织对接的功能，与媒体或企业进行法律、行政、保险和财务等方面的问题沟通。最后，后续协调工作还需要对心理与社会支持干预方案进行跟踪记录，保存这些内容，协调最终评估，并与相关机构联系。

预防准备阶段的心理与社会支持服务

预防准备阶段的心理与社会支持服务主要可以在社区内开展，

可分为以下几类。

(1)教育教学活动及提高认识活动。

在社区中，需要进行教育教学活动，提高人们对危机事件的认识和了解。这些教学活动通常由专业人员或志愿者根据社会需求和活动计划进行。在准备课程时需要注意不同年龄或群体的对象应该有不一样的教学方案，并将重点放在提高认识上，普及教育计划、沟通技巧、生殖健康和儿童保健等知识。

(2)社区活动。

社区活动可以在社区内开展，旨在建立社会和个人的自助能力。这些活动可以使个人获得新技能或增强其现有的技能，根据社会需求和本地区特色可以将社区活动分为三类：第一类是常设活动，包括电脑培训、外语、职业课程、缝纫刺绣等；第二类是定期活动，包括体育比赛、风筝节活动、徒步旅行等；第三类是提高认识活动，包括建立压力应对小组、举办儿童创伤会议、学习研讨会等。

(3)咨询和指导。

社区为需要基本心理支持的个人、家庭和团体提供咨询服务。咨询服务可通过个人访谈或团体分享经验进行。为了能够提供有效的指导，可以定期跟踪其他机构或组织的工作。

(4)本地需求和资源识别。

危机事件发生后，心理与社会支持方案最重要的目标是收集信息，调动当地资源，使有需要的人得到这些资源，也就是需要完成需求评估和资源识别的工作。

## 6.2  心理与社会支持的具体流程

一个完整的心理与社会支持方案一般包括需求评估、计划与实施、监控与评价三个流程（IFRC，2009；Seynaeve，2001），三者在

不同的时间开展，关心不同的侧重点，但都以心理与社会支持方案
的有效性为目的。下面将展开介绍这三个流程。

### 6.2.1　需求评估

需求评估决定了在一次危机事件管理中，具体开展哪些心理与
社会支持活动。在活动开展前，必须先明确危机事件的性质以及人
们在此次危机事件中受到了怎样的影响。

*什么是需求评估*

需求评估是用来评估受危机影响人群的需求的一种工具和流程。
通过需求评估，可以对这些人群进行类型划分（如儿童、妇女、男人
或老人），了解特定人群的心理需要和社会需要，并对危机管理活动
做出进一步的规划。

需求评估通常包含的信息有：人口统计学数据，如有多少人受
到危机事件影响，他们的年龄、所处地点等；危机事件的影响，如
此次危机事件对人们的身体、情感和社会功能造成了怎样的影响；
此次危机事件发生后可能引起什么潜在问题及其对将来造成的影响；
受影响人群拥有的资源和能力，如是否有帮助自己应对危机事件的
能力；需要怎样的援助，如为了提高受影响人群的心理健康应该如
何做。

目前国际上比较常用的需求评估工具包括红十字会与红新月会
国际联合会制定的《脆弱性和能力评估（VCA）》（The Vulnerability
and Capacity Assessment）和 SWOT 分析法[①]。

*需求评估的意义*

需求评估为心理与社会支持活动的开展提供了必要的信息，它

---

① SWOT 分析法是一种旨在从多个维度对目标进行全面分析的评估工具。在危机管
理的需求评估中，SWOT 分析可以具体评估受影响社区、地方治理以及响应机构的内部优
势与劣势以及外部环境中的机遇和威胁，从而为行动策略提供科学依据。

能够为心理与社会支持活动的内容提供较为明晰的方向，确保接下来开展的活动符合人们的需要。同时，需求评估调查了受影响人群当前拥有的资源及心理状态，这些信息对规划良好的心理干预具有重要的作用。此外，通过需求评估可以对未来可能出现的结果进行预测，便于有关组织或机构提前规划应对措施。

需求评估在心理与社会支持活动中至关重要，这就要求专业人员在进行需求评估时必须非常谨慎。专业人员在对受危机事件影响的人群进行需求评估时要注意时刻保持中立的态度，避免提前做出假设，更不能将人们的回答有意识地引向自己想要得到的答案，因为每一次的危机事件都是独一无二的，应该在具体的情境下客观分析问题。同时，在进行需求评估时要有针对性，根据当地的风俗、政治经济情况、社会情况设计合理而具体的方案，而不是拿笼统的、通用的方案生搬硬套。

需求评估的方式

心理与社会支持的阶段不同，采取的需求评估方式也不同。

在危机解除阶段，应当在危机事件发生后尽快进行评估。通过快速评估可以确定受危机影响人群的需求和拥有的资源，快速评估通常只需几天到几周就可以完成。在重大危机事件发生时，上级政府或区域性救援组织可通过部署现场评估协调小组或区域救灾小组，协助地方政府及社区组织完成快速评估；由于快速评估得到的信息非常有限，通常在此之后还要进行详细评估。在进行详细评估时，一方面需要对在快速评估时未能详尽收集的信息进行补充，另一方面还需要宣传社区的积极作用，评估人员要与社区内受到危机影响的人们多交流，与社区共同制定活动方案，为接下来各阶段的心理与社会支持打下良好的基础。

在恢复重建阶段，如果现有资源足以支撑长期心理与社会支持，最好考虑进行基线研究，即先在某一个时间点进行评估，在往后的时间点再次进行评估，并将第一次的评估结果作为基线，与后面的评估结果进行比较。基线研究的内容可以是从简单概况到细节描述的任何对象，通过基线研究可以看出受影响人群在一段时间前后心理与社会能力的变化情况，能够帮助评估人员分析心理与社会支持活动产生的影响，以及是否实现了预期的好转。

在预防准备阶段，需要进行持续评估和最终评估。持续评估可以作为一项常规活动来进行，贯穿危机管理的整个过程。持续评估对于监控心理与社会支持活动的成效具有重要的意义，能够确保支持活动满足受危机影响人群不断变化的需求，并及时对干预方案作出调整。最终评估既评估已经实施的干预活动的影响，又评估未来待实施干预活动的需求，它可以作为基线研究的后续研究，比较在一定时间跨度下受影响人群需求的变化，作为对未来干预活动的指导。

### 需求评估的流程

需求评估的第一步，是要收集所有与当前危机事件相关的情况以及受影响人群的背景信息。如果在此之前政府部门或心理与社会支持组织、机构已经进行过其他评估，还需了解这些评估得到的结果。此外，还要寻找知情人士进一步了解情况，如受到危机直接影响的人员、共同参与危机支持的其他组织成员或政府部门的人员。

接下来要确定评估需要获得哪些信息。根据心理与社会支持干预活动时间长短（即时干预、三个月、六个月或一年）的不同，设计不同的评估方案，决定收集信息的最佳方法。如果是即时干预，则采取定量数据收集较为快速且样本量足够大，如果是长期干预，则可加入定性数据收集，获得更为详细的信息。

有条件的话，最好先对人群中的一小部分进行提前评估，这样可以检验评估方案是否合理有效，发现问题可以即时修改或重新制定评估方案。在确保评估方案可行之后，即可大面积地进行需求评估。

在收集到相关信息之后，专业人员要对这些信息进行记录和分析，制定出合适的心理与社会支持干预方案，并公开这些方案。

评估涉及的人群

需求评估主要涉及两大类人群，即评估的实施者和评估的受访者。

评估的实施者通常是来自危机事件发生地区的志愿者，由于有共同的生活背景，这些志愿者不易引起受访者的畏惧和阻抗情绪。如果针对一个受访者的评估要进行多次，原则上应由同一位实施者完成，这样可以最大限度地减少信息的流失并提高评估结果的一致性。

评估的受访者为需求评估提供信息，他们是需求评估的主体。受访者应该来自广泛的群体，这有助于获得全面、丰富的评估结果。从不同的群体中可以获得不同类型的信息，例如：从家长那里可以收集到危机事件对儿童造成的影响和育儿需求；从老年人那里可以收集到社区在以往面临危机事件时的处理方案和社区的危机管理能力；从社区领导那里可以收集到危机事件总体上对社区造成了多大的影响和已经开展的心理与社会支持活动。

## 6.2.2　计划与实施

面对危机事件，要制定出一套完整的心理与社会支持干预方案并将其落实，制定的干预方案必须是有效的、可行的、符合人们实际需求的，这样才能使受到影响的人群逐渐从危机中恢复到正常生活。

计划与实施的过程

计划与实施应当贯穿危机管理的各个阶段，危机解除阶段、恢复重建阶段、预防准备阶段都需要对开展何种心理与社会支持活动做出一系列的计划并实际落实。尽管对于不同的危机事件来说，计

划与实施的时间点各不相同，但大多数情况下可以参考心理与社会
支持中心发布的流程时间安排。

在危机解除阶段，为了应对突发的危机事件，必须进行即时活
动计划，确定接下来立刻需要开展的心理与社会支持活动；在恢复
重建阶段，可以考虑一些长期支持项目，对这些项目进行流程设计
和规划，并根据已经开展的活动的成效反馈及时检验所定计划的有
效性，在必要时对计划进行调整；在预防准备阶段，要进行风险分
析，预估可能面对的危机事件并做好应对措施的规划，防患未然。

何时开始计划

无论是在危机事件发生之前还是发生之后，都应该计划心理与
社会支持的干预方案。

在危机事件发生之前，应当对未来可能发生的危机事件做出预
估和准备，考虑各种类型的危机事件，比如自然灾害（飓风、洪水、
地震等）带来的破坏性结果，群体性事件或恐怖袭击带来的政局动
荡，持续的贫困带来的某些疾病的恶性循环。同时，不同的国家和
地区也需要根据自己的实际情况对危机事件做出计划，定期进行风
险和资源分析。在制定方案的同时进行心理与社会支持专业人员或
志愿者的培训，有利于扩大危机管理的专业队伍，提高当地从危机
事件中恢复过来的能力，这些人员在危机事件真正发生时，也将成
为宝贵的人力资源。

在危机事件发生之后，需要在最短的时间内进行快速评估，从
而对即时的心理与社会支持干预方案做出计划。在开展即时干预的
同时还要持续进行详细评估，了解更为全面的信息并及时调整先前
做出的计划方案。

计划、实施心理与社会支持活动时的考虑因素

(1)在活动实施前需要进行筹备工作。

在第一次需求评估结束之后，就应该对采取何种心理与社会支

持活动进行计划。这时的评估结果往往指向最为紧急的需求，如心理急救活动。在对活动方案进行筹备时，除了考虑必要的物资、设备等客观因素外，最为重要的是进行工作人员和志愿者培训活动。

（2）活动应满足受危机影响人群的基本需求。

在危机事件发生之后，当地受影响的人们如果面临饥饿、寒冷、无处可居，挣扎求生，基本生存需求尚不能满足，往往无法参加心理干预活动。因此，在计划活动方案时必须对此加以考虑，将心理干预与健康和护理、饮水和卫生、粮食安全和营养等基本生存支持活动相结合。

（3）提高对危机干预和心理教育的认识。

无论计划或实施了何种心理与社会支持干预活动，人们积极的参与和对活动的正确理解始终是一个活动成功的关键因素。许多国家对"心理问题"一词存在偏见，甚至会歧视有心理问题的人，因此有必要向受到危机事件影响的人们普及相关心理知识，消除偏见，使之自愿地参与到心理支持活动当中。提高人们对危机干预和心理教育的认识的方法有很多，可以使用媒体（如广播、电视等）或制作信息教育通信材料（如传单、小册子和海报等）。

（4）考虑性别、年龄和宗教因素。

开展心理与社会支持活动需要考虑目标人群的性别、年龄和宗教等因素，有利于提高活动的针对性和有效性。例如，适合男孩的活动不一定适合女孩，处在不同发育阶段的儿童适合的活动也不同，宗教信仰不同的人群可能也无法参加相同的活动。所以在对活动方案进行计划的时候，务必要将这些因素考虑进来。

（5）短期干预活动与长期干预活动相结合。

短期干预活动的目的通常是在危机事件发生后满足受影响人群的基本需求，而长期干预活动则更侧重于人们从危机事件中恢复过来的心理需求，二者需要结合实施。社会心理健康是个人和社会因素作用的结果，因此在实施干预措施之后，社会心理健康状况往往需要一定的时间才能够明显改善。在长期活动开展之前还应作出充分的资源评估，如果一开始就发现资源无法支持长期干预，则应该尽早和其他组织或当地政府合作。

（6）充分考虑社区的作用。

社区是受危机影响人群直接生活的环境，它在对这些人群进行心理与社会支持干预时有着很大的便利性。社区内的人相互熟悉，因此具有互助成长的动力，同时，赋予社区一定的权力也有助于社区自身在危机发生之后的重建。

实施过程中的注意事项

一个良好的心理与社会支持干预方案必须具备明确的干预目标及预期的结果。在计划与实施方案的过程中，有一些因素必须纳入考虑。

（1）方案的灵活性。

良好的心理与社会支持干预方案需要考虑到方案的灵活性，特别是在时间框架和活动预算两方面。在时间框架方面，尽管为某个方案提前制订一个时间计划表是至关重要的，但是考虑到社区或人群的具体情况，应该允许方案在正式实施时有一定的灵活性，能够在一定范围内进行调整。在活动预算方面，考虑到社区和人群的具体性，实施活动的实际开销往往与预估有一定出入，需要提前考虑到以后可能遇到的问题，留出一定的可调节空间。以上二者在规划心理与社会支持方案时虽然不是决定性因素，但它们对于促进方案的顺利实施具有重要的意义。

（2）足够的人力资源。

一个专业的心理与社会支持团队应该有明确的分工，所有的工作人员都有着不同的职责，因此，要对他们进行专业的心理与社会支持技能培训。如果在计划与实施的过程中发现现有的工作人员数量不够，则应及时招募新的志愿者，确保人力资源充足，避免使已有工作人员超负荷工作。另外，管理人员应当采取一定的措施（如与团队成员公开沟通或为每位成员制定个人计划）来鼓励现有工作人员长期留在组织内提供服务。

（3）与政府或其他组织保持伙伴关系。

在计划和实施心理与社会支持方案时，需要考虑与政府或其他组织合作，寻求有力的支持。在合作时，政府或其他组织往往是提供资金的一方，许多矛盾可能由此产生，保持开放的沟通可以在一定程度上避免冲突和风险的增加。

### 6.2.3　监控与评价

监控与评价是针对心理与社会支持干预方案的管理工具，通过监控与评价可以衡量一个方案是否达到了预期的效果。监控与评价的区别主要在意图和时间框架两方面。

什么是监控与评价

监控是对心理与社会支持干预方案进行定期和持续的收集数据、分析数据的过程，以评估方案的进展情况和未来规划。监控可以分为以流程为导向的监控和以结果为导向的监控。以流程为导向的监控侧重于关注干预方案的进展，例如方案是否按计划实施、是否出现了需要处理的问题以及如何解决这些问题、资源和资金是否按计划使用等；以结果为导向的监控侧重于衡量干预方案的直接结果，例如方案的目标是否切合现实需要、目标人群或外部环境是否发生了变化以及这些变化如何影响到活动的发展、收集新的信息来加深对现状的了解。这两种类型的监控都是有用的，对二者进行划分主要是为了报告目的的需要。

评价是客观地检查一个干预方案是否成功地实现了它的目标。在评价的过程中，主要看哪些措施是有效的，哪些是无效的，因此评价着眼的是干预方案的结果和产出。评价涉及大量的数据收集和分析，并撰写建议报告。评价分为实时评价、中期评价和最终评价。实时评价是在干预方案实施的早期进行的，旨在为即时的干预提供信息，历时较短，注重过程而不注重影响。中期评价是围绕长期干预方案的中期目标进行的，旨在评价方案的影响力和落实中的责任分配等问题，包括预算和管理，并对方案的剩余部分进行必要的修改。最终评价在干预方案完成时进行，既关注影响又关注过程，通常非常详细和全面，对方案的成功之处和面对的挑战做出分析。

### 监控与评价的重要性

监控有利于实现责任的分级落实和信息的分级收集，由于危机事件往往会影响到较大的地理区域，因此将责任和收集信息的任务逐级下发有利于减轻每一级别的任务压力，使之有更充足的精力应对被分配到的任务；监控有利于心理与社会支持干预方案始终朝向一定的目标，因为心理与社会需求是动态的，并可能在短时间内迅速变化，因此需要加以监控保证实施方案是符合受危机影响的人群的需求的。

评价能够确定心理与社会支持干预方案与实际需求的相关性，对相关组织和工作人员的实施效率进行了解，同时，还可以确定方案可能带来的影响、方案的有效性和可持续性。

### 监控与评价的目标人群

受危机事件影响的人群、提供心理与社会支持的工作人员以及志愿者都是监控与评价的目标人群，也就是说所有参与干预活动的人员都是目标人群。此外，一些没有直接参与活动的社区成员可能也会被包括在内，因为监控和评价也需要关注干预措施对整个社区的影响。最为理想的一种情况是与社区中的工作人员一起开展监控与评价活动，这样做有两点好处，一是能够减轻家庭和社区在监控活动下的不安，二是能够提供更为广泛和全面的信息。

何时进行监控与评价

监控进行的时间点在每个心理与社会支持活动方案中都有所不同，尤其是短期方案和长期方案的监控时间是不同的。危机事件发生后，短期内每天都需要进行监控，之后逐渐变为每周一次、每月一次，甚至每三个月一次。关于何时进行监控，最重要的是在整个干预方案实施的过程中定期地开展，确保监控到方案实施的全过程。

评价不需要像监控一样频繁进行，而是在特定的时间点对干预方案进行评估。在危机事件发生后，通常需要在危机解除阶段进行即时评价；对特定反应领域（如心理与社会支持）的评价通常安排在干预方案实施中期和末期，中期评价的结果可以用于对剩余方案进行必要的调整和改进。

如何规划监控与评价

监控和评价是保证一个心理与社会支持干预方案质量的工具，因此至关重要。在规划方案的初始阶段，就应该对监控和评价的时间点和评价指标做出计划，保证监控和评价贯穿方案的始终，并定期举行会议以跟踪这两项活动的结果。在规划何时进行评价时，要确保目标人群的可获得性，例如，计划在学校放假期间对学生进行中期评价是无效的，因为没有学生可以参加评价活动。

参与监控和评价的工作人员必须接受适当的任务培训，例如收集相关数据、报告结果、将调查结果与计划目标联系起来并进行必要的调整。此外，预算也是规划监控与评价时的重要考虑因素，在数据收集和分析的过程中，监控与评价都需要一定的成本，所以要提前进行规划。

此外，监控和评价的结果应该以清晰的格式公开呈现，可以被专业人员共享，以便与危机事件有关的各人群从中学习经验。一般来说，监控的结果是专业人员的内部文件，而评价结果通常作为公开文件发布，有时评价结果也会分为内部版本和外部版本。

## 6.3　心理与社会支持的培训

随着对心理与社会需求的关注不断增加，全世界许多国家和地区都在努力加强和提升自身的知识和技能，以满足这些需求。为此，许多机构专门针对心理与社会支持的培训进行了开发与实践。本节将依据心理与社会支持国际联合参考中心（International Federation Reference Centre for Psychosocial Support，PS Centre）所发布的《心理与社会干预手册》（IFRC，2009）具体展开介绍，内容主要涉及为何需要在心理与社会响应方面进行专门培训、应该培训谁、培训什么内容、由谁来组织培训及如何进行培训等。

### 6.3.1　为何需要培训

为了向受危机和重大事件影响的个人和社区提供心理与社会支持，需要了解人们对这种情况的反应，并要学习相关技能以帮助人们应对由危机所产生的挑战。由于一系列不同的原因，将培训作为心理与社会干预措施的一部分，并对其予以重视是很重要的。

心理教育

如果没有事先的知识，人们通常会把"心理与社会支持"跟"常规"的心理方法（例如个体的心理治疗干预）联系在一起，把两个概念中的"心理"等同起来。实际上，以社区为基础的心理与社会支持与此截然不同。因此，有必要将一定的时间和资源用于培训或教育所有参与心理与社会干预活动的人员。这些干预措施与基于社区的心理与社会支持原则有关。在培训中，特别的重点应该是传递对异常事件的正常反应的概念，以及对受影响人群进行帮助的正确方式。

标准化培训及质量保证

许多机构或组织的心理与社会支持团队成员很可能来自许多不

同的行业。这丰富了应对人们心理与社会支持需求的资源，但也意味着团队成员都应该有机会获得标准化培训。这可以确保他们拥有执行预期任务的技能和知识，以及令每个人都明白在给定的环境中，哪些心理与社会支持干预是可接受和恰当的。

对未来的投资

让人们掌握如何应对危机中心理与社会需求的技能和知识，是对民众未来福祉的一种投资，也是应对进一步危机的资源。

### 6.3.2  培训内容及培训对象

在危机中提供心理与社会支持服务的组织或机构（如红十字会）的工作人员及志愿者，是需要接受心理与社会响应培训的主要群体。受危机影响的人群也可能需要以心理教育的形式受到培训。此外，来自合作组织、政府部门和其他利益相关者的代表也应该接受相关培训，以增加他们对心理与社会支持问题的认识和理解。

训练心理与社会支持团队

应向危机管理机构或组织的工作人员和志愿者提供心理与社会支持响应方面的培训。培训内容应根据受危机影响人群的需要而专门设计，同时也符合为受训人员或群体设定的期望和任务。

随着受危机影响者的需求增加，对这些人群进行培训或训练的要求也在增加（如图 6-1 所示）。其中，培训根据层次的高低，由低到高可分为：对受影响个体的基本支持（不需要任何训练）、对团体的援助并对其安全需求的满足（需要一些训练以获得对于心理与社会方面问题的认识）、对受影响人群的心理紧急援助和干预实施（需要心理紧急援助的训练和基本的心理与社会支持训练）、对目标团体的咨询（需要对特定主题进行广泛的培训）以及心理健康干预（需要拥有心理健康专业背景的人员）。

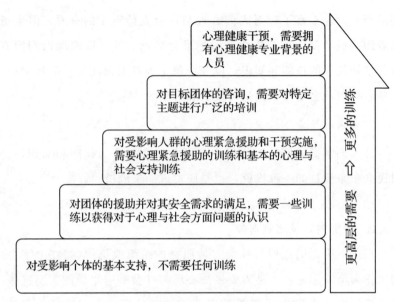

**图 6-1   心理与社会支持需要与训练层次的关系**

**（来源：IFRC，2009）**

接下来的表格中的培训主题是可以给学员提供的内容示例。在实际培训中，所选取的培训主题必须适应心理与社会支持团队的具体计划、背景、资源和技能。

心理与社会支持国际联合参考中心所开发的"基于社区的心理与社会支持培训套件"（community-based psychosocial support training kit）可以作为提供心理与社会支持服务的相关组织及其人员和志愿者在危机响应期间的第一资源。该套件包含参与者手册、培训师手册和演示文稿（PowerPoint 幻灯片）供培训师使用，其中涉及的主题模块包括危机事件、心理与社会支持、压力和应对、失落和悲伤、基于社区的心理与社会支持、心理紧急援助和支持性沟通、儿童，以及支持人员和志愿者（即表 6-1 中以斜体突出显示的模块）。

表 6-1  心理与社会支持培训主题

| 主题领域 | 具体模块/主题 |
|---|---|
| 心理与社会支持的相关知识 | 危机事件和心理与社会支持；压力和应对；失落和悲伤；基于社区的心理与社会支持；社区复原力；弱势群体（如儿童、艾滋病病毒携带者、残疾人等）；精神健康和心理障碍的基础知识和当地转诊机制和程序；支持人员和志愿者。 |
| 心理与社会支持的相关技能 | 心理紧急援助和支持性沟通；儿童；社区动员；促进社区会议；确定社区需求和资源；识别心理困扰；解决冲突；实施心理与社会支持活动。 |
| 项目管理 | 评估技巧；规划和计划制订；监测和评估；数据采集；观察技能；沟通技巧；报告写作。 |
| 培训他人 | 规划培训班；使培训适应参与者的需求和资源；参与式促进的技能；评估培训。 |
| 帮助援助者 | 支持人员和志愿者；认识压力和倦怠的迹象；自助技巧；汇报技巧。 |
| 其他 | 相关组织或机构的活动简介；心理与社会支持响应的国家和国际标准或准则；宣传战略和技能；进修课程。 |

与所有一般性的指导一样，该工具包所提供的想法和活动需要适当改编以适应于团队工作的特定文化背景。无须心理与社会支持国际联合参考中心事先许可，任何培训机构或工作人员都可以直接引用、复制或翻译该培训工具包的任何部分，并且还可以根据当地的实际需要对其进行改编，但前提是必须明确说明其来源。

帮助工作人员和志愿者

无论是作为一名工作人员还是作为一名志愿者，参与到危机后的心理与社会支持响应中，都可能使自己面临极大的压力和情感上的挑战。在许多情况下，工作人员和志愿者都是当地人，因此可能会受到危机的直接影响。此外，心理与社会支持的实质是帮助那些感觉不太好或者不能应对日常挑战的人改善自身状况。这样的工作虽然有益，但也可能是很艰难且令人精疲力竭的。因此，富有经验的工作人员必须承担起相应责任，采取措施以确保工作人员和志愿者的福祉。这包括在以下这些方面提供培训：自助技能，如何支持员工和志愿者，如何进行同伴支持，以及如何预防压力和倦怠等。

开展培训的多重益处

针对心理与社会支持问题的培训不仅可以提高受训者在助人方面的知识和技能，还可以对他们在心理与社会方面的福祉产生直接的积极影响。了解人们对异常事件的正常反应可以打破自我责备的恶性循环，因为受训者能够借此开始理解自己的反应和行为。

能力评估

在计划培训活动时，组织者应仔细考虑每一位受训者当前已具备的能力以及先前已有的培训经历，这一点是重要的。应尽可能地根据这个信息来安排适合的培训课程。

培训外部合作伙伴或机构

培训外部合作伙伴或机构（例如来自其他组织、政府部门的代表）可以为干预的实施与落实带来好处。扩大参与者的范围有助于从不同的服务和政策角度增加对心理与社会支持问题的理解。上文提到的任何模块都可以被运用到外部培训中，但需要基于培训计划和参与者的特定目的。

最佳实践：分层培训

美国红十字会曾经针对海啸后的心理与社会支持需求制订了三层培训计划。

第一层是培训社区协调员。他们直接与大多数受影响人群接触，通过基于社区的心理与社会支持活动来满足受影响人群的心理与社会需求。这一层的培训是为那些被认为适合培训的社区志愿者提供的，并且以他们的交流和人际交往能力、可用性以及参与意愿为挑选指标。

第二层是培训危机干预技术人员。他们已经掌握了知识和技能，可以在发生危机事件后为更小范围（存在心理健康风险）的人群提供心理紧急援助和基本咨询。这一层的培训主要提供给相关机构的应急响应人员，以及政府部门（如政府灾害预防中心、消防队、武装部队、当地政府部门）和非政府组织的代表。这一层可以起到对社区协调员的一线补充作用。

第三层是培训危机干预专家。他们在培训后能够向严重受影响人群提供更深入、更专业的心理健康服务，如应对创伤后应激障碍、严重焦虑或抑郁等心理健康问题的心理危机干预。该培训所面向的专业人员以往在应对心理健康需求和心理问题上有过相关培训经验并且具备专业知识。这一层的培训建基在受训者先前的经验和培训上，仅仅向少数经过选拔的心理与社会支持项目工作人员提供。

实践证明，这个三级模型（如图 6-2 所示）是富有成效的，能够确保危机干预组织或人员有足够的能力和资源来满足不同严重程度的心理与社会支持需求及精神健康需求。

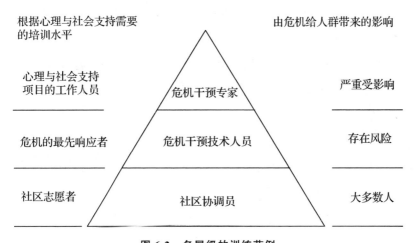

**图 6-2　多层级的训练范例**

（来源：美国红十字会，2008）

综合响应

正如应建议来自危机干预其他领域（如护理、水和卫生、食品分配及教育等方面）的代表接受心理与社会支持培训一样，也应建议来自心理与社会支持团队的选定代表接受其他应对领域的培训。这将有助于制定出更综合全面的危机响应方案。

### 6.3.3　培训的组织者

当地资源

最好选用当地机构的培训师或招募当地培训师来开展心理与社会支持的培训，因为心理与社会支持的概念是深植于当地环境中的。在某些语言中，许多跟心理与社会支持相关的概念是无法直接翻译的。因此，有必要让某些了解这些概念的人用当地语言来传达它们，以便参与者能够很好地理解这些概念的含义。如果所选用的培训师不是心理与社会支持团队的成员，请确保有团队成员能够参与整个培训过程，以监督培训的顺利实施，并保证培训内容和形式能够满足期望和要求。

联合国机构间常设委员会指南为培训师提出了下述标准：

· 具有文化敏感性以及关于当地文化传统和社会支持系统的基本知识；

· 具有情绪稳定性；

· 熟悉心理与社会支持响应方面的知识，理解综合协作式响应的价值；

· 具有在以往紧急情况中提供心理与社会支持的实际经验；

· 具备有助于即时和实际干预的良好教学经验。

同伴培训

同伴培训指的是具有共同特征或经验的人员之间的培训。培训师和受训者通常是年龄相仿者，以便他们彼此感到舒适并相互理解。例如，青年人很容易从其他青年人身上学习，特别是在彼此拥有共同点并且能够轻松互动的时候。所以，安排尽可能多的同伴培训，可以为计划和活动实施阶段的同伴支持铺平道路。

### 国际和外部培训师

有时可能需要从其他国家招聘外部培训师。如果受危机影响的国家过去没有心理与社会支持响应的历史，这一点就尤为重要。在这种情况下，应尽量从熟悉当地文化和背景的邻国招募培训师。如果无法做到这一点，请确保所招聘的培训师与当地对口方密切合作，后者可以在培训期间翻译并向培训师介绍当地适当的规范、行为和例子。心理与社会支持国际联合参考中心可以随时协助推荐合适的培训师，以开展基于社区的心理与社会支持培训。

### 高校

越来越多的大学正在将不同程度的心理与社会支持和培训计划纳入其教学体系中。例如，在印度尼西亚这个地震和火山爆发等自然灾害频发的国家，对于培养心理与社会支持人才的兴趣和热情已经促使印度尼西亚大学设立了新的灾害心理学硕士点。

## 6.3.4  培训的时机

### 灾难预备阶段

应强烈建议将心理与社会支持响应的培训作为任何备灾项目的有机组成部分。无论所要预防的危机是什么，危机都可能给人们造成心理与社会层面的影响。建议心理与社会支持团队为即时和长期的心理与社会支持响应做好充分准备。提高对危机所导致的心理与社会影响的认识，也应纳入对灾害响应团队其余部门的培训中。这种认识将使整个团队能够以一种增进心理与社会健康的方式作出响应。

### 紧急响应阶段

培训活动通常是紧急响应中的首批活动。由工作人员和志愿者所组成的团队全体在一开始就具备所有必要的技能来应对危机中的心理与社会需求，这种情况是很少见的。即便果真如此，仍然建议进行一些温习式的培训。这将确保心理与社会支持团队全体成员都具备启动心理与社会支持响应所需的必要知识和技能。在紧急响应阶段早期的培训需求示例包括：评估技能；监测和评价技能；心理与社会支持相关知识和技能，特别是在关键事件、心理与社会性反应以及心理紧急援助方面的相关知识和技能。

危机之后的状况通常都十分紧急，因此很可能需要心理与社会支持团队的部分人员及时展开支援行动，同时另一些人员则需要接受培训。举例来说，在印度洋海啸发生后的马尔代夫，国家灾害管理中心迅速召集了在咨询方面受过培训并拥有经验的政府和非政府组织人员，并将他们派遣到了受海啸影响的岛屿。在那里，他们根据已有的基本经验为受灾人群提供了即时的心理与社会支持。随后，美国红十字会向该团体提供了基于社区的心理紧急援助的进一步培训，以确保该团体能够有效地展开工作。

### 长期恢复阶段

在心理与社会支持的干预中，充分让受影响人群参与到对相关活动的识别和确定过程中，这对规划活动具有一定的影响。这是一个渐进的过程，涉及下述内容：识别需求和相应的响应；实施活动；监测活动(和不断变化的需求)；检查和调整旧的活动或采用新的活动。这意味着在项目开始阶段还无法确定心理与社会支持后期的相关活动。然而，即使无法确定相关活动，早期通常也可以确定心理与社会支持团队的培训需求，然后可以将培训活动作为初始响应活动来组织。这将为心理与社会支持团队配备上用来响应心理与社会支持需求的知识和技能，使他们在开始确定相关活动的过程中能够为社区提供指导和帮助。

早期训练

在项目管理和其他问题（如帮助工作人员和志愿者）上的基本培训，也应在实施过程中尽早完成。这将使心理与社会支持团队在监督、评估及其他项目任务上有能力展开规划。

持续的能力建设

培训应作为一项常规活动，贯穿计划的整个响应过程。通过持续培训来投资人力资源的好处是不容忽视的。国家通过获得一个合格而有能力的团队来应对心理与社会需求而获益。心理与社会支持团队也会从培训中受益，因为他们可以获得新的知识和技能。定期进修培训可以确保团队始终拥有最新的知识和技能，而不定期的高水平培训，有助于建立更专业的心理与社会支持团队。在可能的情况下，应选用那些长期致力于持续能力建设的员工，这样可以减少由于受过高级培训的人员离开项目而流失知识的风险。

## 6.3.5 心理与社会支持的培训方法

培训方法

有许多方法可用于心理与社会支持响应的培训。这些方法将依照培训内容而定。表 6-2 列出了一些培训方法——前三个工具用于呈现，后面是一些团体互动的方法。推荐结合使用多种培训方法，这样会激发参与者的积极性和兴趣。

表 6-2　培训方法举例及其优缺点

| 工具/方法 | 优点 | 缺点 | 培训提示 |
| --- | --- | --- | --- |
| 黑板<br>用于呈现图画、关键词、反馈。 | 将口语与视觉结合起来。 | 有限的可利用性，通常仅在教室配有黑板；当主讲人进行板书时，可能会失去与听众的联系；需要不断清洁才能频繁使用。 | 事先在黑板上准备内容；在与参与者互动时，可安排一个协助者来进行板书；把板书写得大而清楚一些。 |
| 挂图<br>用于呈现图画、关键词、反馈。 | 可移动；价格低廉；可事先准备好；注释可以在以后使用。 | 当主讲人转向书写时，可能会失去与听众的联系；冗长的清单可能会变得枯燥和重复；手写可能太小或难以辨认。 | 限制页面上的字数；保留活动挂图以供以后报告。 |
| 幻灯片<br>用于呈现关键词、陈述、照片、图表。 | 可以事先准备好；可以包含注释；通过视觉效果捕捉参与者的兴趣。 | 太多文字会导致难以阅读；如果做得不好而且一直使用，可能会很无聊。 | 要有创意，使用图像来捕捉兴趣；避免照着幻灯片阅读，应在口头陈述中详细说明。 |
| 头脑风暴<br>用于产生想法。 | 强调所有的想法都是受欢迎的；激发自由和创造性思维；问题解决或情景引入的好方法。 | 一部分参与者可能会占据主导地位。 | 强调所有想法都是受欢迎的，并且在头脑风暴中答案没有正确或错误之分。 |

| 工具/方法 | 优点 | 缺点 | 培训提示 |
|---|---|---|---|
| 角色扮演<br>用于练习真实生活情境，获得洞察力和同理心。 | 可以练习心理与社会支持所需要的技能；有助于提高同理心水平。 | 如果与自己的生活太相似，可能会让人难以承受；如果离自己的生活太遥远，则可能扮演失败。 | 仔细选择反映真实生活的场景，但避免带来强烈情绪的场景；每次会议结束后询问角色扮演者。 |
| 小组合作<br>用于深入的主题分析、观察互动。 | 提供个人互动的机会。 | 主持人有可能错过一些小组讨论；小组中难以确保平等参与；讨论时间可能超过事先分配的时间。 | 有一个协调者团队参加每个小组；最后收集有关互动和讨论的信息；鼓励平等参与；良好的计时是至关重要的。 |
| 团队活动<br>让参与者作为一个整体共同应对挑战。 | 鼓励合作和协作技能；促进深入了解个人在团队中的角色以及群体动态。 | 如果某些人占主导地位而其他人只是服从或不参与，那么只有少数人可以从这项活动中受益。 | 观察团队活动并进行干预以鼓励全员参与；仔细计划团体活动的时间，并在活动期间遵守时间。 |
| 全体会议反馈<br>用于向整个团体汇报小组讨论的情况或成果。 | 有机会听取每个小组的主要发现或讨论要点。 | 如果观点相同，可能会很无聊；文稿通常很长。 | 鼓励创造性地展示小组讨论；多名小组成员一起发言而不是单个小组成员汇报；控制时间，以便所有小组都有机会发言。 |

培训材料

开发和改编培训材料可能需要花费很长时间并且可能很昂贵。

然而，培养工作人员、志愿者和其他人的心理与社会支持能力是一项有价值的投资。在心理与社会支持的危机干预中，应将适当的时间和预算分配给这项活动。

### 减少重复工作

心理与社会支持团体应首先参考心理与社会支持国际联合参考中心所开发的"基于社区的心理与社会支持培训套件"。如果有些培训需求并未涵盖在这份培训套件中，则应该参考先前由受影响国家开发的材料，或者参考来自邻国或相近文化区域的机构或组织所开发的材料，因为这些材料可能最为有用。尽管危机干预中的心理与社会支持领域相对较新，但世界各地的组织已经开发了许多优秀的培训材料。因此，值得充分了解已经存在的材料，并使之适应特定的培训需求。在改编和使用材料时，请记得引用并注明出处。

### 政府部门合作

建议将心理与社会支持组织的培训材料递交给相关政府部门（如卫生部和教育部等），这样有助于这些材料被更广泛地利用。如果可能，通过这些部门开发培训材料，以便将其作为国家培训文件取得认可。这有助于形成心理与社会支持响应的标准化方法，并使其他组织或人员能够有效地利用这些材料。

### 监测和评估

应包括能够监督培训材料有效性的机制，并且这种监督应在不同层次上进行，举例来说，对于培训师而言，应评估这些材料是否易于使用且有效；对于参与者而言，应评估培训是否易于理解、相关且有用，自己能否应用所学到的知识与技能；对于来自受影响人群的成员而言，应评估工作人员和志愿者的培训是否对受益人产生了预期的影响。

在心理与社会支持响应的实施期间，应定期检查培训材料的有效性，并根据干预进展对其进行可能的调整。这不仅是一种保障培训质量的方法，也是一种保障心理与社会支持所需知识和技能质量的方法。

试点材料

除非所用的培训材料先前已被使用过，并且已被证实适合于目标人群，否则应尝试对新开发的所有材料进行检验或预先测试。也就是说，首先应安排少量人员来测试材料，并检验它是否符合预期目标。只有在试点成功之后，才能正式利用新开发的培训材料。

更新资料

应尝试定期检查并更新培训材料。快节奏的变化意味着过去的培训内容可能现在已经过时。在大量印刷培训材料之前，请记住这一点，以减少因使用过时材料而可能导致的浪费。

## 6.4  心理与社会支持的内容与要素

先前章节已经对危机各阶段心理与社会支持工作和具体流程进行了详细介绍。本节将着重探讨在管理协调与沟通中的心理与社会支持，最后以心理与社会支持的基本要素收尾，旨在明晰心理与社会支持的目标。

### 6.4.1  管理协调中的心理与社会支持

心理与社会支持包括一系列工作，有效的心理与社会支持需要不同行动者之间的跨部门管理与协调。这需要健康、教育、保护和社会服务等部门以及受影响社区代表的参与。它还必须吸纳食品、安全、住房及环境卫生等部门参与。协调管理有助于确保危机干预的所有方面以促进心理健康的方式实施（Inter-Agency Standing Committee，2007）。为了做到这一点，心理与社会支持的参与者就必须公平地支持受影响的社区，并在整体战略和分工方面达成一致。下面将从三个方面介绍一些关键的协调管理措施。

建立跨部门的心理与社会支持协调组

建立跨部门的心理与社会支持协调组的主要行动包括：

(1)组建一个协调心理与社会支持行动的管理小组，共同制订一个计划，说明将要做什么和由谁来做。

(2)建议组建一个单一的跨部门心理与社会支持协调组，包括传统上与健康部门和保护部门相关的参与者。这是减少工作中条块分割、增加统筹性的最有效方法。

(3)要确保以综合方式处理从社区支持到精神疾病治疗的心理与社会支持各个方面。心理与社会支持协调组应与所有相关部门进行协调，并且在这些部门中开展的心理与社会支持行动应符合被采纳的要求。

(4)在心理与社会支持协调组中纳入政府相关部门（如卫生部、社会福利部门、教育部等）、非政府组织的代表。还要吸纳其他积极参与的组织，如专业协会和大学等。此外，在各个层面的协调活动中应积极征询并吸取社区的建议。

(5)要积极利用现有的协调组。如果没有，应该建立临时小组进行协调。心理与社会支持协调组应与保护和健康部门进行协调，并在适当的情况下与其他地区协调机制配合。

(6)鼓励国际人道组织之间的交流。在可能的情况下，应由一个或多个主要组织领导心理与社会支持协调组，并获取国际组织的适当技术支持。然后要致力于减少协调组成员之间的权力差异，并促进权力相对较小的团体参与。

(7)最后，所有组织都有责任来协调其应对措施。组织应努力确保其代表具有有效参与协调的权力、知识和能力。

协调项目规划和实施

协调组负责协调心理与社会支持项目的规划和实施。这包括确保心理与社会支持行动能够以最低的限度，在适用于当地的情况下执行，并使这些措施可以公平和及时地作用于受到危机影响的社区。

促进心理与社会支持战略规划的管理过程包括：协调评估和交流结果；确定商定的计划和优先工作的地域；确定并解决应对措施中的不足；确保参与者之间的职能分工；通过联合行动来促进机构间合作(如转介机制或联合培训)；协调在受影响人群中传播有关紧急情况、救援工作、合法权利和自我照顾的信息；记录和分享机构所采取的措施、有关资料以及获得的经验教训；监测和评估并交流结果。如果合适的话，机构间的战略规划应该得到发展。

开发、传播指导方针和协调宣传

协调组应该根据相关材料，制定适合当地背景的心理与社会支持指导方针，并建立相关机制以确保各方对方针有广泛认识和承诺。另外，协调组应协调对心理与社会支持的宣传倡导。基本措施包括：明确哪些因素对心理与社会支持影响最大，哪些因素最有可能因宣传倡导而改变，并就主要的宣传倡导内容达成一致；确定政府、军队、媒体、捐助者、非政府组织、决策者和其他协调机构等利益相关方，并为每个机构制定有针对性的宣传内容；最后确定不同组织的宣传角色和责任。

## 6.4.2  沟通中的心理与社会支持

危机沟通也是危机管理的主要内容之一。在危机发生之后，有效的信息沟通至关重要。下面将要介绍沟通中的心理与社会支持的十种最佳做法(Juen, et al., 2016)。

(1)将沟通策略融入决策过程，并将沟通策略与持续的危机发展过程联系起来。当风险和危机沟通是决策过程本身的一部分时，风险和危机沟通是最有效的。沟通战略应该完全融入决策过程。如果事后才考虑沟通问题，危机沟通的有效性通常会降低。当危机沟通遵循一个过程模型时，从事前到事后处理的整个策略将更加全面和系统化。

（2）在事件发生前做好计划，并定期更新。信息沟通的计划有很多好处，其中包括确定风险领域和使相应的风险降低，初步设定危机应对措施，以便使危机期间做出的决策更有效，并确定必要的应对资源。因此，这种计划可以提高对风险的整体关注。

（3）接受公众作为合作伙伴。公众有权知道其面临的风险，且应持续努力通过科学风险评估向公众提供信息和教育。同时，公众对风险的担忧应被视为合法。

（4）倾听公众的关注，了解受众并以适当的方式回应。为了能够实现对话，管理风险或经历危机的组织必须倾听公众的顾虑，考虑到这些顾虑并作出相应的反应。事实上，了解受众与任何情况下的有效沟通都有关系。

（5）坦诚地沟通。大量的危机沟通研究强调诚实是最佳做法。如前所述，诚信对于在危机发生前和危机期间建立信誉和信任是必要的。能有效进行危机沟通者在他们的公共沟通中表现出诚实、坦率、坦诚的特征。从长远来看，这种诚实促进了组织信誉。尽管有时候需要对事实有所保留，但保持诚实、坦诚和公开，是对大多数危机沟通的根本要求。

（6）与可信来源合作和协调。发展危机前的关系网络是与其他可信来源协调合作的一种非常有效的方式。为了维持有效的网络，危机沟通规划者和传播者应不断寻求来源验证，选择专题领域专家，并与各级利益相关者建立关系。此外，信息的一致性是有效危机沟通的重要标杆。大量案例研究记录了危机应对期间沟通和协调的细节，这些细节之间如果存在矛盾，就可能增加负面影响。

(7)满足媒体的需求并保持沟通畅通。媒体是公众的主要信息渠道，在危机期间，媒体有义务准确完整地报告危机信息。危机沟通者不应将媒体视为危机形势下的责任承担者，而应通过开放和诚实的沟通来吸引媒体，并将媒体作为战略资源来帮助管理危机。与媒体沟通时，组织应该通过接受不确定性来避免不一致，并避免提供过度令人放心的信息。媒体培训应该在危机发生之前由危机沟通者完成。

(8)怀有同情、关心和同理心进行沟通。无论是与公众、媒体还是其他组织沟通，指定的发言人都应表现出适当的同情、关切和同理心。如果公众看到真诚的关切和同情的表达，他们会更加相信发言人所采取或推荐的行动是恰当合法的。

(9)接受不确定性和歧义。危机局势中存在固有的不确定性和模糊性。要承认这种情况所固有的不确定性，例如可以说"我们还没有掌握全部事实"。这种策略性的模糊使沟通者可以随着更多信息变得可用而修正消息，并避免随着更多信息可用而使陈述显得不准确。

(10)关注自我效能信息。风险沟通研究强调了提供具体信息的重要性，这些信息告诉人们可以做些什么来减少伤害。这些自我效能信息可以帮助人们恢复对不确定和威胁情况的某种控制感。这些信息可能最终有助于减少由风险因素造成的危害。

这里概述的十个最佳危机沟通做法是一般性标准，而不是关于方法、渠道和信息的具体规定。这些最佳做法并不构成计划，而是构成有效危机沟通计划和有效危机应对的原则或流程。此外，这里概述的十种最佳做法重叠，并在若干重要领域相互关联。

### 6.4.3 心理与社会支持的五大要素

在面对危机进行心理与社会支持时，有五大要素需要注意，这些要素都有实证研究的支持（Hobfoll，et al.，2007），可以指导在发生灾害和大规模暴力事件后不断演变的干预措施和计划。它们应包含在早期到中期阶段的干预和预防工作中，这些指导方针对负责更广泛的公共卫生和应急管理的人员尤为重要。下面是具体的五大要素：

（1）提升安全感。在这方面，推荐的行动是帮助人们获得更多客观与主观上的安全，例如提供安全的地方、准确的信息和保护，巩固与援助者的关系等。在客观方面，如何确立安全性是显而易见的，就是我们应该将受灾群众带到安全的地方，并满足他们的基本生存需求，如食物、饮用水等。在主观方面，媒体工作者和公职人员使用媒体发布消息是重要的干预焦点。媒体应该被告知，相关媒体报道应该战略性地传达安全和适应力而不是迫在眉睫的威胁，从而提高社区的安全感。

（2）提供一个平静的环境。遭受危机通常会导致恐惧、焦虑等情绪显著增加。鉴于这些问题，把镇静纳入干预措施是非常重要的。镇静疗法中，既有直接的、有针对性的治疗，也有间接的治疗。通常建议那些有严重情绪或极度麻木反应的人使用直接的治疗方法；而对于需要间接治疗的人来说，深呼吸、肌肉放松、瑜伽都是很好的放松方式。一般来说，最好是让人们能够尽快恢复到常规的生活与工作中去。

（3）提升自我效能感和集体效能感。自我效能感是指个人相信自己的行为可能导致一般意义上积极的结果，主要是通过思想、情绪和行为的自我调节实现，当这个概念被扩展到集体层面时即是集体效能感（Bandura，1997；Benight，2004）。建议的做法是尽可能让受灾人群自己参与到决策中去，使他们成为主动的幸存者，而非消极的受害者。在这方面，社区自己计划和实施的活动对于自我与集体效能感来说很关键，这些活动可能包括宗教或传统活动，会议或集会，进行集体治疗和哀悼仪式等。

　　(4)增强连接性。社会连接性增加了学习应对灾害所需知识的机会(例如，哪里可以获得食物、水等)；它还提供了一系列参与社会支持活动的机会，包括解决实际问题、理解和接受情感、分享创伤经历等。有研究表明，社会支持与更好的情绪幸福感和大规模创伤后的恢复有关(Hobfoll，et al.，2006)。因此，在大规模创伤之后尽快建立联系并协助人们保持联系对恢复至关重要。此外，把临时的避难所视为村庄也是有帮助的。

　　(5)保持希望。在这方面，建议心理与社会支持工作人员采取一切行动帮助受影响者重新燃起对积极未来可能性的希望。这包括帮助个人恢复正常生活的服务，例如住房、就业、就学等；涉及积极情绪的活动；以及帮助幸存者应对大规模灾害后出现的挑战的倡议项目。此外，建议在整个恢复阶段，要给受影响人群提供稳定的援助。

　　在这一部分，我们概述了在危机事件发生后的早期和中期心理与社会支持的五大要素。这些要素被视为危机干预的核心原则，并将有助于制定政策和设计干预战略。它们广泛适用于从个人到社区各个层面的干预。

# 不同类型危机中的心理
# 与社会支持

前两章主要以一个综合的视角对危机管理中的心理与社会支持及其阶段和流程进行了概述，至此，我们应该了解了心理与社会支持的基本内容。本章则进一步针对不同类型的危机来探讨其中的心理与社会支持，因为心理与社会支持在各类危机中既存在共性的部分，也存在一定的差异。所以，本章将以自然灾害、事故灾害、社会安全事件以及公共卫生事件这四类危机为例，聚焦于各类危机管理之中人们的心理特征，以及相应的心理与社会支持策略。此外，每一节中还包含一个具体的案例，帮助读者更充分地了解危机中的心理与社会支持。

## 7.1 自然灾害中的心理与社会支持

正如本书首章所指出的，灾害的发生主要源自两个方面：一是自然的异常变化，二是人为影响。前者是由自然变异引起的灾害，故被称为自然灾害，后者则为人为灾害。本节将围绕自然灾害来介绍危机管理中的心理与社会支持。

### 7.1.1  自然灾害及人们的心理特征

自然灾害及其特点

中国幅员辽阔，气候条件复杂，自然灾害的种类也相对繁多。洪水、台风、雷电、地震、泥石流、沙尘暴等灾害每年在全国各地都有发生。有些自然灾害发生后常会诱发一系列的衍生灾害，给我国人民群众带来了严重的经济损失和身心危害。我国的自然灾害除了类繁多外，还有突发性、破坏性、潜在性三个特点。

突发性：自然灾害的发生多是因为自然的异常变化，这种变化在时间、频率、地点、波及范围上是难以精准确定的。由于技术的发展受限性和自然灾害的复杂多变性，人们往往在灾害前几秒甚至在灾害发生当时才能有所察觉，因而往往会错失最佳的救援时间，造成严重的人财损失。

破坏性：自然灾害的发生会给当地经济带来严重的破坏，导致灾区人员伤亡，影响社会秩序，进而阻碍国家发展。例如，2017 年 8 月，台风"天鸽""帕卡""玛娃"相继登陆我国广东地区，造成了广东省珠海市等地重复受灾，灾情严重，当年台风灾害共造成全国直接经济损失达 346.2 亿元，广东省占其中 8 成以上。

潜在性：自然灾害除了给受灾人民带来外部有形的损害外，对其心理也会产生潜移默化的影响。灾害留在人们心底的"阴影"是无形的、破坏性极强的、影响巨大的。对灾区人民的"心理重建"也是目前我国一项亟须完善的工作。

自然灾害中人们的心理特征

在灾难发生的一瞬间，受灾群众的生活会发生翻天覆地的变化。灾时的生离死别、地动山摇、无可奈何，灾后的无家可归、妻离子散、断壁残垣等，都给灾区人民带来极大的心理创伤。尽管人类机体面对充满紧张感的刺激物时会表现出相应的防御反应，但自然灾害的突发性和极大的破坏性使得人类难以按照往常的经验做出反应，打乱了人们生理方面和心理方面的应对"节奏"。因此，灾后幸存的群众往往在数周或数月内忍受着生理和心理两方面的痛苦，不能恢复正常生活。根据灾后人们痛苦持续时间和严重程度可以将应激障碍分为急性应激障碍和创伤后应激障碍。

急性应激障碍（acute stress disorder，ASD)是指遭遇急剧、严重的精神创伤性事件后数分钟或数小时内所产生的精神障碍，一般在数天或一周内缓解，最长不超过 1 个月。临床症状表现为具有强烈恐惧体验的精神运动性兴奋或者精神运动性抑制甚至木僵。急性应激障碍的严重程度与个体的性别、心理素质、身体健康状况、应对方式、家族史等因素密切相关。其中，女性、易激惹、神经质、有过往家族病史等人群更易引发急性应激障碍。如果应激障碍源长期存在，且未得到及时有效的外部干预，症状存在超过 1 个月则可能转变为"创伤后应激障碍"。

创伤后应激障碍（post-traumatic stress disorder，PTSD)是指个体遭受异常痛苦的威胁性事件或灾害性应激情境，导致个体延迟出现和持续存在的精神障碍。创伤后应激障碍一般在精神创伤性事件发生后数天至 3 个月内发病，病程持续 1 个月以上，也可能是数月或者数年。PTSD 的临床症状主要表现为反复重现创伤性体验、警觉性持续增高、对相关或相似情境的回避或者麻木性症状等。反复重现创伤性体验主要表现为受伤个体会反复回忆起与创伤相关的情景及事件，这些反复的刺激可能导致个体焦虑不安，甚至引发幻视、幻听或相关行为障碍。患者警觉性持续提高主要表现为易激惹水平提高、情绪暴躁易怒、容易受到外界惊吓、失眠等，这些情绪反应甚至会影响个体日常工作与社交能力。麻木性症状主要是指个体回避任何能触发创伤回忆的相关刺激，拒绝接触相关场景或事物，生活能力退行，环境适应能力减退。严重者甚至存在情绪障碍或表达障碍。

　　遭受过自然灾害的人们或多或少都存在一定程度上的应激障碍，他们在不同时期的主要心理表现和需求也不同。

　　早期：恐惧、焦虑与否认。突如其来的灾难打乱了人们正常的生活节奏，毁坏人们赖以生存的幸福家园。刚刚经历过灾难的幸存者内心往往会有一种恐惧，他们害怕灾难再次降临，担忧自己家人的生命安全。焦虑是灾后人群中常见的一种情绪反应，它往往源于人们对可能即将到来的危险的感知，例如，洪水过后，人们会担心瘟疫或传染病的大面积暴发，危及自身生命。同时，面对灾后的满目疮痍和亲人离世，受灾群众会产生一种强烈的否认感和无助感，他们不愿意承认现实的创伤，力图以这样的方式回避内心的痛苦。消极否认的情感体验会导致受灾群众产生认知异常，造成"糟糕至极"的念头。有些人会产生"我的人生完了""我还是死了算了"等极端想法，这些想法会使人们失去生活的信心和重建家园的热情，甚至会产生自残、自杀等行为。这时期的人们需要安全感和归属感。

　　后期：愤怒、绝望与抑郁。灾后群众被救援后往往无法接受亲人去世的残酷现实，他们心中会产生不公平感。这一时期人们变得暴躁易怒，怨恨自己身上发生的不幸，抱怨上天的不公平。不过，不同性格的受灾群众往往会表现出具有差异的行为反应，有些人会表现出积极适应的行为，也有些人的行为是消极防御的，例如，过度防御行为。过度防御行为是灾后群众在极度焦虑、绝望和慌张的情绪下所表现出来的不恰当的自我防御行为，这种不恰当的自我防御行为与保护自我的本意是相违背的，会给群众带来极大的身体伤害（金嫣，2011）。除此之外，受灾后环境和灾害信息的刺激，创伤事件的画面和逝去的亲人的音容笑貌会反复地出现在灾后人员的脑海中，给他们带来极大的绝望感和压抑感，最终导致长期性的抑郁。这一时期的受灾人员需要科学合理的心理疏导与干预。

　　灾害发生后，投入到救援工作中的医务人员、警务人员、心理与社会支持人员等在面对灾难现场的伤亡情况时，同样会产生一系列的应激心理症状。例如，当医务人员看到病人的生命无法挽回时，他们可能会产生自责、挫败、难过等情绪，救援人员在搜救现场目睹房屋倒塌、血肉模糊的尸体时更可能会变得消极、恐惧、无奈等。这些消极情绪不仅会影响救援人员的现场工作效率和救援心态，更会对他们本身产生长期的身心影响，甚至可能导致他们在救援结束的几个月内出现创伤后应激障碍等症状。

### 7.1.2　自然灾害中的心理与社会支持

多年来，我国自然灾害不时发生，例如，2008 年低温雨雪冰冻灾害，2017 年 8 月四川九寨沟地震等。突发性的自然灾害不仅给国家和个人造成严重的经济损失，更重要的是它给受灾群众的心理造成了不可磨灭的伤害。因此，对受灾群众的心理与社会支持工作任重而道远。

危机中的心理与社会支持可以为处于心理危机状态的个人提供及时有效的帮助，使其缓解痛苦、重塑社会认知、调节消极情绪、矫正社会行为、重拾生活信心等。除了物质援助之外，在灾难发生的前期和后期有计划、有组织地给受灾人员提供专业的心理危机干预也是非常必要的。灾后的心理危机干预所涉及的主要心理问题包括：急性应激障碍、创伤后应激障碍、亲人逝去或自身伤痛所造成的心理创伤。

自然灾害早期的心理与社会支持

在灾害发生的早期，受灾群众在面对瞬时发生的自然灾害时大脑往往处于"宕机"状态，表现得麻木茫然。危机干预者在这一时期应该提供物质和心理两方面的援助。

在物质方面，对于灾难中的幸存者，要提供充足的食物和饮用水，帮助他们与失散的家人取得联系，及时给失去家园的幸存者提供安全、温暖、舒适的休息地点；对于灾难中的受伤者，提供及时专业的治疗，营造一个肃静、规范的治疗环境。

在心理方面，首先，与获救的幸存者进行简单的言语交流和提供安慰，保护他们，给予他们一定的安全感。其次，在事件发生3天后，心理干预者要在一个相对安全温暖的地方组织一个小型的受灾群众团体（五六人）交谈会，利用团体的力量帮助个体梳理正常合理的记忆。在团体交谈活动中，心理干预者主要发挥引导、主持的作用，帮助大家建立对彼此的信任与依赖，鼓励参与者积极分享自身的生活经历和情感体验。还要认真倾听每一位参与者的发言，对于团体成员产生共鸣的地方进行深入讨论和共情反馈。最终，使大家在团体内部可以相互慰藉、交流感受以消除内心的恐慌和悲伤。再者，对于失去亲人的幸存者，心理干预者要给予安慰、关心。在提供实际物质帮助的基础上，与幸存者建立良好的关系，帮助他们正确看待、面对、接受这一事实。最后，对于灾难中的受伤者，心理干预者要耐心与他们进行交流，消除他们内心消极悲观的情绪，保持良好的治疗心态。鼓励他们耐心配合治疗，主动了解自身的病情、治疗计划及康复情况，提升自身的自信心，以"阳光心态"看待日常治疗。

### 自然灾害后期的心理与社会支持

在灾害发生的后期，受灾群众在面对灾后家破人亡、骨肉分离、满目疮痍、肢体残缺等状况时会出现长期的抑郁、悲伤、绝望等负面情绪。长此以往，负面情绪的累积会造成创伤后应激障碍，对个体的身心发展产生极大的负面影响。因此，灾后的心理与社会支持工作尤为重要。

首先，灾后2周左右，心理干预者应该请受灾群众讲述灾难发生时发生在他们身上的事件，注意他们故意疏漏的细节和空白回忆点。让受灾群众不要刻意回避某个特别的"痛点"，例如，与味觉、嗅觉、动觉等相联系的某段灾难回忆，反而应该明确疼痛的位置。其次，在灾后 1 个月左右或者更长的时间内，心理干预者应该更加积极地鼓励受灾群众叙述自己经历的事件，鼓励他们大胆描述自己的情绪感受。在这一过程中，心理干预者帮助受灾群众建立一种积极的认知方式以重新定位灾难事件，将灾难记忆赋予意义并融入现有的生活中去。再者，对于失去亲人的幸存者，心理干预者要鼓励他们通过哭泣宣泄内心情绪，耐心倾听他们的想法和感受；鼓励他们勇敢面对失去亲人的事实，利用写日记或反复倾诉的方式来宣泄自身情绪；还要帮助失去亲人的受灾群众了解自身情绪的发展、变化，及时觉察负面情绪的影响，学会自我调节和积极应对。最后，对于灾难中的伤者，心理干预者要积极与其沟通，了解他们内心的需求和心理变化情况，鼓励伤者周围的人共同关注他、鼓励他，使他感受到安全、温暖和尊重。除了帮助伤者积极康复外，还要帮助他们恢复正常的生活，鼓励他们重塑正确的人生观，合理规划以后的生活。

除了受灾群众以外，对于救援人员的心理与社会支持也同样重要。在正式展开救援活动之前，制订合适恰当的救援计划，合理安排每一个救援工作者的工作岗位、工作任务和工作时间。指导救援人员习得相应的放松技巧，学会察觉自身负面情绪并自我调节。在救援活动结束后，安排全体救援人员进行一次团体活动，在活动期间，参与者可以尝试分享自身的经历或无法排解的负面情绪，以便大家相互交流，放松心态。

总之，自然灾害中的心理与社会支持是非常重要的，也是亟须完善的。自然灾害的幸存者容易产生悲伤、绝望、抑郁等负面情绪，如果不采取专业及时的心理与社会支持方面的干预，将对个人身心健康造成严重的影响。对于自然灾害中的心理与社会支持，我们要以保护幸存者的身心健康为重，制定合理灵活的干预方案，定期实行，注重事后走访和效果评估。

### 7.1.3 案例："5·12"汶川地震心理援助站

中国四川的"5·12"汶川地震，发生于北京时间 2008 年 5 月 12 日(星期一)14 时 28 分 04 秒。根据中国地震局的数据，此次地震的面波震级达 8.0 级、矩震级达 8.3 级，大半个中国及亚洲多个国家和地区均有震感。其中，极重灾区共 10 个县(市)，较重灾区共 41 个县(市)，一般灾区共 186 个县(市)。根据 2008 年 9 月国务院新闻办公室发布的信息，"5·12"汶川地震共造成 69 227 人死亡，374 643 人受伤，17 923 人失踪，是中华人民共和国成立以来破坏力最大的地震，也是继唐山大地震后伤亡最严重的一次地震，这次地震造成四川、甘肃、陕西等省的灾区直接经济损失超过 8 451 亿元人民币，灾区的卫生、住房、校舍、通讯、交通、治安、地貌、水利、生态、民族文化等方面受到严重破坏。

**灾后民众的心理问题**

2008 年 11 月，以四川大学华西医院心理卫生中心等四川省 17 家心理卫生机构为主体所进行的对都江堰、北川等极重灾区 20 万人口的调查结果显示，约 90% 的灾区个体心理状态均不同程度受到影响，约 30% 的灾区个体存在心理问题，成为精神卫生问题的中高危人群或精神病人。心理障碍的症状一般表现为睡眠障碍，有的人整夜不眠，噩梦不断；有的人惊恐、敏感，总是感觉房子要倒了，经常在睡梦中惊叫"快逃，快逃……"；有的人情绪十分低落，甚至表现出对身体的严重创伤以及丢失的财产毫不在意。研究发现，地震孤儿容易出现频率较高的症状，比如控制不住回想受打击的经历，遇到与创伤事件近似的场合或事件时产生明显的生理反应，过分的惊跳反应，对未来失去憧憬等。

灾后的艰难环境还可能造成更严重的心理问题，甚至导致自杀案件。例如，2008 年 10 月 3 日，因丧子之痛加上高强度工作压力，北川县委农办主任董玉飞在自己寓所内自杀；2009 年 4 月 20 日，北川县委宣传部副部长冯翔在寓所自杀。此外，都江堰市、绵阳市等地接连发生民众自杀事件，这些事件引起民间及政府对于灾后心理干预及援助的重视及行动。

此外，间接受到地震影响的民众也会产生一些心理问题。据来自成都温江区人民政府柳城街道办事处红光社区的一份调查数据，社区 1 200 多名本地居民中有超过九成的人存在地震后遗症。地震后遗症主要表现为失眠、午夜惊醒和突然来临的地震幻觉等。也就是说，尽管汶川地震没有给部分周边社区造成实质性的影响，但它给这些社区居民心理上造成的阴影却长久难消。

### 救助者亦会产生心理问题

汶川地震后，中国科学院心理所组织多名专家于 2008 年 5 月 15 日奔赴四川。当时的中国科学院心理所所长张侃就发现，灾难现场对那些参与救援的年轻士兵、医生以及在灾区进行报道的记者也会产生影响。大量没有受过训练的年轻士兵和医护人员，以及深入灾区报道的新闻记者，暴露在重大危机面前，灾区的惨烈和救助的无奈可能使他们的心灵短期内受到极大损害。灾民在受伤后，可以获得救助，而救助人员本身则要连续不断地暴露在惨烈的场面中，面临巨大的身心压力。张侃在一次访谈中说道："现在我们很多士兵、医护人员和记者都很年轻，甚至有很多是'80 后'，在这种情况下，对他们是很大的伤害。""其中参与救助的十万部队士兵，因为交通困难，有的战士要在那始终坚持下去不能轮换，不仅身体疲惫，而且心灵上受到的冲击程度是最大的。对这群人尽早实施心理救援，也是我们这次工作的重点之一。"

### 震后的心理与社会支持

"5·12"汶川地震发生后，经卫生部批准，四川大学华西医院于

当年 5 月 15 日成立"卫生部心理危机干预医疗总队",随后于当年 11
月成立心理危机干预基地。从 2008 年 5 月开始,开展了大量的灾后
心理危机干预和灾后心理康复工作,至少承担了 8 项重要国际及国
内灾后心理干预项目,项目基本覆盖了四川省所有极重灾县以及陕
西省宁强县,直接受益人数约 500 万。此外,据中国心理学会调查,
灾后有超过 50 支 1 000 多人的心理救援队伍赶往四川灾区。例如,
中国红十字会在第一时间就做出了快速的反应,不仅向灾区群众送
去了大量的帐篷、棉被等救灾物资,集中全国红十字会的力量,组
织了 6 支医疗救援队火速前往抗震救灾的前线;而且还专门派出了
两支心理救援队——他们于 5 月 20 日和 21 日分两批前往四川地震
灾区,进行了为期 10 天左右的心理救援工作(沃建中,2008)。

　　有学者(耿爱英,2008)总结了汶川地震后心理与社会支持方面
的积极应对。第一,对灾后心理危机干预工作给予了高度重视。我
国政府、相关组织,一些国际性组织在汶川地震后以各种方式倡导
并组织了灾后心理危机干预工作,而且在干预时间、长期性安排等
方面体现出了一定的科学性和专业性。首先,从时间上来说,心理
危机干预的效果与干预的及时性有关,我国政府与相关组织在地震
灾后的第二天就派出了包括做心理干预工作的精神科医生在内的综
合性治疗队伍抵达一线灾区,把心理救援作为灾后急救的一部分。
而且由于心理危机干预具有长期性的特点,政府和相关组织对震后
长期的干预工作也作出了计划和安排。其次,从参与人员来说,精
神科医生、心理咨询师、社会工作专业人员、志愿者都参与到了危
机干预工作中,显示出了社会对这项工作的关注。最后,从多层面
的干预形式来说,既有组织专业人员编写普及心理危机自助干预手
册的活动,又有组织专业性培训使相关人员能现场工作的活动,还
有调动高校资源进行心理热线援助的活动,体现出了社会对灾后危
机干预工作的高度重视。

第二，心理干预中体现出了一定的专业化水平。心理干预是一项专业性工作，而且有关专业人员可以从不同的视角提高危机干预的效果。在汶川地震发生后，许多精神科医生、心理咨询师、社会工作专业人员、志愿者都从自己专业的角度介入了危机干预工作。而且，政府和有关组织特别重视到灾区一线做干预工作人员的专业培训工作，对志愿者也进行了短时间的培训。同时，在具体的干预工作中，在工作方式上力图体现出专业化特色，从心理创伤评估诊断标准的运用到干预方案的制定，都遵从了专业化水准。

第三，在受干预群体的多面性上较为到位，既关注到了受灾人群，又重视了一线援助群体；既进行了临时居住区和学校群体的干预工作，又为在生理医治过程中的群体安排了心理危机干预人员；既开展了灾区当地的危机干预工作，又对被安排在外地的教师和学生进行了危机干预。

### 借鉴与启示

汶川地震后政府和相关组织倡导和进行的灾后心理与社会支持工作体现了我国社会的进步，取得了一定的成效，也为以后的危机干预工作积累了经验。然而，当从更为理性的角度去审视灾后的心理与社会支持工作时，不难发现这项工作中还存在一些问题。例如，干预工作没有从专业水平上实现多层面的合理定位，干预队伍整体的组织与计划性较弱，干预模式不具规范性(耿爱英，2008)。因此，需要发挥好各方面心理与社会支持力量的作用，比如要通过政府的正式组织提高心理与社会支持工作的组织性、计划性及规范性，通过社区和学校的工作保证这项工作的长期性，通过家庭、亲友及其他途径提供的非正式组织支持保证心理与社会支持的高效性。

## 7.2 事故灾害中的心理与社会支持

除了自然灾害给人类生存带来极大的危机之外，人类生产、生活过程中也面临着各种事故的威胁。这种由人类直接的生产、生活活动引发的，造成大量人员伤亡、经济损失的意外事件叫做事故灾害。

### 7.2.1 事故灾害及人们的心理特征

事故灾害及其特点

事故是指发生在生产、生活过程中的意外事件。事故灾害如同自然灾害一样具有普遍性，它通常可能是由许多偶然因素所触发，带有一定的突发性。事故发生的当下给人们的生产、生活造成极大的困扰，影响人们正常活动的进行，因此事故通常是人类所不希望发生的事件。按照相关分类，可以将事故灾害分为生产安全事故、交通事故、公共设备和设施事故及生态破坏事故。生产安全事故是指生产经营单位在生产经营活动中发生的造成人身伤亡或者直接经济损失的事故。例如，2013 年 11 月 22 日，青岛黄岛区由于输油管道泄漏，抢修中起火爆炸导致了 62 人死亡、136 人受伤，直接经济损失 7.5 亿元，这是一起严重的生产安全事故。交通事故是指车辆在道路上因过错或意外造成人身伤亡或财产损失的事件。换个角度来看，对于交通运输公司而言，交通事故也算是自家公司的生产安全事故。公共设备和设施事故是指对公共设备和设施使用不当所造成的事故。例如，2014 年年底上海外滩踩踏事件，由于活动预防准备不足、观景平台超载及现场管理不力，发生严重踩踏，造成 36 人死亡、49 人受伤。生态破坏事故指的是人类活动对于环境污染产生直接或间接影响的事故，包括水污染、大气污染、农药及有毒化学品污染、噪声污染等。事故灾害是事故与其后果的结合体。某种事故的发生必然伴随着相应的灾难后果，二者不仅存在时间上的连续性，还存在着因果关系。事故灾害通常具有突发性、相关性、潜伏性三种性质。

突发性：事故灾害的发生时间、发生地点、发生形式以及后果的严重程度都存在着难以预测性，给事故灾害的预防带来极大的困难。同时，事故灾害的发生瞬间冲击人们原有的社会秩序和心理惯性，使人们难以预测和掌控其发展趋势及其未来可能造成的影响。但基于以往事件的原因分析及日常检验会对事故的发生有一定的预测性，从而减少灾害的严重程度。

相关性：事故发生通常是多种因素共同作用的结果，可能受自然因素的影响，也可能受人为因素的影响，或者两者兼有。具体而言，设备的不安全性、人为操作的失误性、环境的不良刺激等都可能成为影响事故灾害的重要因素。与此同时，一次意外事故的发生可能会引发其他的灾害，给人民群众的生命财产安全造成更多的损失。例如，2018 年年初发生在长江口外海域的"桑吉"轮碰撞燃爆事故不仅造成"桑吉"轮船体沉没，3 名船员死亡，29 名船员失踪，而且事故后大量油污在周边海面燃烧，火海周边有长数千米、宽数百米的油污带，海洋生态环境受到一定影响。

潜伏性：灾害的发生是一个量变的过程，是系统内部各种因素相互作用的结果。与自然灾害相比，事故灾害影响范围相对较小，但它却具有极大的破坏力。有些重大的事故灾害不仅会损害群众的生命健康，还会影响社会稳定性，引发其他相关灾害。这意味着在日常生产、生活过程中我们不能因一时的安全而麻痹自己，而要用长远的目光看待整个系统（曹蓉，张小宁，2013）。

### 事故灾害中人们的心理特征

事故灾害的发生在对个体的生命财产造成极大影响的同时，也对人们的心理造成严重的威胁。与自然灾害类似，事故灾害也会引发受害群体出现类似的急性应激障碍和创伤后应激障碍。当人们面对"飞来横祸"，心理防御机制被破坏，难以承受当下的情绪压力，便会产生各种心理问题。

　　早期：震惊，愤怒。事故灾害往往发生在一瞬间，突发性的灾难是毫无征兆的，受事故影响的人民群众往往会感到非常震惊。在事故发生的早期，大部分受害群众不清楚事故发生的原因、时间、波及范围、严重程度以及是否会再次发生事故等，这种未知感会令受害群众感到无助。当通过媒体了解了事故的起因、地点和严重程度时，受害群众会产生愤怒的情绪。一方面，他们指责有关部门不负责任，没有做好安全措施；另一方面，他们对于国家的紧急预案、媒体报道有所不满。部分人甚至会产生一种阴谋论，认为国家通过控制媒体进而故意隐瞒事故的原因和伤亡人数。例如，2015年天津港"8·12"特别重大火灾爆炸事故共造成165人遇难、8人失踪、798人受伤，304幢建筑物、12 428辆商品汽车、7 533个集装箱受损。这一调查结果是调查组调阅文字资料1 200多份、600多万字，调取监控视频10万小时，对600余名相关人员逐一调查取证，通过反复现场勘验、检测鉴定、调查取证、模拟实验、专家论证后公布的，然而，网络上部分网民却质疑国家隐瞒了伤亡人数和事故真正的原因。

　　后期：回避、悲痛与抑郁。事故发生后，幸存者通常会产生一种回避行为。例如，2014年马航事件发生以后，很长一段时间内，人们出行时都会下意识拒绝乘坐飞机，尤其是那些出国旅行的人；同时，同一年去马来西亚旅游的游客骤减。对于那些在事故灾害中丧失亲人和家园的人而言，他们会产生一种悲痛的情绪体验。与自然灾害有所不同，事故灾害往往是人为引起的灾难，因此，丧失亲人所引起的悲痛感会更加强烈。幸存家属会责怪自己当初为什么没有采取相应的措施，这种强烈的内疚感与悲痛感极易引起急性应激障碍，使幸存家属沉浸在悲痛情绪中无法自拔。除此之外，对于在事故中受伤的群众而言，灾后的疾病和残疾会引发他们的抑郁情绪。他们可能变得沉默不语、悲伤低落，对任何事都毫无兴致，有些人甚至会产生自杀行为。

同样，除了受害群体外，奔赴现场的救援人员也会产生一系列的应激心理症状，例如焦虑、压抑、自责等。面对紧迫的救援任务，救援者时常处于一种紧绷的状态，害怕搜救过程中遗漏幸存者，害怕搜救不及时导致更多的伤亡，害怕事故引发二次灾害等。如果这种焦虑状态长时间得不到缓解，将进一步累积更大的心理压力，从而导致部分救援者在事后产生"灾后综合征"，对个人的身心健康造成极大的负面影响。除此之外，救援者作为第一批到达现场的人员，尽管做过了心理准备，现场的惨烈景象也会使其震惊、恐惧。救援者在救援过程中会对自己没能挽救的生命感到自责和愧疚，有些人甚至会将人员的伤亡归咎于自身的失误，进而陷入更加痛苦的状态，出现一些情绪和躯体上的障碍。

### 7.2.2　事故灾害中的心理与社会支持

事故灾害不仅会给国家和民众带来巨大的财产损失，还会给民众造成严重的心理影响。经历过事故的受害群众和遇难者家属可能一时无法从亲人离世、飞来横祸的阴影中走出来，这时候如果不对他们进行及时的心理与社会支持，可能会形成持久性的心理创伤。

**事故灾害早期的心理与社会支持**

在事故灾害发生的早期，受灾群众往往会感到震惊、悲痛与愤怒等。危机干预者在这一时期应该提供物质和心理两方面的援助。

在物质方面，对于灾难中的幸存者，应及时组织人群远离事故发生地点、撤离到安全区域，提供充足的救济物品，协助他们寻找灾难中失散的亲人；对于灾难中的受伤者，要及时救援，提供专业的治疗。同时，政府应及时公开事故灾害的相关信息，利用各种新闻媒体和民间组织等使信息在网络渠道中畅通透明地传播，防止因信息传播不到位而引发负面的网络舆论。

在心理方面，首先，对于灾难中的幸存者，需要平复他们的情绪，让他们安静下来，进行简单的语言安慰，帮助他们从悲痛、愤怒的情绪中摆脱出来。帮助幸存者联系他们的亲属或家人，为其提供归属感和安全感，强化他们接受进一步心理疏导的信心。其次，对于受伤人员，帮助他们适应现在的"伤者角色"，安抚好他们的情绪，使他们接受现实，积极配合治疗。认真耐心地与他们进行交流，建立和谐的辅导关系。同时，细心留意伤者的心理变化，例如，有部分伤者面对自己的病情会产生焦虑、恐惧、忧虑等心理，他们坐立难安，长吁短叹，不断询问病情，还有些伤者可能会难以接受自身的伤残情况，阻碍医生的治疗。这时，心理干预者要积极地介入干预，耐心倾听伤者的倾诉，满足他们的合理需求。同时，应帮助伤者矫正其不良的心理和行为，促使伤者保持正常的心理状态以接受医治。最后，对于遇难者家属，在灾难发生后应给予他们充分的心理安慰，稳定他们的情绪，尽可能满足他们的需求。这一时期的遇难者家属很可能会产生悲伤、愤怒、内疚等情绪，心理干预者要鼓励他们主动宣泄自身的负面情绪，耐心倾听遇难者家属的诉说，建立良好信任的关系。

事故灾害后期的心理与社会支持

在事故灾害发生的后期，受灾群众由于面对一系列的灾后影响，例如家人去世、自身疾病的困扰、经济受损等，极容易产生创伤后应激障碍。但公众对于心理知识却知之甚少，有些人甚至误以为"接受心理咨询的都是不正常的人"，从而错过了心理治疗的最佳时间。所以，在某种程度上，对灾后受害群众进行心理危机干预也是科普心理知识的一种途径。

首先，对于灾难中的幸存者，心理干预者要为他们创造一个温暖安全的氛围，鼓励大家在集体氛围中倾诉内心的想法，合理宣泄负面情绪。对于应激心理症状严重的幸存者，心理干预者要具体分析个体的心理问题，加强个性化的心理与社会支持，必要时可适当采用适量的药物进行治疗。此外，心理干预人员要积极宣传相关的心理健康知识，定期开展讲座活动，鼓励有困扰的群众积极接受心理辅导，提高他们对自身心理问题的重视。其次，对于受伤人员，尤其是由于事故而致残的伤员，心理干预人员要帮助他们正确认识自身情况，正视现实，积极乐观看待生活，主动配合医生进行治疗。理解伤者过激行为和负性情绪，任其发泄，并给予适当合理的安慰。组织适当的户外活动，促进伤者间的相互交流和帮扶，让他们找到归属感，从而提升伤者的自信心。除此之外，可帮助伤者提高自我生活的能力，保持积极的心态，合理规划未来生活。最后，对于遇难者家属，应帮助他们接受现实，充分宣泄负面情绪。定期组织遇难者家属的团体活动，鼓励他们在团体活动中相互倾诉，相互安慰，相互支持。应避免心理救援的短期化，在事故发生后的一段时间内，尽管有的遇难者家属看上去有所好转，但心理干预者仍要继续关注他们的心理状况。鼓励他们将注意力转移到其他感兴趣的事情上，提高调节自身情绪的能力，改变消极的认知方式，理性看待过往经历。

对救援者的心理危机干预可以从以下几个方面着手进行：第一，在救援之前，合理编排救援队伍，合理分配救援任务，保证每一位救援人员的休息与安全。提高救援者觉察自身心理问题的意识，帮助其学习自我调节情绪的技巧，如呼吸放松法、想象放松法等。第二，在救援过程中，时常评估队员的情绪状态，对于稍显心理应激症状的人员进行语言疏导以稳定其情绪。在救援之外，及时组织休息放松的团体活动，增强团队内部凝聚力，促使大家相互倾诉交流，相互依赖。第三，科普心理健康的相关知识，鼓励大家利用各种方式宣泄自身负面情绪，如写日记、呐喊、冥想等。对于情绪障碍比较严重的救援者可以考虑选用短效治疗药物。在救援任务结束后，要定期对救援人员的情绪状态进行测评，以防遗留的"心理创伤"

恶化。

　　总之，事故灾害虽不像自然灾害那样影响范围极大，但也对受灾群众的心理产生极大的刺激性。对于事故灾害中的心理与社会支持，我们需要以评估事故灾害为前提，及时查明事故原因，对可能出现的二次灾害做好防护准备。还要安抚好受灾群众的情绪，及时传达关于事故灾害的信息，维持良好的社会秩序。针对不同人员群体的应激心理症状，应采取合理有效的干预措施。在日常生活中，还可以定期举办相关心理健康活动，普及相关心理健康知识，增强公众应对事故灾害的能力，提升全民心理健康素质。

### 7.2.3　案例：天津港"8·12"特别重大火灾爆炸事故

　　2015年8月12日，位于天津市滨海新区天津港的瑞海国际物流有限公司危险品仓库发生火灾爆炸事故。根据记录结果，共有两次爆炸，第一次爆炸发生在8月12日23时34分6秒，近震震级ML约2.3级，相当于3吨TNT，第二次爆炸在31秒后，近震震级ML约2.9级，相当于21吨TNT。根据国务院调查组的事故调查报告，两次爆炸当量之和相当于445吨TNT炸药。天津塘沽、滨海等地，河北河间、肃宁、晋州、藁城等地均有震感。

　　此次事故的人员伤亡严重，损失巨大，据政府事后统计，共造成165人遇难、8人失踪、798人受伤，304幢建筑物、12 428辆商品汽车、7 533个集装箱受损。在遇难和失踪者中，包括公安现役消防人员24人，天津港消防人员80人，公安民警11人，事故企业员工、周边企业员工、周边居民和天津港消防人员家属58人。截至2015年12月10日，已核定直接经济损失达到68.66亿元人民币。此外，该次事故还对周边环境造成了巨大污染。例如，据2015年8月18日主流媒体报道，当地8个水质监测点氰化物超标，最大超标28.4倍。

2016 年 2 月 5 日，国务院天津港"8·12"瑞海公司危险品仓库特别重大火灾爆炸事故调查组的调查报告认定，该事故是一起特别重大生产安全责任事故。事故直接原因是该公司仓库运抵区南侧集装箱内的硝化棉由于湿润剂散失出现局部干燥，在高温（天气）等因素的作用下加速分解放热，积热自燃，引起临近集装箱内的硝化棉和其他危险化学品长时间大面积燃烧，导致堆放于运抵区的危险化学品发生爆炸。根据法院判决，事后有 49 名相关人员获刑，董事长被判处死缓。

### 爆炸事故后的身心问题

这场事故对当地人尤其是遇难者、幸存者及其家属而言，都是前所未有的灾难。转瞬即逝的生命、升腾的蘑菇云、巨大的爆炸声、灾难片般惨痛的场景，还给受影响人群造成了巨大的心理和生理阴影。比如，生理上的听觉失灵问题，胃、肠道不适，呼吸困难等，精神上的灾难带来的巨大恐惧感、无力感，晚上做噩梦，灾难画面或者场景的再现等，这些都是比较常见的。此外，幸存者在身体健康恢复的情况下，还可能会出现情绪上的焦虑、抑郁，乃至心悸等现象。依据国际通行做法，灾难事故发生后，在对伤者进行生理救治的同时，更要对受影响者进行及时的心理与社会支持，这对于他们的心理恢复十分必要。否则，遗留下来的心理问题，就像在幸存者的内心深处埋下了一颗定时炸弹，将会影响到他们日后的生活、休息和工作。而心理救援，就是要拆掉这一颗颗定时炸弹。

### 事故后的心理与社会支持

在天津港"8·12"特别重大火灾爆炸事故发生之后的第一时间，共青团天津市委员会就组建了由 110 余名专业人员组成的心理疏导志愿服务团队。天津师范大学心理与行为研究院与中国科学院心理研究所 20 余名老师，共同组建"8·12 心理危机援助中心"。在此基础上，两家机构共同出资成立天津心理援助服务站，开展更长期的心理危机干预及援助工作。共青团天津市委员会还从天津师范大学招募选拔 60 余名青年志愿者，成立天津青年志愿者心理援助服务总队，协助天津心理援助服务站开展灾后心理危机干预服务。

在为受影响人群提供心理与社会支持之前，许多志愿者还接受了专门的心理干预培训。例如，天津市良友心理咨询中心在派出由心理咨询师组成的志愿者队伍之前，还对他们进行了短期的灾后心理危机干预培训，以提高志愿者的专业化水平，并适应这次特大事故的危机情境。良友心理咨询中心的专家韩章荣表示："汶川地震的时候，我国心理干预服务的发展还相对滞后，很多心理援助志愿者由于专业水平不够，在开展活动的过程中，反而揭开了很多当事人的'伤疤'，以至于造成了'二次伤害'。"因此，她所在的心理咨询中心在专业性方面展开了事先的培训。尽管如此，她还是提出了自己的担心："我们心理咨询机构有公益的传统，可是灾后心理重建，不仅仅要进行应激处理，还包括后期的哀伤处理，这是一项长期的工作。我们难以在灾后长期做下去，毕竟这项工作需要投入大量人力和资金。"

借鉴与启示

危机后的心理与社会支持是一项具有一定专业性而又应该多方面同时促进的系统工程，至少应保证参与心理与社会支持工作的救助人员之前接受过一些专业培训，掌握必要的心理干预技能。另外，对受影响者进行心理与社会支持从而帮助其恢复身心健康是一项长期的工作，需要政府部门和相关机构进行统一的计划、组织和协调。总之，危机后的心理与社会支持，不仅仅是单纯的"灭火"，还要考虑下一步"心理重建"的工作。

## 7.3　社会安全事件中的心理与社会支持

社会安全事件是指对国家和社会稳定造成巨大影响的，涉及政治、经济和社会方面的群体性事件。社会安全事件大多是由人民内部矛盾引起的人为事件，如若得不到及时有效的处理，也将会对人民身心产生极其不良的影响。

### 7.3.1　社会安全事件及人们的心理特征

社会安全事件及其特点

社会安全事件根据其词语结构可以看出主要由"社会"、"安全"和"事件"组成。其中，"社会"指的是共同生活的个体通过各种各样的关系联合起来的集合。"安全"指的是没有受到威胁、没有危险。"事件"指的是有一定社会意义或影响极大的事情。可见，社会安全事件可以定义为在社会领域，由人为因素所引起并导致人员伤亡和财产损失的事件。社会安全事件主要包括恐怖袭击事件、群体性事件等。前者比较容易理解，后者则稍难理解一些，它具体是指"经济转轨和社会转型期间，由各种社会矛盾引发的集体上访、围堵党政机关、堵塞交通，局部范围的罢工、罢市、罢课，甚至集体械斗等非法集体活动"（叶笃初，卢先福，2009）。

在我国，恐怖袭击事件大多是由境内外分裂主义与极端主义势力或极端分子所策划和实施。例如2014年昆明"3·1"严重暴力恐怖案件，该案件主要是由以阿不都热依木·库尔班为首的暴力恐怖团伙一手策划组织的，共造成31人死亡、141人受伤。又如2013年北京"10·28"暴力恐怖袭击事件，作案人乌斯曼·艾山与其妻、其母3人驾车连续冲撞天安门广场前的行人，造成3人死亡，39人受伤；随后点燃车内汽油致车辆燃烧，车内3人当场死亡。警方查明这是一起经过严密策划的暴恐案。

群体性事件则更为频发，而且起因较为复杂，可能牵涉不同地域之间、城乡之间、劳资之间、政府与民众之间或者公私之间的利益或价值矛盾。例如，2011年6月6日，广东潮州古巷发生了一起由外来务工者讨薪被砍所引起，又因谣言而激化的群体性事件，其间数百名外来务工者聚集在当地政府门前讨公道，一度有部分务工者将泄愤目标转向附近商铺和行人，促使古巷镇本地居民开始自发组织起来还击。这次事件共有 1 辆汽车被烧毁，3 辆汽车被毁坏，15 辆汽车受损；共有 18 名群众受伤，其中 15 名为外来务工者，3 名为当地居民。又如 2012 年 7 月 28 日江苏启东发生了一起大规模群体性事件，事件主要由南通市政府对日本王子制纸的排海工程项目的批准所触发。

社会安全事件与自然灾害、事故灾害等危机事件同属于突发事件，它们之间存在着许多共同特征，但随着社会矛盾的转变，社会安全事件的性质呈现多元化的变化趋势，主要有人为性、预谋性、社会性的特点。

人为性：与前两种灾害有所不同，社会安全事件主要由人为因素引发，并常伴有故意成分。此外，社会安全事件还可能因对其他突发事件的处置不当而发生。这类处置不当通常并非出于故意，而是疏忽或能力不足所致（曹蓉，张小宁，2013）。

预谋性：社会安全事件是由人所操纵的，它的发生是有预谋、有计划的。例如，2009 年湖北石首事件，2011 年广东乌坎事件，2012 年江苏启东事件等。这些事件大多是背后有人在组织和策划。具体表现为，群众规模不断变大，闹事方式不断升级，持续性不断增强等（伊文嘉，2010）。

社会性：顾名思义，社会安全事件是发生在社会领域内的相关事件。社会安全事件的发生对于整个社会的秩序、居民人身安全构成了极大的威胁。同时，随着互联网的发展，任何一件社会安全事件都可以经过网络传播到世界各地，给人们造成极大的心理恐慌。例如，2014 年昆明"3·1"严重暴力恐怖事件导致去昆明旅游的人数骤降。又如，2015 年欧洲难民危机期间，德国科隆跨年夜发生大规模性侵和抢劫案件，犯罪者主要为外来移民和难民，引发了本地民众对难民涌入的忧虑和恐惧。

社会安全事件从最开始的酝酿状态到事件结束一般会经历四个阶段：第一阶段是诱因阶段，社会安全事件源于社会内部矛盾的激化，当矛盾激化到无法调解或者已经冲破原有的社会基本价值体系时，一个普通事件往往会成为引发社会安全事件的"导火索"。第二阶段是爆发阶段，在社会安全事件中，矛盾激化越严重，潜伏时间越长，一旦爆发对社会秩序和人民生命财产的威胁便越严重。第三阶段是扩散阶段，社会安全事件一经爆发将通过网络、报纸等媒体工具传播到更广阔的社会范围，这一时期，安抚好群众情绪，认真听取民众意见，分析本质矛盾，采取合理沟通方式显得尤为重要。第四阶段是恢复阶段，在这一阶段，矛盾基本得到解决，责任相关人受到应有的惩罚，受害者得到相应的赔偿，其他群众对社会安全事件的关注度逐渐下降（付仁德畅，2017）。

### 社会安全事件中人们的心理特征

在互联网飞速发展的当代，任何事件经过媒体的描绘和网络的快速传播都会在短时间内迅速发酵，引起公众恐慌。社会安全事件不仅给公众造成极大的恐慌，也对人们的心理产生极大的冲击。在社会安全事件发生的不同阶段，人们所经历的心理状态也有所不同。

早期：恐惧、恐慌，失去安全感。社会安全事件的难以预知性和后果严重性会对公众的心理行为产生极大的影响。与此同时，事件所带来的负面消息会经过媒体和网络以各种各样的方式向公众传递，从而在全国乃至全球范围内引起恐慌。例如，2011 年日本核电站爆炸引起核泄漏，这一事件导致恐慌蔓延，大量谣言广泛传播，不少居民听信谣言，引发群体抢盐大潮。未经证实的谣言的流出主要是源于环境的危险性和真实消息的真空性（刘正奎，刘悦，王日出，2017）。在谣言的推动下，人们失去了自身的理性和判断力，继而成为下一轮谣言的传播者。

后期：愤怒，不信任。随着社会安全事件的进一步发酵，相关群众会产生愤怒的情绪。他们指责事件无人负责、政府监管不力。如果有关部门不及时负责，还可能引起群体性的愤怒情绪，产生敌对心理，导致矛盾激化，有损于政府公信力。部分群众在自身诉求得不到满足时，会对政府产生一种不信任感，极易出现非正常的言语行为，例如，群体性暴力、引导舆论、网络泄愤等。如果政府能够及时提供解决方案或相关信息，群众会冷静下来，考虑自身的利益得失。

除此之外，参与到社会安全事件中的群众会有"从众心理"和"去个性化"等心理表现。"从众心理"俗称"羊群效应"，被认为是一种个体迫于群体性压力而表现出与群体行为相一致的消极被动的心理状态。在社会群体事件中，尤其是在群体性事件中，多数参与者一般并未持有个人的主见，而是在周围集体氛围的推动下"随大流"。"去个性化"则是指在群体事件中，个人不是作为一个单独的个体进行抗议，而是作为集体中的一部分来进行活动。因此，群体中的个人会暂时丧失个体特征，处于一种"匿名状态"，他们不需要对自身行为负责，甚至可以毫无顾忌地行事。

### 7.3.2  社会安全事件中的心理与社会支持

社会安全事件不仅会给受事件影响的群众留下身体的伤害或疼痛，更会留下持久性的心理阴影。例如，著名的美国"9·11"恐怖袭击事件发生一年后，70%的民众仍然未从心理创伤中恢复过来；三年后，35%的伤者仍存在心理困扰，其中8%属于严重心理障碍者。这种创伤后应激障碍不仅会影响个人的心理健康，还会严重影响个人生活、社交、工作等。在症状出现早期，及时提供相应的心理干预能够有效减轻心理障碍的影响。因此，提供积极的心理与社会支持在这一时期尤为重要。

### 社会安全事件早期的心理与社会支持

在事件发生后的早期，需要减少事件对于民众心理的冲击性伤害。首先，保护卷入事件的群众的安全，及时撤离到安全的地方。其次，给他们提供一处安全的场所，稳定他们的情绪。及时给在事件中受到严重伤害的群众提供个人紧急危机辅导。再者，让受灾群众以小组的方式相互讨论，旨在减轻事件带来的急性症状。团体沟通更容易减轻个体的压力，给他们提供充足的稳定感和安全感。群众恐慌心理产生的根源在于政府与公众所得信息的不对称性使群众对于事件信息知之甚少，从而产生恐慌心理。因此，政府要积极调查事件产生的原因，及时公布相关信息，通过网络、电视等媒介向群众及时有效地传递信息，避免引起大范围的群体恐慌。

对于由社会内部矛盾引发的群体性事件而言，一旦这类事件发生，政府就要及时倾听群众诉求，细致觉察引发事件的内在矛盾，及时纠正冲突各方不合理的行为。针对群体活动的"领头羊"，要集中力量与其沟通，缓和他们的情绪，寻求合理有效的解决途径。同时，政府可以通过宣传法律政策来遏制恶性事件的蔓延传播，防止更多的未知者被卷入。针对群体活动的"附和者"，要利用报纸、电视、网络等媒体对其进行教育说服，告知事件的真实发生过程，避免其他群众受谣言的影响。做好对事件边缘人员的感化教育工作，表达对他们真心实意的关心，重新建立政府在群众心中的公信力。针对不明真相的"围观者"，政府要利用多种媒体工具传达事件的真相，对事件相关负责人给予严厉的制裁，而对于事件中的受害者，政府要给予他们一定的物质补偿。此外，要注意普及相关法律法规知识，提高人民法律意识，促使群众知法守法，建立社会不同群体之间的良性互动关系。

社会安全事件后期的心理与社会支持

在事件发生后期，政府应致力于提高自己的公信力，缓和群众的愤怒情绪。对于事件的犯罪者，国家应该根据相关法律条例给予得当的制裁。同时，加强对于微博、微信、论坛、贴吧等平台言论的引导，严厉打击随意造谣者和传谣者。政府要通过媒体表明自身的态度，指导群众应对危机的方法，从而使群众能够加深对事件的看法，增加对政府的信任。在事件处理过程中，要稳定群众的情绪，晓之以理，动之以情，使其意识到自身的不合理想法和过激行为。

总之，社会安全事件是关系到经济发展、人民幸福、社会稳定的重要问题。因此，对于社会安全事件的危机干预要坚持以人为本，强化舆论的导向作用，稳定群众情绪，增强群众的法律意识、法制观念，维护政府公信力。此外，各级政府工作者在日常工作中要细致觉察群众的需求和情绪变化，及时与相关群众进行沟通，将社会安全事件消解在"萌芽"时期。

### 7.3.3 案例：马德里"3·11"恐怖袭击事件

2004 年 3 月 11 日，西班牙马德里发生的恐怖袭击中，总共有 10 枚炸弹被放置在四列不同的火车上，每个炸弹都含有爆炸材料和一个与手机报警功能相连的雷管。第一枚炸弹于上午 7 时 39 分爆炸，随后在几分钟内又有 9 枚炸弹被引爆，4 枚炸弹未爆炸。遭到袭击的地点是中央阿托查站、圣尤金尼亚站和埃尔波佐站以及特耶斯街(Téllez)周围地区。爆炸发生时，正是早上的交通高峰时间，据估计，在特耶斯和埃尔波佐站遭到袭击的火车每列有 1 000 至 1 800 名乘客。因此，爆炸后果非常严重，许多尸体被炸得无法辨认。车站和铁轨附近到处都是列车残骸、残肢断臂和个人物品，消防队员奋力从严重扭曲的金属车厢里抢救受伤的乘客。救护车把伤员源源不断地送到当地医院，马德里的医疗条件受到了极限挑战。为了帮助在爆炸中受伤的乘客，医院外面排起了数百人的长队准备献血。上午 8 时 30 分左右，应急区域指挥中心在马德里设立。大约上午 10 时，西班牙政府在全国范围内建立了协调机制。这是和平时期欧洲国家发生的最严重的事件，据事后统计，共有 191 人死亡，1 500 多人受伤(Bolling, et al., 2007)。

马德里发生大爆炸袭击之后，西班牙举国哀悼。西班牙首都的各大建筑都披上了黑纱，袭击过后第二天中午，全城默哀。3 月 12 日晚上，全国各地共有 500 万人走上街头游行示威，对恐怖主义表示谴责。

医院中的心理与社会支持

当时在格雷戈里奥·马拉尼翁医院(马德里最大的医院之一，也是接收最多伤者的医院之一)，救援计划还没有为伤者及其亲属准备好心理与社会支持。于是医院任命了一位资深、有经验的心理学家来处理这方面的问题。出发点是"首要任务是拯救生命，然后运用一切可得的资源来保护和恢复心理健康"；优先级为先照顾伤者，然后是亲属，再次是伤者的护理人员。

在救援过程中，负责心理与社会支持的人员很快就意识到提供准确信息的重要性。为此，医院大厅及时公布了受伤者的姓名以及他们被护理的地点，这一资料每半小时更新一次。为了使信息尽可能准确，在发布之前还要进行检查。两天后，专门公布受伤者名单的网站也建立了起来。内政部负责网站维护和公布病人名单，遇难者的名单则没有公布。医院还努力向媒体提供准确的信息，以避免谣言的传播。

医院外的心理与社会支持

医院外的心理与社会支持侧重于三个群体：所有当事人，受影响的儿童和青年，处理与伤者和死者相关工作的执行任务人员。所有当事人都可以在需要帮助或支持的时候拨打一个心理专线。该专线由精神病学家和心理学家负责，一直开放到 2004 年 6 月底。在马德里，除了常规的心理健康保健中心，还另外设立了 36 个服务中心。在事发 3 个月后，共有 9 108 个人寻求过心理与社会支持及建议。

许多儿童和青年一开始并未表现出需要心理与社会支持的迹象，但当一个流动单位开始访问学校时，需要支持的人数明显增加起来，并且干预人员发现，儿童的焦虑和痛苦明显增强。在受影响最严重的两个地区，服务中心都开始为儿童开放；这些中心在恐怖袭击事件结束一年后仍然开放。

对执行任务人员的关怀部分依靠保健服务部门内部的渠道，部分还依靠加强区域性的保健中心和精神保健单元。心理健康部门表示愿意向警察、消防和救援人员提供心理援助。然而，这些团体的参与度却少得令人吃惊。这些组织都称，他们将通过自己的渠道提供心理与社会支持，但他们并没有使其工作人员能够容易地获得这种帮助。心理健康部门的一些人指出，这些团体内部的管理层不怎么配合的原因是他们觉得这会损害士气，并导致工作人员病假增加。

借鉴与启示

从我国的角度来看，至关重要的是对心理与社会危机管理进行培训，并在灾害应对计划中考虑到向亲属发布信息的位置和方式。在电话网络过载时，考虑如何分发准确的信息也是非常重要的。应该计划好对最严重受害群体的重点支持，并要特别关注儿童和青年。同时应铭记从马德里获得的经验：对执行任务人员的照顾往往被忽视，因为有些团体可能会认为需要帮助是一种弱点，而不是一种合理需求。对于这些团体，平时需要更多心理与社会支持方面的宣传与教育。

## 7.4　公共卫生事件中的心理与社会支持

公共卫生事件是指突然发生，造成或者可能造成社会公众健康严重损害的重大传染病疫情、群体性不明原因疾病、重大食物和职业中毒以及其他严重影响公众健康的事件。公共卫生事件不仅影响广泛，而且还会在极短的时间内危害公众健康，并扰乱社会秩序。

### 7.4.1　公共卫生事件及人们的心理特征

#### 公共卫生事件及其特点

近年来，随着我国经济水平的不断提高，工业化进程的不断推进，人们的生活水平得到了极大的提高。在居民基本温饱需求得到满足之后，公共卫生安全成了公众越来越重视的一个问题。这很大程度上是因为公共卫生安全与人民的生命健康息息相关，公共卫生事件一旦爆发，会给民众带来难以弥补的伤害。例如，在 2008 年的三鹿奶粉事件中，许多婴幼儿因食用了三鹿"毒奶粉"而患上肾结石。

公共卫生事件可以细分出许多类别，常见的主要包括疫情类、食品药品安全类、环境污染和生态破坏类等(蒋静，2014)。

疫情类，即俗称的传染病，指的是在短期内，某个确切地点出现的人与人或人与动物间传播的疾病。疫情一旦暴发，会给人民群众的生命健康带来极大的威胁，甚至会引起民众恐慌，破坏社会秩序，引发社会动荡。例如 2002 年的 SARS 事件爆发后，随即引起整个国家人心惶惶，最终导致了中国内地 349 人死亡；又如 2020 年年初暴发的新型冠状病毒感染疫情，由于其极强的传染力，到 2023 年 1 月 8 日，中国内地累计死亡病例达到 5 200 余例。此外，埃博拉病毒、中东呼吸综合征冠状病毒(MERS 病毒)等同样具有传染性，严重威胁着民众的身体健康。

食品药品安全类，主要指的是由食品或药品直接引发的中毒事件。食品和药品与人的健康息息相关，人类生命的延续需要食品，而战胜疾病也离不开药品。然而，随着科技的发展，一些不法厂家为牟取暴利，暗自生产不符合安全标准的食品和药品，而消费者有时会被商家或厂家欺骗，购买到一些有害健康的食品或药品。例如，某些食品中可能含有过量添加剂或违禁物质，虽然这些物质会给食物增添"色香味"，延长食品保质期，但是过度食用却会对人体产生难以逆转的伤害。又如，某生物制品企业曾因疫苗生产过程中违规操作，导致部分批次疫苗有效性不达标，引发公众对药品安全的广泛担忧。

环境污染和生态破坏类，指的是人们在生产生活过程中过度改造自然环境和肆意掠夺生态资源所造成的环境污染事件。环境恶化不仅会直接影响民众的生命健康，还会影响社会稳定，激化社会内部矛盾，进而造成其他冲突事件。例如，2012 年四川什邡钼铜项目事件，当地政府计划引进一个大型钼铜冶炼项目，但当地市民因担心项目可能对空气、水源和土壤造成污染而强烈反对相关建设。部分市民聚集抗议，其中少数市民采取了过激行为，强行冲击警戒线，向执勤民警和现场工作人员投掷花盆、砖头、石块等，造成多人受伤。事件发生后，当地政府宣布暂停项目，并承诺加强环境评估和完善公众参与机制。

公共卫生事件一般都是突然发生的，我们难以在事前准确预料它的发生、发展和变化。除了与自然灾害、事故灾害、社会安全事件这三类事件同样具有突发性的特征外，公共卫生事件还具有多样性、公共性、危害性的特点。

多样性：公共卫生事件的发生往往是由多种因素造成的。例如，突发性的自然灾害会导致疫情类事件，而疫情类事件的扩散会引发病毒变异，进一步危害人类的生命健康；又如工厂滥用化学物质会导致环境污染，环境污染则可能会引起食物中毒。由此可见，公共卫生事件的发生不是单纯受一种因素的影响，而是受多种复杂因素共同影响的结果。除了上述所讲的自然因素以外，公共卫生事件还可能受生物因素（各种细菌、病毒的传播）、社会因素、核辐射事件等因素的影响。

公共性：公共卫生事件一旦爆发将不再局限于特定的区域或特定的人群当中，而是会以人或动物为载体，搭乘便利的"交通快车"，在更大的范围内进行传播。许多传染性疾病都会通过唾液、空气和血液等媒介在人与人之间或者人与畜之间进行传播，引发公众极大的恐慌。例如，2009 年墨西哥暴发了甲型 H1N1 流感，该流感病毒主要通过呼吸道传播，潜伏期高达七天，一经发现就在全球范围内迅速蔓延开来。近几十年以来，随着经济全球化的发展，各国间的经济交流日益增多，人们出国活动的次数也越来越多，这在某种程度上为疾病的传播提供了极大的机会。因此，公共卫生事件不仅是某个地区或某个国家所要面对的问题，而是全球国家共同面对的问题，这就需要各国的相互合作与共同努力。

危害性：公共卫生事件的发生直接影响了居民的身体健康和财产安全。例如，2012 年在沙特发现了首例中东呼吸综合征患者，该疾病最常见的临床症状是发热寒战、咳嗽和气短等，致死率高达 37.8％，然而目前仍未发现能够彻底治疗该病的疫苗。此外，公共卫生事件还会引发公众恐慌，严重影响社会的稳定。例如，公众卫生事件信息在传播过程中可能会出现严重的歪曲和变形，部分公众由于未了解事情真相会盲目接受这些失真的信息，而且自身的心理状态会受到巨大的影响，甚至会表现出一些不合理的行为，以致影响社会秩序的稳定。

公共卫生事件中人们的心理特征

随着媒体与网络技术的发展，信息传播速度的加快，越来越多的公共卫生事件出现在公众视野当中。从"10·24"包头校园食物中毒事件、郴州血铅中毒事件，到长春长生生物疫苗案件等，公共卫生事件牵动着无数民众的心。在公众卫生事件发生之后，人们会出现不同程度的应激症状，不同阶段的主要表现也有所不同。

早期：迷茫，焦虑，愤怒。在公共卫生事件发生的早期，多数民众对于事件经常处于一种不知情或者认知模糊的状态。无论是食品安全还是环境污染，一旦事关民众健康便会成为热点事件，会在短时间内引发全民关注。同时，网络的匿名性很容易触动网民的神经，引发大家对事件激烈的讨论，进而追问事件真相，乃至质疑政府的工作，痛斥政府的"不作为"。这种愤怒的情绪极易引发谣言的传播，给其他缺乏判断力的民众传达错误的信息。此外，在事件发生初期，只接收到部分信息或完全不了解真相的民众内心会产生一种焦虑情绪，通常表现为坐立不安、过度担心、焦虑烦躁等。长此以往，这些应激情绪会对个人的身心健康和日常生活产生巨大的影响。在负面情绪的影响下，有些人会表现出一种逃避行为，想要远离事件发生地或者拒绝食用某种食品，然而，突发的迁移行为可能会严重威胁社会秩序的稳定，滋生违法犯罪等行为。另外，也有人会听信谣言，表现出过激的从众行为，例如2011年日本核泄漏事件伴生的谣言就曾引发过民众的抢盐浪潮。

对于感染疾病的患者或者受到事件影响的受害者而言，在事件早期往往会产生一种无能为力的感觉，他们既担忧疾病对自身身体健康的影响，又会对政府的干预政策、医院的治疗措施持有怀疑和不信任的态度。在这一时期，患者特别依赖他人，希望得到他人的关心、安慰和鼓励。

后期：镇定，积极。在公共卫生事件发生的后期，大多数民众掌握了相关事件的真相，情绪变得更加稳定和积极。人们会根据专业人士给出的建议科学合理地看待自身疾病，积极就医，做好有效的防范措施。逐渐地，公众就能够合理认识事件的起因、发展和结果，并能掌握疾病症状、防治措施、传播途径和自我救助等相关知识。同时，人们将较少出现焦虑情绪，不再产生逃避行为或者依赖他人的行为，而是能够积极正视自身情况，并乐观应对。最后，大部分人开始重建对于政府的信任，耐心听取专家等的建议，并对事件的发展抱有信心。

### 7.4.2　公共卫生事件中的心理与社会支持

公共卫生事件的发生时间、地点、变化等都是难以预测的，所以，其一旦发生将会对公众的健康、财产和心理产生巨大的影响。虽然受害者可以通过专业的医疗来治愈身体上的疾病，但是心理上的疼痛是难以在短期内治愈的。心理上的创伤不仅会影响受害者自身的日常生活和健康，甚至还会对其家人、朋友乃至社会产生切实的影响。因此，在事件发生的早期，对人们进行有效的心理危机干预不但能够缓解个人的焦虑情绪，助其保持身体健康，而且对维护社会稳定，促进社会和谐也有一定的作用。

公共卫生事件早期的心理与社会支持

在公共卫生事件萌芽之初，政府应该认真调查评估事件的发生原因、事件类型、波及范围、危害程度等。根据评估结果合理分配工作人员，及时协调各部门的工作任务，保证危机干预顺利有效地开展。同时，政府要做好心理危机干预教育的普及工作，积极宣传心理危机干预的相关知识，并引导公众了解危机干预的相关概念，提高对自身心理健康的重视。此外，还要加强民众对于心理危机的防范意识和处理危机的能力，使其在面对事件时能够提高自身防范能力，缓和内心焦虑情绪。

在公共卫生事件发生的早期，政府通常是事件信息的持有者，掌握了大部分的事件信息，而公众所拥有的事件信息往往比较匮乏，这就造成了政府与公众之间信息不对称的现象。公众由于对事件的起因、波及范围、危害性等信息一无所知，极容易产生迷茫和焦虑的情绪。因此，在这一时期，政府要及时通过主流媒体抢占话语权，公开事件相关信息，防止恐慌情绪的蔓延和谣言的扩散。积极宣传防控危机的干预措施，保证信息的准确、透明和公开，这些做法可以加深公众对政府的信任。此外，政府应积极调动多方面的力量（如公益爱心组织、各地志愿者等）共同援助受事件波及的群众。相较于专业援助人员，民间组织成员人数众多，能够顾及更多的受影响群众，也能为他们提供更加细致的心理与社会支持。

对公共卫生事件中的受害者，政府不仅要认真地向其讲解疾病的基本常识和治疗方法，为他们提供舒适、安全的休息场所，保证他们接受正规的治疗；还要帮助患者积极适应环境，鼓励他们主动与他人交流，发展多种兴趣爱好，增强自身战胜疾病的信心。其次，对于具有传染性的疾病，政府要注意尽快安排隔离，及时消毒，防止疾病的进一步传播扩散；同时，还应及时加强公共卫生相关知识的普及，提高未患病居民应对疾病的能力。此外，政府还要组织有效的心理危机干预，按照严格的标准选拔相关的专业人才，防止因为缺乏统一的指挥和管理而给受害者带来二次心理伤害。

对于在医院工作的医护人员而言，在事件发生的早期，激增的住院患者和情绪激动的患者家属也会给他们带来一些不良的情绪反应。因此，在这一时期要明确好个人的任务和分工，可以实行"轮班制"，缩短个人工作的时间，减缓个人情绪压力。安抚好患者家属的情绪，告知其准确的疾病信息，减轻他们的焦虑情绪，这可以为医护人员提供一个相对安静和良好的工作环境。除此之外，要定期为医护人员组织相关的团体活动，大家相互交流，排解自身的负面情绪，增强团体的凝聚力。针对出现严重应激症状的个体，要为其提供专业的心理评估和治疗。

公共卫生事件后期的心理与社会支持

在事件发生的后期，由于政府和媒体多方面的宣传，民众一般能够充分了解事件的发生和发展，同时也能够掌握相关的预防疾病的措施、治疗疾病的方法和自我诊断的方法等。在这一时期，公众的恐慌情绪逐渐消退，大多数人能够正面看待事件的发生，并支持政府的干预措施。因此，在事件发生后期，政府仍然应该保持信息的准确、透明和公开，逐渐平复民众的应激情绪。另外，鉴于受波及人数之多，政府应开通相关的线上心理咨询平台，例如网络咨询、电话咨询等，帮助其他民众缓解心理压力或发泄负面情绪。这样一方面能够促进公众的身心健康，另一方面还能有利于维护社会稳定、促进社会和谐。对于线上咨询中发现的应激心理症状严重的患者，应进一步安排相关专业人员为其提供线下的心理治疗和追踪观察服务。

危机后的心理与社会支持是一项长期的工作。许多受害者虽然接受了专业的心理疏导，情绪有所缓解，但依然可能心有余悸而无法正常参与到生活和工作中去。可见，事后的心理与社会支持工作尤为重要。因此，政府应对事后的心理与社会支持工作进行统一的规划和调整，制定详细、合理的心理与社会支持预案，从法律法规、物质资源、人员配备等多方面提供基本的保障，以维持心理与社会支持工作的长期开展（张译心，2014）。最后，政府应该在事后总结相关经验，逐步构建起包括应对公共卫生事件的综合危机预警系统，减少突发事件对公众健康的危害。

总之，公共卫生事件的发生将会给我国民众的身心健康、财产安全带来巨大的威胁。与此同时，公共卫生事件具有较大的波及范围，并会在不同群体、不同地域之间迅速传播。因此，各级政府应该充分发挥主导作用，做好公共卫生事件的应急预案，及时公布准确、透明的信息，并建立起高效的心理与社会支持平台，从而尽可能地减少这类事件给公众带来的负面影响。

### 7.4.3 案例：新型冠状病毒感染疫情全球大流行

新型冠状病毒感染疫情是一次由严重急性呼吸系统综合征冠状病毒2(SARS-CoV-2)引起的全球大流行疫情。该病毒因其高传染力，在被发现后的短短数个月内迅速传播和扩散，逐渐变成一场全球性大瘟疫，对世界各国人民的生命安全产生了重大影响。时任联合国秘书长安东尼奥·古特雷斯(António Guterres)将新冠病毒感染疫情形容为自第二次世界大战以来全球面临的最严峻危机。根据中国疾病预防控制中心发布的数据，截至2023年1月8日，据31个省(自治区、直辖市)和新疆生产建设兵团报告，累计确诊病例503 302例，其中死亡病例5 272例；累计收到港澳台地区通报确诊病例9 582 619例，死亡病例27 967例。根据世界卫生组织2023年6月15日发布的数据，全球累计报告逾7.67亿例确诊病例，其中逾690万人死亡，新型冠状病毒感染是人类历史上致死人数最多的流行病之一。

新型冠状病毒感染疫情所造成的影响

新型冠状病毒感染患者的常见症状包括发热、咳嗽、疲劳、呼吸急促、味嗅觉丧失等。虽然大多数人的症状较轻，但有些人可能因细胞因子风暴、多重器官衰竭、败血性休克和血栓而出现急性呼吸窘迫综合征。新型冠状病毒感染患者从感染到出现症状的时间可能在2至14天之间，通常为5天左右，个别病例可达24天；即使没有发热，没有感染迹象或仅有轻微感染迹象的感染者也可以将病毒传染给他人，症状筛查无法有效检测；且轻症患者症状类似于同期流行的流行性感冒，因而易导致患者、家属及政府误判。同时，虽然新冠病毒主要通过人近距离接触传播，但该病毒亦已经被发现可以通过被污染的物品表面等环境因素传播。这意味着它比中东呼吸综合征(MERS)或严重急性呼吸综合征(SARS)的疫情更难控制。实际上,这次疫情仅花费 SARS 事件四分之一的时间就造成了十倍于 SARS 事件的确诊数字。

这场疫情的扩散,除了对各国人民的生命健康造成了严重威胁之外,还对各国经济、政治、文化教育、社会秩序等方面造成了巨大影响。在经济方面,由于疫情的迅速蔓延,世界各地的经济体发起了"封锁"以遏制疫情蔓延。这导致了各种行业和消费系统的瘫痪,并给银行和就业带来了巨大压力。例如根据国际劳工组织的估计,仅仅在 2020 年的前 9 个月,世界范围内的劳动所得收入相比于上一年前 9 个月下跌了 10.7%,约 3.5 万亿美元。而且自 2020 年 1 月以来,疫情连带其他因素的共同作用,已经导致全球金融市场大幅动荡。在政治方面,自疫情暴发以来,世界各地对华人和有东亚血统者的偏见、仇外心理和种族主义加剧。例如,马来西亚、新西兰、新加坡、日本、越南和韩国等国家的公民游说禁止中国人进入其国家;英国和美国的中国人和其他亚洲人都曾报告说,种族主义的虐待和攻击行为在增加。在文化教育方面,疫情影响了全世界的教育系统,在疫情最严重的时期曾导致学校、大学和学院几乎完全关闭。根据联合国儿童基金会(UNICEF)2020 年 7 月发布的报告,为了应对大流行,全球一度多达 190 多个国家或地区曾在本地实施停课,累计约有 17.25 亿学生受到影响,这约占了全球学生数的 98.5%。在社会秩序方面,在疫情暴发初期,由于民众的恐慌性消费,全球医疗与民生用品曾出现供应不足的问题,并且疫情已经导致了有关疫情规模以及新型冠状病毒起源、预防、诊断和治疗的错误资讯和阴谋论。

新型冠状病毒感染疫情对危机管理及社会治理的启示

新型冠状病毒感染疫情广泛影响了人们的社会生活,或将在未来改变人们的认知、情绪和行为模式,这种局面已经给社会治理带来新的挑战。心理学界围绕疫情与社会治理的相关问题开展了大量理论和实践研究，为完善治理体系、提高治理效能、提升治理能力提供了有力支撑，凸显出心理学在（包含危机管理在内的）社会治理中的重要作用（解晓娜，郭永玉，2021）。

（1）突发公共卫生事件中个体的心理反应。

新型冠状病毒感染疫情在给民众生命健康带来威胁的同时，更导致了巨大的心理压力。人们长时间处于应激状态，表现出特殊的心理和行为反应。其中，对个体心理层面最直接的冲击是恐慌、焦虑、担忧等消极情绪以及相关的躯体化症状。大量研究考察了民众消极情绪的影响因素，并提出了可能的纾解方案。从空间上来看，民众对风险严重程度的认知和焦虑情绪存在"涟漪效应"，即疫情严重地区的民众情绪问题比起其他地区更严重；从时间上来看，随着疫情得到控制，人们的心理健康水平也逐渐转好，但是对疫情本身的焦虑逐渐转向对家庭关系、经济生活状况和未来发展的焦虑。个体因素中，对疫情的关注虽然会引发更多消极情绪，但对政府的信任可以增强对抗疫成功的信心，从而在一定程度上缓解个体的恐慌和焦虑。环境因素中，疫情信息、谣言都会影响个体的情绪状态，但社会规范的明确性和执行力可以缓解民众的负面情绪。焦虑和恐慌还会进一步催生盲目抢购等非理性行为，比如国内民众排队购买双黄连口服液、美国民众囤积日用品等，背后的心理机制也是一种对灾难的适应性行为：既是由于稀缺心态的激活，也是对于控制感丧失的一种补偿。研究还发现，适度的焦虑等消极情绪可以提升个体对防疫措施的支持度，促进保持社交距离等积极的防疫行为，而且也会在一定程度上促进利他、捐赠等亲社会行为。

由于后续各地偶发性的新型冠状病毒感染病例仍然持续给民众带来心理压力，而且未来还可能出现具有威胁性的公共卫生事件，后续研究需要进一步考察突发公共卫生事件中政府及媒体如何通过更积极有效的沟通框架来传递事件信息，在将民众恐慌控制在较低水平的同时，促进对防疫措施的支持和积极的预防行为。此外，在全球经济充满不确定性的后疫情时代，还需要进一步关注收入下降、就业受阻等社会生活问题给个体心理带来的影响。

（2）社会心理服务体系的心理援助和行为助推作用。

此次新型冠状病毒感染疫情持续时间长、空间跨度大，给患者及家属、一线医务工作者甚至普通民众造成了不同程度的心理创伤。尽管存在广泛的心理援助和危机干预的需求，但传统的面对面心理咨询模式难以开展，因此，心理学工作者在实践中探索了心理援助的新形式和新思路，采取多技术融合的心理评估与干预，取得了丰富的研究成果。首先，通过广泛的心理健康教育和科普，利用互联网平台、媒体和书籍等，帮助民众树立对心理应激反应的正确认识。其次，借助网络和电话开展的心理咨询热线服务成为心理服务的主要形式，针对个体的心理健康、家庭、个人生活等困扰，为更大范围内的普通民众提供了心理支持。但同时这种形式对援助者的专业能力也提出了更高的要求，在疫情的不同阶段，求助对象和问题均有所不同，必须有针对性地采用解释指导、应对策略指导、认知行为干预疗法等不同的咨询技术。此外，心理学界还与工业界合作，将人工智能、可穿戴设备等新兴科技与心理干预技术相结合，研制出情绪检测手环、线上自助心理服务系统等，以提供更加及时广泛的心理援助服务。

随着疫情防控工作进入常态化，心理援助也转为常态化的心理健康服务，未来要进一步关注民众心理服务需求与心理学界服务资源之间如何实现精准对接，线上服务与线下咨询如何有效结合，新的心理援助形式效果如何评估等问题，还需要基于经验总结提炼出重大突发事件下心理援助与危机干预的模式。同时，重视法律、制度层面的建设，将心理干预纳入应急管理体制中，更好地发挥心理学在灾难预防、危机干预和灾后恢复中的积极作用。

　　新型冠状病毒感染疫情的防控成效，不仅取决于政府部门所制定的政策和措施，还依赖于民众是否积极配合并采取有效的防护行为（如正确佩戴口罩、居家隔离等）。对于如何促进民众做出更合理的健康防疫行为，行为助推（nudge）研究提供了很好的启示。行为助推是指通过重塑人们的行为决策情境来让人们做出更好的决策，其应用在健康、公共政策、社会治理等领域已卓有成效。它可以通过改变影响防护行为的因素和决策情境，以成本较低而效果更优的方式来引导个体的行为，从而提升疫情期间的治理效率，比如设计简单可行的防护指南、采用主动性的选择框架、为日常需要提供可替代方案等措施。国外研究发现，向被试呈现典型的受害者形象并且引导被试对自身行为进行反思，可以提高个体遵循防护指南的意愿。从政策执行角度，也有研究发现相较于传统典型的惩戒型防疫政策，助推型防疫政策能够更加有效地引导个体的政策遵循行为。需要强调的是，行为助推与行政政策是互补而非对立的关系，将助推与法律、政策手段相结合才能帮助政府部门做出最佳决策。助推在我国的应用经验还不多，如何在政策执行中更好地应用行为助推策略仍然需要更多的探索。

　　（3）突发公共卫生事件中的社会心理特征和机制。

　　个体的应激心理反应又会带来衍生效应，影响社会心态和社会情绪，激化社会矛盾和冲突。心理学的如下研究注重探明其背后的心理机制，可以为社会治理提供有效的启示。第一，聚焦公众舆论中的负性社会情绪。由于负性偏向效应，在网络信息传播过程中，负性信息更容易受到人们的关注，在传递中的记忆和存活率也更高，民众更倾向于将模糊事件进行负性解读和传递，进一步激化危机事件的社会情绪。第二，关注阴谋论与谣言的传播。在面临有严重后果的危机事件时，如果未能及时获取充分的事件信息，民众的不确定感会加剧认知闭合的心理需求，即寻求某种简单清晰的解释，这使得人们更容易相信和传播谣言或阴谋论，会进一步导致对外群体的敌意和偏见等不良后果。第三，重视群际关系问题。疫情期间，国外针对华人群体的群际歧视现象等也成为一个重要的社会问题。研究发现，恐惧和感知到的威胁程度越高，人们对外群体的宽容度就会越低。具体而言，个体对陌生人的"信息不足"、行为免疫系统的激活以及社会中的心理氛围等，催生出了如过度回避、污名化、语言或行动暴力等歧视现象。当然，社会心理层面也存在积极现象，如疫情期间多个国家的研究都发现了"聚旗效应"，即民众在威胁情境中会有更强的系统合理化动机，表现为更加支持政府，政治信任也有所提升，特别是更加信任和支持与疫情应急管理相关的部门和组织。该效应在一定程度上可以缓解恐慌情绪，更重要的是能够提升社会凝聚力，从而有利于政府抗疫措施的执行和推进。

对突发事件中民众的个体及社会心理机制的揭示，是提高国家治理能力的科学基础。现实的需要给社会治理的心理学研究提供了强大的发展动力，心理学也必将在社会治理中发挥更大的作用。

# 第三编
# 操作原则与实施指南

## 8

# 危机管理中心理与社会
# 支持的基本原则

当危机发生，救援与救灾人员在受灾地展开工作时，心理与社会支持工作也会相应展开。正确、及时、有计划的心理与社会支持不仅对受灾人群的心理和精神健康有积极有效的影响，也能够对救援工作和灾后家园、社区的重建起到帮助作用。因此，危机管理中的心理与社会支持必须在一定的原则指导下展开。

先前章节已经较为全面地介绍了危机中心理与社会支持的内容，并且也提及了一些基本原则。本章将具体介绍国际上一些重要组织、机构和团体提出的关于危机后提供心理与社会支持的基本原则，接着还将介绍国内机构构建的相关原则，进而对所有这些原则进行总结和梳理，最终确定危机管理中心理与社会支持的基本原则，旨在为相关部门提供参考。

## 8.1 IASC 的心理与社会支持原则

在本章的第一节，我们将重点介绍由联合国机构间常设委员会（IASC）提出的心理与社会支持核心原则（Inter-Agency Standing Committee，2007）。IASC 提出的核心原则被后来的众多组织、机构和团体广泛地参考和引用，具有极高的学习和参考价值。本节将从

IASC 介绍、核心原则和多层次的心理与社会支持三个方面具体介绍。

### 8.1.1　IASC 介绍

联合国机构间常设委员会于 1991 年建立，当时建立这个常委会是为了响应第 46 届联合国大会 182 号决议，该决议的内容是呼吁各国在提供人道主义援助方面加强合作。根据该项决议，IASC 是帮助做出机构间决策，以应对复杂紧急状况和自然灾害的主要机制。它由许多人道主义组织负责人构成。

作为联合国提高人道主义救济有效性改革与努力的一个主要部分，2005 年其通过了一个"集群方式"，以加强在九个重点领域的协调管理：营养、保健、水与卫生设施、应急住所、营地协调与管理、保护、早日康复、后勤和电信。IASC 将任命单个机构对人道主义援助机构集群组进行领导。他们的任务是针对具体的危机明确联合国和非联合国合作伙伴的作用、责任和问责制，并与东道国政府简化沟通程序。

IASC 的组成应该包括"所有业务组织，并长期邀请红十字国际委员会、红十字会与红新月会国际联合会和国际移民组织参加。还可以在特设的基础上邀请相关的非政府组织加入"。在实践中，"成员"和"长期受邀参与机构"之间是没有区别的，参与机构的数量自1991 年 IASC 成立以来不断增加。

IASC 成员包括：粮农组织、人道主义事务协调厅、联合国开发计划署、人口基金、联合国人类住区规划署、联合国难民署、联合国儿童基金会、世界粮食计划署、世界卫生组织。

IASC 长期受邀机构包括：红十字国际委员会、国际志愿机构理事会、红十字会与红新月会国际联合会、交互组织、国际移民组织、人权事务高级专员办事处、负责国内流离失所者人权问题的秘书长代表、人道主义应急指导委员会和世界银行。

以下是 IASC 的主要目标：制定并商定全方位人道主义政策；分配人道主义方案中各机构的责任；制定并商定一个所有人道主义活动通用的伦理框架；倡导同时适用于 IASC 以外的各方的人道主义原则；确定存在任务差距或缺乏业务能力的领域；解决人道主义机构之间在全方位的人道主义问题中的争端或分歧。

在应对复杂紧急状况和自然灾害等危机问题上，IASC 提出了一些心理与社会支持的核心原则，下面将具体介绍这些原则。

### 8.1.2 核心原则

IASC 提出的心理与社会支持核心原则包括人权与平等、参与、不伤害、利用可获得的资源和能力、整合的支持体系、多层次的支持这六项原则。

（1）人权和平等。心理与社会支持工作者应当增进受危机影响的个体的人权，并保护那些人权可能被侵犯的个人和群体。心理与社会支持工作者还应促进平等和非歧视。这意味着心理与社会支持工作者的目的是实现服务可获得性和可及性方面的最大公平，使所有受影响的人群，无论性别、年龄、语言、群体、种族和地域，根据识别出的需求，都能平等地获得支持。

（2）参与。心理与社会支持行动需要促进当地受影响人群的最大程度参与。在绝大多数危机中，很多人充分地展示了自愈能力，积极参与救助和重建工作。许多主要的心理与社会支持是来自受影响社区自身而非外部机构。受影响社区包括异地安置的群体和接待社区的群体，而且通常情况下很可能由存在竞争的群体组成。参与能够帮助各个群体在影响他们生活的决策上保持或恢复控制，并帮助人们确立当地主人翁意识，这对于提升项目质量、公平和可持续性非常重要。从危机的最初阶段开始，当地人群就应当最大程度地参与援助行动的干预前评估、设计、执行、监督和干预后评估。

（3）不伤害。心理与社会支持是帮助危机中受影响群体的重要方式，但援助有时会带来无意的伤害。心理与社会支持工作可能会导致伤害，是因为它处理的问题都非常敏感。另外，相比其他领域，该领域的研究实证亦十分缺乏。心理与社会支持工作者可以通过各种方式减少伤害，例如：参与协调小组的工作以向他人学习，尽可能避免应对措施中的重复和漏洞；在获得充分信息的基础上制订干预措施；开展评估工作，对监督检查和外部评价持开放的态度；建立对干预地区的文化敏感性和理解能力；了解最新干预措施有效性的证据基础；理解并不断反思普遍的人权、外部人群和受危机影响人群之间的权力关系，以及参与式方法的价值。

（4）利用可获得的资源和能力。所有受危机影响的群体都拥有支援心理与社会支持的资源。需要记住的一条主要原则是，在危机的早期阶段，应该协助强化当地心理与社会支持能力，支持自助，并充分利用现有资源。外部力量推动和执行的项目常常会导致"水土不服"的心理与社会支持，而且这些项目经常缺乏可持续性。在可能的情况下，需要着力加强政府和民间社会的能力。重要任务包括识别、动员并加强个人、家庭、社区和社会的相关技能和能力。

（5）整合的支持体系。应该最大程度地实现活动和项目的整合。过多的独立服务项目，例如仅仅针对具有某种特定症状（如创伤后应激障碍）的患者的项目等，会造成整个支持体系的高度分化。将活动纳入到更广的体系（例如，现有的社区支持机制、正式和非正式的教育体系、普通卫生服务、普通精神卫生服务，以及社会服务等）可能会使更多的人受益，而且活动常常会更有持续性，并会减少给特定群体带来的耻辱感。

（6）多层次的支持。在危机中，人们往往受到不同方面的影响，因而需要不同类型的支持。组织心理与社会支持的关键在于建立多层级且相互补充的支持体系，从而满足不同群体的需求。本节第三部分将会介绍心理与社会支持的四个层次。各层都非常重要，各层的支持活动最好能同时开展。

### 8.1.3  多层次的心理与社会支持

第一层：基本服务与安全。应通过（重新）建立安全且充分的治理以及提供基本服务（食物、住所、水、基本医疗保健、传染性疾病的控制）来保护所有人的福祉。在大部分危机中，食品、卫生和住房部门的专家负责提供基本服务。为满足人们对基本服务和安全的需求，心理与社会支持方面的干预措施可能包括：向公众宣传这些服务已由相应机构提供；关注并记录这些服务对心理与社会支持的影响；对心理与社会支持工作者施加影响，使他们以促进心理与社会支持的方式来提供上述服务。应通过参与式、安全且适当的方式提供基本服务，以保护当地人的尊严，加强当地的社会支持，并动员社区网络。

第二层：社区和家庭支持。在危机中，一小部分人在获得帮助并知道如何获取主要的社区和家庭支持后，他们就能够维持自身的心理健康。社区和家庭支持代表的是针对这一特定群体的应对措施。在大部分危机中，由于损失、流离失所、家庭失散、社区内的恐惧与不信任情绪，家庭和社区网络往往会受到严重破坏。而且，即便家庭和社区网络在危机中能够保持完好，为危机中的人们提供帮助以使其了解如何获得更大的社区和家庭支持仍有益处。这一层次中有效的应对措施包括寻找失踪家庭和助其重聚、协助哀悼和集体治疗仪式、向大众宣传建设性的应对方法、支持性养育项目、正式和非正式的教育活动、生计活动，以及激活社会网络的措施，例如通过妇女团体和年轻人俱乐部来组建社会网络。

第三层：集中但非专业支持。这一层代表着更少一部分人所必需的额外支持，这种支持是由经过培训并在督导下的工作人员进行的重点的个人、家庭或团体干预（这些工作人员可能并未经过多年的专业照顾训练）。例如，性暴力中的幸存者可能同时需要社区工作人员的心理支持和生活支持。这一层还包括主要基层卫生保健工作者提供的心理急救和基本精神卫生服务。

第四层：专业服务。在危机中，有一小部分人即使获得了上述所有支持，但仍会觉得无法承受困扰，或者难以应对基本日常生活。这一层代表的就是针对这一小部分人需要采取的额外措施。这些措施应当包括向患有严重精神障碍的人提供心理方面和精神科的支持，一般是在他们的需求超过现有的初级或普通卫生服务时进行。当问题出现时，需要向专业服务机构转介（如果存在的话），或者启动对初级或普通卫生服务人员的长期培训和督导。尽管需要专业服务的人所占的比例非常小，但在大多数大型灾难中，这部分人总计也有数千人。

## 8.2　其他机构或团体提出的心理与社会支持原则

除了 IASC 提出的关于心理与社会支持的原则，其他机构或团体也提出过各种原则。例如北大西洋公约组织（North Atlantic Treaty Organization，NATO）、国际助残组织（Handicap International，HI）等机构都在一些文件中提出了心理与社会干预的原则。本节将对此进行梳理和归纳。

### 8.2.1　NATO-TENTS 的心理与社会干预原则

北大西洋公约组织（NATO）与欧洲创伤后压力研究网络（TENTS）曾分别发布过危机中心理与社会支持方面的文件，他们于 2009 年合作出台了一份指南，详细介绍了心理与社会干预的原则

(Williams, et al., 2009；Juen, et al., 2016)。考虑到在这份指南中有五条和IASC(2007)提出的核心原则重复了，下面只介绍来自该指南的其余原则。

(1)预测、计划、准备和建议。如果预测和确定了灾害和重大事故所需的心理与社会支持需求，这些服务将更有效地发挥作用。这需要了解清楚随着时间的推移而发生的动态变化，以及这些服务如何与在危机发生后提供心理与社会支持的其他服务机构合作。了解人们对各种危机的心理反应可能有助于决策者在事件发生之前作出有效的决策，以及当他们在事件中处于紧张状态时作出决定。

(2)以家庭和社区的需求为本的规划。心理和精神卫生保护的各个方面都应该充分考虑到人们更广泛的社会环境，他们生活的文化，特别是他们的家庭以及他们居住、工作和活动的社区。在危机导致更大破坏的情况下，国家和组织采取的外部行动应与受影响人群的需求相称。

(3)发展、维持和恢复心理适应能力。这一原则意味着无论每个地区的破坏程度如何，对社区和人民的心理健康需求作出反应所采取的行动应该最大程度地提高当地受影响人群的参与度。首先是恢复社区的功能，其次是恢复社区的结构。社区面对危机作出有效的反应，这对心理健康有着极其重要的影响。如果社区在危机发生后要积极、全面地回应其心理健康需求，则需要下列服务类型：人道主义援助、福利服务、能帮助人们和社区发展和维持其复原力的服务、及时和有回应的精神卫生服务。

(4)将心理健康应对纳入政策和人道主义援助、福利、社会护理和卫生保健机构的工作。为中度和大规模突发事件实现全面的心理护理和精神卫生服务，要求通过研究和吸取经验教训，在四个层面上转化为综合的政策和计划。这四个层面是：治理政策、服务设计的战略性政策、服务提供政策、良好临床实践的政策。

治理政策与国家和地区的管理方式有关。治理政策要求主管部门制定服务设计的战略性政策，应该通过将研究的证据、过去的经验、所负责地区的性质及其人口的信息以及风险状况汇集到一起来制定战略，并用以设计服务。责任部门还负责评估和管理这些服务的绩效。服务提供政策关注特定服务如何运作、如何与其合作伙伴的服务相关联，以及如何根据可能使用这些服务的人的偏好来指导受影响人群接触并接受这些服务。良好的临床实践政策涉及临床工作人员如何考虑患者的需求和偏好，调配临床技能以及与患者合作达成个别情况下的指导，并就护理方案等方面达成一致。

（5）所有规划人员、指挥官、执业人员、志愿者、研究人员和评估人员应统一遵守一套通用的标准。在某些情况下，尤其是那些受破坏程度较大的情况下，在恢复基本社区功能和资源（包括清洁饮用水和食物供应、住房和保护、通信和医疗保健）之前，高标准可能无法实现。这种情况应该可以预见，并且可以通过计划来加以弥补。计划应考虑在一系列不同情况下所需的最低标准。

### 8.2.2　国际助残组织的心理与社会干预原则

国际助残组织（Calvot，et al.，2013）提出的心理与社会支持原则广泛基于 IASC 关于危机下心理与社会支持的核心指导原则，但其原则主要适用于危机中的残疾人士。下面将具体介绍这些原则。

（1）不伤害。心理与社会支持是帮助受危机影响人群的重要手段。但是，这种援助也可能会无意中造成伤害，因为它们涉及处理非常敏感的问题。不伤害的原则可以在以下几个层面上实施：

·第一层是干预设计阶段。对危机地带的社会和文化决定因素的分析能够说明可以实施的干预类型，因为它提供了人们有关性别、家庭和社区等概念的重要信息。所实施的活动必须尊重这些决定因素。

·第二层是项目规划和监测阶段。对活动可能产生的潜在的消极或积极影响提出计划很重要。还应规划如何应对在整个项目期间可能出现的不可预见的情况。这种前瞻性规划应该有助于减轻这些情况可能造成的伤害。

·第三层是有关儿童保护和免遭性虐待的性别政策，这对确保行动不会造成伤害也至关重要。行为准则也应由整个团队制定并签署。这应呈现在组织的场所和工作地点。在存在性暴力风险的情况下，报告任何问题的匿名系统应提供给团队的所有成员和受益人。

·最后一层是组织内部利益相关者和外部利益相关者之间的协调和经验分享，以确保他们行动的最大可行性。

（2）尊重人民的权利。应尊重人权并公平对待有被侵犯权利风险的个人。在危机情况下，一般不会充分考虑到有心理障碍和精神病理障碍的人的权利。心理与社会支持项目旨在保障精神障碍患者的权利并将其纳入社区。心理或精神健康障碍的人群极其容易遭受暴力和虐待（特别是性虐待），这意味着任何心理与社会支持项目在部署其活动之前制定实施儿童保护和防止性虐待政策至关重要。

（3）授权。该原则旨在鼓励受到心理问题困扰的人或患有精神障碍的人自主行动并对自己的生活负责。这就是所谓的授权。这是一个复杂的过程，个人要通过与一个或多个人的关系恢复自己内在的权力。授权有多个目标，包括：培养个人或群体能够完成某些事情并从自己的环境中获得解放的能力；允许个人或团体分析与他们自身情况有关的制约因素，并采取行动来摆脱这些影响他们的制约因素；确保人们意识到他们并不孤单，可以通过与社区一起行动和互动来改变自己的情况。

（4）当地受影响人群的参与。上述赋权过程的一个关键组成部分是受影响人群参与到心理与社会支持应急行动中去。这是确保项目成功的方法之一。它使项目更具相关性、更灵活、更适应当地环境，同时也增加了影响力和可持续性。在大多数危机中，相当大比例的人群具备参与危机后重建所需的适应能力。参与者应该代表整个危机地区的人口（受灾民众、当局、专业人士和其他利益相关方等），并应尊重性别、年龄和残疾方面的平等。

### 8.2.3　其他团体或个人提出的原则

除了上文中比较有名、权威的机构（IASC 与 NATO-TENTS）曾专门提出危机中心理与社会支持原则之外，还有许多团体或个人学者也曾专门提出过相关原则。本部分将介绍另外三个来源的心理与社会支持原则。

埃伦赖希(J. H. Ehrenreich)博士提出的原则

美国纽约州立大学心理学与社会中心的埃伦赖希博士曾于 2001 年发表了《应对灾害：心理与社会干预指南》(*Coping with Disaster：A Guidebook to Psychosocial Intervention*)手册。该手册是针对心理与社会支持工作的最早文献之一，旨在帮助人们应对灾难的情绪影响。下面将详细介绍该手册中提出的一些危机管理中心理与社会支持的基本原则。

(1)生理安全性和物质安全性下的情绪稳定性。除非满足某些基本需求，否则在灾难或任何其他情况下，人们很难保持稳定的精神状态。因此，不仅要确保受灾者获得食物、水、衣物和住所，还要满足他们的人身安全需求，而且要确保其家人安全和家庭及时重聚。在这方面，他们还需要稳定的工作机会、适当的住房和运作良好的社区。

(2)假设对灾难的情绪反应是正常的。灾后的各种情绪反应是对压力事件的正常反应，而不是"精神疾病"的征兆。它们是干预的焦点有两个原因：一方面，症状本身可能令个体感到痛苦；另一方面，这些症状可能会干扰个体的安全或福祉甚至干扰到社区重建。受灾者通常不会将自己视为精神病患者，可能并不配合心理援助工作。灾后的心理与社会支持最好以不需要人们将自己视为"病态"的形式呈现。

(3)干预应符合灾难阶段。干预提供的援助应与情绪反应的阶段和救灾行动的需要相匹配。

· "救援"阶段。在灾难发生后，对救灾和救援人员的支持服务具有心理服务的最高优先级，因为他们的持续有效运作至关重要。灾难发生后，受灾者最迫切的需求是直接的、具体的救济(例如拯救生命，确保人身安全，提供医疗护理、食物、水等资源)。

· "清查"阶段。针对受灾者的大部分心理与社会支持都发生在这一时期。重点查明处于危险之中的人员和干预措施，以减少长期影响至关重要。在大多数情况下，接受过灾难情绪反应培训的人数不足以满足需求。在此期间，辅助灾害干预的培训将是必要的优先重点。

· "重建"阶段。灾难造成的情感上的后果可能会持续达两年或更长时间。部分原因是这种反应迟缓，以及越来越多的人认识到灾难不可逆转的后果。在心理与社会支持工作人员离开灾难现场之后，应建立和维护电话"热线"或通过其他方式让人们在需要时与咨询人员联系。

(4)综合心理救助与总体救助计划。在地方以及区域或国家层面上，如果没有指导和提供医疗及物质救济工作的合作与支持，提供有效的心理与社会支持服务是非常困难的。在早期，发展、建立与指导救援工作的领导者之间的联络至关重要。组建由心理干预专家、社区领导、有影响力的团体代表、救灾工作领导人和受灾者代表构成的工作组，并指导和支援心理与社会支持工作可能非常有用。

(5)干预措施必须考虑到人们的文化。来自不同文化群体(包括更大社会中的不同亚文化群体)的人可能会以不同的方式表达困难，并可能对困扰的来源以及如何应对它们做出不同的假设。最初在工业化国家设计的技术如果要在其他地方使用，必须灵活应用。

（6）直接干预有一个基础的逻辑。各种具体的干预技术可能有助于应对灾难对个人或群体的情绪影响。在特定的灾难情况下，这些技术可能需要修改或适应。社区意识、社会认同感和社会支持网络是精神健康的重要基础。恢复社区活力、传统经济活动、预先存在的福利和个人服务、学校、休闲和娱乐模式的干预与倡导是有用的。

（7）儿童有特殊需求。大部分适用于成年人的原则根据儿童的年龄适当调整（即使用适合儿童年龄的语言）后也适用于儿童。儿童的灾难性反应揭示了与儿童一起工作的几个额外原则：

·儿童会受到灾难的直接影响，受到父母反应的间接影响。

·识别需要服务的儿童存在一些障碍，如父母可能忽视或否认孩子遇到困难。

·对于特定行为的适当反应以及特定治疗的益处，家长可能会受益于教育。

·儿童可能有特殊的具体需求，如玩具、特殊食品、适合年龄的活动（游戏小组、学校、家务活）等。

·尽可能避免将儿童与父母分开。

·儿童特别容易就灾难原因、自身行为以及当前感受的正常性得出不准确的结论。

·年幼的儿童（11岁以下）可能无法有效地使用语言来描述感受或应答。

·应让孩子有时间体验和表达自己的感受，但也应让其尽快回到家庭日常生活中。

·学校发挥关键作用。

·像成人一样，儿童能够感受到对可怕情况的控制感。

·电视上重复显示的灾难景象可能会引起儿童的焦虑。

(8)女性有特殊的需求。在灾后，妇女的需求必须在灾前社会中妇女的角色、经历和地位的背景下加以理解。同时，应该强调的是并非所有女性都有同样的需求。国籍、民族、年龄、社会阶层、婚姻状况的差异以及过去创伤等因素会影响她们的需求。老年妇女或残疾妇女可能还承担脆弱性带来的双重负担。

(9)难民营居民有特殊需求。灾后对难民，特别是长期生活在难民营中的难民而使用的干预方法可能需要进行修改。

· 人身安全问题（包括妇女遭受性骚扰和殴打的问题），提供食物和水以及医疗服务仍然是主要问题。

· 对抗孤立、消极和懒散是至关重要的，但至少确保最低程度的隐私以及摆脱拥挤和噪声也是至关重要的。

· 某些类型的受灾者（如无人陪伴的儿童、单亲家庭、身体残疾者）可能特别容易受到孤立或伤害。

· 来自难民原籍地的冲突可能也会进入难民营，并可能干扰康复或造成创伤。

· 看似微不足道的难民营规则或程序有可能导致重创。

· 难民营的环境既不是短期的，也不是永久的。即使在难民营内，也要保持家庭和社区的联系，鼓励重建家庭和社区结构，鼓励上学等正常活动，鼓励参与生产性工作，从事体育和其他娱乐活动等，为过去和"正常"生活提供一种联系。

(10)救灾和救援工作人员有特殊需求。救灾和救援工作人员都面临不良情绪反应的高风险，并且是干预的高度优先对象。他们的需求往往被忽视，因为他们受到的训练和工作意愿使他们看起来好像比直接的受灾者拥有更多的情感资源。他们的需求和主要受灾者相比被视为"不那么重要"，而且他们自己往往准备不足。

### 欧洲政策性文件提出的原则

2001年，来自欧洲多个国家的专家和决策者在比利时首都布鲁塞尔召开了两次工作会议，商讨并合作撰写了一份名为《大规模紧急情况下的心理与社会支持》(*Psycho-social Support in Situations of Mass Emergency*；Seynaeve，2001)的政策性文件。此项目受到欧盟委员会(European Commission)的充分支助，并且是欧洲在心理与社会支持综合方案上迈出的第一步。该文件提出了基于专业共识的心理与社会支持一般管理原则，包括以下四条：

(1)大规模紧急状况下的心理与社会支持反应应该积极主动，而不是等待对可能出现的问题或需求作出反应。

(2)从长远来看，需要对全球形势进行更具持续性的评估，而且这不仅仅包括对每个受影响个体的后续跟踪。

(3)既需要对支持个人的方法进行持续评估，也要特别针对大规模紧急状况下特定的方法进行持续评估，从而在大规模紧急的新情况前整合经验教训。

(4)明确谁是心理与社会支持组织的领导者很重要。同样重要的是，心理与社会支持应清楚地与医疗应急管理职能联系起来。

### 土耳其红新月会提出的原则

人道主义组织土耳其红新月会(Turkish Red Crescent)曾于 2008 年发布了一份《灾害中心理与社会支持实施指南》(*Implementation Guidelines for Psycho-social Support in Disasters*)，其中提出了灾后心理与社会支持的一系列原则，列举如下：

• 干预要建立在以社区为中心并由专业人员实施的基础上。

• 心理与社会支持工作人员在救灾、重建、恢复等阶段都担任救援队的一员。

• 对于干预行动，受灾人员应被视为灾难中幸存下来的强大个体，而非被动受灾者。

• 通过一切干预措施，提高受助者的能力和确保服务的可持续性至关重要。

·通过一切干预措施，恢复和保护社会纽带都要考虑到文化、宗教等因素。

·干预措施既要以加强和巩固社会结构为目的，又要加强现有的能力和技能以解决问题。

·让受影响的人或他们的代表充分参与灾后工作。

·确保简单、清晰和可靠的信息流，维护并确保目标群体访问信息非常重要。

·在干预中，强调受灾者的灾后身心反应是对异常情况的正常反应。

·在基于受影响人群的需求制订干预计划时，应该分析该地区灾前心理与社会福祉如何，灾难期间如何恶化以及现有压力因素是什么，存在哪些机制来应对它们等。

·在心理与社会需求和资源评估期间应优先考虑受灾者的基本需求，如食物、住宿等。在未满足基本需求的情况下，针对心理与社会需求的干预措施不会成功。

·除了具体需要和特定特征，还应考虑复杂情况和其他需要，如对心理创伤的干预、受助人的安全和保护、对家庭的保护和对难民的支持需求等。

·注意避免那些获得援助的个人、家庭、团体和社区疏远他们所居住的社区。

·在心理与社会教育中应优先考虑团队成员、当地人员和志愿者。当这些人学会如何应对，他们可以帮助自己和受影响的人。

·对干预措施、当地人员、当地组织和志愿人员进行评估，以提供关于当地人民及其关切和需要的优先事项的可靠信息。

·应注意在救灾阶段通过心理与社会支持活动向救援人员提供如何应对压力、与受影响人群交流、个人护理等信息。

## 8.3 构建我国心理与社会支持的基本原则

以上两节内容都在介绍国外的组织、机构或个人提出的危机管理中的心理与社会支持基本原则，本节将具体介绍我国的一些部门制定的心理危机干预的工作原则。在本节的最后，我们将归纳、总结本章提到的所有原则，希望能够对危机管理中的心理与社会支持工作有所助益。

### 8.3.1 我国机构或组织提出的指导性原则

下面将分别介绍国务院、浙江省卫生健康委员会、卫生部曾发布的相关文件中的指导原则。

《国家突发公共事件总体应急预案》的工作原则

2005 年 1 月 26 日，国务院第 79 次常务会议通过了《国家突发公共事件总体应急预案》，并在 2006 年 1 月 8 日发布并实施。《国家突发公共事件总体应急预案》首次确定了政府应对突发公共事件的六大工作原则。这些原则虽然没有专门针对心理与社会支持，但却是危机管理的基本原则，适合于任何危机干预方案。

（1）以人为本，减少危害。切实履行政府的社会管理和公共服务职能，把保障公众健康和生命财产安全作为首要任务，最大程度地减少突发公共事件及其造成的人员伤亡和危害。

（2）居安思危，预防为主。高度重视公共安全工作，常抓不懈，防患于未然。增强忧患意识，坚持预防与应急相结合，常态与非常态相结合，做好应对突发公共事件的各项准备工作。

（3）统一领导，分级负责。在党中央、国务院的统一领导下，建立健全分类管理、分级负责，条块结合、属地管理为主的应急管理体制，在各级党委领导下，实行行政领导责任制，充分发挥专业应急指挥机构的作用。

(4)依法规范，加强管理。依据有关法律和行政法规，加强应急管理，维护公众的合法权益，使应对突发公共事件的工作规范化、制度化、法制化。

(5)快速反应，协同应对。加强以属地管理为主的应急处置队伍建设，建立联动协调制度，充分动员和发挥乡镇、社区、企事业单位、社会团体和志愿者队伍的作用，依靠公众力量，形成统一指挥、反应灵敏、功能齐全、协调有序、运转高效的应急管理机制。

(6)依靠科技，提高素质。加强公共安全科学研究和技术开发，采用先进的监测、预测、预警、预防和应急处置技术及设施，充分发挥专家队伍和专业人员的作用，提高应对突发公共事件的科技水平和指挥能力，避免发生次生、衍生事件；加强宣传和培训教育工作，提高公众自救、互救和应对各类突发公共事件的综合素质。

*《浙江省突发公共事件心理危机应急干预行动方案》的工作原则*

为了在各类突发公共事件发生后，最大限度地预防和减少心理危机的发生，维护社会稳定，保障公众心理健康，提高地方政府保障公共安全和处置突发公共事件心理危机的能力，浙江省卫生健康委员会(改组前为卫生厅)于 2007 年 10 月发布了《浙江省突发公共事件心理危机应急干预行动方案》。该行动方案主要依据国务院《国家突发公共卫生事件应急条例》《国家突发公共事件总体应急预案》《国家突发公共卫生事件应急预案》等文件制定。

该文件虽然明确针对心理危机应急干预，但其行动方案中提出的工作原则仍然只是聚焦于宏观层面的协调管理，还没有涉及具体而深入的心理危机干预原则。工作原则如下：(1)以人为本，预防为主；(2)统一领导，分级负责；(3)反应及时，部门联动；(4)点面结合，社会参与。

卫生部《紧急心理危机干预指导原则》

针对汶川地震的救援工作，以促进社会稳定为前提，卫生部在2008年5月印发了《紧急心理危机干预指导原则》，并强调该原则应在经过培训的精神卫生专业人员指导下实施。其中提到的心理危机干预的基本原则如下：

(1)心理危机干预是医疗救援工作的一个组成部分，应该与整体救灾工作结合起来，以促进社会稳定为前提，要根据整体救灾工作的部署，及时调整心理危机干预工作重点。

(2)心理危机干预活动一旦进行，应该采取措施确保干预活动得到完整的开展，避免再次创伤。

(3)对有不同需要的受灾人群应综合应用干预技术，实施分类干预，针对受助者当前的问题提供个体化帮助。严格保护受助者的个人隐私，不随便向第三者透露受助者个人信息。

(4)以科学的态度对待心理危机干预，明确心理危机干预是医疗救援工作中的一部分，不是"万能钥匙"。

### 8.3.2 综合的心理与社会支持原则

结合国外相关机构提出的危机中心理与社会支持的综合指导原则(Ministry of Health，2016；Juen, et al.，2016)，就本章上述的所有内容进行梳理、归纳和总结，最终提出的心理与社会支持原则如下，它们既符合国际最佳实践原则，也符合中国的国情需要，既充分考虑过去的经验教训，同时也具备不断发展的有关心理与社会恢复过程的实证依据。

·不伤害：任何行动、干预或其他服务措施都不应造成伤害。注意如资源损失、社交网络中断、家人失踪等带来的次要压力源。只要有可能，心理与社会支持干预应该包括下列元素——安全，自我和社区效能，授权，联系，冷静和希望。

·人权与健康公平：即使在资源有限的情况下，心理与社会支持干预也要保证能满足受影响人群及其社区在危机期间及之后的基本需求。确保所有受影响人的人权，为弱势群体和难以到达的社区做好准备。

·社区和利益相关方参与：在所有行动中，包括计划和确定需求的行动，应积极争取当地受影响人群的最高参与水平。

·增加韧性、促进自助：个人和群体可以通过获得心理、社会等资源支持而恢复正常功能。这些行动应鼓励个人关心自己和他人并寻求进一步的帮助，并且有助于人们恢复自身的主观能动性，把自己视为积极有效的个体。

·有针对性的多层次支持：开发并提供具有适应性的心理与社会支持干预的分层系统，这些干预措施一起实施，以满足不同个人和群体的需求，并可根据需要以更大或更小的规模提供。这应该充分考虑紧急事件和社区的独特性、复杂性和动态性。

·认识到反应的正常性：大多数受影响者对创伤性事件的反应是正常的、可预料的、多样而短暂的。大多数人并不需要专门的心理危机干预，但需要一般的心理与社会支持，例如提供有关应激反应与应对方法的信息等。

·筛查风险人群：建议筛查如缺乏社会支持或存在精神疾病史的风险人群。在灾难发生四周后还应筛查存在心理健康症状的人，尤其是高危人群。对他们进行特别筛查，以确定是否有需要进一步治疗的心理健康问题。

·保护工作人员：认可志愿工作者的工作，并采取措施保护他们免受伤害。这种保护应涵盖对其心理健康产生急性和累积性影响的风险。

·关注群体与文化差异性：对于儿童、女性、残疾人、普通灾民和工作人员有不同的适用原则，要充分考虑群体之间的差异，提供最合适的心理与社会支持。还应了解当地文化和社区的特异性，努力确定最合适的支持性资源。

·持续改进：通过持续的检测和审查，并将通过研究和经验获得的教训转化为符合伦理的整合性政策、计划和服务。持续改进教育和培训、专业发展、监测与评估、伦理标准和社区参与等各个方面。

·各级参与、相互配合：当地政府和上级政府之间要紧密配合，共同应对危机，并且共同制订详细的干预计划和服务。上级政府还要考虑资助和提供适当的额外拨款，用以在发生灾害或重大事故后的几年内帮助当地的恢复、重建工作。

# 危机管理中心理与社会
# 支持的实施指南

给受灾人群提供心理与社会支持是危机管理中的一项首要任务，也是所有参与援助的工作者的义务和责任。那么，如何建立起一个多部门、机构间的网络结构，如何规划一系列跨部门的紧急应对措施，如何促进心理与社会支持的顺利实施，以保障并改善危机事件下个体的身心健康，则显得至关重要。先前章节对这些问题已经有所涉及，本章则依据机构间常设委员会的方案（Inter-Agency Standing Committee，2007），更综合地叙述了各救援部门在危机事件中的责任和功能以及组织协调工作的方式，并就如何形成有效的行动进行了提要说明，旨在为危机事件中心理与社会支持的实施提供一份简明指南，方便读者快速了解危机中的心理与社会支持工作。

## 9.1 跨领域的共同职能及其措施

在危机事件救援体系中，尽管各领域承担着不同的职责，执行着不同的任务，但仍然有些工作需要各组织共同参与，协调配合，属于跨领域的共同职能。这些职能分别是：部门间的协调，评估与监测，人力资源。下面将一一对这些共同职能及其措施进行说明。

### 9.1.1　部门间的协调

协调是危机事件中最为重要且最具挑战性的任务，也是不同领域的各个部门的共同职能。协调一方面有助于各部门的行动均以有利于保障心理健康和社会支持的方式施行，另一方面能保障救援措施中含有具体的心理与社会支持行动。

危机事件中部门间的协调工作可分为三个阶段进行。在准备阶段，各个领域的所有部门需要制定出紧急情况下心理与社会支持的国家政策和计划，并确定当地、相关地区、国家各层面的协调机制、作用和责任，以及对紧急情况下不同机构所面临的心理与社会支持的核心问题进行定位。此外，各组织还应引入能够提供支持的组织和个人，并为心理与社会支持工作筹资，做好一切应对准备。

在紧急救援阶段，最为核心的任务是建立起一个心理与社会支持的部门间协调小组。小组的职责在于协调各部门规划和执行心理与社会支持项目，使紧急情况下最基本的心理与社会支持能得到保证，为受灾群众提供及时有效的帮助。其中，小组协助各部门的战略规划过程包括：对协助部门进行能力评估并交流评估结果；建立各部门一致认可的项目并确定带头工作的部门；发现应对措施中的不足并尝试解决；对所有行动者进行职能划分；促进共同行动中不同部门间的合作；协助有关危机事件、救援工作、法律权利和自我保护的信息在受灾人群中的发布；整理并分享机构所采取的措施、相关资料以及经验；开展监测评估并交流评估结果。此外，协调小组还应编写并印发指南，协助宣传与倡导工作，并协调筹资活动，为救援与支持过程募集资源。

在危机事件的稳定期和重建阶段早期，协调小组也应采取一系列措施。例如，发展出可持续的协调架构，制订机构间的战略计划，并促进心理与社会支持项目的合作规划与筹资，增强救援行动者之间的信息共享，将支持措施的紧急行动与发展行动相关联，以及将心理与社会支持行动纳入国家的政策、规划和项目，确保支持项目有现存的政策作为依据。

### 9.1.2 评估与监测

危机事件中对心理与社会支持项目的评估至关重要，评估不仅能够提供危机事件的相关信息，也能对影响个体心理与社会支持的因素及各部门的应对能力进行分析，还可以对受灾群体的需求和现存的资源进行分析。评估是持续性的信息收集和信息分析的过程，可分为干预前评估、监测和干预后评估三个阶段，也是各个领域的共同职能。

评估

心理与社会支持项目的评估工作在不同时期有着不同的任务和要求。在准备阶段，各部门需要发展出干预前评估、监测和干预后评估的能力，回顾并收集各社区应对能力和薄弱环节信息，评估自身在危机事件中心理与社会支持方面的应对能力，制定出适用的紧急情况下快速评估方案，对过去的评估工具进行校正并尝试着开发新的评估工具、指标和策略。

在紧急救援阶段的评估工作包含两个方面，一方面是对受灾群众的评估，包括记录他们在危机事件中的经历以及他们对这些经历的感受，另一方面是对社会和组织应对能力的评估，包括对现有的资源和对应需求的分析。在进行评估工作时，首先要确保评估过程中不同部门间的协调。协调性评估有助于资源的有效利用，在避免对受灾人群重复评估的同时，也能实现对心理与社会支持状况最为全面和准确的了解。在协调评估过程中，各组织首先明确哪些评估已经实施过了，并对相关信息进行整理。然后，各组织将评估进展告知协调小组，并分享相关信息。此外，协调小组还应告知各组织应该去哪儿收集信息，该收集哪些方面的信息，提供统一的标准化的信息收集工具等，并对组织收集的信息进行反馈、校对及分析，必要的时候在所有参与组织中分享。

各组织需要收集的与心理与社会支持相关的信息主要包括：人口背景信息、紧急情况中的体验、危机事件导致的社会心理问题、可资利用的心理与社会支持资源、组织的心理与社会支持能力和活动等。其中，每个组织应依据职能的差异，重点收集自身工作相关领域的信息。在开展评估时，组织人员应注意评估的原则、方法及相关事项：

·评估必须采取参与的方式，与相关人员（政府、非政府组织、社会、受灾人群）合作展开。当参与式评估得以顺利施行时，不仅可以收集到想要的信息，还可以深入发现可能存在的问题、可利用的资源以及解决问题的潜在方法。

·评估尽可能让不同群体参与，因为更高的包容性有助于融入受灾群体，从而使评估过程顺利进行。

·评估过程中，在收集信息的同时，还应对现状进行分析，以确定需要优先采取的行动，而不仅仅是对信息的收集与汇报。

·评估还需要考虑文化适宜性。这不仅需要评估的方法（指标和工具）适用于当地的文化背景，还要求评估人员在进行评估时尊重当地的习俗和文化传统。

·评估还应遵守一定的伦理原则，例如保护访谈对象的隐私，避免对访谈对象造成伤害等。

·注意评估的时效性和阶段性。危机事件爆发迅猛、瞬息万变，它要求评估尽快展开，并且应该分不同阶段进行。评估过程的时效性和阶段性一方面保证了获得信息的时效性，另一方面可以使评估结果在救援规划过程中得到充分有效的利用。

在评估结束后，评估机构应当及时向协调小组分享评估结果，协调小组对评估结果进行校正、记录和发布。在这个过程中，尤其重要的是要注意隐私信息的保护，隐私信息只能在必要的情况下与救援人员交流，而不宜公开。

监测

　　评估过程分为干预前评估、监测与干预后评估，这三个阶段构成了一个评估周期。前面我们着重讨论了干预之前的评估过程，接下来将探讨援助实施过程中的监测评估活动。监测评估是指系统地收集和分析信息，从而对援助行动的执行情况和有效性进行判断，对后续的援助工作进行指导和完善。监测评估采取的方式依然是参与式，受影响的社区需要尽可能地参与到监测评估工作当中来，甚至包括对监测评估结果和影响的探讨。

　　监测评估工作首先需要明确行动的目标并制定出相应的监测指标。监测指标可分为过程指标、满意度指标和效果指标。过程指标是对救援过程中各种行动的记录，包括服务项目的质量、数量、覆盖范围和利用情况。满意度指标是指受灾人群对救援行动的满意程度，它也可以看作隶属于过程指标。效果指标是指根据最初制定的目标去衡量行动对人们生活的改善程度，它反映了干预行动是成功还是失败以及成功或失败的程度。然而，干预成功的定义比较模糊，尽管大部分干预行动都具有一定的效用，但是能在多大程度上算得上成功还得通过参与式讨论得出。

　　指标的收集对救援行动十分重要，它们不仅能为紧急救援措施提供基线数据，还能对后续的长期的救援行动提供指导。另外，指标的选取需遵循"SMART"原则，即具体（specific）、可衡量（measurable）、可实现（achievable）、具有相关性（relevant）且有时效性（time-bound）。对干预措施的监测评估，需要在干预前和干预后对指标进行测量，从而确认干预措施是否带来了变化。且在监测评估过程中须遵循一定的原则，它们和干预前评估原则大致相同，前面已经提到，这里不再赘述。监测还有一个非常重要的作用，即利用监测的数据进行反思、学习和改变。该功能的实现需要定期收集指标数据，收集行动从危机开始前直到救援行动结束后的几年中持续进行。收集到的结果应随时与相关人员进行分享，并整理他们的反馈，为指导以后的工作积累经验。

在危机事件的稳定期和重建阶段早期，危机管理人员需要将干预前评估、监测和干预后评估的所有结果和经验教训进行公布，并制定出过渡阶段不同机构的心理与社会支持的指标，为以后的突发事件做好预备工作。

### 9.1.3　人力资源

救援工作的主要承担者是救援人员，他们是危机援助过程中的中坚力量，因此，提供心理与社会支持的人力资源的招募、培训、管理和保障等环节需要引起足够的重视，这些因素能影响援助过程的质量以及援助结果的成功与否。

**人力资源的招募工作**

人力资源是各个部门都需要着重考虑的因素，在救援的不同阶段存在着不同的目标和任务。在救援的准备阶段，首先要充分了解现有的人力资源的信息，对危机援助的能力做出合理的预估，以及为人力资源的挖掘提供准备。其次，对就职的工作人员提供行为准则和保护标准的培训，并指导各部门的工作人员如何将心理与社会支持纳入救援工作中。当然，心理与社会支持特殊人才的培养也不容忽视，社会应鼓励将心理与社会支持培训纳入教育系统，以便充分储备心理与社会支持的预备人才，并在紧急情况下考虑开设心理与社会支持课程。

此外，还应对援助人员在实施救助过程中遇到的问题加以考虑，制定相关政策以充分保证工作人员的安全。在稳定期和重建阶段早期，各部门需要弄清楚工作人员所接受的培训和督导情况，并建立机构培训制度以拓展培训和督导。显然，还应根据救灾行动中的反馈，对紧急情况下的心理与社会支持供给问题进行回顾，以便在政策上进一步强化工作人员的行为准则和保护标准。

最重要的环节是紧急救援阶段，此阶段最先执行的是危机救援人员的招募。为了确保救援工作能顺利地实施，招募机构需要遵行以下原则：

· 选派有经验、有责任感的人执行招募任务。负责招募的人员应接受过人力资源培训，熟悉救援过程中可能遭遇的压力及能承担危机救援工作的最低限度的身心健康水平，以判断招募对象能否胜任救援工作。此外，还需了解不同地区、族群之间的潜在冲突，避免招募的救援人员和受灾人群之间发生不和谐事件。

· 遵守招募与筛选原则。筛选过程必须遵循招募程序，确保公平、公正、公开原则，致力于吸引最大范围内的合格候选人，并始终确保最适合、最有能力的人员得到录用。

· 平衡招募过程中的性别比例，并吸纳不同文化和少数民族的代表。在受灾人群中，男性和女性面对的困难通常不一样，有着不同的需求，需要与同性别的救援人员进行交流反馈。对工作人员性别的平衡，有助于收集到全面的个人需求，给受灾群众提供更好的支持。而招募不同文化和不同民族的代表有利于各文化群体和民族群体的共同参与，从而增强救灾力量。

· 制定志愿者的工作条款及政策。招募机构需要向志愿者清楚阐明工作事项及对他们的期望，也要告知他们有关报酬、权利、培训、监督和管理等的注意事项和相关政策，确保志愿者在进入救援之前对工作条款和政策有充分的了解。

· 在招募工作人员时，需要对其工作能力和推荐信息进行考察核实。招募人员须联系志愿者的推荐人以核实本人描述是否属实，是否具备相应的救援资格，有无不良行为或犯罪记录，能否承受高压作业，对当地文化了解程度以及能否尊重当地文化等。

    ·评估海外志愿者的援助申请。当大型危机事件发生时，海外精神卫生专业人员通常会提出人道主义援助申请。招募机构应对他们的个人履历进行评估，以判断他们是否能参与到救援工作当中。评估标准包括是否有在紧急情况下工作的经历，是否在跨社会文化背景的环境中工作过，专业技能是否过硬等。

    人力资源的培训与管理工作

    在招募到合格的救援人员后，第一件事就是对他们进行心理与社会支持培训。在紧急情况下，每个工作人员必须掌握基本且必要的心理与社会支持技能，否则救援过程可能对援助对象产生负面的影响，这凸显了培训过程的重要性。各相关机构应制订出全面有效且切实可行的培训计划，计划应涵盖谁来参加培训，培训的内容和培训的形式等。培训员在培训计划中发挥着重要的作用，选取的培训员应具备扎实的专业技能，丰富的救援经验，优良的教学方式以及对受灾地区的充分了解。教学过程采取参与式教学方法，模拟情境以调动学习者的积极性。教学的安排应与学员的需求和时间相适配，在充分保障学习质量的同时也避免给学员增加额外的负担。在培训结束后，应建立后续的跟进体系，为所有学员提供监测、支持、反馈和督导，这样可以最大限度地提升培训质量。

    在救援过程中，必须强制工作人员遵守救援行为准则及伦理。这是因为在紧急情况下，受灾人群对救援人员的紧密依赖，以及家庭等保护体系的摧毁或瓦解，导致了援助服务的提供方和接受方之间不平等的关系，这种不平等关系给援助方剥削、压迫甚至虐待接受方提供了便利，救援工作也有可能成为非伦理举动的温床。另外，干预行动虽然都致力于给受灾人群提供支持与帮助，然而在危机救援这种特殊环境下，干预措施还有可能对他们产生负面效果。总而言之，在救援过程中，工作者可能会因某项干预的意外后果或滥用自身的权力而对受灾人群造成伤害。为了尽可能保护受灾群众免受伤害或将受到伤害的可能性降到最低，援助机构应采取一定的强制措施：首先，需要建立工作人员的行为标准及伦理准则并强制执行，对无法认可该准则的救援者进行卸任考虑。其次，应保证工作人员对行为准则有充分的了解，并定期采取多种形式对他们进行提醒，当有新的工作人员加入时，在向他们解读行为准则的同时，也要求原有人员进行学习。最后还需建立机制确保行为准则得到遵守，该机制的职能包括向社区发布有关行为准则的信息以保证包括受灾人群在内的所有人对准则的了解；对人员培训、监督等环节进行沟通协调，以降低违反行为准则事件发生的概率；对过往的经验教训进行宣传，让工作人员意识到违反行为准则的后果。然而，行为准则和伦理指南本身并不能阻止虐待、剥削和性侵事件的发生，而建立投诉机制和惩罚措施能弥补这种缺陷。例如，当部分人员的行为过失构成犯罪时，考虑将他们移交司法机构处置。

人力资源的健康保障工作

在危机情况中，救援人员可能会因高压作业和过度的感情投入而产生身心健康问题，若得不到救援管理机构的支持和帮助，会产生严重的后果。为救援人员建立支持体系，以降低潜在的身心问题的出现，是管理机构义不容辞的职责和道义。机构有义务发展出一套保护和改善工作人员健康的具体方案，为他们营造出一个安全健康的工作环境，譬如合理的饮食、住宿和轮班制。其中，建立应激源评估至关重要，解决与工作相关的潜在应激源可以最大程度避免问题的产生。当工作人员出现心理健康问题时，确保有专家在场以提供精神治疗和心理干预，此外，还可以培训一部分救援人员提供包括普通压力管理和心理干预的同伴支持。在身体健康方面，应给工作人员提供身体医疗保健，并确保有足够的日常疾病的医疗药物。

当救援工作者目睹或亲身经历了极端事件时，如果基本的心理干预无效，应考虑让他们停止工作和撤离现场，并指派专家向他们提供急性创伤性应激治疗。在救援工作结束时，全部的救援人员须接受身心健康诊断与自我评估，有必要的话须接受相关治疗以确保不会留下隐患。

## 9.2 不同领域的心理与社会支持功能及其措施

上一节提到了跨领域的共同职能，在心理与社会支持的供给方面，实际上每个领域发挥着特殊的作用，有着特定的职责，下面我们对心理与社会支持的几个核心领域（即社区动员、卫生服务、教育与信息传播）的功能和职能提供指导建议。

### 9.2.1 社区动员

从过去的经验可知，受灾社区和受灾群体本身就具备自我支持、自我帮助的资源和能力。因此，实施救援的政府与非政府组织有必要动员社区的受灾群众加入到救灾活动中来，促进社区自助和社会支持。社区动员与支持也分为危机准备、紧急应对和灾后重建三个阶段。

在危机的准备阶段，政府机构有必要对当地的状况和资源等进行分析，并展开风险及防范能力分析。此外，制定紧急情况的预警体系和应对计划，有必要的话定期进行演习，以加强在危机到来时的应对能力。其次，制订出保护和支持儿童发展的社区计划。最后，通过建立培训机构和相应的机制充分加强当地的心理与社会支持能力。

在灾后重建阶段，一方面要稳定受灾群众的生活，让每个人得到合理的安置，并按照他们自己的设想去促进社区经济的发展；另一方面要对社区资源动员过程进行回顾，并对相关事项进行记录，以助其推广。最为重要的，还是加强当地的心理与社会支持体系，根据危机事件中的反馈进行改善，既为受灾社区人群的心理健康提供保障，也提升社区应对危机事件的能力。

在危机准备与灾后重建之间的紧急应对阶段是最为重要的环节，要想顺利地动员社区群众并促进其对社区的支持，救援者需要执行以下措施。

为社区动员提供条件

社区动员是指让社区成员意识到面临的问题以及自身所拥有的解决问题的资源和能力，进而形成责任意识和主人翁意识，并努力参与到影响救灾过程和灾后重建阶段的讨论、决策和行动中来。社区动员不仅能促进人们在灾难中的自助和互助，提升救灾行动的效率，还能让受灾群众拥有面对困难的勇气，使他们对未来充满信心。虽然加强社区的参与程度是很有必要的，但是具体的参与程度得视当地的情况而定。在一些情况下，可让社区自行设计救援环节并控制救援程序，政府和非政府等救援组织只需要提供宣传和支持。而有的时候，社区的参与程度越小越好，否则会给救援工作带来负面效应。不过在大多数时候，社区行动者应与政府和非政府救援组织合作，在重大的决策和行动上扮演着重要的角色。

在社区动员活动中，首先需要为社区动员的实施提供条件。危机管理者应积极寻找现有的社区动员程序以及能协调动员程序的领导或组织结构，并收集与当地的政治、社会和安全环境相关的信息。然后，可以通过与受灾群众的交流，了解之前紧急情况下当地社区动员的实施情况以及当前情境下有助于社区动员顺利实施的信息。在收集到必要的信息之后，就可以组织受灾群众进行讨论，以使他们意识到自助和互助的重大意义，了解如何开展自助活动，并清楚自助活动所要达到的目标以及实现这一目标的途径和分工。这些都是调动受害个体积极性、推动社区动员的必要条件。

### 促进社区自助和社会支持

当已经为社区动员做好充分准备之后，应采取措施激发和增强当地支持，鼓励社区自助精神。在紧急事件发生之前，每个社区都拥有一些应对紧急情况的组织和活动，它们构成了社区的社会支持体系和结构。在极端事件发生后，社区可依赖这些组织来进行自我帮助和自我调整，即使这些结构受到破坏，它们仍然可以被重新激活，作为紧急情况应对措施的一部分而发挥作用。因此，有必要加强和建设当地社区已有的支持体系和结构以促进社区自助和社会支持。

在促进社区自助和社会支持的过程中，有些行动至关重要。首先，可通过询问社区成员的方式来识别出社区中的人力资源及其能力——它们既可以是社区人群在遇到困难时的求助对象，如社区领导人、社会工作者等，也可以是满足群体需要的一些团体和机构。在识别出潜在的人力资源之后，让社区成员参与讨论和评估，以确定可以优先采取其中哪些措施来应对紧急情况。当支持性的社区活动已经启动时，应尽可能为这些自助活动提供支持和鼓励，如为活动提供所需的基本资源等。当社区的支持机构不足以应对特定目标时，可考虑通过提供短期的培训以培养社区工作人员，并提供后续的支持。此外，社区中的边缘人群在紧急事件发生之后极少得到关注，因此有必要代表这些被忽视的群体发出呼吁，以使他们能够得到帮助。

### 为文化信仰治疗提供条件

在紧急情况下，一些地区的人们不仅会因个体的遭遇而罹患心理问题，还会经历集体性文化、心灵与宗教的压力。这些集体性文化信仰活动如果因极端事件而受阻，会延长人们的痛苦，对个体造成二次伤害。因此，有必要理解当地的文化宗教习俗，给文化、心灵和宗教实践的开展提供条件，为人们提供社区文化与宗教的支持。这些治疗实践能够为个体提供心理支持以及生存的意义，进而有助于幸存者心理与社会状况的改善。

为了有效地利用文化宗教资源为个体提供心理与社会支持，有以下几个方面需要引起重视。首先，应接触当地的宗教和精神领袖，了解当地的文化宗教取向，并获知哪些文化宗教活动能够给个体提供心理与社会支持。在获取这些信息时，需要对当地的信仰表示尊重，并明确告知获取这些信息的目的是给幸存者提供帮助。其次，有些文化宗教行为可能违背了人道主义，因此，救援者需要保持批判性思维和道德敏感性，识别出哪些活动符合国际人权标准。在收集到信息之后，应在提供心理与社会支持的各部门间分享这些信息，以提高救援者对文化与宗教问题的关注。最后，应给那些符合人权标准的文化宗教活动的实施提供一定的条件，找出并清除影响行动开展的障碍。

促进对儿童及其照料者的支持

幼年时期是个体人生发展过程中最为关键的阶段，如果经历重大刺激且得不到恢复，会给儿童心理与社会性的发展带来严重的危害。所以，救援人员应该给受灾儿童及其父母提供适当的支持与照顾。可通过制订并协调幼年早期发展项目来实现对他们的照顾，项目活动包括激励儿童活动，促进基本营养获取，确保儿童得到保护并增进他们与照顾者之间的感情。下面将对这些举措进行简要的介绍。

首先，应当制定出合适的方法以避免儿童与其父母或看护人失散。当发现失散儿童，须尽一切办法帮助他们与家庭团聚。如果无法帮助孩子联络到失踪家庭，则在寻找其家庭的过程中，应安排照料中心或其他家庭来保护失散儿童，并做好轮流照顾的安排。其次，应鼓励并推进持续的母乳喂养。母乳喂养有助于孩子的健康发育，并能起到安抚情绪和增强母婴情感联结的作用。此外，还应该激励儿童玩耍和社交，并给这些活动提供适当的条件。在给儿童安排活动时，应根据他们的性别、年龄及所处的文化等因素而提供不同类别的活动。除了给儿童提供支持之外，还须对儿童的看护人进行照料。可通过会议让看护者分享有效照料孩子的方法，当孩子出现异常行为时，可组织互助小组让父母们讨论所面临的问题以及交流问题解决的方法。当照顾者因精神卫生问题而无法看护孩子时，应由其他有能力的家庭或组织人员代为看管。

### 9.2.2 卫生服务

卫生保健服务对受影响群体的生活与身心健康有着举足轻重的影响。作为心理与社会支持的核心领域，如何全面有效地组织和提供卫生保健服务以及如何通过卫生保健服务促进人们的心理健康，需要社会与心理援助者们的重点关注。卫生服务的提供也可以分为危机准备、紧急应对和灾后重建三个阶段。

在危机准备阶段，有必要强化国家的卫生体系，规划现有的医疗资源和医疗措施。应为医疗服务人员提供紧急心理援助的培训，并指导他们如何以促进心理健康的方式提供服务。此外，还须建立卫生信息数据库，准备好紧急情况所需要的基本药物，并为各机构制定好紧急情况的应对预案。

在灾后重建阶段，应持续为受影响的群体提供精神卫生服务，定期对精神卫生服务的质量和可获取性进行评估，并在适当的情况下继续增进与当地治疗体系的合作关系。如果有必要的话，还应对现有的精神卫生政策和立法实行更新修订。

在紧急应对阶段，为了全面、有效且合理地提供卫生服务，应采取以下这些措施。

*在提供卫生服务时考虑心理与社会性因素*

一方面，卫生服务的提供方式通常会影响到受助者的心理健康。

充满尊重和关怀的方式有助于保护个体的心理健康，反之，则有可能对他们的尊严构成威胁，进而导致个体不敢寻求卫生服务。另一方面，个体的心理健康常常与身体状况有着密切关联，那些身体受伤或患有疾病的幸存者往往还会存在情绪问题。因此，在提供救治时还应给承受心理压力的个体提供心理支持。综上所述，医疗救护人员在提供卫生服务时应该考虑一些心理与社会性因素，下面将对相关的措施进行简要介绍。

首先，应该在提供卫生服务过程中关注社会性因素，比如服务点在社区中的安置、服务者性别比例的平衡以及如何保障病人的权利等，这一系列措施都致力于给受灾群众提供便利，使他们尽可能地寻求并获得援助。与此同时，心理因素也是服务过程中不得不考虑的因素。应为卫生保健工作者普及心理教育，让他们对紧急情况下心理与社会应对措施有所了解，明白医疗服务提供方式对求助者身心健康的重要性，以及如何以支持性的方式与患者沟通病情并共同商讨应对办法。此外，所有的卫生工作者都应具备心理急救的基本能力，并为遭受急性心理困扰的个体提供心理支持。当卫生服务工作者无法满足个体需求时，应提供转介服务，鼓励患者向专业的精神卫生服务中心和社区保护机构寻求帮助。最后，卫生保健人员还应对病人的心理健康问题进行记录，收集心理健康方面的数据。

为严重精神障碍患者提供照顾与支持

严重的精神障碍患者不具备求助的意识和生存的能力，且常常会遭到他人的忽略、偏见、抛弃及人权侵犯。当紧急状况破坏了他们原有的生存环境时，他们会变得更加脆弱。因此，一旦发现了这些患者，应立即采取保护和救助措施。下面是紧急情况中精神障碍患者所需要的最低限度的应对措施。

首先应对当地的精神卫生机构及其资源和紧急情况对它们的影响进行评估，确保当地有足够的精神卫生医疗药物以及精神卫生医疗成员。当医疗成员缺失时，可通过培训或引进的方式进行配备；当医疗药物不足时，可采用外地购买等方式进行补充。此外，还应采取一切办法（如与当地社区组织合作）确定需要帮助的严重精神障碍患者，并帮助他们向精神卫生保健机构寻求帮助。与此同时，还应合理设置附加的精神卫生保健点，设置的参考指标有人口覆盖范围、潜在的精神障碍患者数量以及服务的可持续性等。除了给严重精神障碍患者提供医疗服务之外，还应确保有一定量的卫生机构承担收留、照料和保护精神病人的职责。当缺少这种机构或机构受到破坏时，应动员社区中的群体来提供支持和保护。

了解当地的传统卫生体系，并在有必要的时候考虑合作

除了正规的对抗式治疗的卫生保健体系之外，有些地区还存在非对抗式治疗的卫生保健体系，例如辅助疗法、传统疗法和替代性疗法等。尽管这些非对抗式疗法缺乏一定的科学依据，但它们仍在某些地区发挥着重要的作用，甚至即便当地能够提供正规的对抗式治疗，它们也可能是治疗疾病的主要方法。因此，有必要与当地的传统治疗师进行接触，从他们那儿获知受影响人群的相关信息，如困扰类型和程度、心理世界和精神世界等。在适当的时候，还可与传统医疗体系进行合作，以促进人们认可和接纳新服务，从而建立起更适合当地文化的对抗式治疗服务。下面所列举的是一些有助于促进了解和合作的主要行动。

首先，应通过与社区成员的接触了解当地主要的治疗体系，以及这些治疗体系在当地的重要性和扮演的角色。在信息收集的过程中，应该保持对当地宗教和精神信仰的尊重及兴趣，只有这样才有可能成功地收集到相关信息。在对这些治疗体系有了一定的了解之后，还应评估这些治疗方式的合理性，并拜访能够提供合理治疗方式的传统治疗师，与他们建立密切的联系，鼓励他们参加信息分享会，考虑让他们在培训中发挥一定的作用。当传统的治疗体系对当

地居民无害并发挥着重要作用时，可与之开展积极的合作。

### 减少酒精和药物滥用带来的伤害

危机事件发生之后，人们可能会通过酒精或药物滥用的方式来缓解和应对压力。长期的酒精或药物滥用会给个体带来一系列严重的问题，如精神问题、社会适应问题、身心健康问题以及经济问题等，而这些问题的出现会给社区从危机中复原带来许多困难。酒精和药物滥用已经逐渐成为公共卫生部门所关注的焦点，在紧急情况下则更需要引起救援者的重视以及多部门共同对其做出反应。下面是一些紧急情况下可用来避免或减少酒精或药物滥用带来的伤害的措施。

首先应对酒精和药物滥用问题进行评估，了解当地的酒精或药物滥用情况，识别经常被滥用的物质及其影响，找寻促进或抑制酒精或药物滥用的因素，并且制定干预治疗的方案。在收集到评估信息之后，提倡多部门共同采取措施来缓解可能导致酒精或药物滥用的潜在压力，也可向当地社区推行娱乐活动作为缓解压力的替代方案，从而减少人们对酒精或药物的依赖。其次，还须对卫生工作者进行培训和督导，让他们有能力检测出可形成依赖的有害物质，以及识别出酒精或药物滥用的高危人群，并为这些人群提供干预与支持。最后，救援组织还可采取措施从根源上控制滥用物质的供给，如限制售酒时间、重新安排售酒点等。在有效控制了社区人群的物质滥用之后，需要对可能出现的戒断反应等症状提供处理措施，如提供疼痛管理和低剂量替代疗法等。

## 9.2.3 教育与信息传播

在危机管理中，教育与信息传播是提供心理与社会支持的重要手段。

教育

紧急状况下，教育既可为个体提供适宜的支持活动，帮助个体恢复到正常状态，又可以传递关于生存和自我保护的信息。危机事件过后，教育可以为个体提供通过互动获得社会性支持的机会，也可以帮助个体发展相关技能，从而有助于就业和减轻家庭经济压力。

在危机事件的准备阶段，管理者有必要加强国家教育体系的能力，并对教育资源进行规划，在学校中建立社会心理危机的应对方案，给教育者提供心理与社会支持和行为准则等方面的培训。在紧急情况下，首先要确保教育机构的安全，当正规教育体系不可行时，考虑用非正规的教育活动代替。其次，无论是正规教育还是非正规教育，都要考虑具体情况给学生提供相关心理与社会支持，例如，提供同伴互动机会以获得他人的支持和介绍紧急情况的相关信息以及应对技能等。此外，还应保障每个人都有受教育的权利，并为特殊的受教育个体提供特别的支持。最后，确保教育机构中有心理咨询人员，能给学生提供精神和心理上的帮助，当学生精神问题比较严重时，考虑转介到外面的机构，由它们来帮助学生走出心理阴影。在危机事件的稳定阶段，有必要增加当地人群受教育的机会，给受教育者提供基本的生活需要，通过教育给他们传授必备的生活技能，并不时监测和提升教育的质量。

信息传播

紧急情况下，信息及其传播渠道容易受阻，这一方面导致了谣言的盛行进而增加了人们的恐慌，另一方面，与紧急情况、救援措施和受灾者合法权利相关的信息无法传递出去，进而减少了人们接受社会支持的可能性。因此，在紧急情况下确保信息的传播以及信息传播渠道的通畅至关重要。首先，工作人员需要对信息及其传播渠道进行评估，找到需要补充的信息以及应该传播的主要信息，然后制订相关的信息传播计划，动员社区中的个体参与，如果有必要的话，再创造一个临时的接收和传播信息的通道系统，促进可信赖信息在受灾人群中的有效传播。

信息传播最核心的价值在于让个人掌握积极有效的应对措施。首先，机构应该确认当地人群对积极应对的方法是否有所了解及其程度如何。在当地并未宣传过应对措施时，考虑编写和制定相关的宣传材料。编写材料时须注意使用简单直白的语言，向人们介绍紧急情况下通常的生理和情绪反应，并着重强调积极的应对措施。宣传材料当采取适宜的形式进行宣传。常见的宣传形式有：海报、传单、采访和网站平台等。在非紧急情况下，机构应做好信息资源的规划，拓展信息传播的途径和方式，确保能在紧急状况下传递信息，并组织灾难应对措施宣传活动，让人们了解如何给他人提供心理与社会支持，并定期对人们的救助知识进行调查，以了解人们的掌握情况。

## 9.3  特定部门的社会支持功能及其措施

在紧急情况下，人们受到的影响来自各个方面，故而需要不同类型的支持。其中，与受灾人群的生存相关的社会支持，如食物、住所、水等在救灾行动中处于非常核心的地位。尽管社会支持与心理支持属于不同部门的任务，但是社会服务和心理健康之间通常彼此影响，在提供社会支持的过程中要考虑到受灾人群的心理因素，应以促进心理健康的方式提供社会支持。

### 9.3.1  食品援助

危机事件通常会造成食物和营养的匮乏，提供食品援助是救援者必须承担的责任之一。在提供食品援助的过程中，有很多因素需要考虑，譬如当地人的饮食习惯，特殊人群的食物供给，以及人们负面的心理状态等，这些因素都会对食品援助过程产生不利的影响。因此，在提供食品援助和营养干预时，首先应该评估食品问题和心理问题的相互影响，考虑在提供支持和援助时所应注意的问题和方式。其次，食品分配计划的商讨、制订以及监测应尽可能吸纳受灾人群代表的参与，一方面可以促进项目的优化，另一方面能保障居民的尊严以及获得他们的认同。

食品分配过程也应注意因分配计划不合理或被政治利用而造成紧张的局面，需要提前做好安全措施的考虑和准备。援助者还需注意当地的饮食习惯以及特殊人群的需求，识别出因饥饿产生严重身体和心理问题的个体，将他们转介到特殊的医疗机构。在紧急情况得以稳定之后，对食物援助过程进行回顾并展开定期评估，鼓励个体自力更生，通过自己的努力去获得食物而不是一直依赖他人的援助。

### 9.3.2 住所援助

在紧急情况下，居民的原住所可能遭受摧毁破坏，或个体就安全考虑被迫离开它。此时，给受灾群众准备和提供紧急避难场所是非常必要的，该措施可减轻灾难对人群造成的不利影响，并给他们提供安全保障。但是，在建造灾民棚的过程中，若对它的规划和组织不当，反而会对灾民的心理健康造成负面影响，严重的情况下还可能引发冲突。因此，在紧急状况下对避难所的供给提供标准和指导也是很有必要的。

在对避难场所的建设规划过程中，尽量鼓励受灾群体代表，尤其是妇女参与到避难所的评定、规划和执行过程中来，这样能避免一些潜在问题的出现。在对灾民棚进行选址的过程中，尽量选择距离公共服务设施比较近的场所，并充分考虑安全因素、环境因素以及资源可利用性。在规划避难所的过程中应充分考虑隐私保护问题，这样不会加剧人们的紧张情绪。在分配住所的过程中应遵循公平原则，否则可能因分配不公而造成灾民的心理失衡或引发冲突。临时避难所不是灾民的永久选择，当紧急事件过去之后，应鼓励人们重返家园和对家园进行重新建设，并在建设家园的过程中给予充分支持。

### 9.3.3　水和卫生资源援助

　　紧急情况下水资源和卫生设施的供给问题不仅会对个体的生存质量造成影响，还关乎个体的尊严和心理压力。在某些紧急情况下，水资源的争夺成了受灾群体的压力源，在某些地区，卫生设施的供给不足会导致女性焦虑并可能使她们招致惩罚。因此，在供给水和卫生资源时，要考虑一定的社会性因素。

　　首先，在提供这些资源之前，应该考虑当地的文化和习俗，资源的供给标准应该与当地的规范相吻合，否则会产生适得其反的效果。其次，在评估、规划、执行和监管资源供给的过程中，应动员社区的代表参与，可以避免对某些问题的疏忽。尽量缩短取水点和住所的距离，为受灾人群的取水提供最大的便利。在设施供给上，保障人们卫生活动的隐私和安全。对水资源的管理采取灵活动态的形式，合理安排水资源供给和取水时间，避免因水资源紧张和争抢取水顺序发生的冲突。最后，还应对当地的供水和卫生设施提供监管，对发现的问题和人们的反馈进行处理改善。

　　虽然提供心理支持的个体很少在社会支持领域开展工作，但是他们有义务对"如何以保障和促进个体心理健康的方式提供社会支持"进行宣传，从而对救援行动者施加影响，使他们采取合理的方式进行援助。这样，在工作人员提供社会支持的同时，也能保证受灾群体的心理健康，最大程度地帮助受灾人群应对困境。

# 心理与社会支持的方法
# 与工具

之前两章已经对危机管理中心理与社会支持的基本原则和实施指南进行了较为详细的介绍，到这里，我们对于该怎样全面又有效地实施心理与社会支持应该有了较为系统的认识。然而，正如"巧妇难为无米之炊"一样，本书的内容尽管涵盖了较为全面的理论性与原则性指导，并且也涉及了包括政府机构等多种力量在内的心理与社会支持功能及其措施，但仍然缺少比较具体的操作手段。因此，本章作为本书的最后一章，将主要聚焦于心理与社会支持的具体方法和工具，通过介绍一些危机管理中比较常用的心理与社会支持技术和量表，为心理与社会支持工作者提供一些参考。此外，本章还将介绍针对不同人群的心理与社会支持，有助于危机管理工作更高效地展开。

## 10.1 针对个体或团体的支持技术

本节将介绍一些最基本的心理与社会支持技术，更聚焦于心理危机干预。其中部分技术既可以针对个体，也可以针对团体，具体包括一般的危机干预技术及心理紧急援助（psychological first aid，PFA），紧急事件应激晤谈（critical incident stress debriefing，CISD）

技术，支持性心理疗法，放松、压力减轻技术，表达技术，意义疗法，等等。

### 10.1.1　一般的危机干预技术及心理紧急援助

危机干预即一系列帮助个人在危机情境下获得控制的技术手段，而心理紧急援助是指对遭受创伤而需要支援的人提供人道主义性质的支持，两者适用于所有事件类型、所有目标人群以及所有反应阶段或演习(Ehrenreich，2001；Juen，et al.，2016)。

一般的危机干预技术

危机干预泛指一种帮助处于危机中的人控制危机局势的技术。在危机阶段，一些旨在帮助受灾者控制危机局势的支持和针对性的帮助，可以防止以后的困难产生。危机干预可能集中于个人、几个人或小团体(包括家庭单位)。危机干预过程包括：第一，识别和澄清危机的要素(问题或情况)；第二，制定解决问题的策略；第三，动员个人对这些策略采取行动。

简单地识别危机的因素本身可能有助于当事者重新获得掌控感。给情感一个宣泄的窗口，让当事者意识到强烈的情绪并不代表"疯狂"，并且可能是有益的，但是情感的波动应该得到监控，这样当事者就不会害怕失去控制，从而使他的想法不会变得更加混乱。接下来的任务是帮助当事者发现解决方案，获得支持网络、资源和具体的服务。这可能是一个非正式的过程，只需几分钟就可以完成，更正式的话，可能需要多次督导。以下是一些在危机干预中可以参考的指导方针：

· 寻求用简单、实际的问题展开讨论："发生了什么事？你有什么事？你能告诉我吗？"表现出积极的兴趣和关心。

· 跟进具体问题。收集非自发提供的具体信息。目前正发生的(或没有发生的)导致持续危机状态的事情是什么？

• 尊重当事者最初的需要，如他们最小化或否认所发生的事情（例如所爱的人可能在灾难中死去）作为自我保护，除非当事者脱离了现实或表达出对他们当前健康有害的信念。多提供同情、温暖、支持和安慰。诸如拍拍背之类的手势可能会有所帮助。识别出痛苦、恐惧、忧虑。表达诸如"一定很可怕""我能看出你有多担心""我能懂得你的感受"。温柔地、慢慢地帮助当事者更真实地了解情况。

• 逐渐寻求调动当事者的思想、感觉和反应（"当它发生时你感觉如何？你现在觉得怎么样？"）。请提供鼓励。如实地反映当事者的评论，以开放空间进行阐述。承认情感，但不要深入探索或寻求强化它们——这是危机干预，而不是长期治疗。请问问题。有没有他无法摆脱的想法？尽管表达对于危机的感受或想法可能会有帮助，但不鼓励反刍。

• 警惕在灾难或其他危机中困扰当事者的东西。不要以为你知道这个答案。灾难有很多潜在的可能性。痛苦来源于什么？是人身伤害吗？财产损失？担心亲人？看到别人受伤了？为受灾者的行为感到羞耻？

• 关注眼前的问题、需求和优先事项。确定问题的维度及其对当事者的意义。

• 评估当事者的应对技巧和支持来源。他们在灾难（或其他危机）期间和之后的不同时期做了什么？他们对这些事件的理解准确而现实吗？他们能专注于下一个任务和他们的家人吗？他们过去如何应对压力或灾难？他们如何处理愤怒、痛苦、损失、失败？什么有帮助？什么没有帮助？他们现在如何处理这种情况？有什么他们能够获得的支持？有哪些资源可用？

• 筛查严重精神疾病的迹象（如妄想、不切实际的否认、幻觉、自杀念头、强烈的攻击性思维）。

• 回应基于现实的即时需求。帮助当事者制定特定的替代方案、

计划、行动、解决方案、优先事项，并确定下一步他们需要做什么
（包括他们可能需要的帮助或支持）。

·激励当事者对需求的积极管理。劝阻被动性、依赖和退步行
为。例如，在大多数情况下，最好让当事者打电话来安排见面，以
满足他们自己的需要，而不是让灾情顾问打电话。

·加强适应性应对。鼓励有助于控制感的行动，例如参与救援
和恢复活动。鼓励当事者做经验讨论，并把自己的反应识别和接受
为自然的。将个人与他人的反应联系起来，使他认识到他们共同
的问题和反应。加强当事者与家人和朋友之间的支持性互动。

·帮助当事者在可接受的范围内管理他的感情，以避免产生进
一步的混乱。

·允许甚至规定适应性休息，但不对被动或不活动进行强化。
传达对当事者可以自己做决定、控制他的命运、借助救援满足自己
的需求的期盼。

·确保获得有关人士身份的信息以及如何找到他们的信息，以
便随后跟进。在某些情况下，在短期（例如 20 分钟）内进行随访可能
更合适。在其他情况下，例如一个危机中的长期问题，可以几天后
跟进。

心理紧急援助

根据世界卫生组织的文件（World Health Organization，2011），
心理紧急援助指对心理遭受严重打击或需要支持的人提供人性化支
持和切实帮助，包括以下主题：在不侵扰的前提下，提供实际的关
怀和支持；评估需求和关注；协助人们满足基本需求（例如食物、水
和信息）；聆听倾诉，但不强迫交谈；安慰受助者，帮助他们感到平
静；帮助受助者获得信息、服务和社会支持；保护受助者免受进一
步的伤害。

关于 PFA，需要理解的是：不是只有专业人员才能提供；它不

是专业心理咨询，也不是心理晤谈（psychological debriefing），不需要对引起不安的危机事件做详细的讨论；它并不要求人们分析他们所经历的事，也不要求人们对发生的事件和时间重新整理；尽管PFA包括聆听受助者倾诉，但并不强迫他们谈其感受和对事件的反应。

以下简要列举了 PFA 中的关键步骤。

·尽责地提供协助，包括以下四个方面：尊重受助者的安全、尊严和权利；调整自己的行为来适应受助者的文化背景；了解其他紧急应对措施；照顾好自己。

·获取信息：了解危机事件；了解现有的服务和支持；了解安全和安全顾虑。

·基本活动：(1)观察。检查安全；检查明显有迫切基本需求的人；检查有严重困扰的人。(2)倾听。接近需要支持的人；询问他们的需求和担忧；帮助他们恢复平静。(3)联系。帮助人们表达需求并获得相关服务；帮助人们处理问题；传递信息；联系亲人和社会方面的帮助支持。

·需要 PFA 以外援助的人：对于一些不仅需要 PFA 的人，救援者需要知道自己的局限，然后向能够提供药物或其他治疗手段的人寻求帮助。

·需要即时接受更高级援助的人：受到严重、危及生命安全的伤害，需要紧急医疗救治的人；极度痛苦到不能照顾自己或他们的孩子的人；可能会伤害自己的人；可能伤害他人的人。

也就是说，心理紧急援助需要给受助者营造出一个具有下列特征的环境：安全，镇定，增进与他人的互相联络，提高他们自身的处事效率，抱有希望。按照这些要求，具体应该做的事项包括：

·帮助灾民获得食物和临时住处以保障其基本需要，帮助他们获得紧急情况下需要的治疗，并提供关于怎样获得这些资源的简单

明了而又准确可靠的信息。（安全）

· 倾听他们希望分享的故事和情感，并且在倾听时不带有对错评论。（镇定）

· 即使是面对那些很难相处的灾民，也要表示自己是友好和富于同情心的。（镇定）

· 提供关于灾害或精神创伤及救援工作的准确信息，这有助于灾民了解情况。（镇定）

· 帮助灾民联络家庭成员或朋友。（增进联络）

· 如果可能，努力使孩子与父母或其他近亲在一起。（增进联络）

· 提供实用的建议，让灾民们能够自己帮助自己。（提高他们自身的处事效率）

· 引导灾民去为他们自己的需要而努力。（提高他们自身的处事效率）

· 提供政府以及非政府救援服务的种类和地点的信息，让灾民们依据可利用的条件直接参加援救服务。（抱有希望）

· 如果有更多援助和服务在途，应该向表现出恐惧或忧虑的灾民提醒这些事态的进展。（抱有希望）

不应该做的事项包括：

· 不应该施加任何压力让灾民分享他们的故事，特别是不能打听那些非常私人性的细节。（在灾民的心理尚未准备好分享他们的经历和体验的时候，这样做也许会影响他们的情绪稳定）

· 不应该给出简单的反复保证，例如"一切都将会好转的"或"至少你存活下来了"。（诸如这样的陈述更倾向于降低情绪的稳定）

· 不应该在灾民没有请求的情况下直接告诉他们现在应该怎样去感知、思考或行动。（这会降低他们自身的处事效率）

· 不应该告诉灾民他们是因为个人行为或宗教信仰才遭受苦难

的。（这也会降低他们自身的处事效率）

　·不应该许下无法兑现的诺言。（不兑现诺言会减少希望）

　·不应该在灾民仍然需要现有服务或救援活动的时候在他们面前批评这些服务或救援活动。（这会减少灾民的希望或破坏镇定）

### 10.1.2　紧急事件应激晤谈技术

　　紧急事件应激晤谈技术是一项针对团体（或个体）的心理危机干预技术，这种技术主要采取一种结构化的小组讨论形式，引导当事者讨论应激性危机事件。其使用对象为直接暴露于创伤事件中的各种一级受灾者。使用时间为应激事件发生后的 2～10 天内，一次持续 3～4 小时。

　　操作步骤与工作要点

　　紧急事件应激晤谈（以下简称为紧急晤谈）作为一种最基本的心理危机干预技术，至今已有 50 余年的发展历史。尽管紧急事件应激晤谈有不同的版本，但米切尔（Mitchell）的紧急晤谈模式被普遍接受，并在全世界广泛应用，在多种不同的场景和操作条件下实施。通常由具有资历和经验的精神卫生专业人员主持实施，指导者必须对应激反应综合征和团体辅导工作有相当的了解（邱鸿钟，梁瑞琼等，2008）。

　　正规的紧急晤谈过程一般分为六个阶段，非常场合操作时可以把第二、第三、第四阶段合并进行。

　　（1）第一阶段：导入或介绍期（introductory phase）。辅导者先进行自我介绍，向当事者介绍紧急晤谈的目的、规则、程序、方法及保密问题；小组成员再轮流自我介绍，以此帮助当事者们建立相互信任关系。解答当事者提出的相关问题。需要注意的是，我们要强调紧急晤谈不是正式的心理治疗，而是一种减轻创伤事件所致的应激反应的服务。

（2）第二阶段：事实叙述期（fact phase）。辅导者请每位参加者从自己的观察角度出发，描述事件发生时的所见所闻和所为的具体事实，目的是帮助当事者先从自身的角度来描述事件；而每个人都有机会补充事件的细节，最终使整个事件得以重现，有助于让每个人全面了解事件的真相。辅导者要打消参加者的顾虑，参加者如果觉得在小组内讲话不舒服，可以保持沉默。其他环节中也可以选择沉默。

（3）第三阶段：体验感受期（feeling phase）。鼓励每个参加者依次描述其对事件的认知反应，揭示自己对于有关事件的最初和最痛苦的想法，让情绪表露和宣泄出来。辅导者可以询问每个参加者当时的感受以及在交谈时的感受，挖掘受灾者在危机事件中最痛苦的一部分经历，鼓励他们承认并表达各自的情感。询问当事者这些感受对其社会功能及人际关系有什么影响，是否觉得自己做得不够或不对，对不利的后果要负什么责任等。重要的原则是所有的人都倾听在每个人身上曾经发生或正在发生的事情，且不批评他人。

（4）第四阶段：症状期（symptom phase）。辅导者要求受辅导成员从心理、生理、认知、行为各方面，依时间顺序回顾性描述和确定自己在事件中的痛苦症状和体验，如果有，识别是否由创伤事件导致，但要避免将个体的反应病理化，避免"障碍""症状"等用语导致的医学标签化效应。目的是帮助当事者识别和分享自己的应激反应，开始将情感领域引导转向认知领域，以便对事件产生更深刻的认识。

（5）第五阶段：辅导或干预期（teaching phase）。向当事者介绍正常的应激反应模式，强调人的适应潜能，讨论积极的适应与应对方式。辅导者要帮助当事者认识到，其经历的应激反应是面对非正常情况的正常且可理解的行为，并不意味着有精神病理学的意义，从而减轻其心理压力。鼓励当事者坚强起来，并努力调动他们利用现有社会资源和自己的康复潜能参与心理重建，同时应教授和提供必要的应激管理技巧和积极应对技巧，以及促进整体健康的知识和技能，提醒他们注意预防可能的并存问题(如饮酒)。

(6)第六阶段：资源动员或恢复促进期(re-entry phase)。晤谈即将结束时，辅导者应总结晤谈中涵盖的主要内容和晤谈过程，回答相关问题，讨论应对策略和行动计划；强调小组成员的相互支持，提供有关进一步服务的信息；对处境进行评估；鼓励使用先前紧急状态下曾使用过的成功解决问题的策略，以适宜的方式释放痛苦情感，避免由各种情绪混杂而产生的强迫性思考，告知使用否认、退缩、回避、冲动行为、找替罪羊、过分依赖、过度想象和幻想等消极的防御机制和应对方式所造成的长期负面影响；评估哪些人需要心理随访或转介到专业性机构做进一步治疗。

**紧急晤谈的注意事项**

• 并不是每一个对象都适合参加集体的紧急晤谈，要注意甄别。例如正处于剧烈哀伤情绪中的丧亲者，参加晤谈可能会诱发激烈的情绪反应和失控行为，这将给其他成员带来二次创伤；那些处于抑郁状态的人或以消极方式看待晤谈的人，也可能给其他参加者带来负面影响，辅导者要注意加以引导和控制。

• 考虑到灾难或危机后 24 小时内，经历危机的当事者大多处于一种应激的麻木状态，故此时不适宜安排此类晤谈。

• 世界卫生组织不支持只在受灾者中单次实施紧急晤谈。

• 从某种意义上说，紧急晤谈与特定的文化性建议和仪式具有相一致的心理功能。有些文化仪式也有减轻当事者心理压力和负担的作用，具有替代晤谈的宣泄功能。因此，并非所有经历灾难的人都要参加紧急晤谈，也并非没有经过紧急晤谈的人日后就可能出现心理后遗症。

• 尽管晤谈中要求每一个参与者轮流发言，并详细描述自己在灾难中的所见所闻，但在团体情境下，对于在晤谈过程中因感受到同伴压力而不愿意暴露个人信息或有耻辱感，或有意无意回避和阻抗某种回忆的受灾者，辅导者切记不要强迫其叙述经历灾难的细节，以免诱发更严重的反应。

· 紧急晤谈技术对参与灾难救援的次级受灾者的创伤后应激障碍症状有较好的干预效果。在救灾的工作结束后，要及时对救援队员进行集体晤谈，消除援助人员的心理压力和心理污染。

· 组织紧急晤谈，每次以 7～8 人的规模为宜。

· 经验表明，紧急晤谈作为一种基本的干预技术，应该与心理危机干预的其他方法加以整合，才能更好地为创伤事件的受灾者提供较为完整的帮助。

### 10.1.3  支持性心理疗法

支持性心理疗法一般是指通过精神支持和社会支持等方法给予那些心理脆弱者以心理支持性陪伴。其使用对象为那些经历了严重心理创伤的人，当事者心情极度低落，处于精神崩溃的边缘，难以支撑或有轻生意念。使用场景为当事人面对急性、巨大或非同寻常的危机时(邱鸿钟，梁瑞琼等，2008)。

*支持性心理疗法的基本原则*

· 支持要适度，不要包办代替。干预者应根据当事者的性格、自我成熟度、危机事件类型等情况来提供合适的精神支持。所谓合适，是指在提供共情和安慰支持的基础上避免过分地迁就当事者不合理的要求和行为等。支持包含积极的鼓励，帮助当事者挖掘自己应对挫折的潜能。

· 帮助当事者转变对挫折、灾难的看法。悲痛不仅与事件有关，而且与当事者对事件的看法有关。例如，有不同的生死观、金钱观、爱情观、事业观、疾病观的人对同一事件显然会有不同的情绪反应。

干预者的任务就在于帮助当事者实现这种认知方式的转变。一般来说，具有创见性的解释要比一般性的安慰话语更具有建设性。

· 启发当事者善用各种社会支持资源。当人遭受重大挫折打击时，很容易感到无能为力和绝望，干预者此时要注意启发当事者善于利用各种社会支持网络，如组织、团体和亲朋好友、邻居、老乡、同事的支持帮助，来应对目前遇到的危机。

· 鼓励当事者积极行动，主动改善目前境遇。改变当事者对挫折的认知也许需要很长的时间，而我们不可能等待认知改变了才去行动，我们应该鼓励当事者先做一些小的行为层面的改变，或做出改变现实生活境遇的行动，也许通过行动帮助当事者走出困境是更为实际的策略。必要时，干预者可以提供一些信息支持和决策顾问意见。

### 支持性心理疗法的语言要求与技巧

灾难发生后，幸存者可能处于情感休克或情感麻痹状态，对一切都失去信心。因此，危机干预工作者与灾难幸存者的沟通显得非常重要。沟通，指人与人之间的信息交流和情感、需要、态度等心理活动的传递与交流。沟通可以分为语言沟通与非语言沟通。支持性心理疗法的首要工具是得体和有内在力量的语言沟通。

支持性心理疗法的语言沟通包括下列步骤。第一，询问与表达，即面对幸存的受灾者，危机干预人员应首先表明自己可以给他们提供帮助，然后通过简短的询问，了解幸存者的亲人和财产丧失情况及其紧急的需求。第二，疏泄与安慰，即以同情、理解的态度，鼓励灾难幸存者表达对灾难的理解，倾诉其内心的苦闷和不快，使其郁结的不良情绪宣泄出来，并以此作为引导幸存者对其遭遇的灾难进行重新认识和评价的准备。第三，倾听与共情，即耐心倾听幸存者的倾诉，以积极的态度理解幸存者的倾诉，并表现出自己的理解。第四，交谈与协商，即深入交谈，了解个体的身心现状，进行初步的心理评估，协商制订危机干预措施。第五，解释与教育，即对灾难事件发生的原因、事件经过、灾难所致的破坏情况、救助情况等进行说明，旨在消除幸存者的疑虑、恐慌，纠正他们的错误认知，增强幸存者重建心理、身体功能以及社会角色的信心。第六，保证与承诺，危机干预人员要根据实际情况给灾难幸存者以适当的、可信的保证，如保证目前是安全的，所面临的灾难是暂时的，政府承诺会重建他们的家园等，以唤醒他们对生活的希望和信心。第七，鼓励与促进，即鼓励幸存者振奋精神、增强信心，鼓励其积极应对困境，最大限度地降低危机对人心理的损害。

支持性心理疗法对语言表达的要求有以下几点：第一，话语要自然，真诚朴实，科学准确，通俗易懂，深入浅出。科学性的语言是支持性心理疗法的力量源泉。第二，话语要文明，严肃而不教条，表达共情而不随意附和，引导当事者正视现实并朝前看。用语要简洁、清晰明了，措辞要合适恰当，举例要贴切和有可比性。第三，好的话语开导要辅之以必要的和适当的心理陪护行为。良好的语言加上干预人员的人格力量和关心，支持性心理疗法才能收到事半功倍的良好效果。

非语言沟通包括借助躯体语言和空间语言的沟通。躯体语言指能表达人的心理活动，进行人与人之间的信息交流和沟通的各种躯体信号，包括目光、手势、面部表情、身体姿势等。躯体语言可以很好地传递一个人的情感和态度。在一定文化背景或环境中，躯体语言是每个人都能理解的公众语言，尤其是情绪信息在很大程度上依赖于交流中的非言语含义。因此，在与灾难幸存者的沟通中，危机干预人员要恰当地使用躯体语言，给当事者以温暖的支持感。如倾听时以专注、关切的眼神与表情面对对方，不时地点头表示共情和支持。空间语言指人际沟通时，通过个体间的身体距离、体态姿势及环境因素的变化来表达和交流信息的方式。危机干预者尤其要注意当事者以非言语方式折射出来的重要信息。一般认为，人际沟通中有重要意义的非言语行为有五个维度，即躯体动作、次语言、空间效应、环境因素和时间。

那么如何处理求助者的非言语行为？有五种对求助者非言语行为进行反应的方式：(1)确定当事者的言语和非言语行为是否一致。(2)注意言语和非言语信息的差异或混淆，并制定相应对策。(3)注意当事者沉默不语时的非言语动作，并制定相应对策。(4)根据对方的非言语行为，及时调整会谈内容。(5)注意当事者在多次会谈中非言语行为的改变。在危机干预中，咨询者也要注意自己在辅导活动中的非言语行为及其对当事者的无形影响：自己有效和无效的非言语行为有哪些？沟通时自己的非言语行为反应是否足够敏感？非言语行为与语言表达是否具有内在一致性或协调性？

### 10. 1. 4　放松、压力减轻技术

放松、压力减轻技术是帮助个体减轻压力和焦虑的技术，其使用对象为救援人员和受灾者，使用场景为在压力情境下或定期有规律的救助。

#### 放松、压力减轻技术的类型

危机在当下和此后的几个月里都会导致大量的压力和焦虑。多种技术可以有效地减少压力和焦虑(Ehrenreich，2001)。

休闲娱乐：无论是对救援人员还是受灾者，一天的活动中短暂的休息时间和充足的睡眠都是非常重要的。可以理解的是，危机情况可能会干扰最初几小时或者几天的休息。当最迫切的救援完成后，鼓励救援人员允许自己休息或小睡片刻，确保有足够的精力救援。鼓励监管者合理安排救援人员的轮班时间以确保他们得到充足的睡眠。娱乐活动可能对成年人、儿童和青少年是有益的，如卡牌游戏或电视参与类的游戏。在一定程度上，这些活动能起到注意转移的

作用，防止"反刍"的危害；同时还有利于恢复正常感觉和控制个体的生活。

宣泄：让救援人员和幸存者在正式的和非正式的情境下缓解压力，谈一谈他们的经历和感受。然而，对重复地讲述或沉思应给予劝阻，因为这不但不能减轻压力，还会引发抑郁。把讨论转移到其他话题上，提供消遣，或者用其他方法来促进放松。

锻炼：体育活动有助于释放压力。为救援人员和受灾者（如在避难所）提供锻炼的机会，如散步、慢跑、参与团体运动、跳舞。

放松练习：有几种放松练习十分适宜用于在灾后帮助当事者降低焦虑和压力。这些练习包括呼吸练习、想象练习、肌肉放松练习以及它们的组合。

·呼吸练习：当专注于呼吸时，当事者学习如何去控制自己的呼吸。

·想象练习：当事者需要说出一个能让他感到很轻松的情境（例如，在树林里散步），然后尽可能地去想象这个情境的细节。想象这个特定情境的活动应该带着确定的练习目的来开展。

·肌肉放松练习：当事者需要先收缩肌肉，然后放松不同的肌肉群直到整个肌肉是放松的，在这整个过程中，当事者需要去感受肌肉的放松。

### 放松练习的使用建议

危机干预者可以带领一个人或一小群人做这些练习。在学习了完整的放松练习后，可以尝试一个简短版的。简短版的形式对于一些有放松需求的情境尤其有效。如果受灾者有录音机，将有助于记录放松练习，以便每一位当事者能够自己去听、去参与。个人没有辅助的设备也可以自学如何运用这些程序。

放松过程无论自己进行还是借助干预者的帮助，都是建立在"需求"的基础上（即当时救援人员或受灾者感到"紧张"）。人们可以以每天一次或两次的频率在固定的时间进行放松活动。许多人也发现，每天两到三次的放松活动能够提高自己解决日常压力的能力。

一个人愿意听从另一个人（灾难顾问）的指示来放松自己，是需要一些信任的。教学放松练习应等到危机干预者和当事者之间建立信任关系后再进行，尤其是对于患有创伤后应激障碍的灾难幸存者。其他非常焦虑或非常沮丧的人进行放松练习可能会有问题，对待这些当事者需要格外谨慎。如果当事者开始躁动，应该停止进行放松练习。

### 放松练习的使用范围

放松练习并不适用于每一个人。在下列情况下，应谨慎使用或禁止使用：

- 有明显的分离性症状；
- 愤怒作为创伤的主要反应；
- 急剧悲伤的状态；
- 极度焦虑或恐慌的状态；
- 创伤前的严重精神病理学史；
- 当前药物滥用；
- 重度抑郁症或有自杀意念；
- 存在明显的持续性应激源；
- 强烈的重新获得控制的需求。

还要注意的是，想象练习可能会无意中重新触发创伤体验，例如，把穿过树林作为一个"愉快的"形象用在一个穿过树林而逃跑的难民身上。同样地，呼吸练习对那些被埋在瓦砾下的人来说是很可怕的。

### 10.1.5　表达技术、意义疗法等其他技术

危机中心理与社会支持的方法与工具还有表达技术、意义疗法、药物疗法、音乐疗法等其他技术可供选择，下面将对这些疗法或技术进行介绍。

表达技术

表达技术是不需要当事者外显地标记情绪状态的技巧。使用对象为儿童，以及在回答问题或用语言描述情感时有困难的成年人。使用时间为灾难后几天到一年或更长的时间。

由于儿童的语言能力相对不发达，缺乏对自己情感明确的界定，他们很难讨论自己的情感问题，对于年龄在 11 岁以下的儿童来说尤其如此。但即使是年龄较大的儿童、青少年以及不少成年人也可能对明确表达自己的情感有困难或抑制了情感表达。在这些情境下，允许以非言语形式（如游戏、艺术、舞蹈等）表达或探索情感，或者在使用语言的形式下，不需要人明确地识别和标记情感状态（如写诗、角色扮演等）是有用的。这些技术可以统称为"表达技术"（Ehrenreich，2001）。

和传统的语言技巧一样，表达技术的目标包括宣泄情感，对于可怕的事件创造一个新的叙述，重新获得控制感，寻找和感觉同伴支持，常态化突发的、不熟悉的反应。它们还有利于孩子和危机干预者之间建立信任关系。

表达技术可以用在单个儿童身上，但也可以用于团体。就像其他技术一样，表达技术的使用者处在应对灾难的敏感期。灾难刚发生后，游戏可以帮助儿童承认并释放他们的感情。这有助于减少焦虑，并提供一个机会，为儿童提供准确的信息，且屏蔽掉那些严重的痛苦。此时缺乏强烈的情感表达不一定是受到严重困扰的迹象，但仍然需要治疗。例如，在灾难中失去父母的孩子在事件发生后的一两周内可能处于震惊和否认状态，并且可能几个星期都无法完全

深入地讨论这个问题。当其准备好时，不断为孩子提供机会来表达自己是很适当的。

表达技术可以是"指导性的"或"非指导性的"。在非指导性游戏中，干预者应该观察儿童的自由活动，也可以适当与孩子互动，进入孩子的世界，试着帮助孩子探索情感和思想。在指导性或预先安排的游戏中，孩子被要求再现其经验。这可能是以玩偶的形式来进行的。对于年龄较大的孩子，可能会涉及根据自己的经验写诗歌或故事。

学校可能是应用表达技术的合适场所。老师可以教孩子们应对灾难后的反应，允许情绪的交流，传授应对技巧和解决问题的技巧。除了在学校参与特定活动外，定期上学也是有疗效的。学校提供了一种稳定的结构和常态。如果需要较长时间停留在难民营，孩子们不能回到他们的正规学校，那么创建一个特设学校是很重要的。教师可以接受短期培训作为灾难顾问，应对教师特别强调在学校工作中与孩子互动时使用表达技术。表 10-1 是表达技术的常见形式。

**表 10-1   表达技术的常见形式**

| 类型 | 形式 |
| --- | --- |
| 艺术技巧 | · 自由绘画、玩黏土<br>· 画"一个人"或画"你的家人"<br>· 每人轮流动笔，合作画一幅画，然后编一个相应的故事<br>· 绘制一幅群体或团体的壁画 |
| 玩偶游戏 | · 人或动物玩偶（购买的或自制的玩偶）<br>· 其他"道具"，如玩具士兵、卡车等 |
| 木偶戏 | · 与木偶的自由互动<br>· 重新编排（在灾难中或其他地方的）经历；角色扮演 |

| 类型 | 形式 |
|------|------|
| 讲故事 | ·孩子讲故事，大人用"更健康"的结尾/解决方法/归因方式讲述故事、诗歌和图画<br>·角色扮演；重现灾难的实际经历；应对策略的角色扮演<br>·模拟灾难逃生<br>·口述历史：成年人讲述有关社区历史的故事 |
| 写作 | ·事件与情感的日记<br>·诗<br>·故事 |
| 放松的技巧 | ·想象<br>·运动；主动游戏；竞赛<br>·肌肉放松<br>·颈背部按摩 |

意义疗法

意义疗法是指一种在治疗策略上着重于引导当事者寻找和发现生命的意义，树立明确的生活目标，以积极向上的态度来面对和驾驭生活的心理治疗方法。其使用对象为缺乏生活意义与目标的个体。使用场景为危机后生活缺乏意义的状态。

意义疗法要求危机干预者不仅有能说善辩的语言能力，还要具备相当的哲学修养和丰富的生活阅历，以及从挫折失败中发现另一种意义和价值的审美能力（邱鸿钟，梁瑞琼等，2008）。弗兰克尔（V. E. Frankl）认为，发现生命意义有多种不同的途径，如创造与工作、爱、体验苦难的意义等。下面分别加以介绍。

·创造与工作。弗兰克尔认为，那些经历灾难后抱怨生命毫无意义或想自杀的人，实质上没有认识和体会到活下去的某种意义。而拯救这种心灵的办法就是启发当事者参透为何而活。纳粹集中营的经验告诉他，那些知道还有一件任务等待他去完成的人，最容易活下去。他认为，人的心理健康基于"已经达成"与"还应该成为什么"或"人是什么"之间的那种张力或非平衡状态。人具有一种"求意义之意志",是人之为人的最大特点。因此,他所需要的不是不惜任何代价地解除紧张,而是唤醒那等待他去实现的潜在意义。

　　·爱。弗兰克尔说:"爱是进入另一个人最深入人格核心之内的唯一方法。没有一个人能完全了解另一个人的本质精髓,除非爱他。借着心灵的爱情,我们才能看到所爱着的是什么,这些潜能是应该实现却还未实现的。而且爱还可以使其所爱者去实现那些潜能,使他领会自己能够成为什么,应该成为什么,而使他原有的潜能被发掘出来。"因此,人们可以借助爱的镜子看清自己未实现的潜能、挖掘人生的意义。

　　·体验苦难的意义。弗兰克尔认为:"如果人生真有意义,痛苦自应有其意义。痛苦正如命运和死亡一样,是生命中不可抹杀的一部分。没有痛苦和死亡,人的生命就无法完整。"当一个人遭遇无可避免的灾难或危机时,当事者所能做的只是选择对苦难采取什么态度。危机干预者并不可能改变当事者的厄运,所能做的也只是帮助当事者找寻苦难中蕴含的某种意义。总之,客观事实是不可变的,可变的是人看待事情的角度和构建自己世界的方法。

　　·另外的途径还有学会超越短暂性,学会幽默和利用矛盾取向技术,认识到人是"有限的"。这些都是从寻求人生意义的角度来为自己提供心理支持。

### 药物疗法

　　药物疗法主要针对那些存在较长时间或较严重的应激反应的个体,这些反应会对接下来的危机应对与日常生活造成明显的负面影响。当个体存在这些情况时,可以通过适度的药物干预来缓解其症状(施剑飞,骆宏,2016)。

　　(1)建议考虑药物治疗的情况。

　　·出现严重睡眠障碍,明显加重当事人的痛苦,为灾后日常生活适应带来一定困难；

· 出现明显的焦虑情绪，情绪不安，令当事人感到痛苦，或为灾后日常生活事务的处理带来明显负面影响；

· 出现明显的抑郁情绪，达到抑郁发作程度；

· 出现明显的急性应激障碍相关症状；

· 出现明显的创伤后应激障碍相关症状；

· 出现明显意识障碍，或行为紊乱；

· 有冲动行为或倾向；

· 有明显的自责、自罪、悲观等消极态度，出现自杀观念或自杀未遂行为；

· 既往有精神障碍病史，危机事件后有复发倾向或已经复发。

(2) 使用药物治疗的注意事项。

· 避免过度病理化。在危机事件后，当事人可能出现失眠、焦虑、抑郁、闪回、精神运动性抑制或兴奋等症状，这些都是人类对危机事件的自然反应，短时间出现症状是一种正常反应，对于症状较轻、持续时间较短者不一定需要使用药物。即使有些当事人达到了需要使用药物的程度，也要避免过早进行病理学诊断，避免过度诊断与过度用药。

· 尊重当事人的意愿。对于危机事件，不同的个体有不同的应激反应，也有不同的危机适应方式、适应速度，有明显的个体化特征；对于药物的使用，在当事人没有伤人倾向、自伤自杀危险或其他可能对生命安全造成威胁的情况下，应该尊重当事人的意愿。

· 按需用药原则。心理危机干预中药物的使用主要是对症治疗，应采用最低有效剂量，按需、短时间使用药物，避免长时间、过度使用药物，尤其要注意避免苯二氮䓬类药物的滥用。

· 药物治疗与心理治疗相结合的原则。在心理危机干预中，心理干预是主要的部分，药物治疗则是在必要时的对症处理，所以，对于使用药物的当事人，还要继续加强心理干预，避免其过度依赖药物。

·专业人员指导下用药的原则。药物的使用都应该在专科医生的指导下进行，药物使用后要定期评估疗效、副作用，并定期评估继续使用药物的必要性、何时以及如何减停使用的药物。

(3)危机事件后常见的精神卫生问题的药物使用。

失眠。危机事件中的当事人，可能还处于惊魂未定的状态，由于面临亲人死亡而伤心悲痛，或总是担心再次面临危险等，因而出现失眠，症状表现为入眠困难、维持困难、早醒或多梦。轻度失眠可以不做特殊处理，然而，严重的、持续性的失眠会增加当事人的痛苦，降低他们应对危机的能力，以致延缓他们从危机中恢复的过程，因此需要对他们进行积极的药物干预。处理原则如下。

·睡眠卫生教育：给予当事人正确的睡眠卫生知识，建议他们做到规律作息，尽可能不把情绪带到床上。

·药物治疗：当事人可在睡眠前选用唑吡坦、佐匹克隆或艾司唑仑等安眠药物，但这些药物的使用需要遵循最低需要量、短时间、按需使用原则。

焦虑状态。患者的焦虑可能是应激反应的一部分，也可能是独立的焦虑发作，或者是对于手术、身体康复的焦虑。表现为：经常或持续性的焦虑紧张；自主神经功能紊乱，常见症状有头晕、胸闷、心悸、呼吸困难、口干、尿频、尿急、出汗、震颤等；警觉性增高，运动性不安。需要针对导致焦虑的原因进行解释性心理治疗，同时辅以松弛训练及体育活动等，并在必要时予以药物治疗。处理原则如下。

·针对导致焦虑的原因进行解释性心理治疗，增加松弛训练，鼓励患者进行力所能及的体育活动。

·药物治疗：抗焦虑抑郁药物可选用帕罗西汀或文拉法辛，但这类药物通常起效比较慢，需要二至四周，早期可以使用苯二氮䓬类药物，以起到快速改善焦虑症状的作用，可口服阿普唑仑、劳拉西泮、奥沙西泮，并在使用二至四周后逐渐减量直至停用。

抑郁状态。抑郁状态可能是应激反应的一部分，可能是居丧反应的延续，可能是创伤后应激障碍的并发症状，或是本次应激所诱发的抑郁症。对于处于抑郁状态的当事人，危机干预者要注意识别，对于达到中重度抑郁症发作标准，或日常生活与危机适应受到明显影响者，或有明显的消极念头者，要注意对他们进行积极干预和合理的药物治疗。处理原则如下。

·若患者有消极观念或自杀倾向，应采取严密监护措施，必要时进行专科干预。

·对于因抑郁症而出现食欲严重下降或拒食者，可给予鼻饲或静脉营养，以纠正其体内水电解质和酸碱平衡紊乱。

·药物治疗：可选用 SSRIs（选择性 5-羟色胺再摄取抑制剂类，如帕罗西汀、舍曲林）或 SNRIs（5-羟色胺去甲肾上腺素再摄取抑制剂类，如文拉法辛、度洛西汀）或 NaSSAs（去甲肾上腺素和特异性5-羟色胺能抗抑郁剂类，如米氮平）来进行抗抑郁治疗，药物使用的时间应根据当事人的抑郁情绪严重程度和缓解情况而定，应建议当事人到精神科门诊就诊。

谵妄。有脑部疾病、全身感染、水电解质酸碱失衡的患者以及伴有多种躯体疾病的老年伤员，比较容易出现谵妄，症状表现为：意识障碍，对环境认识的清晰度降低；注意力的集中、持久或变换目标能力常常受损，导致患者注意力分散；记忆、定向障碍，思维和行为紊乱；错觉和幻觉，并存在继发于幻觉的妄想或情绪反应；睡眠或觉醒障碍，表现为失眠或嗜睡；部分患者会出现典型的昼轻夜重节律。处理原则如下。

·治疗原发疾病是消除谵妄的关键。

·药物治疗：急性谵妄所导致的兴奋躁动可用小剂量的抗精神病药物（如奥氮平、喹硫平等）来治疗。

急性应激障碍。急性应激障碍者最初常出现"茫然"状态，表现为意识范围狭窄、不能领会外在刺激及定向力障碍；紧接着是对周围环境的进一步退缩，表现为少言少动、目光呆滞，对问话无应答，甚至不吃东西也不喝水；但也有人会表现为激越性活动过多（逃跑反应或神游），常存在惊恐表现。症状一般在受到应激性刺激影响后的几分钟内出现，并在两三天内消失，对于发作时的情形会有部分或完全的遗忘。处理原则如下。

·让患者尽快摆脱创伤环境，避免进一步的刺激。

·在与患者能够接触的情况下，建立良好的医患关系，与患者沟通交谈，并对患者进行解释和心理支持。

·做好躯体状况的评估，及时进行支持治疗与对症处理。

·做好安全评估，避免发生冲动、自伤等意外。

·药物治疗：对于表现为激越兴奋的患者，可给予适当的抗精神病药物，如奥氮平或喹硫平等；对于有抑郁或焦虑症状的患者，可给予 SSRIs 或 SNRIs，如帕罗西汀或文拉法辛等；对于进食差或有明显脱水症状的患者，给予支持补液治疗；对于睡眠困难者，可以短期使用小剂量的中、短半衰期的镇静安眠药，如唑吡坦、佐匹克隆等。此外，苯二氮䓬类如劳拉西泮、阿普唑仑等具有很好的抗焦虑、镇静作用，可短期使用，以改善焦虑和兴奋症状。上述药物剂量应以中、小量为宜，症状缓解后可逐渐减药。

创伤后应激障碍（PTSD）。随着时间的推移，PTSD 患病人数将逐渐增加，多数患者在创伤性事件发生后的数天至半年内发病，一般在一年内恢复正常，但少数患者的症状可能会持续多年。PTSD的核心症状有三组，即创伤性再体验症状、回避和麻木症状、警觉性增高症状。在持续性麻木和情绪迟钝的背景下，患者会不断在闯入的回忆或梦中反复再现创伤体验，进而与他人疏远，对周围环境无反应，缺乏快感，并回避易使人联想到创伤的活动和情境。一般而言，有可能使患者联想到原来创伤的线索都是其害怕和回避的对象。偶尔会出现戏剧性的急性暴发恐惧、惊恐或攻击，这些是由一些突然唤起的对创伤或原来反应的回忆或者重演的刺激起扳机作用而促发的。患者通常还存在自主神经过度兴奋状态，表现为过度警觉、惊跳反应增强、失眠。焦虑和抑郁常与上述症状并存。处理原则如下。

　　• 以心理治疗为主，可采用的治疗方法有：松弛训练、暴露治疗、系统脱敏治疗、认知行为治疗、眼动脱敏信息再加工等。

　　• 药物治疗：早期应用苯二氮䓬类药物可预防 PTSD 的发生，但长期应用易导致药物依赖。抗抑郁药如 SSRIs（帕罗西汀、舍曲林等）和 SNRIs（文拉法辛等）除改善睡眠、抑郁焦虑症状外，还能减轻闪回和回避症状。

　　冲动行为。冲动行为是儿童及部分成年人身上常见的一种社会行为，在急性应激后较容易发生，特别是当个体经历严重灾害、丧失亲人、丧失肢体后更容易发生。它往往突然发生，而且带有破坏性，患者对行为的主观控制能力减弱。在患者出现冲动行为时，要检查其意识状况，寻找器质性病变的证据，评估其精神状况，并对冲动乃至暴力行为可能导致的危害进行评估。然后根据患者的状态进行言语安抚，并在必要时对身体进行保护约束，加强人力监控和对危险物品的管理。处理原则如下。

　　• 一过性的冲动行为可注射氯硝西泮注射液，持续性冲动可在上述治疗的基础上给予抗精神病药物治疗，如奥氮平或喹硫平。

　　• 对于慢性冲动者可选择心境稳定剂（如碳酸锂、丙戊酸钠）来进行治疗。以上心境稳定剂应注意从小剂量开始，并要注意患者的肝肾功能状况、是否起皮疹以及时调整药物浓度，最好在精神专科医生指导下使用。

自杀行为。一般将自杀行为分为自杀意念、自杀未遂、自杀死亡三种形式。自杀意念是指有寻死的愿望，但没有采取任何实际行动；自杀未遂是有意采取毁灭自我的行为，但并未导致死亡；自杀死亡则为有意采取毁灭自我的行为，并导致了死亡。在危机事件发生之后，自杀率可能上升。处理原则如下。

· 加强对高危人群的评估，加强监护，确保安全。

· 心理干预：向当事人解释情绪活动是对危机事件的正常反应；鼓励讨论感受，帮助其接受现实；提供应对策略，鼓励其建立新的生活。

· 药物治疗：可选用 SSRIs（如帕罗西汀）或 SNRIs（如文拉法辛）来治疗。

· 若出现兴奋激越可用氯硝西泮注射液进行肌肉注射，或给予氟哌啶醇肌肉注射。

### 音乐疗法

音乐疗法是以音乐活动为媒介，以增进身心健康为目的的一种治疗方法。"5·12"汶川地震后，音乐疗法对震后干预起到了一定的积极作用，下面举一个具体的实例。

干预者采用了"接受式音乐治疗法"对受灾学生的 PTSD 进行了矫治（向乾坤，穆兰，2011）。他们选用贝多芬的《命运交响曲》和我国儿童歌曲《我们多么幸福》来进行音乐治疗。第一阶段是音乐治疗的暖身活动阶段，在音乐治疗开始之前，干预者先安排暖身活动，与受灾学生进行互动练习，也就是用不同节奏进行"我们的明天会更好"的诵读，诵读时配合拍手、跺脚等动作，进而使学生能够很好地融入群体之中，为音乐治疗的顺利开展奠定基础。第二阶段是音乐治疗的说、听阶段，此阶段主要是结合贝多芬的故事，让受灾学生聆听《命运交响曲》。第三阶段是音乐治疗的朗诵、赏析和歌唱阶段。

首先，朗诵歌词，让学生高声诵读《我们多么幸福》的歌词；其次，赏析音乐，播放歌曲的同时播放与歌词配套的图片以加强效果；最后，齐声歌唱，让学生把《我们多么幸福》高声唱出来。通过音乐治疗，学生们在一定程度上宣泄了情绪，树立了信心。

音乐疗法对危机事件后的心理重建具有一定程度的积极作用，但仍然是一种较新的治疗模式，后期仍需要在实践中进一步改进和总结，以形成一套科学合理的规范流程。

## 10.2 针对特定群体的心理与社会支持

在危机事件发生之后，不同人群可能会产生不同的反应和需要，并且不同人群的危机应对和恢复能力也不完全一样，因此十分有必要针对不同群体进行特殊的心理与社会支持（Juen, et al., 2016）。为此，本节将专门介绍针对未成年人、老年人、残疾人和援助者的心理与社会支持。

### 10.2.1 针对未成年人的心理与社会支持

以下是保护未成年人的关键行为，适用于所有事件类型中的未成年人的恢复反应。

（1）找到合适的方法，以避免孩子受到进一步伤害和进一步暴露在创伤性刺激下。如果可能的话，为儿童和青少年专门创建一个安全的避难所，以避免未成年人遭到围观和受到媒体报道的影响。

（2）需要给予温和、坚定的引导。在可能的情况下，引导那些能够离开暴力或破坏现场的孩子，远离严重受伤的幸存者以及持续的危险。

（3）识别处于极度痛苦中的孩子，陪伴他们直到情况初步稳定下来。极度的痛苦包括恐慌（典型行为有颤抖、激动、胡言乱语、变得沉默或行为古怪)和强烈的悲伤(迹象包括大哭、愤怒或静止不动)。

(4)使用一种支持和同情的语言或非语言交流。如果合适的话,可以用一个拥抱来帮助孩子获得安全感。无论交流的时间是多么短暂,这种安慰方式对孩子们来说是重要的。

(5)在暴力或灾难发生后,家庭能够提供最重要的支撑。父母和其他爱心人士可以做的事情包括:

· 尽你所能地解释这场暴力或灾难的经历。

· 鼓励孩子们表达他们的感受,倾听而不去评判。帮助年幼的孩子学会用语言表达他们的感受。但是,不要强迫孩子讨论创伤性事件。

· 让儿童和青少年知道,在发生糟糕的事情后感到沮丧是正常的。

· 让年轻人有时间去体验和谈论他们的感受。不过,对孩子来说,在家里逐渐恢复日常生活是具有安抚作用的。

· 如果你的孩子感到害怕,需要安抚并告诉他们,你爱他们并且会照顾他们。一家人应尽可能多地聚在一起。

· 如果有睡眠问题,那么给孩子额外的时间和安慰。如果有必要的话,在一段时间中可以让他开着灯睡觉或者在你的房间里睡觉。

· 安慰他们,创伤性事件不是他们的错。

· 不要批评退行行为,不要说孩子幼稚,不要让他们感到羞愧。

· 允许孩子们哭泣或者伤心。别期望他们会勇敢或坚强。

· 鼓励儿童及青少年体验控制感。让他们做一些决定,包括吃饭、穿衣等。

· 照顾好你自己才能照顾孩子们。

· 鼓励孩子发展应对、解决问题的技巧以及适龄的解决焦虑的方法。

（6）组织家长参与会议，讨论创伤性事件、他们的孩子对此的反应、未成年人如何自助以及你如何提供帮助。如果可能的话，请心理健康专家参加这些会议活动。

（7）大多数儿童和青少年，在获得了上述支持之后，将在数周内完全从创伤经历所引起的恐惧和焦虑中恢复过来。然而，一些儿童和青少年需要更多的帮助和更长的时间才能痊愈。失去亲人、老师、朋友或宠物的悲痛可能需要几个月的时间才能解决，还可能会被媒体报道或祭日之类的提醒重新唤醒。

（8）在创伤事件发生后的第一时间以及接下来的几周内，重要的是要确定哪些儿童或青少年需要更多的支持和治疗，他们可能会出现持续性的悲伤或其他极端情绪。有些年轻人会出现更多的常见反应（包括反复体验创伤，以噩梦和痛苦回忆的形式再次体验创伤，过度警觉，睡眠障碍，以及容易受到惊吓等），对于他们而言，父母和老师的支持和安慰可能会有较大的帮助。

（9）不要太快回到学校的日常学习中去。给儿童或青少年时间谈论创伤事件，并表达他们的感受。

（10）尊重部分孩子不想参加关于创伤事件的课堂讨论的想法。不要强迫讨论或反复提到灾难性事件，这样做可能会再次伤害孩子。

（11）在学校内组织跟全班、学生小组或个别学生一起参与的会议。这些会议是为了让学生知道他们的恐惧和担忧是正常的反应。县城和学区可能会组织干预小组进入学校，在灾难或暴力事件发生后举行这样的会议。如果可能的话，请心理健康专家参与这些活动。

（12）对在校学生提供循证的治疗方式（可参见史密斯等人在2002年撰写的《教授恢复技巧》或者以下网址：http：//www.childrenand-war.org/）。

（13）对孩子们的文化差异保持敏感。例如，表达消极情绪在一些文化中是不可接受的。不愿与老师进行眼神交流的孩子可能并不是感到沮丧，而只是表现出了与其文化相适应的行为。

### 10.2.2　针对老年人的心理与社会支持

以下是用于支持危机中的老年人的关键建议，适用于老年人经历的所有事件类型和阶段。

(1)进行持续的需求评估。

(2)关注老年人特殊的心理与社会支持需求。

(3)关注危机中老年人的特殊营养需求。

· 制订营养计划；

· 设置无障碍的地点；

· 对物理变化保持敏感；

· 评估。

(4)关注恢复阶段的特殊需求。

· 家庭团聚和重返社会；

· 跟进及护理制度；

· 住宿；

· 将老年人的需求纳入恢复计划中。

(5)提供适当的运输和疏散方法。

(6)为住在收容所的老年人提供适当的支持。

· 员工培训和管理；

· 使其方便使用设施和物品；

· 使其获得医疗用品；

· 个人援助；

· 老年人的友好空间。

(7)关注老年人的保护和权利。

(8)促进老年人参与应急规划和准备程序。

(9)确保心理与社会支持手册和工具中关注了老年人易受伤害的

地方和需求。

(10)促进对老年人在灾害中的需求的进一步研究和评估。

### 10.2.3  针对残疾人的心理与社会支持

以下是用于支持危机中的残疾人的关键建议，适用于残疾人经历的所有事件类型和阶段。

(1)确保工作人员了解残疾人的权利，并强调《残疾人权利公约》。

(2)确保身份识别和注册。询问民间参与者、相关公共机构、非政府组织、宗教团体、社区组织及残疾人组织，以收集有关残疾人的信息及所在地点。

(3)创建一个有效的转诊系统，借此查明谁能做什么、在何时何地以及如何开展工作，并且将残疾人组织、政府机构、相关国际和地方组织或其他服务提供者联系起来。

(4)提高认识并提供一个支持性的环境。如果合适的话，让家庭成员和照顾者参与到外联活动、宣传活动、其他沟通倡议中，并参与到支持规划中。

(5)为残疾儿童提供教育。

(6)传播和交流适当的信息。以多种适当的形式准备关键信息，特别是那些专门针对残疾人的信息。

(7)合理分配食品类和非食品类的物品。让残疾人参与方案设计和交付，并确保分配是合理、可获得的。

(8)在团聚活动中优先考虑残疾人，并让他们的照顾者参与。确保长期的解决方案能够尊重残疾人的家庭生活权利及其在社区中独立生活的权利。

(9)保证避难所、住房和办公室的无障碍使用。确保基础设施和住宿设施安全、无障碍和适当。

(10)确保交通的便利性。

### 10.2.4　针对援助者的心理与社会支持

面向援助者的干预设计：同伴支持计划

以下是面向援助者的心理与社会支持(转介和服务设计)的关键建议，适用于援助者经历的所有事件类型和阶段。

(1)同伴支持计划应该对同伴支持有一个明确的定义，描述同伴支持者在组织中所扮演的角色。同伴支持的定义和组织内的具体作用应考虑到组织提供的服务类型及其目标群体等因素。

(2)同伴支持计划应仔细规划，并制定阶段性的发展任务。

(3)这个计划应该有一个明确的选拔过程，根据理想标准选择合适的候选人。这一过程应考虑到该组织的各种人口统计学特征，包括性别、年龄、经验、级别、地点、种族等。

(4)为了成为一名同伴支持者，个人应该：

·成为"目标人群"的一员。

·在目标人群的工作领域上具有丰富经验。

·受到同行(同事)的尊重。

·在任命前需要经过申请和甄选程序，其中应包括由一个适当的小组进行面试。

(5)同伴支持者应该：

·提供一双有同理心的、善于倾听的耳朵。

·提供低水平的心理干预。

·找出可能对自己或他人有风险的同事。

·促进个体寻求专业帮助。

(6)同伴支持者应该接受基本技能培训，以履行他们的职责，在开始履行他们的职责之前达到培训要求的具体标准，并参与持续进行的培训、监督、审查和认证。

（7）同伴支持者不应将他们的活动限定至高风险事件。他们也应该是员工日常健康和福利的一部分，但他们通常不应该持续看顾"当事人"。他们应寻求专家意见，为较复杂的个案提供转介途径，并为之保密。

（8）同伴支持计划应定期在整个组织内推广，以确保员工及志愿者明白同伴支持在协助同事方面所扮演的角色。

（9）除非工作人员或志愿者有特别的要求，同伴支持者通常应该在个体暴露到高风险事件之后被最先提供。在其他情况下，工作人员和志愿者应该能从一个得到认证的支持人才库中自主选择他们的支持者。

（10）同伴支持计划应有一套成文的转介政策，以指导同伴支持者协助超出自身处理范围的同事进行转介。

（11）在认识到工作的潜在需求的情况下，同伴支持者应该：

· 不需要每天 24 小时随叫随到。

· 如果需要的话，能够很容易地从心理健康医生那里为自己获得治疗。

· 很容易得到临床专家的意见。

· 在方案内定期参与同伴督导。

（12）心理健康专家应参与到计划的发展、督导和培训中。

（13）同伴支持计划应获得各级管理人员的认可和切实支持。

（14）同伴支持计划应该为其持续运作提供一份成文的连续计划。

（15）同伴支持计划应在开始之前确定与具体成果相联系的明确目标。外部独立评价人员应定期对其进行评估打分，评价应包括用户的定性和定量反馈。客观指标如缺勤率、更替率、工作业绩、工作人员和志愿人员士气等，虽然这些不是同伴支持计划的主要目标，但可作为评价工作的补充数据加以收集。

（16）遵循关键原则和关键行为。

（17）提供有组织的同伴支持。有组织的同伴支持任务是支持经历过创伤事件的同事。在执行时，必须注意以下几点：提供实际的援助；激励健康的恢复进程；及早发现可能出现的心理与社会性的问题，并及时转介至专业人员；协助监测恢复进度；激活社会网络；缓冲来自环境的负面刺激。

（18）采取的步骤。在执行有组织的同伴支持时，可以分为四个步骤：第一，确定是否需要使用同伴支持（即确定同事是否遭受了创伤事件）；第二，寻求或预约同伴支持者；第三，按上述各方面帮助同事；第四，如有必要的话，建议工作人员和志愿者跟专业人士联系。

同伴支持中的关键行为

以下建议针对的是工作人员和志愿者（特别是在搜救、营救、心理与社会支持、紧急援助等方面的志愿者），适用于所有事件类型、帮助程序、所有阶段。

（1）心理教育和预防培训。

心理教育的内容是承认和识别（创伤）经历，重点是提高工作人员和志愿者在实践方面的自我效能。心理教育还强调了诸如观察等待（确定哪些反应是正常的、哪些是值得关注的）、风险评估以及促进适当求助行为等方面的重要性。心理教育应作为该领域内的准备工作被纳入到培训中，并应在事故发生后被直接提供。

（2）业务汇报。

业务汇报是指具有可操作性、旨在确定事实的事后讨论。这里的重点不是情绪体验（其他的干预措施更适合情绪体验），而是还原事实，以避免未来犯同样的错误。它还将增强团体凝聚力和相互支持以及对事件的了解。

重要的是，工作人员和志愿者有机会讲述他们自己的故事，在这个过程中可以表达情感。但不建议在事件发生后立即积极地询问有关情绪感受的问题。因为研究表明，这种汇报的效果较差，甚至可能会加剧心理症状。因此，不建议进行过多的情绪表达。

（3）同伴支持访谈。

同伴支持通常是以访谈的形式提供的。在第一次访谈后，如果必要的话，还会进行一些后续访谈。第一次访谈的时间点很重要，如果在事后太早进行，可能会影响自然恢复过程。同样重要的是，不要进行周期过长的同伴支持。如果当事人需要专业帮助，应确保其尽快得到专业帮助。因此，建议最多进行三次访谈，如果问题仍然存在，应将该人转介给专业人员。

（4）监测与风险评估。

应对接触过创伤性事件的工作人员和志愿者进行检测，帮助他们及时发现心理问题。初步的风险评估可以由同伴支持者在初次访谈中进行，利用一般的问题来筛查是否存在心理问题，而临床筛查工具只应由心理健康专业人员使用。

（5）及时转介给专业人士。

鼓励及时确认问题并转介给专业人士。心理分流意味着在发生创伤性事件后应当区分：能够自行恢复的人员；有可能发展成更严重的慢性疾病的人员；恢复过程中出现问题并需要直接专业护理的人员。对于第一组和第二组来说，在前四至六周内对他们实行"观察等待"政策是明智的。此外，支持性的环境在这一阶段特别重要。第三组人员则需要立即被转介到相关的精神健康服务机构。

## 10.3 危机管理中心理与社会支持的工具

在对危机管理中心理与社会支持技术有了大体的了解后，本节将具体介绍一些较为实用的工具或量表，以便为该领域的工作者提供一些基本参考。

### 10.3.1　心理与社会需求评估表

心理与社会需求评估表（Psycho-social Need Assessment Form）是灾难发生后第一个需要使用的工具。简单来说，评估内容包括：确定受访者受影响的程度及受影响的方式，明确他们的问题与需求，了解可用的资源或人力资源组织及其运作情况，掌握当前可获取的服务及其提供方式，并据此勾勒出心理与社会支持干预计划的框架。

心理与社会支持工作者一般会根据实际访谈情况填写一个心理与社会需求评估表，由此提供一个尽可能全面的分析，然后根据具体问题，进一步细化问题（Turkish Red Crescent，2008），具体见表10-2。

**表 10-2　心理与社会需求评估表**

| 日期：<br>访谈者： | | 编号： |
|---|---|---|
| 个人信息 | | |
| 姓名： | 性别：<br>□男<br>□女 | 地区： |
| 年龄： | 地址： | |
| 电话： | 电子邮件地址： | |
| 紧急联系人及其电话： | | |
| 年龄段：<br>□0～12<br>□13～18<br>□19～30<br>□31～60<br>□61 及以上 | 个人婚恋状况：<br>□已婚<br>□单身<br>□离异<br>□丧偶<br>□有恋爱对象 | 教育水平：<br>□小学<br>□初中<br>□高中<br>□中专<br>□大学<br>□研究生<br>□其他 |

续表

| 关于受访谈者： | 社会保障：<br>□ 无<br>□ 医疗保险<br>□ 养老保险<br>□ 商业保险<br>□ 其他 | 家庭身份：<br>□ 母亲<br>□ 父亲<br>□ 子女<br>□ 祖父、祖母<br>□ 其他 |
|---|---|---|
| 职业：<br><br>当前工作：<br><br>工作状态：<br>□ 在工作<br>□ 未工作<br>□ 失业 | | |

**家庭其他成员**

| 姓名<br>————<br>———— | 年龄<br>———— | 性别<br>————<br><br>男性人数：<br>————<br><br>女性人数：<br>———— | 家庭身份<br>———— |
|---|---|---|---|

**需求**

个人需求（评估需求水平：没有 0、较少 1、部分 2、很多 3、非常 4）

| （　）住处<br>（　）社交圈<br>（　）法律援助<br>（　）心理与社会服务<br>（　）家庭联结<br>（　）其他 1————— | （　）食物、营养<br>（　）教育<br>（　）工作<br>（　）医疗保健<br>（　）卫生<br>（　）其他 2————— | （　）衣物<br>（　）经济<br>（　）精神科服务<br>（　）清洁的水<br>（　）宗教设施<br>（　）其他 3————— |
|---|---|---|

评论（真实的情况）

| 家庭需求（评估需求水平：没有 0、较少 1、部分 2、很多 3、非常 4） | | |
|---|---|---|
| （  ）住处 | （  ）食物、营养 | （  ）衣物 |
| （  ）社交圈 | （  ）教育 | （  ）经济 |
| （  ）法律援助 | （  ）工作 | （  ）精神科服务 |
| （  ）心理与社会服务 | （  ）医疗保健 | （  ）清洁的水 |
| （  ）家庭联结 | （  ）卫生 | （  ）宗教设施 |
| （  ）其他 1＿＿＿＿ | （  ）其他 2＿＿＿＿ | （  ）其他 3＿＿＿＿ |

**评论**（真实的情况；请明确是该家庭的一般需求还是某个人的需求）

① ＿＿＿＿＿＿　　　② ＿＿＿＿＿＿　　　③ ＿＿＿＿＿＿

④ ＿＿＿＿＿＿　　　⑤ ＿＿＿＿＿＿　　　⑥ ＿＿＿＿＿＿

**额外信息**

(1)您是否知道可以满足您需求的任何社区组织、资源或基金？

□是　□否　　总数（  ）

如果选是的话，那么这些组织、资源、基金的名称是什么，它们正在提供什么类型的服务，获得这些服务的途径是什么？

| 组织/资源/基金名称 | 服务/支助详情 | 获得服务的途径 |
|---|---|---|
| ① ＿＿＿＿＿ | | ＿＿＿＿＿ |
| ② ＿＿＿＿＿ | | ＿＿＿＿＿ |
| ③ ＿＿＿＿＿ | | ＿＿＿＿＿ |

(2)您是否仍与这些组织、资源、基金保持联系，或者您是否与它们有过联系？

□是　□否

如果选是的话，这些组织、资源、基金是哪些？它们在多大程度上满足了您的需要？

(0 到 4 评分：没有 0、较少 1、部分 2、满意 3、完全 4)

（  ）组织：＿＿＿＿＿＿＿＿＿＿＿＿＿

（  ）组织：＿＿＿＿＿＿＿＿＿＿＿＿＿

（  ）组织：＿＿＿＿＿＿＿＿＿＿＿＿＿

**确定的相关资源**（由工作人员填写）：哪些资源将满足需要？

① ＿＿＿＿＿＿＿＿＿＿＿＿＿＿＿＿＿＿＿

② ＿＿＿＿＿＿＿＿＿＿＿＿＿＿＿＿＿＿＿

③ ＿＿＿＿＿＿＿＿＿＿＿＿＿＿＿＿＿＿＿

续表

| 行动清单（由工作人员填写）：建议、应采取的行动、最新情况 |
| --- |
| ①_____ |
| ②_____ |
| ③_____ |
| 注：本表格将根据所针对的个人或群体、被询问的需求和其他变量进行重组、缩短或扩展，并附加可能需要的问题。 |

### 10.3.2　心理与社会状况报告

心理与社会状况报告（Psycho-social Situation Report）是针对受灾地区首先要进行的一个需求和状况分析（Turkish Red Crescent，2008）。该报告包括了总体情况分析、与心理与社会需要有关的因素以及结论和建议等方面的内容。下面列出该报告中所涉及的主要项目，其中部分内容与我国国情不符，应用时需根据实际情况，有选择性地参考。

(1)总体情况分析。

a. 受影响地区的地理和环境特征

b. 灾前情况

c. 灾害类型

d. 群众行动或预期行动

e. 安全状况

f. 总体情况和维持生命的基本需要

- 死亡率和原因

- 库存状况、后期食品分配和未来食品需求

- 可用水量

- 满意的卫生条件

- 住房和衣服

- 其他基本的重要需求

g. 经济方面：工作，资源分配，政治民族评估

h. 社区评估：团结，政治和民族特征以及与性别有关的问题，以及其他评估

i. 教育：灾害的影响，后勤和经济形势，可用的教师和教师的角色

j. 家庭联系措施

(2)受影响人口的定义。

a. 在年龄、族裔和脆弱性方面的人口评估

- 失去父母的孩子
- 妇女/儿童/青少年家庭领导人
- 老年人
- 有身体残疾和发育障碍的人
- 有慢性精神健康问题的人（地点：家庭/医院）
- 家庭成员平均人数
- 受灾人口的所在地点：营地、村庄、城镇；农村、城市；沙漠、林地；可及性

b. 在发生冲突的情况下（包括上述内容）

- 遭受犯罪或性虐待的人
- 失踪者/受约束者的家庭

(3)与心理与社会需要有关的因素。

a. 灾害的结构

- 发生灾难的时期或受灾时期
- 灾后缺乏食物、水和避难所的时期
- 幸存者是否目睹家人、朋友或周围其他人受伤或死亡
- 幸存者是否有受伤或濒临死亡的经历
- 风险因素是否仍继续存在
- 传统的家庭和支助网络是否被打破

- 民族、政治和宗教冲突
- 丧失隐私
- 正常活动暂停（商业、学校、家庭工作）
- 与家庭分离（失去或受限制的家庭成员）

b. 在发生冲突的情况下（包括上述内容）

- 死亡人数以及有关这类事件的信息
- 持续侵犯和骚扰
- 性侵犯
- 犯罪威胁仍在继续
- 被捕/监禁
- 欺凌、恐吓、威胁

（4）文化、宗教、政治和社会经济条件。

a. 社会结构：社区、群体等

b. 家庭类型：大家庭、共同价值观、共同应对机制等

c. 难民状态下与东道国的关系

d. 受影响者的自我组织

e. 社区领袖

f. 社会团体和协会

g. 文化因素

- 宗教及其对社会的影响
- 社会上对病人和残疾人的态度
- 表达感情/想法的方式
- 在灾难发生前和当下，社会对精神病人的态度
- 人们是否需要帮助和心理援助
- 人们是否理解他们的冤情或创伤，是否能够应对这种情况
- 冲突、传统和仪式的表现如何受到灾害的影响

(5)心理与社会支持政策与资源。

a. 是否有国家精神卫生政策、行动计划

b. 该计划中是否包含准备或紧急响应

c. 受影响地区是否实施了心理与社会支持方案

d. 红十字会是否有能力实施心理与社会支持方案

e. 是否有其他非政府组织或地方组织可以实施心理与社会支持方案

(6)自助能力。

a. 社会内部的和谐与团结

b. 受灾社区的复原力和活力水平

c. 正式和非正式教育活动

d. 自助和支持团体

(7)结论和建议。

a. 建议紧急和全面的干预措施

b. 现有资源、合作关系以及需要资源的预期

c. 重要的限制和风险

### 10.3.3　社会支持情况量表

社会支持是指来自社会各方面(如家庭、亲属、朋友、同事、伙伴等)的给予个体精神上和物质上的帮助支援,反映了一个人与社会联系的密切程度和质量。社会支持一方面能够为应激状态下的个体提供保护,另一方面对维持一般的良好情绪体验具有重要意义。尤其是在危机事件之后,当事人拥有的社会支持在其恢复过程中扮演着十分重要的角色。下面我们将列举两个比较常用的社会支持量表。

#### 社会支持评定量表

社会支持评定量表(肖水源,1994)是国内运用最为广泛的社会支持量表之一,已被大量研究证明具有临床预测评估价值,例如许

多研究都发现该量表可以有效预测受测群体的心理健康水平。该量表具有 10 个项目，包括客观支持、主观支持以及社会支持的利用度三个维度。具体见表 10-3。

### 表 10-3 社会支持评定量表

姓名： 性别： 年龄： （岁）

文化程度： 职业： 婚姻状况：

住址或工作单位： 填表日期： 年 月 日

指导语：下面的问题用于反映您在社会中所获得的支持，请按各个问题的具体要求，根据您的实际情况来回答。谢谢您的合作。

| |
|---|
| 1. 您有多少关系密切，可以为您提供支持和帮助的朋友？（只选一项）<br>(1)一个也没有；(2)1 至 2 个；(3)3 至 5 个；(4)6 个或 6 个以上 |
| 2. 近一年来您：（只选一项）<br>(1)远离家人，且独居一室；<br>(2)住处经常变动，多数时间和陌生人住在一起；<br>(3)和同学、同事或朋友住在一起；<br>(4)和家人住在一起。 |
| 3. 您与邻居：（只选一项）<br>(1)相互之间从不关心，只是点头之交；<br>(2)遇到困难可能稍微关心；<br>(3)有些邻居很关心您；<br>(4)大多数邻居都很关心您。 |
| 4. 您与同事：（只选一项）<br>(1)相互之间从不关心，只是点头之交；<br>(2)遇到困难可能稍微关心；<br>(3)有些同事很关心您；<br>(4)大多数同事都很关心您。 |
| 5. 从家庭成员得到的支持和照顾（在合适的描述下画"√"）<br>                     无    极少    一般    全力支持<br>A. 夫妻(恋人)<br>B. 父母<br>C. 儿女<br>D. 兄弟姊妹<br>E. 其他成员(如嫂子) |

| |
|---|
| 6. 过去，在您遇到急难情况时，曾经得到的经济支持和解决实际问题的帮助的来源有：<br>(1)无任何来源。(2)下列来源：（可选多项）<br>A. 配偶；B. 其他家人；C. 朋友；D. 亲戚；E. 同事；F. 工作单位；<br>G. 党团工会等官方或半官方组织；<br>H. 宗教、社会团体等非官方组织；<br>I. 其他(请列出)。 |
| 7. 过去，在您遇到急难情况时，曾经得到的安慰和关心的来源有：<br>(1)无任何来源。(2)下列来源：（可选多项）<br>A. 配偶；B. 其他家人；C. 朋友；D. 亲戚；E. 同事；F. 工作单位；<br>G. 党团工会等官方或半官方组织；<br>H. 宗教、社会团体等非官方组织；<br>I. 其他(请列出)。 |
| 8. 您遇到烦恼时的倾诉方式：（只选一项）<br>(1)从不向任何人诉述；<br>(2)只向关系极为密切的1至2人诉述；<br>(3)如果朋友主动询问您会说出来；<br>(4)主动诉述自己的烦恼，以获得支持和理解。 |
| 9. 您遇到烦恼时的求助方式：（只选一项）<br>(1)只靠自己，不接受别人帮助；<br>(2)很少请求别人帮助；<br>(3)有时请求别人帮助；<br>(4)有困难时经常向家人、亲友、组织求援。 |
| 10. 对于团体(如党团组织、宗教组织、工会、学生会等)组织活动，您：<br>（只选一项）<br>(1)从不参加；(2)偶尔参加；<br>(3)经常参加；(4)主动参加并积极活动。 |

　　注：第1、2、3、4、8、9、10条，每条只选一项，选择1、2、3、4项分别计1、2、3、4分；第5条分A、B、C、D、E五项计总分，每项从"无"到"全力支持"分别计1至4分；第6、7条如回答"无任何来源"则计0分，回答"下列来源"者，有几个来源就计几分。总分即十个项目计分之和。客观支持得分即第2、6、7条评分之和。主观支持得分即第1、3、4、5条评分之和。对支持的利用度得分即第8、9、10条评分之和。

### 领悟社会支持量表

领悟社会支持量表(Perceived Social Support Scale,简称 PSSS)由乔梅特(Zimet)编制,由姜乾金(1999)翻译成中文,是一种强调个体自我理解和自我感受的社会支持量表,包含 12 个项目,分别测定个体领悟到的来自各种社会支持来源(如家庭、朋友、他人)的支持程度,同时以总分反映个体感受到的社会支持总程度,在国内的研究中已经较为广泛应用。具体见表 10-4。

**表 10-4　领悟社会支持量表**

指导语:以下有 12 个句子,请您根据自己的实际情况在"极不同意""很不同意""稍不同意""中立""稍同意""很同意""极同意"7 个选项中选择一个,并在相应的方格内画"√"。例如,选择"1"表示您极不同意,说明您的实际情况与这一句子极不相符;选择"7"表示您极同意,说明您的实际情况与这一句子极相符;选择"4"表示中间状态。

| 题项 | 极不同意 | 很不同意 | 稍不同意 | 中立 | 稍同意 | 很同意 | 极同意 |
|---|---|---|---|---|---|---|---|
| 1. 在我遇到问题时有些人(领导、亲戚、同事)会出现在我的身旁。 | 1 | 2 | 3 | 4 | 5 | 6 | 7 |
| 2. 我能够与有些人(领导、亲戚、同事)共享快乐与忧伤。 | 1 | 2 | 3 | 4 | 5 | 6 | 7 |
| 3. 我的家庭能够切实具体地给我帮助。 | 1 | 2 | 3 | 4 | 5 | 6 | 7 |
| 4. 在需要时我能够从家庭获得感情上的帮助和支持。 | 1 | 2 | 3 | 4 | 5 | 6 | 7 |
| 5. 当我有困难时有些人(领导、亲戚、同事)是安慰我的真正源泉。 | 1 | 2 | 3 | 4 | 5 | 6 | 7 |
| 6. 我的朋友们能真正地帮助我。 | 1 | 2 | 3 | 4 | 5 | 6 | 7 |
| 7. 在发生困难时我可以依靠我的朋友们。 | 1 | 2 | 3 | 4 | 5 | 6 | 7 |
| 8. 我能与自己的家庭谈论我的难题。 | 1 | 2 | 3 | 4 | 5 | 6 | 7 |
| 9. 我的朋友们能与我分享快乐与忧伤。 | 1 | 2 | 3 | 4 | 5 | 6 | 7 |

| 题项 | 极不同意 | 很不同意 | 稍不同意 | 中立 | 稍同意 | 很同意 | 极同意 |
|---|---|---|---|---|---|---|---|
| 10. 在我的生活中有些人(领导、亲戚、同事)关心着我的感情。 | 1 | 2 | 3 | 4 | 5 | 6 | 7 |
| 11. 我的家庭能心甘情愿协助我作出各种决定。 | 1 | 2 | 3 | 4 | 5 | 6 | 7 |
| 12. 我能与朋友们讨论自己的难题。 | 1 | 2 | 3 | 4 | 5 | 6 | 7 |

### 10.3.4　危机后的心理健康推荐量表

最后，我们将列举一系列目前国际上在危机后针对心理健康较为常用的量表(Juen, et al., 2016)，如生活事件核对表、创伤后应激障碍或情绪障碍量表以及韧性量表。

**生活事件核对表**

生活事件核对表(Life Events Checklist for DSM-5, LEC-5; Weathers, Blake, et al., 2013)是一个自我报告量表，其中罗列了一些有时会发生在人们身上的困难或有压力的事件，这些事件都有可能导致创伤后应激障碍。该量表可以帮助干预者快速了解干预对象过去遭遇的压力事件。具体见表10-5。

**表 10-5　生活事件核对表**

指导语：下面列出了一些有时会发生在人们身上的困难或有压力的事件。对于每一个事件，请检查右边的一个或多个方框，以表明：(A)它发生在您个人身上；(B)您目睹它发生在其他人身上；(C)您了解到它发生在近亲或密友身上；(D)您将接触它作为您工作的一部分(例如，护理人员、警察或其他第一反应人员)；(E)您不确定它是否发生在您的工作中；(F)它不适用于您。在浏览列表时确保考虑您的整个生活(成长以及成年)。

| 题项 | 选项 | | | | | |
|---|---|---|---|---|---|---|
| 1. 自然灾害(如洪水、飓风、龙卷风、地震)。 | A | B | C | D | E | F |
| 2. 火灾或爆炸。 | A | B | C | D | E | F |
| 3. 交通事故(如汽车事故、船只事故、火车失事、飞机失事)。 | A | B | C | D | E | F |
| 4. 在工作、家庭或娱乐中发生的严重事故。 | A | B | C | D | E | F |
| 5. 接触有毒物质(如危险化学品、辐射)。 | A | B | C | D | E | F |
| 6. 人身攻击(如被攻击、殴打、打耳光、脚踢)。 | A | B | C | D | E | F |
| 7. 用武器攻击(如被枪击、刺伤,被用刀、枪、炸弹威胁)。 | A | B | C | D | E | F |
| 8. 性攻击(强奸、强奸未遂,以武力或伤害相威胁进行任何类型的性行为)。 | A | B | C | D | E | F |
| 9. 其他不想要的或不舒服的性经历。 | A | B | C | D | E | F |
| 10. 作战或暴露于战区(在军队中或作为平民)。 | A | B | C | D | E | F |
| 11. 囚禁(如被绑架、被扣为人质、成为战俘)。 | A | B | C | D | E | F |
| 12. 危及生命的疾病或伤害。 | A | B | C | D | E | F |
| 13. 严重的人类苦难。 | A | B | C | D | E | F |
| 14. 暴死(如杀人、自杀)。 | A | B | C | D | E | F |
| 15. 猝死。 | A | B | C | D | E | F |
| 16. 对他人造成的严重伤害、伤害或死亡。 | A | B | C | D | E | F |
| 17. 任何其他压力很大的事件或经历。 | A | B | C | D | E | F |

注:本量表旨在收集干预对象可能经历的创伤性事件。它没有标准的计分方式。

创伤后应激障碍或情绪障碍量表

下面将介绍几个适用于测量潜在创伤后应激障碍或情绪障碍的常用量表。

（1）创伤后压力快速筛选表（Primary Care PTSD Screen for DSM-5，PC-PTSD-5；Prins，et al.，2016）。该量表旨在快速筛选创伤后应激障碍患者。筛选阳性的人需要进一步评估。这项测验开始于一个评估被访者是否接触过创伤性事件的题目，如果被访者否认接触，得分为0。否则（表明被访者曾经历过创伤事件），需要接着要求被访者回答5个问题，其中如果有3个或更多的答案为是的话，患者可能患有创伤后应激障碍。具体见表10-6。

**表 10-6　创伤后压力快速筛选表**

指导语：有时候异常可怕的事情发生在人们身上：（A）严重事故或火灾；（B）身体或性攻击和虐待；（C）地震或洪水；（D）战争；（E）看到有人被杀或受重伤；（F）所爱的人死于谋杀或自杀。你有没有经历过以上这些事件之一？如果否，请停在这里；如果是，请继续回答以下问题：在过去的一个月里，你有以下症状吗？

| 题项 | 是 | 否 |
|---|---|---|
| 1. 做了关于该事件的噩梦，或者在你不愿想起的时候想到了该事件。 | | |
| 2. 尽量不去想该事件，或者极力避免做让你想起该事件的活动。 | | |
| 3. 时刻处于警惕、防卫或容易受到惊吓的状态。 | | |
| 4. 对人、活动或周围环境感到麻木或分离。 | | |
| 5. 感到内疚，或无法停止为该事件或该事件可能造成的任何问题而责怪自己或他人。 | | |

（2）事件影响量表修订版（Impact of Event Scale-Revised，IES-R；Weiss & Marmar，1997）。该量表是一个用来评估创伤后症状的问卷，共包括22个项目，并按等级评分，完成时间约15分钟。量表得分可以用来筛查PTSD状态的程度及三个核心症状（侵扰、唤醒、逃

避），在临床上被广泛应用。具体见表 10-7。

### 表 10-7　事件影响量表修订版

姓名：　　年龄：　　评定编号：　　次数：　　日期：　　评定者：

指导语：下面列举了遭遇一些应激性事件后人们有时可能面临的困难。请您阅读每一个题目，然后指出在过去的 7 天里这些不幸给您带来的痛苦程度。

| 题项 | 没有 | 轻度 | 中度 | 重度 | 极重 |
| --- | --- | --- | --- | --- | --- |
| 1. 任何一个关于创伤性事件的提示都会引发情绪不安。 | 0 | 1 | 2 | 3 | 4 |
| 2. 我的睡眠不好。 | 0 | 1 | 2 | 3 | 4 |
| 3. 其他事物让我一直在考虑这件事。 | 0 | 1 | 2 | 3 | 4 |
| 4. 我感到急躁和愤怒。 | 0 | 1 | 2 | 3 | 4 |
| 5. 当想起或者别人提起此事的时候，我避免让自己烦恼。 | 0 | 1 | 2 | 3 | 4 |
| 6. 当我不愿想的时候却又想到了它。 | 0 | 1 | 2 | 3 | 4 |
| 7. 我感觉仿佛没有发生那件事，或者那不是真实的。 | 0 | 1 | 2 | 3 | 4 |
| 8. 我远离能使我想起它的东西。 | 0 | 1 | 2 | 3 | 4 |
| 9. 脑中突然出现关于它的一些情景。 | 0 | 1 | 2 | 3 | 4 |
| 10. 我紧张不安并且容易受惊吓。 | 0 | 1 | 2 | 3 | 4 |
| 11. 我尽力不去想它。 | 0 | 1 | 2 | 3 | 4 |
| 12. 我明白我仍对它有一些情绪问题，但我不知怎么去处理。 | 0 | 1 | 2 | 3 | 4 |
| 13. 我已经对它麻木了。 | 0 | 1 | 2 | 3 | 4 |
| 14. 我发现自己在重演，或好像又回到了当时一样。 | 0 | 1 | 2 | 3 | 4 |
| 15. 我入睡有困难。 | 0 | 1 | 2 | 3 | 4 |
| 16. 我对这件事有很强烈的情绪波动。 | 0 | 1 | 2 | 3 | 4 |
| 17. 我尽力将此事忘记。 | 0 | 1 | 2 | 3 | 4 |
| 18. 我很难集中注意力。 | 0 | 1 | 2 | 3 | 4 |

续表

| 题项 | 没有 | 轻度 | 中度 | 重度 | 极重 |
|---|---|---|---|---|---|
| 19. 想起它的时候有生理性反应，如出汗、呼吸困难、恶心、心跳加快。 | 0 | 1 | 2 | 3 | 4 |
| 20. 梦到过它。 | 0 | 1 | 2 | 3 | 4 |
| 21. 感到非常警觉或警惕。 | 0 | 1 | 2 | 3 | 4 |
| 22. 我尽量不去谈论它。 | 0 | 1 | 2 | 3 | 4 |

注：总均分表示总的来看，被测者处于0～4的哪一个范围内。逃避得分为以下8题的平均分(5、7、8、11、12、13、17、22)，侵扰得分为以下8题的平均分(1、2、3、6、9、14、16、20)，唤醒得分为以下6题的平均分(4、10、15、18、19、21)。

(3)创伤后应激障碍核对表(PTSD Checklist for DSM-5，PCL-5；Weathers，Litz，et al.，2013)。该量表是一个20道题的自我报告量表，目的是在治疗前后检测症状变化，筛选出创伤后应激障碍的个体，并做出暂时性的创伤后应激障碍诊断。如果两次测量的得分之差在5～10分之间，这表明改变是可靠的；得分之差在10～20分之间，则表明一个临床上显著的改变。具体见表10-8。

**表 10-8　创伤后应激障碍核对表**

指导语：下面列出了人们在压力很大的情况下有时会遇到的问题。请仔细阅读每道题，然后在右边圈出一个数字，表示在过去的一个月里被这个问题困扰的程度。

| 题项 | 一点也不符合 | 轻微符合 | 中等程度符合 | 很大程度符合 | 极其符合 |
|---|---|---|---|---|---|
| 1. 关于压力事件重复、令人烦扰、不快的回忆。 | 0 | 1 | 2 | 3 | 4 |
| 2. 关于压力事件重复、令人不安的梦境。 | 0 | 1 | 2 | 3 | 4 |
| 3. 突然感觉到压力事件真的又发生了（就好像你真的又回到了那里一样）。 | 0 | 1 | 2 | 3 | 4 |

续表

| 题项 | 一点也不符合 | 轻微符合 | 中等程度符合 | 很大程度符合 | 极其符合 |
|---|---|---|---|---|---|
| 4. 当某件事让你回想起压力事件，你感到非常沮丧。 | 0 | 1 | 2 | 3 | 4 |
| 5. 当某些事情让你回想起压力事件时，你会有强烈的身体反应（如心跳、呼吸困难、出汗）。 | 0 | 1 | 2 | 3 | 4 |
| 6. 回避与压力事件相关的回忆、想法或情感。 | 0 | 1 | 2 | 3 | 4 |
| 7. 避免外界对压力事件经历的提醒（如人物、地点、对话、活动、物品或情境）。 | 0 | 1 | 2 | 3 | 4 |
| 8. 对压力事件经历的重要部分回忆困难。 | 0 | 1 | 2 | 3 | 4 |
| 9. 对自己、他人或世界有强烈的负面信念（如这样的想法：我很坏，我有严重的问题，没有人可以信任，这个世界是完全危险的）。 | 0 | 1 | 2 | 3 | 4 |
| 10. 因压力事件或之后发生的事而责怪自己或别人。 | 0 | 1 | 2 | 3 | 4 |
| 11. 有强烈的负面情绪，如害怕、恐慌、愤怒、内疚或羞愧。 | 0 | 1 | 2 | 3 | 4 |
| 12. 对你过去喜欢的活动失去兴趣。 | 0 | 1 | 2 | 3 | 4 |
| 13. 感到与他人疏远或隔绝。 | 0 | 1 | 2 | 3 | 4 |
| 14. 难以体验积极感觉（如无法感受幸福或对亲近的人的爱）。 | 0 | 1 | 2 | 3 | 4 |
| 15. 行为急躁，爆发愤怒，或行为变得有攻击性。 | 0 | 1 | 2 | 3 | 4 |
| 16. 冒太多风险，或做一些可能给你带来伤害的事情。 | 0 | 1 | 2 | 3 | 4 |

| 题项 | 一点也不符合 | 轻微符合 | 中等程度符合 | 很大程度符合 | 极其符合 |
|---|---|---|---|---|---|
| 17. 变得高度戒备、警惕或防卫。 | 0 | 1 | 2 | 3 | 4 |
| 18. 感觉神经质或容易受惊。 | 0 | 1 | 2 | 3 | 4 |
| 19. 难以集中注意力。 | 0 | 1 | 2 | 3 | 4 |
| 20. 难以入睡或睡眠较短。 | 0 | 1 | 2 | 3 | 4 |

注：将所有题目的得分加总，分数范围在 0～80 分之间，得分越高，表明患有创伤后应激障碍的可能性越高。

(4)围创伤期痛苦量表(Peritraumatic Distress Inventory，PDI；Brunet，et al.，2001)。该量表旨在评估暴露于创伤性事件时及之后的数小时内个体所经验到的痛苦程度。它可以反映个体对严重创伤事件的情绪和生理方面的应激反应。该量表含 13 个项目，根据严重程度按 0 至 4 级评分。有研究发现，该量表得分高者患创伤后应激障碍的可能性较高。具体见表 10-9。

### 表 10-9　围创伤期痛苦量表

指导语：请圈出最能描述您在危机事件期间和之后体验的数字。数字 0～4 表示该情况符合程度由低到高。

| 题项 | 一点也不符合 | 轻微符合 | 符合 | 非常符合 | 极其符合 |
|---|---|---|---|---|---|
| 1. 我感到无助。 | 0 | 1 | 2 | 3 | 4 |
| 2. 我感到悲伤。 | 0 | 1 | 2 | 3 | 4 |
| 3. 我感到沮丧或愤怒。 | 0 | 1 | 2 | 3 | 4 |
| 4. 我为自己的安全感到担心。 | 0 | 1 | 2 | 3 | 4 |
| 5. 我感到内疚。 | 0 | 1 | 2 | 3 | 4 |
| 6. 我为我的情绪反应感到羞愧。 | 0 | 1 | 2 | 3 | 4 |
| 7. 我担心其他人的安全。 | 0 | 1 | 2 | 3 | 4 |

续表

| 题项 | 一点也不符合 | 轻微符合 | 符合 | 非常符合 | 极其符合 |
|---|---|---|---|---|---|
| 8. 我感到自己就要情绪失控。 | 0 | 1 | 2 | 3 | 4 |
| 9. 我很难控制我的肠胃还有膀胱。 | 0 | 1 | 2 | 3 | 4 |
| 10. 我被我看到的东西吓到了。 | 0 | 1 | 2 | 3 | 4 |
| 11. 我有一些身体上的反应，如汗流浃背、颤抖、心脏怦怦跳。 | 0 | 1 | 2 | 3 | 4 |
| 12. 我觉得我可能会昏倒。 | 0 | 1 | 2 | 3 | 4 |
| 13. 我觉得我可能会死。 | 0 | 1 | 2 | 3 | 4 |

注：将每一题的得分相加，得到一个总分，范围在 0～52 分之间。高于 15 分表明有显著的痛苦。

（5）抑郁—焦虑—压力量表（Depression Anxiety Stress Scale，DASS）。该量表的目的是利用一套施测和评分一致的测量系统来区分和界定抑郁、焦虑和压力等常见的情绪障碍，为临床诊断提供辅助的心理测量学指标。DASS-21 是经过修订后的 DASS 精简版，在保持原量表各维度不变的前提下，抑郁、焦虑和压力三个分量表分别保留 7 个题项，以提高辨别和评估相应的情绪障碍症状的效率。研究表明 DASS-21 具有良好的信效度，适合作为科研和临床中快速筛查的工具（龚栩，谢熹瑶，徐蕊，罗跃嘉，2010；Henry & Crawford，2005）。具体见表 10-10。

### 表 10-10　抑郁—焦虑—压力量表（DASS-21）

指导语：请仔细阅读以下每个题项，并根据最近一周的情况，在每个题项中选择符合你情况的程度选项。

| 题项 | 完全不符合 | 有时符合 | 常常符合 | 完全符合 |
|---|---|---|---|---|
| 1. 我觉得很难让自己平静下来。 | 0 | 1 | 2 | 3 |

续表

| 题项 | 完全不符合 | 有时符合 | 常常符合 | 完全符合 |
|---|---|---|---|---|
| 2. 我感到口干舌燥。 | 0 | 1 | 2 | 3 |
| 3. 我好像一点愉快、舒畅的感觉都没有。 | 0 | 1 | 2 | 3 |
| 4. 我感到呼吸困难(例如,气喘或透不过气来)。 | 0 | 1 | 2 | 3 |
| 5. 我感到很难主动去开始工作。 | 0 | 1 | 2 | 3 |
| 6. 我很容易对事情做出过度(过敏)反应。 | 0 | 1 | 2 | 3 |
| 7. 我感到颤抖(例如,手抖)。 | 0 | 1 | 2 | 3 |
| 8. 我觉得自己消耗了许多精力。 | 0 | 1 | 2 | 3 |
| 9. 我担心一些可能让自己恐慌或出丑的场合。 | 0 | 1 | 2 | 3 |
| 10. 我觉得自己对将来没有什么可期盼的。 | 0 | 1 | 2 | 3 |
| 11. 我感到忐忑不安。 | 0 | 1 | 2 | 3 |
| 12. 我感到很难放松自己。 | 0 | 1 | 2 | 3 |
| 13. 我感到忧郁沮丧。 | 0 | 1 | 2 | 3 |
| 14. 我无法容忍任何阻碍我继续工作的事情。 | 0 | 1 | 2 | 3 |
| 15. 我感到快要崩溃了。 | 0 | 1 | 2 | 3 |
| 16. 我对任何事情都不能产生热情。 | 0 | 1 | 2 | 3 |
| 17. 作为一个人,我觉得自己没有多少价值。 | 0 | 1 | 2 | 3 |
| 18. 我发觉自己很容易被触怒。 | 0 | 1 | 2 | 3 |
| 19. 即使在没有明显的体力活动时,我也会感到心律失常(比如,心跳过快或过缓)。 | 0 | 1 | 2 | 3 |
| 20. 我无缘无故地感到害怕。 | 0 | 1 | 2 | 3 |
| 21. 我感到生命毫无意义。 | 0 | 1 | 2 | 3 |

注:抑郁得分为以下 7 题总分(3、5、10、13、16、17、21),焦虑得分为以下 7 题总分(2、4、7、9、15、19、20),压力得分为以下 7 题总分(1、6、8、11、12、14、18)。

（6）焦虑自评量表（Self-rating Anxiety Scale，简称 SAS；Zung，1971）。该量表使用简单，不需专门的训练即可指导自评者进行，而且它的分析相当方便，能有效地反映焦虑状态的有关症状及其严重程度和变化，特别适用于综合医院筛查焦虑状态。SAS 采用 4 级评分，主要评定项目所定义的症状出现的频度，而且其评分不受年龄、性别、经济状况等因素影响，目前已被广泛应用。具体见表 10-11。

表 10-11　焦虑自评量表

指导语：下面有 20 条文字，请仔细阅读每一条，把意思弄明白。每一条文字后有 4 级评分，表示：没有或偶尔；有时这样；经常这样；总是如此。然后根据您最近一周的实际情况，在分数栏 1～4 分适当的分数上画"√"。

| 题项 | 没有或偶尔 | 有时这样 | 经常这样 | 总是如此 |
|---|---|---|---|---|
| 1. 我觉得比平时容易紧张和着急。 | 1 | 2 | 3 | 4 |
| 2. 我无缘无故地感到害怕。 | 1 | 2 | 3 | 4 |
| 3. 我容易心里烦乱或觉得惊恐。 | 1 | 2 | 3 | 4 |
| 4. 我觉得我可能将要发疯。 | 1 | 2 | 3 | 4 |
| 5. 我觉得一切都很好，也不会发生什么不幸。 | 1 | 2 | 3 | 4 |
| 6. 我手脚发抖打颤。 | 1 | 2 | 3 | 4 |
| 7. 我因为头痛、颈痛和背痛而苦恼。 | 1 | 2 | 3 | 4 |
| 8. 我感觉容易衰弱和疲乏。 | 1 | 2 | 3 | 4 |
| 9. 我觉得心平气和，并且容易安静坐着。 | 1 | 2 | 3 | 4 |
| 10. 我觉得心跳得快。 | 1 | 2 | 3 | 4 |
| 11. 我因为一阵阵头晕而苦恼。 | 1 | 2 | 3 | 4 |
| 12. 我有晕倒发作，或觉得要晕倒似的。 | 1 | 2 | 3 | 4 |
| 13. 我呼气吸气都感到很容易。 | 1 | 2 | 3 | 4 |
| 14. 我手脚麻木和刺痛。 | 1 | 2 | 3 | 4 |
| 15. 我因胃痛和消化不良而苦恼。 | 1 | 2 | 3 | 4 |
| 16. 我常常要小便。 | 1 | 2 | 3 | 4 |

续表

| 题项 | 没有或偶尔 | 有时这样 | 经常这样 | 总是如此 |
|---|---|---|---|---|
| 17. 我的手常常是干燥温暖的。 | 1 | 2 | 3 | 4 |
| 18. 我脸红发热。 | 1 | 2 | 3 | 4 |
| 19. 我容易入睡并且一夜睡得很好。 | 1 | 2 | 3 | 4 |
| 20. 我做噩梦。 | 1 | 2 | 3 | 4 |

注：SAS 的 20 个项目中，第 5、9、13、17、19 题共 5 项的计分必须反向计算。然后，把 20 个项目中的各项分数相加，即得到了总分。用总分乘 1.25 后取整数部分，就得到标准分。结果给出的是标准分，分数越高，表示这方面的症状越严重。

（7）流调中心用抑郁量表修订版（Center for Epidemiologic Studies Depression Scale-Revised，CESD-R；Eaton，et al.，2004）。该量表用于抑郁症状的筛查，特别为评价当前抑郁症状的频度而设计，着重于抑郁情感或心境。具体见表 10-12。

**表 10-12　流调中心用抑郁量表修订版**

指导语：下面是对您可能存在的或最近有过的感受的描述，请选择最近一周以来您出现这种感受的频率。0 代表无或少于 1 天，1 代表 1～2 天，2 代表 3～4 天，3 代表 5～7 天，4 代表几乎每天并持续两周。

| 题项 | 无或少于1天 | 1～2天 | 3～4天 | 5～7天 | 几乎每天并持续两周 |
|---|---|---|---|---|---|
| 1. 我胃口不好。 | 0 | 1 | 2 | 3 | 4 |
| 2. 我无法摆脱低落。 | 0 | 1 | 2 | 3 | 4 |
| 3. 我很难把注意力集中在我正做的事情上。 | 0 | 1 | 2 | 3 | 4 |
| 4. 我感到沮丧。 | 0 | 1 | 2 | 3 | 4 |
| 5. 我睡不着觉。 | 0 | 1 | 2 | 3 | 4 |
| 6. 我感到很难过。 | 0 | 1 | 2 | 3 | 4 |
| 7. 我不能行动起来。 | 0 | 1 | 2 | 3 | 4 |

续表

| 题项 | 无或少于1天 | 1~2天 | 3~4天 | 5~7天 | 几乎每天并持续两周 |
|---|---|---|---|---|---|
| 8. 没什么能让我开心。 | 0 | 1 | 2 | 3 | 4 |
| 9. 我觉得自己是糟糕的人。 | 0 | 1 | 2 | 3 | 4 |
| 10. 我对日常的活动失去了兴趣。 | 0 | 1 | 2 | 3 | 4 |
| 11. 我比平时睡得多。 | 0 | 1 | 2 | 3 | 4 |
| 12. 我感觉自己行动缓慢。 | 0 | 1 | 2 | 3 | 4 |
| 13. 我感到坐立不安。 | 0 | 1 | 2 | 3 | 4 |
| 14. 我希望我死了。 | 0 | 1 | 2 | 3 | 4 |
| 15. 我想伤害我自己。 | 0 | 1 | 2 | 3 | 4 |
| 16. 我总是感到很累。 | 0 | 1 | 2 | 3 | 4 |
| 17. 我不喜欢自己。 | 0 | 1 | 2 | 3 | 4 |
| 18. 我在没有打算减肥的情况下体重下降了很多。 | 0 | 1 | 2 | 3 | 4 |
| 19. 我入睡困难。 | 0 | 1 | 2 | 3 | 4 |
| 20. 我不能把注意力集中在重要的事情上。 | 0 | 1 | 2 | 3 | 4 |

注：20 个题目测量 9 类不同的抑郁症状：a. 悲伤（2、4、6）；b. 失去兴趣（8、10）；c. 胃口（1、18）；d. 睡眠（5、11、19）；e. 思维/专注（3、20）；f. 内疚（9、17）；g. 疲惫（7、16）；h. 活动（12、13）；i. 自杀念头（14、15）。抑郁得分为 20 个题目的总分。当总分低于 16 时，说明没有显著抑郁症状；高于 16 时，则可能有抑郁症状。

### 韧性量表

韧性量表（Connor-Davidson Resilience Scale，CD-RISC；Connor & Davidson，2003）测量的是，个体在经历生活中的逆境、创伤、悲剧、威胁或其他重大生活压力时的良好适应，它意味着个体在面对挫折时的反弹能力。具体见表 10-13。

### 表 10-13　韧性量表(CD-RISC)

指导语：请根据你最近一个月的实际情况，对比下列所描述的情况，选出最符合你真实情况的一项，并在你认为最符合你的情况下画"√"，数字1～5表示该情况符合程度由低到高。

| 题项 | 一点也不符合 | 轻微符合 | 符合 | 非常符合 | 极其符合 |
| --- | --- | --- | --- | --- | --- |
| 1. 我有能力去适应(情况、环境等)变化。 | 1 | 2 | 3 | 4 | 5 |
| 2. 我拥有一些亲密和可信赖的人际关系(亲人、朋友等)。 | 1 | 2 | 3 | 4 | 5 |
| 3. 有时候我的运气不错。 | 1 | 2 | 3 | 4 | 5 |
| 4. 不管我的人生路途中发生什么事情，我都能处理。 | 1 | 2 | 3 | 4 | 5 |
| 5. 过去的成功让我有信心去接受新的挑战。 | 1 | 2 | 3 | 4 | 5 |
| 6. 我能看到事情幽默的一面。 | 1 | 2 | 3 | 4 | 5 |
| 7. 由于经历过磨炼，我变得更坚强了。 | 1 | 2 | 3 | 4 | 5 |
| 8. 在生病、受伤或遭遇挫折之后，我能很快恢复过来。 | 1 | 2 | 3 | 4 | 5 |
| 9. 不管好坏，我相信事出必有因。 | 1 | 2 | 3 | 4 | 5 |
| 10. 无论做什么事，我都会尽最大的努力。 | 1 | 2 | 3 | 4 | 5 |
| 11. 纵然有障碍，我仍相信我能够实现我的目标。 | 1 | 2 | 3 | 4 | 5 |
| 12. 即使事情看起来没有希望，我仍然不放弃。 | 1 | 2 | 3 | 4 | 5 |
| 13. 我知道在哪里可以获得帮助。 | 1 | 2 | 3 | 4 | 5 |
| 14. 在压力下，我也能够清晰地思考。 | 1 | 2 | 3 | 4 | 5 |
| 15. 在解决问题时我更愿意起引导作用。 | 1 | 2 | 3 | 4 | 5 |
| 16. 我不会轻易地被失败打倒。 | 1 | 2 | 3 | 4 | 5 |

续表

| 题项 | 一点也<br>不符合 | 轻微<br>符合 | 符合 | 非常<br>符合 | 极其<br>符合 |
|---|---|---|---|---|---|
| 17. 我认为我是一个坚强的人。 | 1 | 2 | 3 | 4 | 5 |
| 18. 我能勇于做出不同于他人的决定。 | 1 | 2 | 3 | 4 | 5 |
| 19. 我能够处理一些不愉快的感受，例如难过、恐惧和愤怒。 | 1 | 2 | 3 | 4 | 5 |
| 20. 我靠直觉办事。 | 1 | 2 | 3 | 4 | 5 |
| 21. 在我的生活中，我有明确的目标。 | 1 | 2 | 3 | 4 | 5 |
| 22. 我可以控制自己的生活。 | 1 | 2 | 3 | 4 | 5 |
| 23. 我喜欢挑战。 | 1 | 2 | 3 | 4 | 5 |
| 24. 不管在人生路途上遇到什么障碍，我都会努力实现自己的目标。 | 1 | 2 | 3 | 4 | 5 |
| 25. 我为自己做成功的事情而感到自豪。 | 1 | 2 | 3 | 4 | 5 |

注：将每一题的分数加总，即是韧性总分。分数越高，代表个体的韧性或恢复能力越强。

## 附录1

# 《国家突发公共事件总体应急预案》

国务院在 2006 年 1 月 8 日发布的《国家突发公共事件总体应急预案》(以下简称"总体预案"),明确提出了应对各类突发公共事件的6 条工作原则:以人为本,减少危害;居安思危,预防为主;统一领导,分级负责;依法规范,加强管理;快速反应,协同应对;依靠科技,提高素质。"总体预案"是全国应急预案体系的总纲,明确了各类突发公共事件分级分类和预案框架体系,规定了国务院应对特别重大突发公共事件的组织体系、工作机制等内容,是指导预防和处置各类突发公共事件的规范性文件。①

## 1 总则

### 1.1 编制目的

提高政府保障公共安全和处置突发公共事件的能力,最大程度地预防和减少突发公共事件及其造成的损害,保障公众的生命财产安全,维护国家安全和社会稳定,促进经济社会全面、协调、可持续发展。

---

① 2025 年,中共中央、国务院印发了新版《国家突发事件总体应急预案》,进一步健全了国家应急管理体系和工作机制。

## 1.2 编制依据

依据宪法及有关法律、行政法规，制定本预案。

## 1.3 分类分级

本预案所称突发公共事件是指突然发生，造成或者可能造成重大人员伤亡、财产损失、生态环境破坏和严重社会危害，危及公共安全的紧急事件。

根据突发公共事件的发生过程、性质和机理，突发公共事件主要分为以下四类：

（1）自然灾害。主要包括水旱灾害，气象灾害，地震灾害，地质灾害，海洋灾害，生物灾害和森林草原火灾等。

（2）事故灾难。主要包括工矿商贸等企业的各类安全事故，交通运输事故，公共设施和设备事故，环境污染和生态破坏事件等。

（3）公共卫生事件。主要包括传染病疫情，群体性不明原因疾病，食品安全和职业危害，动物疫情，以及其他严重影响公众健康和生命安全的事件。

（4）社会安全事件。主要包括恐怖袭击事件，经济安全事件和涉外突发事件等。

各类突发公共事件按照其性质、严重程度、可控性和影响范围等因素，一般分为四级：Ⅰ级（特别重大）、Ⅱ级（重大）、Ⅲ级（较大）和Ⅳ级（一般）。

## 1.4 适用范围

本预案适用于涉及跨省级行政区划的，或超出事发地省级人民政府处置能力的特别重大突发公共事件应对工作。

本预案指导全国的突发公共事件应对工作。

## 1.5　工作原则

（1）以人为本，减少危害。切实履行政府的社会管理和公共服务职能，把保障公众健康和生命财产安全作为首要任务，最大程度地减少突发公共事件及其造成的人员伤亡和危害。

（2）居安思危，预防为主。高度重视公共安全工作，常抓不懈，防患于未然。增强忧患意识，坚持预防与应急相结合，常态与非常态相结合，做好应对突发公共事件的各项准备工作。

（3）统一领导，分级负责。在党中央、国务院的统一领导下，建立健全分类管理、分级负责，条块结合、属地管理为主的应急管理体制，在各级党委领导下，实行行政领导责任制，充分发挥专业应急指挥机构的作用。

（4）依法规范，加强管理。依据有关法律和行政法规，加强应急管理，维护公众的合法权益，使应对突发公共事件的工作规范化、制度化、法制化。

（5）快速反应，协同应对。加强以属地管理为主的应急处置队伍建设，建立联动协调制度，充分动员和发挥乡镇、社区、企事业单位、社会团体和志愿者队伍的作用，依靠公众力量，形成统一指挥、反应灵敏、功能齐全、协调有序、运转高效的应急管理机制。

（6）依靠科技，提高素质。加强公共安全科学研究和技术开发，采用先进的监测、预测、预警、预防和应急处置技术及设施，充分发挥专家队伍和专业人员的作用，提高应对突发公共事件的科技水平和指挥能力，避免发生次生、衍生事件；加强宣传和培训教育工作，提高公众自救、互救和应对各类突发公共事件的综合素质。

## 1.6　应急预案体系

全国突发公共事件应急预案体系包括：

（1）突发公共事件总体应急预案。总体应急预案是全国应急预案体系的总纲，是国务院应对特别重大突发公共事件的规范性文件。

（2）突发公共事件专项应急预案。专项应急预案主要是国务院及其有关部门为应对某一类型或某几种类型突发公共事件而制定的应急预案。

（3）突发公共事件部门应急预案。部门应急预案是国务院有关部门根据总体应急预案、专项应急预案和部门职责为应对突发公共事件制定的预案。

（4）突发公共事件地方应急预案。具体包括：省级人民政府的突发公共事件总体应急预案、专项应急预案和部门应急预案；各市（地）、县（市）人民政府及其基层政权组织的突发公共事件应急预案。上述预案在省级人民政府的领导下，按照分类管理、分级负责的原则，由地方人民政府及其有关部门分别制定。

（5）企事业单位根据有关法律法规制定的应急预案。

（6）举办大型会展和文化体育等重大活动，主办单位应当制定应急预案。

各类预案将根据实际情况变化不断补充、完善。

## 2 组织体系

### 2.1 领导机构

国务院是突发公共事件应急管理工作的最高行政领导机构。在国务院总理领导下，由国务院常务会议和国家相关突发公共事件应急指挥机构（以下简称相关应急指挥机构）负责突发公共事件的应急管理工作；必要时，派出国务院工作组指导有关工作。

### 2.2 办事机构

国务院办公厅设国务院应急管理办公室，履行值守应急、信息汇总和综合协调职责，发挥运转枢纽作用。

## 2.3　工作机构

　　国务院有关部门依据有关法律、行政法规和各自的职责，负责相关类别突发公共事件的应急管理工作。具体负责相关类别的突发公共事件专项和部门应急预案的起草与实施，贯彻落实国务院有关决定事项。

## 2.4　地方机构

　　地方各级人民政府是本行政区域突发公共事件应急管理工作的行政领导机构，负责本行政区域各类突发公共事件的应对工作。

## 2.5　专家组

　　国务院和各应急管理机构建立各类专业人才库，可以根据实际需要聘请有关专家组成专家组，为应急管理提供决策建议，必要时参加突发公共事件的应急处置工作。

# 3　运行机制

## 3.1　预测与预警

　　各地区、各部门要针对各种可能发生的突发公共事件，完善预测预警机制，建立预测预警系统，开展风险分析，做到早发现、早报告、早处置。

### 3.1.1　预警级别和发布

　　根据预测分析结果，对可能发生和可以预警的突发公共事件进行预警。预警级别依据突发公共事件可能造成的危害程度、紧急程度和发展势态，一般划分为四级：Ⅰ级（特别严重）、Ⅱ级（严重）、

Ⅲ级(较重)和Ⅳ级(一般)，依次用红色、橙色、黄色和蓝色表示。

预警信息包括突发公共事件的类别、预警级别、起始时间、可能影响范围、警示事项、应采取的措施和发布机关等。

预警信息的发布、调整和解除可通过广播、电视、报刊、通信、信息网络、警报器、宣传车或组织人员逐户通知等方式进行，对老、幼、病、残、孕等特殊人群以及学校等特殊场所和警报盲区应当采取有针对性的公告方式。

## 3.2 应急处置

### 3.2.1 信息报告

特别重大或者重大突发公共事件发生后，各地区、各部门要立即报告，最迟不得超过 4 小时，同时通报有关地区和部门。应急处置过程中，要及时续报有关情况。

### 3.2.2 先期处置

突发公共事件发生后，事发地的省级人民政府或者国务院有关部门在报告特别重大、重大突发公共事件信息的同时，要根据职责和规定的权限启动相关应急预案，及时、有效地进行处置，控制事态。

在境外发生涉及中国公民和机构的突发事件，我驻外使领馆、国务院有关部门和有关地方人民政府要采取措施控制事态发展，组织开展应急救援工作。

### 3.2.3 应急响应

对于先期处置未能有效控制事态的特别重大突发公共事件，要及时启动相关预案，由国务院相关应急指挥机构或国务院工作组统一指挥或指导有关地区、部门开展处置工作。

现场应急指挥机构负责现场的应急处置工作。

需要多个国务院相关部门共同参与处置的突发公共事件，由该类突发公共事件的业务主管部门牵头，其他部门予以协助。

### 3.2.4  应急结束

特别重大突发公共事件应急处置工作结束，或者相关危险因素消除后，现场应急指挥机构予以撤销。

## 3.3  恢复与重建

### 3.3.1  善后处置

要积极稳妥、深入细致地做好善后处置工作。对突发公共事件中的伤亡人员、应急处置工作人员，以及紧急调集、征用有关单位及个人的物资，要按照规定给予抚恤、补助或补偿，并提供心理及司法援助。有关部门要做好疫病防治和环境污染消除工作。保险监管机构督促有关保险机构及时做好有关单位和个人损失的理赔工作。

### 3.3.2  调查与评估

要对特别重大突发公共事件的起因、性质、影响、责任、经验教训和恢复重建等问题进行调查评估。

### 3.3.3  恢复重建

根据受灾地区恢复重建计划组织实施恢复重建工作。

## 3.4  信息发布

突发公共事件的信息发布应当及时、准确、客观、全面。事件发生的第一时间要向社会发布简要信息，随后发布初步核实情况、政府应对措施和公众防范措施等，并根据事件处置情况做好后续发布工作。

信息发布形式主要包括授权发布、散发新闻稿、组织报道、接受记者采访、举行新闻发布会等。

# 4 应急保障

各有关部门要按照职责分工和相关预案做好突发公共事件的应对工作，同时根据总体预案切实做好应对突发公共事件的人力、物力、财力、交通运输、医疗卫生及通信保障等工作，保证应急救援工作的需要和灾区群众的基本生活，以及恢复重建工作的顺利进行。

## 4.1 人力资源

公安（消防）、医疗卫生、地震救援、海上搜救、矿山救护、森林消防、防洪抢险、核与辐射、环境监控、危险化学品事故救援、铁路事故、民航事故、基础信息网络和重要信息系统事故处置，以及水、电、油、气等工程抢险救援队伍是应急救援的专业队伍和骨干力量。地方各级人民政府和有关部门、单位要加强应急救援队伍的业务培训和应急演练，建立联动协调机制，提高装备水平；动员社会团体、企事业单位以及志愿者等各种社会力量参与应急救援工作；增进国际间的交流与合作。要加强以乡镇和社区为单位的公众应急能力建设，发挥其在应对突发公共事件中的重要作用。

中国人民解放军和中国人民武装警察部队是处置突发公共事件的骨干和突击力量，按照有关规定参加应急处置工作。

## 4.2 财力保障

要保证所需突发公共事件应急准备和救援工作资金。对受突发公共事件影响较大的行业、企事业单位和个人要及时研究提出相应的补偿或救助政策。要对突发公共事件财政应急保障资金的使用和效果进行监管和评估。

鼓励自然人、法人或者其他组织（包括国际组织）按照《中华人民共和国公益事业捐赠法》等有关法律、法规的规定进行捐赠和援助。

### 4.3　物资保障

要建立健全应急物资监测网络、预警体系和应急物资生产、储备、调拨及紧急配送体系，完善应急工作程序，确保应急所需物资和生活用品的及时供应，并加强对物资储备的监督管理，及时予以补充和更新。

地方各级人民政府应根据有关法律、法规和应急预案的规定，做好物资储备工作。

### 4.4　基本生活保障

要做好受灾群众的基本生活保障工作，确保灾区群众有饭吃、有水喝、有衣穿、有住处、有病能得到及时医治。

### 4.5　医疗卫生保障

卫生部门负责组建医疗卫生应急专业技术队伍，根据需要及时赴现场开展医疗救治、疾病预防控制等卫生应急工作。及时为受灾地区提供药品、器械等卫生和医疗设备。必要时，组织动员红十字会等社会卫生力量参与医疗卫生救助工作。

### 4.6　交通运输保障

要保证紧急情况下应急交通工具的优先安排、优先调度、优先放行，确保运输安全畅通；要依法建立紧急情况社会交通运输工具的征用程序，确保抢险救灾物资和人员能够及时、安全送达。

根据应急处置需要，对现场及相关通道实行交通管制，开设应急救援"绿色通道"，保证应急救援工作的顺利开展。

## 4.7 治安维护

要加强对重点地区、重点场所、重点人群、重要物资和设备的安全保护，依法严厉打击违法犯罪活动。必要时，依法采取有效管制措施，控制事态，维护社会秩序。

## 4.8 人员防护

要指定或建立与人口密度、城市规模相适应的应急避险场所，完善紧急疏散管理办法和程序，明确各级责任人，确保在紧急情况下公众安全、有序的转移或疏散。

要采取必要的防护措施，严格按照程序开展应急救援工作，确保人员安全。

## 4.9 通信保障

建立健全应急通信、应急广播电视保障工作体系，完善公用通信网，建立有线和无线相结合、基础电信网络与机动通信系统相配套的应急通信系统，确保通信畅通。

## 4.10 公共设施

有关部门要按照职责分工，分别负责煤、电、油、气、水的供给，以及废水、废气、固体废弃物等有害物质的监测和处理。

## 4.11 科技支撑

要积极开展公共安全领域的科学研究；加大公共安全监测、预测、预警、预防和应急处置技术研发的投入，不断改进技术装备，建立健全公共安全应急技术平台，提高我国公共安全科技水平；注意发挥企业在公共安全领域的研发作用。

## 5 监督管理

### 5.1 预案演练

各地区、各部门要结合实际，有计划、有重点地组织有关部门对相关预案进行演练。

### 5.2 宣传和培训

宣传、教育、文化、广电、新闻出版等有关部门要通过图书、报刊、音像制品和电子出版物、广播、电视、网络等，广泛宣传应急法律法规和预防、避险、自救、互救、减灾等常识，增强公众的忧患意识、社会责任意识和自救、互救能力。各有关方面要有计划地对应急救援和管理人员进行培训，提高其专业技能。

### 5.3 责任与奖惩

突发公共事件应急处置工作实行责任追究制。

对突发公共事件应急管理工作中做出突出贡献的先进集体和个人要给予表彰和奖励。

对迟报、谎报、瞒报和漏报突发公共事件重要情况或者应急管理工作中有其他失职、渎职行为的，依法对有关责任人给予行政处分；构成犯罪的，依法追究刑事责任。

## 6 附则

### 6.1 预案管理

根据实际情况的变化，及时修订本预案。

本预案自发布之日起实施。

# 《浙江省突发公共事件心理危机应急干预行动方案》

浙江省卫生健康委员会在 2007 年 10 月发布了《浙江省突发公共事件心理危机干预行动方案》，这是国内首个较为完善的危机管理中的心理与社会支持行动方案。

## 1 总则

### 1.1 编制目的

在自然灾害、事故灾难、公共卫生事件、社会安全事件等突发公共事件发生后，最大限度地预防和减少心理危机的发生，维护社会稳定，保障公众心理健康，提高我省保障公共安全和处置突发公共事件心理危机的能力。

### 1.2 编制依据

依据国务院《国家突发公共卫生事件应急条例》《关于进一步加强精神卫生工作的指导意见》《国家突发公共事件总体应急预案》《国家突发公共卫生事件应急预案》，省政府《浙江省突发公共事件总体预案》《浙江省突发公共卫生事件应急预案》，制定本行动方案。

### 1.3　适用范围

本方案适用于本省范围内突发公共事件所涉及人员的心理危机应急干预行动。

### 1.4　工作原则

以人为本，预防为主；统一领导，分级负责；反应及时，部门联动；点面结合，社会参与。

## 2　干预分级

按照浙江省人民政府《突发公共事件分级标准（试行）》（以下简称《标准》）分为Ⅰ级、Ⅱ级、Ⅲ级和Ⅳ级心理危机干预。

### 2.1　Ⅰ级干预

（1）《标准》确定的各类特别重大事件。

（2）我省需要国家卫生部在心理危机应急干预行动上给予支持的突发公共事件。

（3）省政府及有关部门确定的其他需要开展心理危机应急干预的突发公共事件。

### 2.2　Ⅱ级干预

（1）《标准》确定的各类重大事件。

（2）省政府及有关部门确定的其他需要开展心理危机应急干预的突发公共事件。

### 2.3　Ⅲ级干预

（1）《标准》确定的各类较大事件。

(2)市级政府及有关部门确定的其他需要开展心理危机应急干预的突发公共事件。

## 2.4 Ⅳ级干预

(1)《标准》确定的各类一般事件。

(2)县(市、区)政府及有关部门确定的其他需要开展心理危机应急干预的突发公共事件。

# 3 组织体系及职责

突发公共事件心理危机应急干预行动组织体系由干预领导机构、干预专家组和干预机动队组成。在同级政府或应急指挥机构统一领导和指挥下,负责所在地突发公共事件的心理危机应急干预行动。

## 3.1 干预领导机构

### 3.1.1 省干预协调小组

特别重大、重大突发公共事件发生后,根据省专项应急指挥机构或省应急总指挥部的要求,由省卫生厅负责牵头成立省突发公共事件心理危机应急干预协调小组(以下简称:省干预协调小组)。组长由省卫生厅厅长担任,副组长由省卫生厅分管副厅长担任,成员有省政府新闻办、省卫生厅、省水利厅、省农业厅、省林业厅、省公安厅、省教育厅、省民政厅、省交通厅、省气象局、省地震局、杭州铁路办事处、民航浙江安全监管办、省科协、省红十字会等部门有关负责人。

省干预领导小组职责:在省专项应急指挥机构或省应急总指挥部的统一指挥下,按照各种突发公共事件的不同类别,协调各成员单位,组织特别重大、重大突发公共事件的心理危机应急干预行动。

各成员单位职责如下。

省政府新闻办：负责协调各类有关新闻单位开展心理卫生知识宣传。

省卫生厅：负责组建干预专家组、应急干预专业队伍，组织、协调心理危机应急干预行动的实施。

省水利厅：负责相关突发公共事件的通报，并协助卫生部门实施心理危机应急干预行动。

省农业厅：负责相关突发公共事件的通报，并协助卫生部门实施心理危机应急干预行动。

省林业厅：负责相关突发公共事件的通报，并协助卫生部门实施心理危机应急干预行动。

省公安厅：负责维护突发公共事件现场治安秩序，保证现场应急干预行动的顺利进行。

省教育厅：负责学校相关突发公共事件的通报，并协助卫生部门实施心理危机应急干预行动。

省民政厅：协助卫生部门对受灾群众实施心理危机应急干预行动。

省交通厅：负责相关突发公共事件的通报和受灾群众的公路水路运输保障。

省气象局：负责与突发公共事件相关气象信息的通报。

省地震局：负责相关突发公共事件的通报，并协助卫生部门实施心理危机应急干预行动。

杭州铁路办事处：负责相关突发公共事件的通报、受灾群众的转运及心理危机应急干预队的运输，并协助卫生部门实施心理危机应急干预行动。

民航浙江安全监管办：负责协调相关突发公共事件的通报、受灾群众的转运及心理危机应急干预队的运输，并协助卫生部门实施心理危机应急干预行动。

省科协：协助卫生部门开展心理危机应急干预人员的培训，组织科研力量开展心理危机干预技术科学研究。

省红十字会：协助卫生部门开展对社会心理危机应急干预工作。

3.1.2 省干预协调小组办公室

省干预协调小组下设办公室，办公室设在省卫生厅应急办公室，具体负责日常工作和有关协调工作。

3.1.3 市、县（市、区）突发公共事件心理危机应急干预协调小组

各市、县（市、区）参照省干预协调小组的组成方式，成立市、县（市、区）突发公共事件心理危机应急干预协调小组[以下简称：各市、县（市、区）干预协调小组]。负责领导本行政区域内突发公共事件的心理危机应急干预行动，承担各类突发公共事件心理危机应急干预的组织、协调任务。指定相应机构负责日常工作。

## 3.2 干预专家组

省卫生厅和市、县（市、区）卫生行政部门分别组建突发公共事件心理危机应急干预专家组，负责对突发公共事件心理危机应急干预行动提供咨询建议、技术指导和干预支持。

## 3.3 干预机动队

组建省、市和县（市、区）三级心理危机应急干预机动队，在各级干预协调小组的指挥下，实施现场应急干预行动。

## 3.4 现场指挥

心理危机应急干预行动统一纳入到应急现场指挥部统一协调指挥。

# 4  应急干预和终止

## 4.1  应急干预分级及行动

### 4.1.1  Ⅰ级干预

省干预协调小组接到特别重大突发公共事件发生，需要组织心理危机应急干预的有关指示、通报或报告后，立即根据本方案启动Ⅰ级干预。迅速召集省级干预专家组对该事件引发的心理危机进行综合评估，提出处置意见和建议，供决策参考；根据需要及时派出干预专家和应急干预机动队支援事发地的心理危机应急干预行动，并在突发公共事件现场处置应急指挥机构统一指挥下展开心理危机应急干预行动。省干预协调小组及时向卫生部、省政府和省专项应急指挥机构报告和反馈有关心理危机应急干预行动情况；必要时向卫生部请求支援。

事件发生地的政府和有关部门在省干预协调小组指挥下，结合本地的实际情况，组织、协调开展突发公共事件的心理危机应急干预行动。

### 4.1.2  Ⅱ级干预

省干预协调小组接到重大突发公共事件发生，需要组织心理危机应急干预的有关指示、通报或报告后，立即根据本方案启动Ⅱ级干预。迅速召集省级干预专家组对该事件引发的心理危机进行综合评估，提出处置意见和建议，供决策参考；根据需要及时派出干预专家和应急干预机动队支援事发地的心理危机应急干预行动，并在突发公共事件现场处置应急指挥机构统一指挥下展开心理危机应急干预行动。省干预协调小组及时向省政府和省专项应急指挥机构报告和反馈有关心理危机应急干预行动情况。

事件发生地的政府和有关部门在省干预协调小组的指挥下，结合本行政区域的实际情况，组织、协调开展突发公共事件的心理危机应急干预行动。

### 4.1.3 Ⅲ级干预

市干预协调小组接到较大突发公共事件发生，需要组织心理危机应急干预的有关指示、通报或报告后，立即根据本行动方案启动Ⅲ级干预，召集专家对相关情况进行综合评估。根据需要及时派出应急干预机动队，由突发公共事件现场处置应急指挥机构统一协调指挥心理危机应急干预工作；及时向本级政府、突发公共事件应急指挥机构和省干预协调小组报告有关心理危机应急干预行动情况；必要时向省干预协调小组请求支援。

省干预协调小组接到较大突发公共事件的报告后，对事件发生地的心理危机应急干预行动进行督导，必要时组织专家提供技术指导和支持。

事件发生地的县(市、区)干预协调小组，结合本地的实际情况，迅速组织、协调开展突发公共事件的心理危机应急干预行动。

### 4.1.4 Ⅳ级干预

县(市、区)干预协调小组接到一般突发公共事件发生，需要进行心理危机应急干预的有关指示、通报或报告后，立即根据本行动方案启动Ⅳ级干预。召集专家对相关情况进行综合评估。根据需要及时派出应急干预机动队，由突发公共事件现场处置应急指挥机构统一协调指挥心理危机应急干预工作；及时向本级政府、突发公共事件应急指挥机构和市干预协调小组报告有关心理危机应急干预行动情况；必要时向市干预协调小组请求支援。

市干预协调小组在必要时组织专家对事发地突发公共事件的心理危机应急干预行动进行技术指导。

以上干预行动分级为原则性干预行动分级办法，针对具体突发公共事件，省干预协调小组应根据省专项应急指挥机构或省应急总指挥部指示，决定启动干预行动或调整应急干预行动级别。

## 4.2  现场干预及指挥

干预机动队在接到指令后及时赶赴现场，根据现场情况迅速展开心理危机应急干预行动，并注重自我防护，确保安全。

应急干预机动队要接受突发公共事件现场处置应急指挥机构的统一领导，加强与现场各应急处置部门的沟通和协调，各级干预机动队统一开展干预行动，由上一级干预机动队负责技术指导。

## 4.3  信息报告和发布

现场应急干预机动队每日向本级干预协调小组报告干预进展，重要情况随时报告。

各级干预协调小组要按照有关规定，做好干预相关信息的发布工作。

## 4.4  应急干预终止

经干预专家组评估，提出终止干预的建议，报本级干预协调小组，由干预协调小组宣布干预终止，并报上级干预协调小组。

## 5  保障措施

心理危机应急干预体系建设是突发公共卫生应急体系建设的重要组成部分，各级政府及相关部门应遵循"平战结合、常备不懈"的原则，加强心理危机应急干预组织和队伍建设，制订干预行动技术方案，保证心理危机应急干预行动的顺利开展。

## 5.1  信息系统

将心理危机应急干预相关信息资源纳入突发公共事件应急指挥

信息系统建设，加强各部门之间的协调和信息共享。

## 5.2 应急干预专业队伍

组建省、市和县(市、区)三级心理危机应急干预专业队伍，省级不少于 20 人，市级不少于 10 人，县级 3～5 人。

各级政府及相关部门要保证心理危机应急干预专业队伍的相对稳定，加强骨干队伍的培训，严格管理，定期开展培训和演练，提高应急干预能力。

## 5.3 经费保障

财政部门负责安排应由各级政府承担的突发公共事件心理危机应急干预行动所必需的经费，并做好经费使用情况监督工作。具体按照《浙江省突发公共事件财政应急保障专项预案》组织实施。

## 5.4 装备保障

各级心理危机应急干预机动队应根据实际工作需要配备交通工具、个人应急携行装备和通信设备等。

# 6 公众参与

各部门、企事业单位、社会团体要加强对所属人员的心理卫生宣传教育；各级心理卫生专业机构要做好宣传资料的提供和培训工作。逐步建立以医务人员和基层干部为骨干的群众性心理辅导网络，经过培训和演练提高其心理辅导能力。

## 7　附则

### 7.1　责任与奖惩

各级政府和相关部门，对心理危机应急干预行动作出贡献的先进集体和个人要给予表彰和奖励。对失职、渎职的有关责任人，要依据有关规定追究责任。

### 7.2　方案制定与修订

本方案由省卫生厅负责牵头制定。各市、县(市、区)应结合本地实际，制定突发公共事件心理危机应急干预行动方案。

本方案定期进行评审，并根据突发公共事件心理危机应急干预实施过程中发现的问题及时进行修订和补充。

### 7.3　方案解释部门

本方案由省卫生厅公共卫生应急处理办公室负责解释。

### 7.4　方案实施时间

本方案自印发之日起实施。

# 《紧急心理危机干预指导原则》

卫生部办公厅在 2008 年 5 月印发了《紧急心理危机干预指导原则》，旨在指导各地科学、规范地开展四川汶川大地震后心理危机干预工作。

本指导原则应在经过培训的精神卫生专业人员指导下实施。

## 一、组织领导

（一）心理救援医疗队（包括防疫队，下同）在到达指定救灾地点后，应及时与救灾地的救灾指挥部取得联系，成立心理救援协调组，统一安排救灾地的紧急心理危机干预工作。

（二）后期到达同一地点的心理救援医疗队或人员，应该在上述心理救援协调组的统一指挥、组织下开展工作。

（三）各心理救援协调组的工作，应及时与所在地精神卫生专业机构沟通和协调，并接受当地卫生行政部门领导。

## 二、干预基本原则

（一）心理危机干预是医疗救援工作的一个组成部分，应该与整体救灾工作结合起来，以促进社会稳定为前提，要根据整体救灾工作的部署，及时调整心理危机干预工作重点。

（二）心理危机干预活动一旦进行，应该采取措施确保干预活动得到完整的开展，避免再次创伤。

（三）对有不同需要的受灾人群应综合应用干预技术，实施分类干预，针对受助者当前的问题提供个体化帮助。严格保护受助者的个人隐私，不随便向第三者透露受助者个人信息。

（四）以科学的态度对待心理危机干预，明确心理危机干预是医疗救援工作中的一部分，不是"万能钥匙"。

## 三、制定干预方案

（一）目的。

1. 积极预防、及时控制和减缓灾难的心理社会影响。

2. 促进灾后心理健康重建。

3. 维护社会稳定，促进公众心理健康。

（二）工作内容。

1. 综合应用基本干预技术，并与宣传教育相结合，提供心理救援服务。

2. 了解受灾人群的社会心理状况，根据所掌握的信息，发现可能出现的紧急群体心理事件苗头，及时向救灾指挥部报告并提供解决方法。

3. 通过实施干预，促进形成灾后社区心理社会互助网络。

（三）确定目标人群和数量。

本次心理危机干预人群分为四级。干预重点应从第一级人群开始，逐步扩展。一般性宣传教育要覆盖到四级人群。

第一级人群：亲历灾难的幸存者，如死难者家属、伤员、幸存者。

第二级人群：灾难现场的目击者（包括救援者），如目击灾难发生的灾民、现场指挥、救护人员（消防、武警官兵，医疗救护人员，其他救护人员）。

第三级人群：与第一级、第二级人群有关的人，如幸存者和目击者的亲人等。

第四级人群：后方救援人员、灾难发生后在灾区开展服务的人员或志愿者。

（四）目标人群评估、制订分类干预计划。

评估目标人群的心理健康状况，将目标人群分为普通人群、重点人群。

对普通人群开展心理危机管理；对重点人群开展心理危机援助。

（五）干预时限。

紧急心理危机干预的时限为灾难发生后的 4 周以内，主要开展心理危机管理和心理危机援助。

（六）制订工作时间表。

根据目标人群范围、数量以及心理危机干预人员数，安排工作，制订工作时间表。

## 四、组建队伍

（一）心理救援医疗队。

人员以精神科医生为主，可有临床心理治疗师、精神科护士加入。至少由 2 人组成，尽量避免单人行动。有灾难心理危机干预经验的人员优先入选。配队长 1 名，指派 1 名联络员，负责团队后勤保障和与各方面联系。

心理危机干预人员也可以作为其他医疗队的组成人员。

（二）救灾地点心理危机干预队伍。

以精神科医生为主，心理治疗师、心理咨询师、精神科护士和社会工作者为辅。适当纳入有相应背景的志愿者。在开始工作以前对所有人员进行短期紧急培训。

## 五、出发前准备

（一）了解灾区基本情况，包括灾难类型、伤亡人数、道路、天气、通讯和物资供应等；了解目前政府救援计划和实施情况等。

（二）复习本次灾难引起的主要躯体损伤的基本医疗救护知识和技术，例如骨折伤员的搬运、创伤止血等。

（三）明确即将开展干预的地点，准备好交通地图。

（四）初步估计干预对象及其分布和数量。

（五）制定初步的干预方案/实施计划。

（六）对没有灾难心理危机干预经验的队员，进行紧急心理危机干预培训。

（七）准备宣传手册及简易评估工具，熟悉主要干预技术。

（八）做好团队食宿的计划和准备，包括队员自用物品、常用药品的配备等。

（九）尽量保留全部发生的财务票据。

外援心理援助医疗队在到达灾区之前，尽量与当地联络人进行沟通，了解灾区情况，做到心中有数。

## 六、现场工作流程

（一）接到任务后按时间到达指定地点，接受当地救灾指挥部指挥，熟悉灾情，确定工作目标人群和场所。

（二）在已有心理危机干预方案的地方，继续按照方案开展干预；还没有制订心理危机干预方案的地方，抓紧制订干预方案。

（三）分小组到需要干预的场所开展干预活动。

在医院，建议采用线索调查和跟随各科医生查房的方法发现心理创伤较重者；在灾民转移集中安置点，建议采用线索调查和现场巡查的方式发现需要干预的对象，同时发放心理救援宣传资料；在灾难发生的现场，在抢救生命的过程中发现心理创伤较重者并随时干预。

（四）使用简易评估工具，对需要干预的对象进行筛查，确定重点人群。

（五）根据评估结果，对心理应激反应较重的人员及时进行初步心理干预。

（六）对筛选出有急性心理应激反应的人员进行治疗及随访。

（七）有条件的地方，要对救灾工作的组织者、社区干部、救援人员采取集体讲座、个体辅导、集体心理干预等措施，教会他们简单的沟通技巧、自身心理保健方法等。

（八）及时总结当天工作。每天晚上召开碰头会，对工作方案进行调整，计划次日的工作，同时进行团队内的相互支持，最好有督导。

（九）将干预结果及时向当地救灾指挥部负责人进行汇报，提出对重点人群的干预指导性意见，特别是对重点人群开展救灾工作时的注意事项。

（十）心理救援医疗队在工作结束后，要及时总结并汇报给有关部门，全队接受一次督导。

## 七、常用干预技术

（一）普通人群。

普通人群是指目标人群中经过评估没有严重应激症状的人群。

对普通人群采用心理危机管理技术开展心理危机管理。从灾难当时的救援，到整个事件的善后安置处理，都需要有心理危机管理的意识与措施，以便为整个灾难救援工作提供心理保障。包括以下几方面：

1. 对灾难中的普通人群进行妥善安置，避免过于集中。

在集中安置的情况下实施分组管理，最好由相互熟悉的灾民组成小组，并在每个小组中选派小组长，作为与心理救援协调组的联络人。对各小组长进行必要的危机管理培训，负责本小组的心理危机管理，以建立起新的社区心理社会互助网络，及时发现可能出现严重应激症状的人员。

2. 依靠各方力量参与。建立与当地民政部门、学校、社区工作者或志愿者组织等负责灾民安置与服务的部门/组织的联系，并对他们开展必要的培训，让他们协助参与、支持心理危机管理工作。

3. 利用大众媒体向灾民宣传心理应激和心理健康知识，宣传应对灾难的有效方法。

4. 心理救援协调组应该积极与救灾指挥部保持密切联系与沟通，协调好与各个救灾部门的关系，保证心理危机管理工作顺利进行。对在心理危机管理中发现的问题，应及时向救灾指挥部汇报并提出对策，以使问题得到及时化解。

（二）重点人群。

重点人群是指目标人群中经过评估有严重应激症状的人群。

对重点人群采用"稳定情绪""放松训练""心理辅导"技术开展心理危机救助。

1. 稳定情绪技术要点

（1）倾听与理解。目标：以理解的心态接触重点人群，给予倾听和理解，并做适度回应，不要将自身的想法强加给对方。

（2）增强安全感。目标：减少重点人群对当前和今后的不确定感，使其情绪稳定。

（3）适度的情绪释放。目标：运用语言及行为上的支持，帮助重点人群适当释放情绪，恢复心理平静。

（4）释疑解惑。目标：对于重点人群提出的问题给予关注、解释及确认，减轻疑惑。

（5）实际协助。目标：给重点人群提供实际的帮助，协助重点人群调整和接受因灾难改变了的生活环境及状态，尽可能地协助重点人群解决面临的困难。

（6）重建支持系统。目标：帮助重点人群与主要的支持者或其他的支持来源（包括家庭成员、朋友、社区的帮助资源等）建立联系，获得帮助。

（7）提供心理健康教育。目标：提供灾难后常见心理问题的识别与应对知识，帮助重点人群积极应对，恢复正常生活。

（8）联系其他服务部门。目标：帮助重点人群联系可能得到的其他部门的服务。

2. 放松训练要点

包括：呼吸放松、肌肉放松、想象放松。分离反应明显者不适合学习放松技术。（分离反应表现为：对过去的记忆、对身份的觉察、即刻的感觉乃至身体运动控制之间的正常的整合出现部分或完全丧失。）

3. 心理辅导要点

通过交谈来减轻灾难对重点人群造成精神伤害的方法，个别或者集体进行，自愿参加。开展集体心理辅导时，应按不同的人群分组进行，如：住院轻伤员、医护人员、救援人员等。

（1）目标

在灾难及紧急事件发生后，为重点人群提供心理社会支持。同时，鉴别重点人群中因灾难受到严重心理创伤的人员，并提供到精神卫生专业机构进行治疗的建议和信息。

（2）过程

第一，了解灾难后的心理反应。了解灾难给人带来的应激反应表现和灾难事件对自己的影响程度，也可以通过问卷的形式进行评估。引导重点人群说出在灾难中的感受、恐惧或经验，帮助重点人群明白这些感受都是正常的。

第二，寻求社会支持网络。让重点人群确认自己的社会支持网络，明确自己能够从哪里得到相应的帮助，包括家人、朋友及社区内的相关资源等。画出能为自己提供支持和帮助的网络图，尽量具体化，可以写出他们的名字，并注明每个人能给自己提供哪些具体的帮助，如情感支持、建议或信息、物质方面等。强调让重点人群确认自己可以从外界得到帮助，有人关心他/她，可以提高重点人群的安全感。给儿童做心理辅导时，目的和活动内容相同，但形式可以更灵活，让儿童多画画、捏橡皮泥、讲故事或写字。要注意儿童的年龄特点，小学三年级以下的儿童可以只画出自己的网络，不用具体化在哪里得到相应的帮助。

第三，应对方式。帮助重点人群思考选择积极的应对方式；强化个人的应对能力；思考采用消极的应对方式会带来的不良后果；鼓励重点人群有目的地选择有效的应对策略；提高个人的控制感和适应能力。

　　讨论在灾难发生后，你都采取了哪些方法来应对灾难带给自己的反应。如多跟亲友或熟悉的人待在一起、积极参加各种活动、尽量保持以往的作息时间、做一些可行且对改善现状有帮助的事等，避免不好的应对（如冲动、酗酒、自伤、自杀）。注意儿童的年龄差异，形式可以更灵活，让儿童以说、画、捏橡皮泥等多种方式展示自己的应对方式。鼓励儿童生活规律，多跟同伴、家人等在一起。要善于用儿童使用的语言来传递有效的信息。

**附录 4**

# 《灾后不同人群心理卫生服务技术指导原则》

卫生部办公厅在 2008 年 7 月 3 日印发了《灾后不同人群心理卫生服务技术指导原则》（以下简称为《指导原则》），旨在指导各地科学、规范地开展灾后重建期心理卫生服务工作。《指导原则》针对灾区群众、灾区救援者、灾区伤员（住院病人）和灾区儿童等四种不同人群，主要适用对象是精神科执业医师及经过认证的心理治疗师。

## 第一部分　灾区群众

### 一、灾区群众的定义与心理需求

灾区群众是指因地震导致家园受到破坏、财产损失、亲人死亡、身体受伤甚至致残的群众。灾区群众普遍存在安全感的需求和控制感的需求。

### 二、常见心理卫生问题的筛查与诊断/确认

在遭受地震灾害以后，可能出现各种心理创伤问题，最常见的有：创伤后应激障碍（PTSD）、适应障碍、焦虑障碍、抑郁障碍、自杀、酒精及药物滥用、躯体形式障碍、创伤后人格改变等。

（一）筛查。

1. 条件允许时要对所有与地震有关的人进行筛查，在专业人员缺乏的情况下，要优先对地震幸存者进行筛查，尤其是儿童、老年人、有婴幼儿的妇女、有躯体伤残以及既往有精神障碍的个体。

2. 经过培训的乡村医生、心理咨询师、志愿者应用量表对灾区人群进行筛查，筛查阳性者由专科医生进行专业诊断。

3. 以创伤事件（心理应激源）筛查病人。按照优先级别，创伤事件依次为：身体严重伤残，丧失亲人，目击灾难现场，社会支持不足，有重大经济损失，具有焦虑、抑郁、幻觉、妄想、兴奋冲动、自杀企图、意识障碍等精神症状。

4. 以临床观察（应激反应）指标进行筛查。主要的应激反应有：明显的躯体反应，明显的认知问题，情绪反应，行为反应，人际关系及个性改变等。

（二）诊断。

诊断由精神科医生承担。精神科医生每天要巡视病人，对病人的心理状态进行动态评估，对可疑有精神障碍的病人，进行精神现状检查及病史资料收集，应及时做出精神科诊断和处理，包括药物治疗；或者推荐给心理治疗师进行心理治疗。

### 三、常见心理卫生问题的医学处置

（一）创伤后应激障碍（PTSD）。

创伤后应激障碍（PTSD）是个体经历强烈的精神创伤后导致的最为严重的精神障碍。地震作为一个强烈的精神创伤性事件，可能导致一些有高危易感素质的人发展成为 PTSD。

1. 常见临床表现。

具有以下特征性的三组症状：

（1）再体验——反复闯入意识、梦境的创伤体验，或者面临相类似的情景(如在电视上见到地震的画面)时出现强烈的心理痛苦和躯体反应,如出汗、坐立不安、心悸或极度焦虑、恐惧,导致患者痛苦。

(2)警觉水平增高——高度焦虑警觉状态,难以睡眠,易激惹,难以集中注意力,过度警觉,以及躯体的植物神经紊乱症状。

(3)回避行为——回避与创伤事件有关的活动、地点、想法、感受或拒绝交谈与创伤事件有关的信息,对通常的活动失去兴趣,与他人相处无亲密的感觉,内疚、抑郁也很常见。

这三大类症状常常在创伤后数天或数周出现,一般不会超过事件发生后的 6 个月,极少数人也可能更迟出现。如果个体在经历地震后出现上述症状且持续至少 1 个月,导致个体严重的痛苦或者重要的功能损害,应该高度警惕可能患有 PTSD,此时可以根据诊断标准来进行诊断。

2. 治疗。

PTSD 的治疗应由精神科专业医师或者精神科医师与临床心理治疗专家共同进行。治疗的关键是处理创伤性的记忆和与这些体验相关的想法和信念。治疗方案包括心理治疗和药物治疗。病情不是很严重的 PTSD 患者,可以单独使用心理治疗的方法;病情比较重或者伴有其他精神障碍的患者,起先就应该使用心理治疗合并药物治疗。

(1)心理治疗最常用的方法包括焦虑控制训练、暴露疗法和认知治疗。①焦虑是 PTSD 患者的基本症状,因此焦虑控制训练方法对患者的闯入性体验、警觉、回避三类症状都有效。②暴露疗法是让患者在放松状态下面对创伤性事件(可以是回想的,也可以是模拟的),学会控制他们的恐惧体验。此法起效快,尤其对闯入性体验症状有效。但也有报道部分患者可能因此加深闯入性体验的症状,因此治疗患者时应特别注意个体差异。③认知疗法的目标是改变患者的错误认知。PTSD 患者常常认为世界充满危险，个体过于渺小和无能无助，因此表现有回避社会、兴趣下降、罪恶感或内疚感，认知疗法对这些症状疗效较好。

(2)药物治疗包括抗抑郁剂和抗焦虑剂的使用，有些难治性的或者伴有其他精神障碍的 PTSD 患者，还要使用相应的其他药物如心境稳定剂或者非典型抗精神病药。

(二)抑郁障碍。

1. 常见临床表现。

灾后发生的抑郁障碍主要是指由灾难引起的心因性抑郁障碍，应激因素包括：灾难中亲人和财产的丧失、生命的威胁及对灾难后果的不可预测等。其主要症状包括：情绪低落、思维迟缓和运动抑制。

2. 干预和治疗。

主要由精神科医生、经过必要精神卫生知识训练的内科及基层保健医生、心理治疗师、心理咨询师及社会工作者进行。医生和心理工作者要协调工作，心理工作者负责的所有患者均应经过医生的医学诊断和处理，缺少心理学背景的医生则要善于借助其他人员的心理社会学手段，全面关怀帮助患者。

(1)社会学干预原则。

①防自杀。

②重建和加强社会支持系统。

③鼓励、促进恢复期患者社会功能的恢复。

(2)心理治疗原则。

对于灾后抑郁障碍的患者均可采用心理治疗，对于轻性和慢性创伤性的抑郁障碍患者，心理治疗可作为主要的治疗方法。根据患者、治疗师及临床的不同特点可选择不同的心理治疗方法。急性期以支持性心理治疗、创伤干预治疗为主，中后期可选认知行为治疗、精神动力性治疗、人际心理治疗、家庭治疗等。康复期要着重促进患者行动及社会功能恢复。心理治疗中要小心地建立治疗关系，培育患者的治疗意愿，帮助提高患者对药物的依从性。

（3）药物治疗原则。

可根据患者病情选择抗抑郁药、抗焦虑药。具体操作请按照有关临床诊疗指南及卫生部有关规定执行。

（三）自杀。

1. 常见临床表现。

重大的自然灾难后自杀率会有所上升。地震后自杀率增加的危险因素包括：受灾者严重的躯体疾病，比如截瘫、截肢等；受灾者家人朋友的丧失，社会支持系统的缺乏或不足；受灾者财产、工作的丧失；罹患急性应激障碍、创伤后应激障碍、抑郁障碍、酒精滥用或药物依赖等。

2. 灾后自杀高危人群的社会心理干预。

灾后自杀高危人群包括丧失亲人、有抑郁情绪或有酒精滥用或依赖的灾区群众。

（1）成立以精神科医生为主导，有心理治疗师、心理咨询师、社会工作者、志愿者等人参与的自杀干预小组。

（2）精神科医生对社会工作者、志愿者进行灾后心理健康知识和自杀干预的培训。

（3）及时开展受灾人群心理健康知识宣讲。

（4）以社区为单位，设立相应的机构，或配备相应的人员，开展心理咨询或心理保健工作。

（5）成立自助团体或帮助重建社会支持网络。

（6）针对不同的高危人群进行有针对性的干预。

（7）对有自杀意念或有自杀未遂史的个体进行危机干预。

#### 四、常见心理卫生问题的心理学处置

（一）心理教育原则。

1. 为灾区群众提供准确信息，提高灾区群众的心理确定感。

2. 帮助灾区丧亲者举行集体的哀悼仪式。

3. 通过媒体进行科普宣传。

4. 提供专题讲座。

（二）哀伤及哀伤心理治疗。

哀伤是经历失去亲人或财产丧失后的一段心理修复的过程。心理卫生专业工作者应有针对性地开展一般心理援助和哀伤心理治疗。

1. 哀伤的一般心理援助。

专业人员在哀伤早期可以提供一些有技巧的支持性的哀伤心理援助。一般心理援助的原则包括：

（1）必须以丧亲者独特的需要为中心；

（2）以尊重丧亲者为主导；

（3）要耐心，避免太过急切，否则会加强丧亲者的阻抗；

（4）"不领导、不随从、只陪伴"。

2. 哀伤心理治疗。

哀伤心理治疗是处理丧失的重要途径，协助丧亲者在合理的时间内，引发正常的哀伤，以顺利度过哀伤期。

（1）哀伤心理治疗的对象。

①延长悲伤者：与一般人相比，哀伤的过程和时间明显延长者。内疚感、回避等是常见的症状。

②复杂性哀伤者：对悲伤超过正常人所持续的时间，或者更为严重者，可以做出复杂性哀伤的诊断。

（2）哀伤心理治疗的任务。

①确认和理解丧失的真实性；

②表达、调整和控制悲伤；

③应对由丧失所带来的环境和社会性的改变；

④转移与丧失的客体的心理联系；

⑤修复内部的和社会环境中的自我。

(3)哀伤心理治疗的原则。

①帮助丧亲者面对失落，认清亲友亡故现实；

②帮助丧亲者界定及表达或宣泄情感；

③将哀伤反应正常化；

④帮助丧亲者重新适应一个不存在逝者的新环境，重建新关系；

⑤持续性的支持；

⑥允许个别差异；

⑦促进居丧者以健康的方法解决悲哀；

⑧注意评估复杂的哀伤反应，可寻求督导或转介。

### 五、常见心理卫生问题的随访

主要的随访方式有：

1. 书信、电话随访；

2. 面谈随访。

可由接受过培训的乡村医生和非精神科医生进行。发现疑似病例要及时向精神专科医生报告，由后者进行诊断，制定治疗计划。乡村医生执行治疗计划并且进行随访。

# 第二部分　灾区救援者

## 一、灾区救援者的定义

灾区救援者是指进入灾区参与救援工作的各类工作人员，包括解放军、武警、消防官兵、医疗卫生人员、政府行政人员、媒体人士、通讯保障人员、心理救援人员等。

## 二、常见心理问题及表现

灾区救援者在现场目击各种惨景，在艰苦的工作环境中从事高强度的工作，可能产生各种心理问题。主要表现为：

1. 身体反应：易疲劳；

2. 心理反应：创伤反应和人际冲突；

3. 职业困扰：耗竭感。

其中，部分救援者可能表现出急性应激障碍、创伤后应激障碍（PTSD）、抑郁症及适应障碍。

## 三、常见心理卫生问题的筛查与诊断/确认

灾区救援者常见心理卫生问题筛查与诊断/确认的工具、方法和标准可参照"第一部分灾区群众心理卫生服务技术指导要点"的相关内容。

## 四、常见心理卫生问题的医学处置

由精神科医生会同心理治疗师和心理咨询师，组成治疗团队，依据 CCMD-3，做出精神科诊断，制定心理治疗和药物治疗的方案。

（一）药物治疗的原则。

根据病人的症状，如失眠、惊恐、焦虑、抑郁等情绪，进行对症治疗，从低剂量开始，但不建议长期使用镇静催眠药。

（二）心理治疗。

开展创伤治疗、动眼减敏重整疗法（EMDR）等各种系统的心理治疗须由经过相应培训的人员进行。无法保证较长期连续工作的人员须与当地专业人员一起开展系统的心理治疗，以保证治疗关系的稳定和连续。

相关的技术要点参照"第一部分灾区群众心理卫生服务技术指导要点"的相关内容。

### 五、常见心理卫生问题的心理学处置

（一）引导救援队长或其他负责人为救援者提供力所能及的帮助。

（二）引导救援者通过各种方式自我减压，救援者之间互相鼓励和支持。

（三）应激晤谈。

应激晤谈不是工作检讨，而是鼓励救援人员诉说、讨论、分担、分享在地震救援工作中发生的事件，让救援人员的情绪得到适当的宣泄与疏导，并企盼能将此经验以正向及健康的方式，整合到救援人员的生活中。应激晤谈的基本原则是：

1. 不强迫表达，使受助者有可控感；

2. 正性积极的资源取向；

3. 个体化的帮助。

应激晤谈可采取一对一的方式或 8～10 人的小团体来进行。团体辅导一般由 2 位有经验的心理卫生工作人员带领。

（四）在地震救援结束后，引导救援者适当宣泄情绪，做放松练习和压力处理；保证充足的营养与睡眠充足，重新建立起正常的生活规律。

### 六、常见心理卫生问题的随访

（一）对于明确诊断或确认的救援者，治疗期间要及时确定随访的机构和人员、方式、间隔时间、地点等信息，保证各种治疗的完整实施。

（二）对于未达到诊断标准又接受过心理卫生服务的救助者，也应提供进一步的指导以及今后获得随访的渠道。

# 第三部分 灾区伤员(住院病人)

## 一、灾区伤员(住院病人)的定义和心理需求

灾区伤员(住院病人)是指在地震中身体受重伤而长期住院接受医治的灾区群众。其常见心理需求有:病人对确定感、控制感、安全感的心理需求;获得社会支持的心理需求。

## 二、医院心理救助的管理与工作流程

(一)心理救助人员的职责及医院管理。

心理救助人员由精神科医师和心理治疗师组成。

1. 接纳灾区病人住院治疗的医院,应该积极接纳心理救助人员参与工作。

2. 医院应建立精神科联络会诊制度,由精神科医生承担病人的精神科联络会诊工作。精神科联络会诊工作,必须在医院行政管理下进行。

3. 精神科医生和心理治疗师应优先配合临床医生对病人进行躯体救治,并全面参与临床查房,了解病人目前的躯体疾病诊断、严重程度、治疗方式、护理要点,以便在心理救助中恰当地解答病人的疑问。

4. 精神科医师负责对病人进行精神状态的评估、诊断及精神医学的处理。

5. 每个病人只能同时接受一位心理治疗师的心理救助,不得安排 2 位及 2 位以上的心理治疗师同时对病人进行心理救助。

6. 心理治疗师负责对病人进行心理状态的评估,并根据病人的实际需要,开展专业化、系统化的心理治疗工作。

7. 心理治疗师可根据医院的实际情况,为医护人员及行政管理

人员提供心理减压或心理救助。

（二）工作流程。

1. 精神科医生与心理治疗师一同巡视病人，进行面谈筛查。

2. 经筛查发现具有精神症状或精神障碍的病人，由精神科医师做出临床诊断和处理。

3. 经筛查发现具有明显心理问题的病人，由心理治疗师安排进一步开展心理救助，如个别心理治疗会谈或小组心理治疗。

4. 对于没有筛查出精神障碍或明显心理问题的病人，由心理治疗师有组织地进行普遍的健康教育。

### 三、常见的心理卫生问题的筛查与诊断/确认

灾区伤员常见心理卫生问题筛查与诊断/确认的工具、方法和标准可参照"第一部分灾区群众心理卫生服务技术指导要点"的相关内容。

### 四、常见心理卫生问题的医学处置

（一）精神障碍的诊断。

主要依据《中国精神障碍分类与诊断标准第 3 版（CCMD-3）》，也可参照 ICD-10。精神科医生要特别注意急性应激障碍、创伤后应激障碍、意识障碍、适应障碍、抑郁障碍及自杀、酒药滥用等常见精神障碍。

（二）药物治疗的原则。

根据病人的症状，如失眠、惊恐、焦虑、抑郁等情绪，采取对症治疗，采取短期、低剂量用药。

对于诊断有精神障碍的病人，精神科医生应该定期对病人进行观察、会谈及随访，及时调整治疗方案，并做好病程记录。

## 五、常见心理卫生问题的心理学处置

(一)心理救助的一般原则。

1. 尊重与保密。

2. 支持性原则。

3. 信息提供原则。

4. 整体性原则。

5. 促进心理健康发展的原则。

(二)常见心理问题的处理要点。

由具有心理救助、心理治疗专业能力的精神科医师或心理治疗师承担。针对病人常见的认知、情感、行为、人格及人际关系等心理问题,具体操作要点如下:

1. 引导病人消除对"余震"的恐惧;

2. 将亲人去世的消息告知病人;

3. 引导逐步消除后悔、自责等观念和情绪;

4. 特别关注截肢病人的心理问题;

5. 鼓励病人做一些力所能及的事情,避免因过度照顾导致病人被动、依赖。

## 六、常见心理卫生问题的随访

(一)接受过心理救助的住院病人。

1. 书信、电话随访。

2. 面谈随访。

(二)未曾接受过心理救助的病人。

对于未曾接受心理救助帮助的病人,随机抽取其中 5％的病人,通过邮件或电话的方式进行随访、筛查。

## 第四部分　　灾区儿童

### 一、灾区儿童的定义和心理需求

本技术指导原则所指的儿童为来自灾区、身体或心理受到地震灾害直接或间接影响的 14 岁以下(包括 14 岁)儿童。

灾区儿童的心理需求主要包括:安全感的需求、控制感(或确定感)的需求、身心健康发展的需求以及对原有疾病问题解决的需求。

### 二、常见心理卫生问题及表现

灾难发生以后,大多数儿童出现的心理反应是正常的,只有少数人出现急性应激障碍或其他心理障碍。

性别也会影响儿童的灾后反应。此外,儿童在不同发育阶段由于认知、情绪调节、身体反应等能力不同而对灾难的反应也会出现不同。

### 三、常见心理卫生问题的筛查与诊断/确认

对灾区儿童的心理评估与筛查可采用直接与儿童交谈、游戏、观察并结合从父母等照顾者处收集的病史信息以及量表评估等方法进行。通过这些措施与手段,可以快速筛查出易感儿童。

对易感儿童的筛查务必首先以建立安全、信任的关系为第一任务,应由专业人员根据儿童年龄阶段来制定或选用内容与提问方式恰当的量表或评估问卷,与儿童交谈首先应征得儿童照料者的同意。

对易感儿童的心理问题需定期随访、评估与诊断。对于经筛查有异常反应的儿童,需转给儿童精神科医生进行诊断。

## 四、常见心理卫生问题的医学处置

（一）儿童情绪行为障碍。

表现为持续时间较长的抑郁、焦虑、容易激惹、挑剔、发脾气等情绪问题，以及攻击、破坏、自伤等行为问题。首选心理治疗，针对儿童的年龄与个体身心发展的特点选择认知治疗或者认知行为治疗。对问题比较严重，或较长时间未改善者，可以选择 5-羟色胺再摄取抑制剂（SSRI）类药物辅助治疗。

（二）儿童分离焦虑障碍。

学龄前儿童可能尤为突出。主要表现为不能与主要照护者分离，当照护者试图离开儿童视野范围的时候表现为哭闹、紧张、发脾气等，严重者甚至不能短暂离开主要照护者的怀抱。年长儿童的分离焦虑可能表现在主要照护者离开后过分担心照护者的安全，怕照护者发生意外，为此惴惴不安，不能正常地学习与生活。对此类障碍不主张使用抗焦虑药物或其他改善情绪的药物。

（三）儿童抑郁症。

可能有少部分儿童出现 2 周以上郁郁寡欢，对周围事物缺乏既往的好奇与探索，与人接触被动，行为迟缓或呆板，食欲下降，体重减轻，对过去曾经喜欢的活动也索然无趣。或者变得郁闷，容易激惹，发脾气或不开心。在这种情况下，可以考虑为儿童选择 SSRI或其他新型抗抑郁剂，结合相应的心理治疗（具有投射性质的艺术治疗，或认知行为治疗等）。如果用药，需交代监护者注意可能出现的激惹、冲动甚至自杀行为。

（四）创伤后应激障碍。

儿童也可以出现与成年人类似的创伤后应激障碍，表现为警觉性增高，持续回避创伤情境以及闪回等症状。治疗也以心理治疗结合药物（抗抑郁剂）治疗为主。

需要注意的是，真正需要用药的儿童极少，大部分儿童在生命健康和安全得到保障后会逐渐好转，但针对符合以上临床诊断标准的儿童应及时转诊和治疗。

## 五、常见心理卫生问题的心理学处置

（一）从自然环境和人文环境方面重建儿童的安全感。

（二）帮助儿童重获对生活的控制感。

（三）鼓励和引导儿童发展应对和解决问题的能力，合理表达情感，重建社会关系。

（四）引导儿童照料者以正确的态度关心与支持儿童，帮助儿童以更加积极的态度面对灾难。

## 六、儿童心理卫生服务的路径

灾后对儿童的心理卫生服务可以根据儿童的居住地不同采用以下几种方式：

（一）生活在救助站或临时安置点的儿童。

可以采用建立图书角或儿童活动帐篷的方式，由志愿者（灾区群众中的志愿者和外援志愿者均可）主要运作，精神卫生专业人员定期指导、培训志愿者，指导志愿者在儿童游戏、讲故事或画画的过程中发现应激反应较重者，在精神卫生专业人员定期随访时给予干预。

（二）集中安置在远离原居住地的儿童。

由精神卫生专业人员对教师进行基本培训，由教师发现应激反应较重者，转介给精神卫生专业人员进行干预。

（三）因伤在医院接受治疗的儿童。

由医院负责提供固定的心理危机干预人员，定期为儿童伤员进行心理辅导或干预，在儿童伤好回到原来居住地时，最好提供已经进行过的心理干预记录或量表检查分数；因伤致残的儿童，要有专人对其进行较长时间的心理辅导和干预。

（四）因目前没有确认亲人是否遇难（可能的孤儿）而居住在集中安置地的儿童。

要安排专人定期进行心理辅导和干预。

### 七、常见心理卫生问题的随访

儿童灾后都会出现不同程度的心理反应，依据灾难发生后的阶段以及一些外界因素而发生变化，大多数儿童灾后一周症状开始减轻、一月后基本恢复正常。但是有约 10％的儿童会出现持久、严重心理疾病，而且有一部分儿童的创伤后应激障碍的症状可以几个月甚至几年后才表现得比较明显。因此，需要对灾后儿童心理卫生问题进行阶段性随访，对早期高危或异常的儿童更需要定期随访进行心理评估与检查，必要时及时转介儿童精神科医师明确诊断，制定治疗计划。

### 八、儿童灾后特殊的心理卫生问题

（一）因灾致残的儿童。

因地震致残的儿童属于心理干预的重点和优先人群。应从以下三个方面开展心理救助工作：

1. 针对家长的心理辅导。

引导整个家庭参与致残儿童的心理救助，帮助家长接受事实，积极配合执行康复计划。

2. 针对因灾致残儿童的心理辅导。

对于因灾致残儿童首先要处理创伤后的应激反应和可能出现的PTSD、抑郁等问题。

（1）与肢体残疾儿童沟通的技巧。

与肢体残疾儿童沟通除了要采用与其年龄合适的方式还要特别

注意，不能把目光停留在他们的残疾部位，不要用同情的眼神看着他们，要用正常的目光看待这些孩子。要特别注意回避与其生理缺陷有关的词语，谈话的内容还要宽泛一些，不要仅涉及残疾的事情。

(2)支持性心理治疗。

当患儿处于否定和抑郁阶段时，与患儿建立良好关系，采取倾听、解释、指导、保证等方式，对患儿的痛苦和困难给予高度同情，给予他们关心和尊重。

(3)针对躯体残疾。

帮助儿童逐步接受残疾的现实并适应生活的改变；认识自己的身体有与其他人不同的地方，同时认识到自己有更多的地方与其他人相同；尽可能多地了解残疾和康复情况，尽量正常生活；接受关心自己的人的情感支持，而不是愤怒地将他们赶走；与医疗人员合作，杜绝被动—攻击行为和抵制行为。

(4)针对抑郁情绪。

定期评估抑郁程度。

(5)针对低自尊问题。

鼓励儿童用言语表达出对自我贬抑的增强；增加与他人的目光接触；积极地承认和从言语上接受其他人的表扬和称赞；减少消极的自我评价和思维，并用积极的自我暗示取代它们以建立自尊。

3. 帮助建立支持系统。

心理工作者要帮助因灾致残的儿童与主要的支持者或其他的支持来源(包括家庭成员、朋友、学校、社区的帮助资源等)建立联系，获得帮助。

在条件允许的情况下鼓励孩子尽早回到学校随班就读。尽量帮助类似状况的孩子及其家长组成小的团体，开展小组互助和团体辅导工作。

（二）因灾致孤儿童。

因震致孤儿童也属于心理干预的优先人群和重点对象。根据灾后时间的进展，可采用不同的干预方法。

1. 选择适当的时机，正确向儿童传达父母或近亲属遇难的消息。

2. 引导社会和收养者为儿童营造一个健康的生活环境。

## 附件：心理筛查量表工具的使用原则

1. 量表只能在病人数量多而心理治疗师人数相对不足的情况下，进行初步筛查时使用；

2. 量表筛查无法代替直接面谈筛查与评估，其结果只能作为临床诊断的补充参考依据；

3. 禁止治疗师仅为了个人收集资料而对病人进行量表筛查；

4. 使用量表对病人进行调查时，应事先向病人说明量表调查的意义和用途，并征得病人同意；

5. 推荐使用"事件影响量表（IES）"，在必要时进行"创伤后应激障碍"筛查；

6. 应将"病人自评"量表改为在会谈之后"由治疗师他评"；确实需要与病人当面进行他评时，建议治疗师与病人在心理治疗以外另约时间，并亲自与病人会谈，进行他评。

# 《欧洲创伤后压力研究网络指南》

《欧洲创伤后压力研究网络指南》(The TENTS Guidelines)由欧洲创伤后压力研究网络(The European Network for Traumatic Stress，TENTS)的专家学者们于 2008 年合作编写发布，旨在为灾害和重大事故后心理与社会支持提供系统指导。

本指南是在系统回顾关于灾害和重大事故后的心理与社会治疗的研究的基础之上整理而成的，它由来自 25 个国家的 106 名专家、教授的智慧凝集而成，用于灾害和重大事故后的心理与社会支持。众所周知，不同的国家在灾后提供服务的组织和内容都存在差异。因此，建议未做强制要求的欧洲国家将本指南作为提供治疗服务的模型。本指南旨在为人口在 25 万～50 万的地区提供心理与社会治疗，但也适用于人口稍多或稍少的地区。这些指导方针可被分成 6 个部分，其中包含规划、准备、管理，一般应对措施以及特定阶段的具体措施等。其中部分措施只关注个体，但是心理与社会治疗的各个方面应在充分考虑了个体广泛的社会背景的情况下提供，尤其是家庭和社区背景。

# 1 规划、准备和管理

1.1 每个地区都应有一个多机构的心理与社会治疗规划小组，其中包括在创伤应激方面具有专业知识的心理健康专家，他们负有在灾害和重大事故后提供心理与社会治疗的责任。受灾害和重大事故影响的个人也应该有代表。

1.2 每个领域都应制定关于在紧急情况下提供心理与社会治疗的指导方针（心理与社会治疗计划），这些方针应被纳入整个灾害、重大事故计划并要定期更新。

1.3 应开展机构间合作规划和协调，以确保心理与社会治疗计划有效。

1.4 应全面规划现有的心理与社会服务，并将其纳入心理与社会治疗计划。

1.5 应通过演习来检验心理与社会治疗计划。

1.6 执政者、政府官员应参与管理培训和演习。

1.7 培训计划应涵盖每个领域，以确保参与心理与社会治疗救助的人员能明确自身的角色并为要尽的职责做好准备。

1.8 所有的治疗人员都应接受过正规的培训，并不断接受培训、支持和监督。

1.9 应仔细调整培训的内容和程度，以符合心理与社会治疗人员的角色和职责。

1.10 应尽可能提前招募治疗人员（专业人员和志愿者），并在录用之前对其进行筛选。

1.11 规划小组应该监测包括志愿者在内的治疗人员可能出现的继发性创伤并消除症状。

1.12 政府、当局应提供足够的资金来维持心理与社会治疗计划，以便在灾难发生时计划能得以有效实施。

## 2 一般应对措施

2.1 应对措施应促进安全感、自我和集体效能感及赋能感，增加彼此的联系，使受害者保持平静、充满希望。

2.2 应明确考虑个人的人权。

2.3 给社区治疗、文化治疗、精神疗法、宗教疗法提供合适的条件。

2.4 应对措施应提供一定的支持，使受害者能获得社会支持、身体支持和心理支持。

2.5 除个人支持外，应对措施还应涉及并提供家庭支持。

2.6 应对措施应提供有关创伤反应及其管理的教育服务。

2.7 不应该为每个受影响的人提供特定的正式干预措施，例如单一会晤的个人心理咨询。

2.8 不宜一个个地去筛选所有受影响的人，但是救助者应该意识到识别严重受害个体的重要性。

2.9 在当地资源有限的情况下，应优先考虑那些受到灾害、重大事故影响的人群的需求。

2.10 在有必要时，应对措施应提供专门的心理和药理的评估和管理。

2.11 当受影响人数较多时，需要自助干预来满足他们的需求。

2.12 如果心理与社会治疗规划小组的成员不够，应该请一些熟悉当地文化和特定社区的本地人参与。

2.13 全科医师、当地医生应对可能发生的后遗症有充分了解。

2.14 应在挖掘合理的支持性资源（如家庭、社区、学校、朋友等）方面做出努力。

2.15 应提供如财务援助和法律咨询等其他服务。

2.16 与受影响的人群一起规划纪念仪式。

## 3 初始响应阶段的具体措施(第一周内)

3.1 最初的救助需要以同感、共情的方式提供实际的帮助和支持。

3.2 应获取与受影响人群的境况和关切相关的信息,并将真实的信息公开发布。

3.3 如果有必要的话,应提供与灾后教育相关的书面文件,包含创伤事件的反应、有效的应对措施以及去何处寻求帮助。

3.4 如果人们愿意了解关于创伤反应的知识,应积极为他们提供相关的教育。

3.5 在初始响应阶段,心理反应须被恢复到正常范围内。

3.6 既不鼓励也不阻止人们提供详细的描述。

3.7 应启用电话求助热线,让训练有素的接线人员为个体提供情感支持。

3.8 应启动一个有关心理与社会问题的网站。

3.9 应建立起一个人道主义援助中心或一站式服务店,包含各种各样可能需要的服务。

3.10 最初的心理与社会救助措施的监管者应与媒体密切合作。

3.11 应考虑创建一个用于记录个人详细信息的数据库。

## 4 早期响应阶段的具体措施(第一个月内)

4.1 应正式评估具有心理与社会困难的个体以获得进一步的意见。

4.2　对于患有急性应激障碍或严重急性创伤后应激障碍的个体，应采用创伤聚焦认知行为疗法（trauma focused cognitive behavioral therapy，TF-CBT）。

4.3　应为有其他心理健康问题的个体提供有依据的干预。

4.4　应积极主动接触困扰程度高的个体并与他们保持联系。

4.5　应选择进一步地主动接触那些受影响的个体及其家庭。

# 5　灾后1～3个月的具体应对措施

5.1　具有心理与社会困难的个体应由受过训练的专业人员进行正式评估，并在接受任何特定干预之前考虑其身体、心理和社会需要。

5.2　对于患有急性创伤后应激障碍的个体，应提供创伤聚焦认知行为疗法（TF-CBT）治疗，并建议将其作为治疗的首选。

5.3　当无法提供TF-CBT或其不被个体接受时，应为急性创伤后应激障碍患者提供其他有依据的慢性创伤后应激障碍的治疗。

5.4　应为有其他心理健康问题的个体提供有依据的干预。

5.5　应积极主动接触困扰程度高的个体并与他们保持联系。

5.6　应选择进一步地主动接触那些受影响的个体及其家庭。

# 6　持续的具体应对措施（3个月之后）

6.1　具有心理与社会困难的个体应由受过训练的专业人员进行正式评估，并在接受任何特定干预之前考虑其身体、心理和社会需要。

6.2　应为有心理健康问题的个体提供有依据的干预。

6.3　应为受影响的个体提供工作及康复机会，以使他们能重新适应日常生活并保持独立自主。

6.4　灾后的几年里，应与地方当局或政府以及已有的服务机构制定详细的资助计划，并提供适当的额外供给，以支持当地服务。

# 《灾害或重大事故受害者的心理
# 与社会及精神健康需求应对指南》

　　《灾害或重大事故受害者的心理与社会及精神健康需求应对指南》(Guidance for Responding to the Psychosocial and Mental Health Needs of People Affected by Disasters or Major Incidents) 由理查德·威廉姆斯(Richard Williams)教授(曾担任 2008—2014 年英国皇家精神科医学院灾难管理总负责人)等专家于 2009 年编写发布, 旨在帮助各国有效应对灾害或重大事故后民众的心理与社会需求。

## 1　指南内容简介及其基本原理

　　1.1　这一指南旨在协助各国在紧急情况及各类灾害和重大事故发生后, 对此类事件造成的民众的心理与社会方面及精神健康方面的影响做出有效应对。这些应对措施应由各国政府制定的相关政策所主导, 以便责任当局能够根据基本策略指导灾后服务, 并将这种服务体系完整地纳入更广泛的灾害规划和备灾防灾工作中。

　　1.2　这一指南是根据北大西洋公约组织(NATO)所开展的两项工作以及欧洲联盟(EU)所开展的第三项工作(TENTS 项目)而制定的, 该指南的制定者认为这两者之间有许多共同的原则和内容, 因此, 他们决定把它们统一起来形成一个体系, 内容包括人的心理与社会及精神健康需求的本质以及在灾害和各类重大事故发生后他们所生活和工作的社区应该如何应对，事实证明该观点后来也被广泛接受。

1.3 此外，本指南作者也吸收了一些近期的其他资源作为指南的内容。它们包括危机情景中的精神健康及心理与社会支持 IASC 指导方针以及欧洲心理学家联合协会（EFPA，the European Federation of Psychologists' Associations）提供的文件。本指南与这两个文件的内容互相兼容，并借鉴了这两份文件。作者也表明，他们得到了英国心理学会（the British Psychological Society）主席利兹·坎贝尔（Liz Campbell）的帮助。

1.4 本指南所提出的灾后关怀模型有以下特征：

· 以实证研究为基础（即基于现有的最佳证据）；

· 可在不同事件、文化和时间段中灵活使用；

· 考虑了个体和群体可能存在的适应能力的差别；

· 满足弱势群体和高危人群的需求，包括来自家庭成员和其他护理人员，以及相关机构专业人员的支持；

· 考虑了根据实际可获得的人员和资源，在紧急情况下执行该方案的现实性；

· 考虑了年龄和文化差异等人口学因素，这些因素可能会对事件中的受灾者、急救人员以及服务人员造成一定的影响；

· 可评估；

· 认识到个体、家庭和群体的预期反应、适应能力及天然自愈潜力的重要性；

· 遵从不造成额外伤害的首要原则。

1.5 本指南的"核心原则"部分是与国家政策和战略以及当地的政策实施直接相关的。其中各小节主要关注的是为受灾者提供心理与社会方面和精神健康方面关怀所依靠的国家方针政策。本指南的后几节总结了提供服务的具体实践操作，可以满足 25 万～50 万人口的需求，也适用于人口稍多或稍少于此的地区。

1.6　这种通过国家政策提供灾后服务的方法考虑到了由于各国不同的文化价值观和文化期望，他们所提供的服务也会有不同的组织模式。

1.7　本文件所包含的原则区分了人们对紧急事件正常的、非病理性的反应和精神障碍的症状反应，以及二者所对应的个体护理之间的差别。由前者产生的护理需求被称为心理与社会需求，与精神障碍相关的需求则被称为精神健康护理需求。更重要的是要认识到，有心理与社会需求的人可能不需要精神健康护理，但那一小部分需要精神健康护理的人，同时也很需要心理与社会关怀。

## 2　来自相关证据的主要结论

2.1　本指南中，影响心理与社会及精神健康服务的因素主要包括：

2.1.1　个人和社区都具有强大的心理适应和恢复能力——较好的心理与社会适应是我们预期的经历灾害或重大事故之后的群体反应，但这并不是必然会产生的。这种能力可以被逐渐发展出来，但也可能会受到破坏。

2.1.2　通常，那些具有较强的恢复能力的人，他们的情感、社会、认知和躯体体验很难从压力障碍及之后出现的创伤后障碍的症状中辨别出来。因此，除非急救人员和卫生、社会保障及福利机构的工作人员受过基本的教育和培训，否则就会存在低估或高估心理障碍发生率的风险。

2.1.3　在许多情况下，灾害或重大事故的发生会带来生活的混乱从而产生次生压力。根据不同的情况，当人们努力重建他们的生活、依恋关系、家庭、家园事业、娱乐生活和社区时，这种重建的过程可能会和原生灾难事件一样，对人们的生活造成不良影响，从而产生次生压力。因此，一些人可能需要更长期的帮助和支持。

2.1.4　灾害和重大事故总是直接或间接地影响到整个社区和人群，因此需要公共的心理与社会关怀，以服务到每一个受影响的人。然而，大多数患有精神障碍的人需要特定程序的个性化心理健康和社会关怀服务。因此，产生心理障碍的人可能同时需要心理与社会方面及精神健康方面的服务和支持。

2.2　灾害和重大事故的直接及间接受害者，可能产生的心理与社会性反应是多种多样的。

2.2.1　灾害或重大事故过后，人们产生悲痛情绪是很正常的。

2.2.2　人们的心理与社会性反应会在事件预期、期间和发生之后通过情绪、社会、关系、行为、认知和生理体验表现出来。

2.2.3　在大多数情况下，悲痛情绪只是暂时的，不会造成社会功能障碍。

2.2.4　有些人可能痛苦体验的持续时间会更长，且感觉无力承受。

2.2.5　大多数人不需要专业的心理健康指导，但也有相当一部分人需要。

2.2.6　一部分存在特殊风险的幸存者需要筛查、监测和临床评估。

2.2.7　一小部分受影响者可能需要更长期的心理健康指导和治疗。

2.3　人们对灾难事件的反应方式主要可分为四大类，以下是本指南的划分标准：

2.3.1　完全不悲伤(抵抗力强)，或产生轻微、暂时和可预见的悲伤情绪(适应能力较强)；

2.3.2　表现出与事件相称的痛苦情绪，并在短期内可以恢复正常的心理与社会功能（较第一类群体体验到更多的痛苦，但是适应能力较强，不会发展出精神障碍，但痛苦持续的时间比第一组更长）；

2.3.3　在中短期内，表现出与事件不相称的痛苦或功能障碍（这一群体包括那些如果得到适当的帮助和其他干预措施可以较快恢复的人，以及可能发展出精神障碍的人——属于这一群体的人需要全面彻底的评估）；

2.3.4　短期、中期或长期的精神障碍患者（这一群体需要进行专业评估并且被给予及时有效的精神健康护理）。

2.4　在灾难发生后，可能产生功能障碍和重大问题的高风险人群包括：妇女、儿童和青少年、老年人、原本就存在健康问题和障碍的人、社会弱势群体等。还有一些风险更大的人群包括：

·感知到环境对自身或重要他人造成严重生命威胁的人；

·身体受到伤害的人；

·面对不可控制和不可预测的环境的人；

·置身于灾难可能会再次发生的环境中的人；

·体验到与事件不相称的悲伤情绪的人；

·经历多重损失（包括失去亲朋好友或具有重大意义的财产损失）的人；

·暴露于尸体周围或可怕的环境中的人；

·生活的社区遭到持续的较高程度破坏的人；

·社会支持不足的人；

·之前患有心理障碍的人。

# 3　灾后干预的核心原则

3.1　灾害或重大事故发生后，要对受灾者的心理与社会需求进

行快速且有效的应对和处理

3.1.1 有证据表明，如何应对和管理人们的心理与社会性反应对社区整体恢复的程度和有效性具有重要意义。

3.1.2 此原则的一个重要推论是：在发生灾害和重大事故之后采取的所有行动都不得造成进一步的伤害。

3.2 基本人权的保障

3.2.1 对人们心理与社会需求及精神健康需求的服务设计应该以基本人权为基础，并能够进一步提高人们的人权意识。

3.3 相关内容的定义

3.3.1 在灾害或重大事故发生之后，关于心理与社会及精神健康应对措施的设计、实施和评估，重要的是要对其中经常使用的相关术语形成一套统一的标准定义，使其适用于各个年龄段的受灾者。

3.3.2 比如在下面的内容中，"反应"这个词被用来描述灾害和重大事故后可能对人们造成影响的相关体验、困难、问题和障碍。"需要"是指人们在灾害和重大事故中可能需要的来自亲属、其他他人的帮助以及正规的服务。"应对"是指在灾害和重大事故发生后，社会、社区、亲属、正规服务机构为满足社区和人民的需求而采取的行动措施。

3.4 预期、计划、准备工作和初步设想

3.4.1 在北大西洋公约组织和欧洲联盟形成这个指南的过程中，一个核心原则就是如果我们在灾难发生之前就对受灾者可能需要的帮助有一定的预期和定义的话，那么在真正的应对处理过程中，我们的心理与社会及精神健康服务工作的效率将会大大提高。

3.4.2 要达到这个目的，我们需要了解随着时间推移具体情况的动态变化，以及这些服务是如何与其他人道主义援助共同发挥作用的，还有在灾害和重大事故过后是如何对人民的福利和心理与社会需求做出应对的。

3.4.3　了解人们通常会对灾害及重大事故做出何种反应，可能能够帮助有关责任方在事件发生之前做出有效决策，也有利于他们在事件发生时在压力之下做出合理的决策。

3.5　关于家庭及社区的计划

3.5.1　本指南中，所有针对个体提出的心理与社会及精神健康护理措施，都应该充分考虑到他们所处的社会环境、文化背景以及他们生活、工作、旅居的家庭和社区情况。

3.5.2　为了防止灾难情况的进一步恶化，由本国及其他国家或有关组织提供的应对服务应该与事故受害者的需求相一致。这需要设置一种战略性的梯级服务模型，以便在事件发生前巩固各层计划和准备，并在事件发生后提供不同层面的支持。

3.5.3　这种梯级模型应该以提供基本服务为基础，逐步从社区、家庭和特定人群做出的应对，发展为非专业但有针对性的服务，最后形成专业化服务。各梯级的进展应基于对受灾者需求的了解。

3.6　心理与社会韧性的发展、保持和重建

3.6.1　在制订针对人们的心理与社会及精神健康需求的社会及相关服务应对计划时，应该认识到：人们及事件中的相关群体（包括家庭、社区和相关的陌生人群体）具有相当强的环境适应能力，而且灾难可以将个人、家庭和社区团结在一起。

3.6.2　此原则意味着，在决定如何应对人们及其社区的心理与社会及精神健康需求时，无论事发地区有多大程度的破坏，都应该采取措施使受灾地区的当地民众积极参与到灾后的恢复工作中来。

3.6.3　首先，最重要的是恢复社区的功能；其次，社区的社会结构对于社会和有关服务机构有效地应对灾害和重大事故对心理与社会及精神健康方面造成的影响具有重大作用。具体来说，心理与社会韧性的重建需要做到以下几点：

·恢复社区的社会功能，保护弱势群体和社区不受灾害和重大

事故的心理与社会性影响，这是备灾、应对重大事故和促进恢复的重要组成部分。

· 重建社区的社会结构是备灾、应对重大事故和促进恢复的另外一个重要组成部分。

· 提供信息并采取措施促使人们灾后反应正常化，保护社会和社区群体关系，以及开通附加服务的通道，是有效应对人们的心理与社会需求的基础。

· 每一个受灾者都可以根据他们自己的需要，在灾后立即得到人道主义援助和福利政策的支持。

· 应对措施的有效性取决于社区领导人对受灾社区的事先了解以及受灾群众的承受能力和适应能力。

3.6.4　尽管灾前做了充分的准备，并且在事件发生时也采取了相应的措施，但仍有一部分人可能产生心理障碍。

3.6.5　如果社区要在灾害和重大事故发生后，对受灾人群的心理与社会及精神健康需求做出全面应对，那就需要提供下列服务：(a)人道主义援助；(b)社会福利服务；(c)协助人民和社区发展并保持其适应能力的服务；(d)及时、便利的精神卫生服务。

3.7　在现有服务的基础上，形成并提供有效的应对措施，以满足人们的心理与社会及精神健康服务需求

3.7.1　总的来说，这一原则意味着为受灾人群提供的心理与社会及精神健康服务应建立在工作人员的能力和可用资源的基础上。

3.7.2　灾后提供的心理与社会及精神健康服务应能够应对各种类型和不同原因所造成的灾害和重大事故，并应以每个社区的准备工作和现有的临床技能为基础，这也说明了计划、训练和保持知识和技能的重要性。

3.7.3　然而，本指南认同，关于如何为人们的心理与社会需求提供相应的援助、福利以及应对措施，不同的国家会有不同的模式。

因此，本指南关注的重点在于受灾群众需要哪些来自他人或服务机构的心理与社会及精神健康应对服务，以及在不同国家制定相关服务存在哪些共同因素。

3.8　整合心理与社会及精神健康应对措施，并将其纳入政策制定和人道主义援助、社会福利、社会关怀和卫生保健机构的工作体系当中

3.8.1　要实现为大中型规模的紧急事件提供全面的心理与社会及精神健康服务，就必须将从研究和实践中获得的知识经验转化为四个层面上综合的、符合道德的政策规划。这四个层面分别是：

- 政府政策；
- 服务规划的战略政策；
- 确保服务实施的政策；
- 保证良好临床效果的政策。

3.8.2　这四个方面政策的制定都可以参照本指南的相关内容。这意味着在制定每一方面的政策以及在面对灾情开展行动时，需要具有精神健康护理技能并在危机管理方面具备经验和受过培训的从业人员发挥作用，为决策当局提供意见咨询。

3.8.3　政府政策涉及如何治理国家和区县。需要在政府级别制定政策，以确定应对灾害和重大事故的总体目标。这些政策应具体说明心理与社会及精神健康服务规划、开发和实施的条件，以便将其纳入整体的灾难应对计划当中。此外还需要制定战略政策，将政策法规付诸实施，落实整体服务规划中每个具体方面的发展目标和方向。

3.8.4　政府政策要求主管部门制定战略政策。应通过结合相关研究结论、过去的经验、某地区及其人口性质以及风险概况等方面的资料来制定战略政策，规划所需的社会服务。负责当局还应对这些服务进行管理和评价，以达到既定的目标。

3.8.5 确保服务实施的政策关注的是：特定服务如何发挥作用并与其配套服务相结合，以及如何依据对可能使用它们的人的偏好的认识引导受灾人群了解并获得相关服务。确保服务实施政策包括以实证结果为基础并符合价值取向的护理模式、护理路径、护理方案以及需求管理、评估和再分析的过程。

3.8.6 保证良好临床效果的政策主要是关注临床工作人员是否考虑到了患者的需求和偏好，如何运用他们的临床技能，以及如何与患者合作，以确保在个体病例中实现指导方针、护理路径和方案中所制定的目标形成一致。

3.8.7 这四个层次的政策都应以文化、价值观以及从实践中得出的证据和经验为基础。马德里准则（The Madrid Framework，见附录 6 末尾）可作为一个框架，用来衡量在政策的制定过程中，该如何规划和提供服务以便与相应的价值观念相符合。

3.9 标准

3.9.1 所有服务政策规划人员、事件管理人员以及相关从业人员、志愿者以及研究和评估人员都应该统一按照一套共同的标准开展工作。

3.9.2 在某些情况下，特别是在大面积遭受破坏的情况下，恢复社区基本功能和包括水和食物、避难场所、通讯及健康护理等资源的基本供应之前，是无法实现高服务标准的，这种情况需要得到事先考虑并被包含在计划当中。计划应考虑到在各种不同情况下的最低服务标准。

3.9.3 制定标准对培训、研究、评估和信息收集具有重要意义，因为这些内容是所有灾害和重大事故应对计划的核心内容。这就要求预估事件发生时的相关需求，并在灾难发生之前制定好研究、评估和信息收集的标准。

3.9.4 相关研究和评估应该指明导致特定类型服务成功或失败

的原因，包括它们的组织和实施，并且设置相应的干预措施。

3.9.5 在心理与社会干预项目实施一段时间之后，应该设置后续研究以了解这些干预措施的长期影响。

## 4 制定管理和战略政策

### 4.1 制定政策的整体原则

4.1.1 应对灾难的心理与社会及精神健康服务规划应达到的最低标准：

· 将应对受灾群众需求的心理与社会及精神健康服务作为整体备灾、救灾计划的一部分；

· 充分整合心理与社会关怀和精神健康服务的应对措施，以满足受灾群众各种类型的以及相继产生的需求；

· 由于心理与社会及精神健康专家在事件过程中及后续恢复阶段能够给予及时的建议，所以在应对重大事件的过程中可以任命他们为处理受灾者心理需求的指挥管理者；

· 能够发动社区和群众；

· 确保有关工作人员能够适应不同的文化环境和价值观；

· 首先满足受灾群众的基本需求；

· 制定并实行有效的公众风险传播和咨询计划，使公众和媒体参与其中，并提供及时可靠的信息和建议；

· 确保实行全面的心理与社会关怀和精神健康服务，并根据需要进行分级，有足够长的持续时间，并且彼此之间能够良好协调；

· 合理分配和管理心理健康专业人员的角色；

· 确保所有应对灾害和重大事故的机构的工作人员都能得到良好的领导、管理、监督和照顾；

· 通过计划和管理学习过程及其迁移、评估和绩效管理提高学习效果。

### 4.2　分级护理模式

4.2.1　本指南中提到的分级护理模式主要是指通过筛查、分类、评估和干预的方式，将事件的影响跟心理与社会及精神健康服务的核心要素(人口、社区和特定人群)联系起来。它的作用主要在于为计划制定者提供概念和实践上的参考。

4.2.2　这里描述的分级护理模式有六个主要组成部分，可分为三组：

- 战略上和实际操作的准备工作

  战略规划——多个机构针对可能需要的应对服务进行全面的合作规划、准备、培训和演练。

  预防措施——旨在发展群体的心理与社会韧性，并且要在灾难发生前进行规划和实施。

- 心理与社会需求的公共关怀

  家庭、同伴及社区应根据心理紧急干预的原则，处理人们的心理与社会需求。

  基于心理紧急干预的原则，在精神健康服务机构和社会关怀从业人员的监督管理之下，由当地受过培训的工作人员实施评估、干预及其他的应对措施。

- 个性化的心理与社会及精神健康服务

  为无法从暂时的或短期的痛苦中恢复的人提供筛查、评估和干预等基本精神卫生服务。

  为那些需要特殊干预的心理障碍患者提供二级和三级精神卫生服务。

### 4.3　战略计划和实践中的准备

4.3.1　战略计划准备可以为人们的心理与社会适应提供支持，从而改善应对措施的实施效果，降低产生严重痛苦和精神障碍的风险。

4.3.2　有效的计划和灾难应对措施之间的协调可以最大限度地提高公众和社区的集体的适应能力，以及受灾个体的心理韧性。

4.3.3　一个良好的计划所需的基本要素：

· 策略、操作和实施方法上的准备；

· 及时性；

· 灵活性；

· 整合性；

· 保证良好的沟通；

· 与公众和相关机构共享及时可靠的信息；

· 高效率和有效性。

4.3.4　每个司法管辖区都应该制定一个综合的灾害和重大事故计划。也就是说，该管辖区内的每一个区域都应制定一套适应其国家、区域和地方治理结构的灾害和重大事故应对计划，以满足灾难之后人们的心理与社会及精神健康需求，并将其作为整体备灾工作的一部分。因此，应急系统和救援服务之间的整合协调是至关重要的，这种整合计划的作用主要有：

· 促进以人为本的人道主义援助、社会福利、健康服务与个性化医疗服务之间的平衡；

· 为提供救援、人道主义援助和福利服务的机构提供支持；

· 为社会关怀体系提供支持；

· 为志愿者或非政府机构提供支持；

· 为军事系统提供支持；

· 为军事援助与民间力量提供支持；

4.3.5　决策者必须了解人们通常会如何应对灾害和重大事故，以及影响人们良好应对灾难的风险因素和人们发展出心理障碍的可能性。以下是他们需要了解的内容：

· 大多数情况下受害者普遍存在的痛苦情绪，以及人们可能产生的异常情绪、社会、认知和躯体反应；

· 灾害及重大事故后可能面临的风险；

· 人们可能发展出的心理障碍；

· 灾害及重大事故的亲历者及受到间接影响的其他人（亲戚、朋友等）都可能会产生的焦虑情绪。

4.3.6 这个战略计划的基本目的应该是为人们提供内在的支持感，认识到保持人们的心理韧性的重要性，由此提供的应对措施才能帮助他们恢复心理健康，并且心理与社会干预计划应以心理紧急干预的原则为基础。人们能够得到足够的社会支持以及他们接受和运用社会支持的能力是保证其良好的心理韧性的两个重要方面，而心理韧性是建立在人们内生能力、过往经验以及他们的社会关系之上的。因此我们在战略计划中要考虑到：

· 受到灾害和重大事故影响的人需要迅速、有效的援助，其次才是中长期的、需要资源调动的、持续的应对服务措施；

· 政府组织及服务机构应该认识到人们自身具有一定的恢复能力，但也应认识到除了应急服务之外，灾难受害者们还需要其他形式的社会支持；

· 最重要的是先满足人们的基本需要（安全、保障、食物、住所、应急医疗等需求）；

· 发动受灾民众及其社区是心理与社会干预的重点；

· 在灾害和重大事故发生后，公众应积极参与到解决社区和民众的心理与社会需求的服务中去；

· 要使公众能够信任可靠人士定期提供的准确信息，因为这些信息不仅仅反映了当前的问题，同时也有利于我们找到解决问题的办法；

· 应提供心理与社会及精神健康干预的相关服务，以支持个人及社区心理韧性及精神健康的恢复；

　　·要采取积极配合的态度，有效回应媒体的询问；

　　·要避免谣言的负面效应。

　　4.3.7　这个战略计划应认识到，受灾害和事故影响的人可能在事件发生后的短时间内社会功能不受影响，但在一段时间过后他们会出现更严重的心理与社会问题。事故发生后应该立即提供应对方法，直到家庭和社区的有效功能重新建立，之后再及时针对这些延迟发病的群体提供相应的服务。

　　4.3.8　在事件发展过程中，必须不断地调整战略计划，因为随着事件的发展，所有计划都可能需要细节上的变化和调整，所以在整个事件应对和恢复阶段，必须持续关注战略和实施计划是否需要根据实际情况进行改动。

　　4.3.9　管理和制定灾害和重大事故之后的心理与社会及精神健康计划的重要组成部分，应该由全面负责事故应对的机构和工作人员来负责。这意味着每个地区都应该为各类紧急情况制定出相应的心理与社会及精神健康计划，将其纳入灾害和重大事故的整体应对体系当中，并定期进行更新。

　　4.3.10　所有灾害和重大事故的心理与社会及精神健康应对计划，其设计、发展、试验、预演和管理都应该有明确的规划和安排。另外还需要安排参与其中的政治家、政府官员和有关机构的高级工作人员定期参加管理培训和演习。

　　4.3.11　每个紧急情况、灾害和重大事故的应对规划团队都需要有一个心理与社会及精神健康服务机构的高级代表，此人应该带领不同机构的心理与社会及精神健康专家小组，为紧急事故规划委员会提供咨询和建议。

　　4.3.12　心理与社会及精神健康关怀计划的制定、管理和监测应由心理与社会方面的专家小组负责，管理委员会也应包括过去受到过灾害和重大事故影响的人、心理健康从业人员和精神卫生服务的管理人员。

4.3.13 在条件允许的情况下，应该提前招募护理人员（包括志愿者和专业从业人员），并对其进行筛选。

4.3.14 急救人员具有不同水平的专业能力，他们在救援过程中也同样面临着不同程度的心理与社会层面的风险。

· 他们包括第一时间到达现场的民众及一线救援人员和紧急救援人员。

· 他们还包括人道主义援助的工作人员、社会福利和健康服务人员以及军事援助人员。

· 有证据表明，一部分救援者在参与救援的过程中，比较容易产生相应的心理与社会层面的反应以及受到精神健康的损害，但也有一部分人员的心理抵抗能力较强，不易受到危机事件的影响。

事故应对规划小组必须建立起有效的管理机制，保证为救援人员可能出现的继发性创伤和倦怠心理提供帮助。其中也必须包括事故救援中的志愿者。

4.3.15 所有专业的救援应对方，包括警察、消防、人道主义援助、社会福利、社会护理和医疗服务的急救人员等，都应该满足既定的最低标准。这要求他们对以下内容有基本的了解：灾害和重大事故会对直接或间接受害者的心理与社会及精神健康造成何种影响；如何在事故发生一周内向他人提供帮助；对心理与社会方面、福利以及精神健康上可能存在的长期影响的认识；如何为那些需要更专业的评估和护理的人提供帮助。

4.3.16 应在每个地区都准备一个培训方案，以确保每一个参与规划和提供心理与社会及精神健康服务的工作人员都能够明确自己的角色和责任。提供服务的所有工作人员都应接受过正式培训，不断学习并接受督导。培训的内容应与他们在心理与社会及精神健康梯级服务模型中的角色和责任相一致。

4.3.17　应该任命社会和精神卫生机构的经验丰富的高级工作人员为负责战略计划、操作过程以及整体布局的指挥官和管理人员的专业顾问。具体包括以下程序：

- 计划、训练和预演；
- 计划执行；
- 计划回顾和事件过后的内容更新。

高级工作人员应具备的条件：

- 灾后心理与社会及精神健康护理的临床技能和训练；
- 了解战略计划领导和管理的概念和实践；
- 决策、咨询和监督等方面的训练。

## 5　保证政策的实施和良好临床效果的政策制定

### 5.1　整体原则

5.1.1　所有行动、干预措施及其他服务应对措施，其目的都在于：提高人们的安全感、自我和群体效能感，激发受害人群的自主性，建立社会连接，恢复平静和希望。此外还应处理好人们的人权问题，并适当使用社区、文化、精神和宗教方面的方法促进人们的恢复。

5.1.2　事故应对计划应向所有事件相关受害者提供全面支持，包括人道主义援助、社会福利、金融服务和法律咨询、社会支持、物质和心理援助等。

5.1.3　应对措施应以家庭为重点，要让事件受害者能够联系到他们的家人，尽快重建家庭关系，还要为其家庭提供人道主义援助、社会福利服务和心理与社会支持。

5.1.4　了解当地文化和社区情况的当地社区领导人应参与到事

故应对规划中去，协助制订心理与社会及精神健康援助计划。

5.1.5 应尽力确定对事件受害者来说最适当的社会支持来源（例如家庭、社区、学校、朋友等）。

5.1.6 不应当为事件受害者提供个人心理报告等特定形式的干预措施，这些措施的有效性尚未被证明，而且还可能会对一部分人造成伤害。

5.1.7 不应该对所有事件受害者进行正式的筛查，因为目前还不能有效测量其敏感性和特异性。然而，急救人员也要认识到尽早发现可能存在心理障碍的个体的重要性。

5.1.8 应该基于事件受害者的需求确定优先次序和检验分类。

5.1.9 应对和处理灾害和重大事故的教育服务应该被纳入灾难应对体系中。此外，即便只是临时安排教学设施，让儿童在安全的情况下重返学校也是恢复计划中极为重要的一部分。

5.1.10 由于工作人员和当地医生需要直接参与精神健康干预工作，所以他们对事故后可能产生的心理与社会体验以及精神病理后遗症的了解是非常重要的。

5.1.11 事故应对机构在必要时应开通专业心理与精神健康评估、干预和管理通道。

5.1.12 要对现有的服务机构、地方当局和政府进行详细规划，包括为其提供经费和适当的额外资源，争取在灾害或重大事故发生后的几年内提高当地的服务水平。

5.1.13 应该与事件受害者共同安排纪念服务和文化仪式。

5.2 灾害或重大事故发生后一周内所需的初步应对服务措施

5.2.1 所需要的初步应对措施包括在共情的基础上，提供灵活可变的实际帮助和支持。

5.2.2 应公开向人们提供关于事故及人们所关心的问题的真实情况，并且确保人们能够理解这些内容。

5.2.3　应发放灾后服务的传单，传单的内容包括在有需要的时候该向何处寻求帮助等信息，但内容需要根据对应群体整体的阅读理解水平而定。

5.2.4　但是书面材料不能作为服务信息传播的主要形式，因为即便是在最发达的社会当中，依然会存在读写能力及阅读理解水平不足的问题。

5.2.5　因此，应该开通配备专业人员的电话求助热线，以提供情感上的支持。此外，灾害和重大事故应对计划应包括人道主义援助、社会福利以及心理与社会问题的网站建设，其中网站应该在掌握了足够的事件信息并确保能够快速传播服务信息的时候再被启用。

5.2.6　要以事故处理中可能需要的人道主义援助、社会福利以及心理与社会服务为基础，设立人道主义援助中心或一站式服务店。

5.2.7　灾害和重大事故的初步应对措施，应帮助受害者达到心理与社会反应的正常化。

5.2.8　在受害者做好充分的准备之前，我们不应该干涉他们是否对自身的心理健康状况做出详细的阐述。

5.2.9　事故后实施心理应对措施的工作人员应与媒体保持密切合作。

5.3　灾害或重大事故发生后一个月内所需的应对服务措施

5.3.1　在灾害或重大事故发生后的第一个月，一些出现了严重悲伤情绪的个体，尤其是出现了功能障碍或悲伤情绪持续时间较长的人，应该被筛查出来，以便服务机构能够与他们保持联系。比如，对于那些痛苦情绪持续两周以上的人们及其家属，应该为他们提供进一步的服务。

5.3.2　对于那些出现心理与社会层面的问题，但是不能从其家庭及所在社区得到充分的人道主义援助、福利服务和社会支持的人，我们要对他们的健康或社会关怀服务需求进行正式的评估。

5.3.3　要为创伤后应激障碍的患者提供创伤聚焦认知行为疗法(TF-CBT)等心理治疗服务。

5.3.4　同时也应该为其他类型的心理障碍的患者提供科学有效的干预措施。

5.4　灾害或重大事故发生后一至三个月内所需的应对服务措施

5.4.1　应查明在灾害或重大事故发生后的三个月内有严重悲伤情绪的人(见 5.3.1),以便服务机构能够与他们保持联系。

5.4.2　对于那些在事故发生后持续感到悲伤超过一个月以及由于悲伤情绪而产生功能障碍的受害者及其家属,应为他们提供进一步的服务措施。

5.4.3　专业医护人员应该对那些在重大事故或灾害发生后一个月或更长的时间内仍有心理问题的人进行正式的评估。评估应该在干预之前进行,并且要考虑人们的情感、社会、生理和心理需求。

5.4.4　对于有创伤后应激障碍的人来说,创伤聚焦认知行为疗法是首选的有效治疗方法。

5.4.5　在无法使用创伤聚焦认知行为疗法或患者不接受该疗法的时候,应该为他们提供动眼减敏重整疗法(eye movement desensitization and reprocessing,EMDR)及压力管理等其他治疗方法。

5.4.6　同时也应该为其他类型的心理障碍的患者提供科学有效的干预措施。

5.5　灾害或重大事故发生三个月后所需的应对服务措施

5.5.1　在灾害或重大事故发生三个月后仍存在心理与社会问题的人,应由训练有素的专业医护人员对其进行正式评估。评估应该在干预之前进行,并且要考虑人们的情感、社会、生理和心理需求。

5.5.2　应该为有心理障碍的受害者提供科学有效的干预服务。

5.5.3　应该为受害者提供工作机会和恢复心理健康的途径,以便他们重新适应日常生活。

## 6 梯级服务模型的管理

6.1 梯级服务模型是本指南的核心内容，对该模式的有效管理需要做到以下几点。

6.1.1 在灾害或重大事故发生前、发生期间及发生后都需要有效的指挥、控制和协调。

6.1.2 在战略、战术和业务层面应聘用受过心理与社会及精神健康培训的专业顾问，以确保在灾害和重大事故应对计划中充分整合各项服务，以满足社区和人民的心理与社会及精神健康需求。

6.1.3 责任当局、事故应对领导者、服务管理人员及专业医护人员在规划及提供服务时要遵循一套统一的伦理标准。

6.1.4 责任当局、事故应对领导者、服务管理人员及专业医护人员应采用良好有效的形成决策的标准。

6.1.5 事故应对的领导者应确保在每个应对和恢复阶段都提供适当的服务，主要包括：

· 为有需要的人提供及时的人道主义援助和社会福利服务；

· 事故应对的相关服务应该认识到人们接触压力源的强度和持续时间、以往的经验以及是否有充分的社会支持等因素都会影响到人们进一步发展出严重心理与社会问题及精神障碍的可能性；

· 长期和持续的服务跟进；

· 关注事故应对者和服务者的心理健康状况。

6.1.6 责任当局、事故应对领导者、服务管理人员及专业医护人员需要预先制定计划，以便进行团队管理和临床管理。

6.2 对工作人员的有效管理和照护是实施心理与社会及精神健康服务计划的重要保障，因此应向工作人员及各机构提供：

· 清晰的计划；

- 工作应达到的目标；

- 培训及实习机会；

- 更多的指导和社会支持。

6.3　这意味着，事故救援者、应对服务人员及其他工作人员都要有：

- 提前确定好的明确的责任分工；

- 明确可行、切合实际的专业标准和预期；

- 有效的领导；

- 同事的支持。

# 7　信息收集、研究和评估的基本原则

7.1　信息收集、研究和评估是至关重要的。我们需要不断从灾害和重大事故的临床实践中吸取教训，这有利于挽救生命，减轻灾难带来的痛苦，并在之后的灾难事件中降低工作人员所面临的风险。

7.2　在心理与社会及精神健康干预服务方案实施的过程中，信息收集、研究、评估和监测的定义的构成和区分应具有一致的国际标准。

7.3　要保证信息收集、研究和评估的良好规划和有效实施，我们应该做到：

- 具体方案的目标、规划和实施方法要十分清晰；

- 方案要有益于它所面向的社区群体；

- 提高提供服务的工作人员的工作效率；

- 在方案的实施过程中，要同时考虑设计者的意图和受害者的需求。

7.4　所有从事研究和评估工作的人，获得的经验和发现都应用于制订课程和相关人员的培训，使工作人员更好地掌握服务规划和提供服务的技能，并学会解释评估结果，从而能够根据当地的具体情况对应对计划进行调整。

7.5　信息收集、研究和评估的计划应事先制定，并考虑到在灾害或重大事故期间提供服务可能面临的压力，以及由于这些情况研究人员在满足既定的方法标准时所受到的限制。

7.6　设计良好有效的信息收集、研究和评估体系应遵循公开透明、可接受的原则和一致认定的伦理标准，伦理程序和标准要保证有效，不能随意妥协更改。

7.7　所以，做到以下两点很重要：

·在规划应对服务的初始阶段就要开始设计信息收集、研究和评估项目的内容（即从每次灾害和重大事故应对计划的设计、开发、测试和试运行阶段开始）；

·要在一致商定的指导方针的基础上设计与实施研究和评估的具体过程。

**马德里准则**

Ⅰ.健康与幸福。保障健康是所有卫生政策的宗旨，而卫生政策的最终目标是增强民众实现幸福生活的能力。

Ⅱ.公平。在所有社会当中或者在不同社会之间，都可以发现在健康、疾病发生率、服务质量及服务的可获取性方面存在的不公平。这在很大程度上是由社会因素、收入、年龄、种族、教育、住房等原因导致的，因此，对健康与公平的追求是紧密联系在一起的。

Ⅲ.选择。被视为对整个人群而言最佳的事物，对于该人群的亚群体或者个体而言不一定是最佳的。在卫生政策中，选择与公平构成了根本性的政策争论点之一。

Ⅳ.民主。为了增加对卫生政策的信心，所有利益相关方，尤其是民众和患者，都需要主动参与其中。卫生政策的成功跟它所促进的团结感及共有价值观是相关的。

Ⅴ. 管理。健康是需要政府投入的一种关键的公共资源。从传统上而言，政府一直被认为负有以下三方面的责任：保卫领土；法律与秩序；货币稳定性。在 21 世纪，保护并增进健康是新出现的一项至少具有相似重要性的政府责任。

Ⅵ. 证据。成功的政策需要以适用于不同时间和地点的优良数据为依据。所有数据都是社会建构的，所以重要的是不仅要考虑证据所体现的统计价值，还要考虑其伦理及政治价值。

Ⅶ. 高效。政府具有双重责任：保护并改善健康；确保最佳地使用被委托于它的公共资源。分配效率涉及干预的有效性以及干预被赋予的优先顺序。操作效率涉及最佳地利用资源以获得管理层面上的最大效益。因此，卫生政策的高效取决于健全的财政、科学和伦理。

Ⅷ. 协作。卫生政策和管理需要政府机构与大量民间组织的合作。当他们互相协作以产生新的工作方法时，就可以创设新的职能网络，重新定义棘手的问题，并发现意料之外的解决方案。

Ⅸ. 可持续性。由于大多数保健政策是长期性的运作，一定要有足够的资源供给来长期维持政府、组织及个人的动力以及连续管理。

Ⅹ. 互依性。全球性或区域性的政策和服务一定要考虑到超越国界的问题事项，例如劳动力流动、环境和国际协议。在每一个层面上，都存在生物性、社会性和政治性的互相依靠。

Ⅺ. 创造性。保健政策与管理并不是可以稳妥预测的线性操作。成功的政策和实施需要想象力、试验、创新和灵活性。

# 《非专业咨询：培训师手册》

《非专业咨询：培训师手册》(Lay Counselling：A Trainer's Manual)由丹麦癌症协会、荷兰战争创伤基金会、奥地利因斯布鲁克大学，以及设在哥本哈根的红十字会与红新月会国际联合会的心理与社会支持参考中心共同制定，出版于 2012 年，旨在阐明如何培训开展危机事件后非专业咨询及心理与社会支持工作。

## 介绍

社会和人道主义组织每天都为受危机事件影响的人们提供支持。当人们遭受严重疾病的折磨时，当人们孤立无援时，或当人们受到侮辱时，这些组织以多种不同的方式支持人们的生活，帮助人们应对这些灾难或重大事件带给他们的影响。

非专业咨询(lay counselling)，即由没有心理健康背景或正式心理咨询学位的志愿者所提供的心理与社会支持，通常用于帮助有需要的人们。尽管非专业咨询服务不应该取代专业咨询，但数以千计的非专业咨询师为弱势群体及其组织提供了重要的服务，有时还能在没有专业咨询的地区和情况下提供服务。因此，非专业咨询师必须做好充分准备与训练，并且高效工作。

非专业咨询师所需的技能取决于他们的工作环境。例如，给有自杀风险的人提供电话咨询，给受灾人群提供灾后救助，给癌症或艾滋病患者提供咨询，所需的技能都是不同的。

然而，编制本手册的组织认为，有些技能是通用的，适用于所有的非专业咨询师，并适用于所有的咨询情境。本手册设置了为期两天的通用培训工作坊，材料适用于所有的咨询场合。当然，咨询师可以根据实际情况调整或增加模块，以使培训内容更符合实际需求，为特定环境提供咨询师所需的知识和技能。本手册附带的材料包括一套演示文稿（PowerPoint）和一套培训活动方案。这些材料都可以从以下网站下载：http://www.pscentre.org。

《非专业咨询：培训师手册》由丹麦癌症协会、荷兰战争创伤基金会、奥地利因斯布鲁克大学以及设在哥本哈根的红十字会与红新月会国际联合会的心理与社会支持参考中心共同制定。本手册建立在非专业咨询以及心理与社会工作过去几十年已有的实践基础上，并且已经在出版前经过研究和现场测试。我们希望本手册能够传播非专业咨询领域最佳的实践知识，并为所有非专业咨询师提供帮助。

## 内容

### 1 手册简介

1.1 编写目的

1.2 读者人群：本手册为谁编写？

1.3 编写结构：如何使用这本手册？

### 2 成为培训师

2.1 言传身教

2.2 创造安全积极的环境

# 1 手册简介

## 1.1 编写目的

本培训手册为非专业咨询师提供了为期两天的基础培训课程。培训的目的是让参与者了解什么是非专业咨询，以及非专业咨询需要掌握哪些技能。本手册规定了非专业咨询师及其工作组织的作用和职责。培训课程会培养参与者的倾听和反应能力，并传达作为非专业咨询师的价值、道德规范和界限。

本手册的培训课程内容针对一对一的成人非专业咨询，因为这是最通用的咨询技能，而针对团体或儿童的咨询则需要学习额外的技能。

## 1.2 读者人群：本手册为谁编写？

本手册适用于需要利用非专业咨询技能去帮助他人的组织或个人。使用本手册的培训师需要具备以下条件：

· 专业的心理健康或心理与社会背景；

· 曾有为危机情况下的个体提供咨询或心理与社会支持的临床经验；

· 作为培训师的经验；

· 对有关组织有深入的了解。

## 1.3 编写结构：如何使用这本手册？

首先，本手册为培训师提供了下述方面的内容：创造有利环境、组织培训以及了解非专业咨询师在组织支持系统中的作用和角色。

接着，本手册将逐步概述为期两天的培训工作坊。每个模块都包含了学习目标、说明、活动和关键信息，并且还提供了活动和流程的建议时间以及每个模块的建议总时长。

本手册涵盖了作为非专业咨询师进行咨询以及与组织中其他团队成员协调工作的必备基本技能和知识，培训师可以据此定制培训议程和材料，以最好地满足实际的非专业咨询师和相关组织的需求。例如，在培训中使用了许多案例研究，培训师可以直接在实际咨询中使用它们，或者对其进行调整以反映特定组织的求助者所面临的具体情况。当然，在对材料进行调整的时候，也应尽可能地遵循每个模块所描述的学习要点。

为培训开发的相关演示文稿、讲义及其他培训活动资源可以在网站上下载，网址是：http://www.pscentre.org。

本手册使用的相关术语定义如下。

非专业咨询师：培训工作坊的参与者，指提供心理与社会支持服务的非心理健康专业人员。

求助者：非专业咨询师提供心理与社会支持的对象、获益者。

韧性：个体在逆境中恢复、适应并保持坚强的能力。

心理与社会支持：帮助个体解决情感和社会需求的行动，旨在帮助人们使用自己的资源并增强韧性。

重大生活事件：任何危及个体与环境之间平衡并迫使个体通过学习新的行为、感受和思维方式来面对和适应变化的事件。

创伤事件：在日常生活中发生的极端事件，威胁到生命或个人的完整性，并会引起个体强烈的恐惧、厌恶和无助感。

个人危机：个体所感受到的源于重大生活事件或创伤事件的体验，被认为是存在于个体的资源与事件的压力之间的不平衡。

## 2  成为培训师

在人生旅程中，我们都会受到自身经验的影响。我们通过与不同的人和事接触，学习、成长并与他人建立联系，了解周围的世界，并发展自我。然而，我们的人生道路不总是一帆风顺的，意外与挑战会在不经意间来临。其中一些挑战是生活中的重大事件，这些事件对于我们和亲近的人有特殊的意义，能够唤起我们强烈的感情，可能会对我们造成极大的痛苦，但如果能够正确地处理这些事件，它们也会加深我们对于生命的理解和提高我们应对事件的能力。作为培训师，你所培训的非专业咨询师可能会在很多情形下遇到他们的求助者，比如当求助者需要改变和适应重要的生活事件时，当求助者需要作出重要的决定时，或者当求助者经历危机事件后。在培训过程中，需要帮助非专业咨询师发展倾听和助人的技能，同时也要关注到咨询师们与生俱来的助人品质和能力并将其发扬，这些技能可以使非专业咨询师陪伴求助者度过极其痛苦的时光并重新获得应对和恢复的能力。

## 2.1 言传身教

作为非专业咨询师的培训老师，你需要作为一个榜样来向大家传授咨询技能并宣传正确的咨询价值观。这些技能和价值观包括：

- 良好的沟通技巧，包括积极倾听和回应；
- 不评判的态度；
- 温暖和同情；
- 尊重求助者并培养求助者自助的能力。

除了口头上的传授，培训师还应该以角色扮演的方式，在培训的过程中将这些技能和价值观体现出来，做到言传身教。

## 2.2 创造安全积极的环境

由于心理与社会问题及危机事件方面的培训有可能会触及参与者的个人经历，其中可能包含着痛苦或创伤事件。作为培训师，需要对此加以考虑并采取措施，为参与者创造一个安全积极的环境。以下建议有助于创造相互支持的学习环境，并为解决参与者在培训期间可能出现的情绪反应提供指导：

·在培训开始之前，了解参与者的背景和经历；

·在培训开始时建立基本规则，如尊重保密性，无评判地倾听，并顾及同伴的感受和体验；

·向参与者说明，分享自己的经历对于培训的开展是有帮助的，但在分享时不需要超越自己的个人界限和舒适区，同样，也可以选择不分享自己的经历，但需要尊重其他分享者的界限；

·如果参与者在培训期间感到不适，则应该对其提供支持，并在培训时间以外根据需要提供额外的帮助或转诊；

·避免讨论或节制讨论令参与者感到痛苦的创伤故事。

如果参与者在培训期间存在严重的情绪困扰，说明他们可能无法解决自己过去经历带来的影响，因此他们不适合在此时担任非专业咨询师。

### 2.3　提供学习机会

组织培训工作坊的目的是提供学习机会。学习不仅仅是获取知识，同时还是自我反思和实践技能。换言之，成为一名非专业咨询师涉及以下几个方面：

·态度的变化；

·知识的变化；

·行为的变化。

本手册提供了一系列参与式学习活动的指导，如简短演讲、头脑风暴、角色扮演及小组讨论。这些活动旨在帮助参与者了解培训与其自身情况的相关性，并通过与团队其他成员的互动来丰富自己对咨询工作的认识。培训的目的是让参与者分享经验，培养他们作为非专业咨询师所需要具备的反思能力和处理问题的意识。此外，可以变换培训的方法并采用不同的形式来强化学习要点，这样有助于参与者保持兴趣并系统整合学习内容。有三种基本类型的学习风格：视觉、听觉和动觉学习（见下文专栏），大多数人会倾向于使用其中一种或两种风格。作为培训师，在规划培训模块时应该考虑到这一点。

成年人在获取新信息时，不容易将其自动吸收并应用于自己的生活。学习能够帮助成年人理解新的信息，将其与当前和过去的经历联系起来，并应用于自己的生活或工作环境。

培训师需要考虑成人教育最有效的方法，来传授特定技能的知识。成年人是学习能力最强的群体，他们往往能够在以下学习过程中学得最好：

· 从自身现实出发并以经验为基础；

· 与日常生活或工作相关；

· 可以立即投入使用。

这被称为"以学习者为中心"的培训方法，让参与者积极地将培训主题与他们自己的生活和技能联系起来。为此，培训师要做的是鼓励大家积极讨论并提出新的想法，而不是单纯地授课。培训师的工作更多的是作为学习的促进者而非讲授者。

---

**不同类型的学习风格**

视觉学习：视觉学习者倾向于用眼睛查看信息——以文本、图片、地图、图表或其他视觉辅助物为信息载体。视觉学习者可以在他们阅读的信息中进行"脑内电影"，并可以密切地关注他人的肢体语言。

听觉学习：听觉学习者倾向于通过倾听和交谈来获取信息，并加以讨论和提问。听觉学习者可以非常准确地记住他们在交谈过程中听到的信息细节，还可以进行有趣的对话并清楚地表达他们的想法。

动觉学习：动觉学习者倾向于通过身体活动来进行学习。他们是"亲自动手的学习者"，当内容涉及身体感受时，能够更好地集中注意力并更容易学习。对动觉学习者来说，构建实质模型或参与角色扮演是整合信息的最佳方法。

# 3　组织培训

## 3.1　非专业咨询师在支持系统中扮演的角色和地位

为了规划更为有效的培训，培训师必须了解非专业咨询师在支持系统中的作用。非专业咨询师可以通过安慰、倾听等方式，帮助求助者做出明智的决定，或者将求助者转介给更加适合他们的支持系统或机构。

在不同的组织系统中，非专业咨询师的工作职能可能不尽相同。在一些组织中，他们的工作可能是通过热线电话提供前期支持，并与求助者保持联系。而在另一些组织中，他们可能需要在专业人士对求助者进行支持后进行其他方面的补充。非专业咨询师在其他方面提供的支持对整个组织都非常重要，这可以保证组织系统的顺利运作。

下面的模型图展示了一个人可能会怎样面对生活中的重大压力。在这种情况下，人们会感到痛苦，他们可以通过减轻压力或增加应对资源来自我调节，管理压力情境，从而在不向外寻求帮助的情况下实现应对和恢复。但是，在某些情况下，他们可能会感到十分痛苦，以致想要寻求帮助。非专业咨询师可能是最早与求助者打交道的帮助者，他们提供的支持如果能够使求助者恢复心理平衡，求助者就能够应对和恢复。但是如果痛苦持续、恶化或依然严重，那么非专业咨询师就需要将求助者转介到专业的支持机构或组织。作为培训师，需要根据具体的组织支持系统考虑这个模型。比如，参与培训的非专业咨询师是否在求助者接受过专业的心理与社会支持之后对其提供帮助。支持系统中的每个人都必须了解非专业咨询师的作用、角色限制，以及如何在需要之时进行转介，以便为求助者提供更加合适的支持。

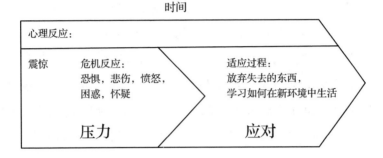

## 3.2 筛选参与者

每个组织都有相应的招募和筛选参与者流程。组织有必要设置入选和筛除标准，以明确招募过程。理想情况下，非专业咨询师的候选人应具备以下条件：

- 对组织及其工作有所了解；
- 有帮助他人的时间和意愿；
- 有照顾他人的技能和经验；
- 无犯罪记录和不良历史；
- 近期没有经历痛苦或创伤事件。

组织面试有助于筛选适当的培训参与者，在条件允许的情况下，组织一次面对面的交谈有助于进一步确保公平的筛选过程。

为了维护组织的优良实践标准并保护求助者免受潜在伤害，有必要筛除不符合组织标准的候选人，比如：

- 没有满足上述相关条件的人士；
- 在面试中被面试官认为不适合担任此工作的人士；
- 在培训期间或开始工作之后显示出不适合此工作的人士。

当筛选候选人时，有必要对其开诚布公。如果条件允许，可以与其他同事一起对候选人进行面试，以便保证过程的公开透明，并在事后进行汇报。当候选人不适合成为非专业咨询师时，也可以考虑其是否适合组织中的其他志愿者职位。最后，要将求助者的需求作为考虑的主要因素，力求给他们提供优质的服务。

培训师应当提前告知候选人，他们将在选拔过程中、培训期间和监督期间评估候选人是否适合非专业咨询师的职位。在培训结束后，应当召开后续会议，就绩效提出反馈，并讨论可能需要改进的地方。此外，如果进展顺利，候选人可以参与培训后 1～3 个月的监督会议，与培训师一起讨论学习，这有助于他们的提升和进步。

### 3.3  准备培训计划

在准备培训计划时，需要考虑培训期望达到的目标，并设定预期让参与其中的非专业咨询师达到的咨询能力水平。

本手册介绍了为期两天的围绕基本的非专业咨询的培训工作坊，提出了工作坊的时间表和培训方法。作为培训师，可以据此制定具体的培训计划，使内容更加符合参与者和相关组织的需求。比如，可以将培训重点放在某一模块上，其他模块则略作删减。手册中提供的培训活动和材料也可供培训工作坊灵活使用。

培训工作坊为期两天，共有十个模块，每个模块都有相应的学习目标、主题讲解及活动材料。每个模块的每个部分都列出了建议时长，当然也可以根据实际情况有所调整。一系列短时间的会议会比一个长时间的会议效果更好，所以在培训期间也要恰当安排休息和交流时间，餐后的时间也可以安排一些可使参与者积极投入的活动。

可以在以下网站下载培训工作坊的相关演示文稿、讲义和其他培训活动材料：http://www.pscentre.org。

## 3.4 考虑实际安排

### 了解你的参与者

在培训开始之前，尽可能多地获取参与者的相关信息。可以在招募或面试过程中获得这些信息，或在培训之前发送调查问卷，询问他们的情况：

- 年龄和性别；
- 语言能力；
- 教育背景；
- 在心理与社会支持或相关领域的工作经验；
- 对所在组织的认识和了解；
- 对培训工作坊的期望。

在调查问卷中还可以介绍一些工作坊的相关信息，如工作坊的目的、地点及其他细节问题。最好在工作坊开始之前就收齐问卷，以便对培训的计划进行调整。

### 设备和其他用品

考虑培训工作坊所需的设备和其他用品：

- 笔记本电脑和投影仪；
- 视频或 DVD 播放器；
- 活动图片、笔、便利贴；
- 印刷的培训大纲、背景材料。

### 食物

有必要在培训休息期间提供一些食物和饮料，同时安排好午餐和茶歇。

### 场地布置

考虑如何布置场地，让参与者以何种形式就座——传统的教室布置，U形就座、成组就座，还是采用其他形式？当然，无论如何就座，都要确保所有参与者能够看清培训师及屏幕。在处理敏感或困难的主题时，坐成圆圈形状可能非常有效，因为这种形式可以使每个人都处于等效位置上，从而可减轻在训练情境下可能存在的力量不平衡。

另外，考虑参与者是否在所有活动中都需要桌子。桌子可以让参与者轻松地记笔记和分享书面材料，但是不利于参与者的积极互动和站起来进行角色扮演。

## 4 为期两天的培训工作坊

本部分将详细介绍为期两天的培训工作坊的议程内容。每个模块都包含了学习目标、主题讲解、活动材料及其他关键信息。可以在网站(http://www.pscentre.org)上下载相关的演示文稿、讲义和其他活动材料。

| 第一天 | 建议用时(分钟) | |
| --- | --- | --- |
| | 讲课 | 活动 |
| 模块一：欢迎和介绍、培训计划和基本规则 | 60 | |
| 1.1 欢迎和介绍<br>1.2 培训计划<br>1.3 基本规则 | 5<br>5<br>10 | 40 |
| 休息 | 15 | |
| 模块二：我们的组织及其目标群体 | 40 | |
| | 10 | 30 |
| 休息 | 15 | |
| 模块三：非专业咨询师的角色 | 80 | |

续表

| 第一天 | 建议用时（分钟） | |
|---|---|---|
| | 讲课 | 活动 |
| 3.1 什么是心理与社会支持？非专业咨询是什么？ | 15 | |
| 3.2 非专业咨询师的定位是什么？ | 10 | |
| 3.3 行为准则，道德观、价值观和偏见 | 5 | 10 |
| 3.4 个人边界 | 10 | 10 |
| 3.5 当个人问题出现在互动中时 | 5 | 10 |
| 3.6 保密性 | 5 | |
| 午餐 | 60 | |
| 模块四：转介和报告 | 25 | |
| 4.1 何时报告或转介 | 5 | 10 |
| 4.2 如何转介以及转介何处 | | 10 |
| 模块五：沟通的基本技巧 | 60 | |
| 5.1 非专业咨询中的重要态度 | 5 | |
| 5.2 帮助求助者做出自己的决定 | 5 | 20 |
| 5.3 积极倾听 | 15 | 15 |
| 休息 | 15 | |
| 模块六：构建咨询对话 | 45 | |
| | 20 | 25 |
| 结束第一天 | 5 | |

**根据需要调整时间安排**

本手册中展示的培训工作坊范例在上午安排了约 3 小时的培训，在下午安排了约 2 小时的培训，午餐休息 1 小时。在实际培训过程中，可以酌情调整时间安排。

| 第二天 | 建议用时（分钟） | |
|---|---|---|
| | 讲课 | 活动 |
| 模块七：生活事件和应对 | 165 | |
| 7.1 生活事件 | 10 | 15 |
| 7.2 对生活事件的反应：压力和痛苦 | 15 | 10 |
| 7.3 心理韧性 | 15 | 15 |
| 7.4 应对 | 10 | 15 |
| 休息 | 15 | |
| 7.5 悲伤 | 20 | 10 |
| 7.6 自杀倾向 | 10 | 20 |
| 午餐 | 60 | |
| 模块八：心理紧急援助（PFA） | 60 | |
| 8.1 PFA：是什么，在何处以及在何时？ | 5 | 10 |
| 8.2 PFA 的基本要素：支持性交流和实际帮助 | 10 | |
| 8.3 逐步的 PFA 行动 | 5 | 30 |
| 休息 | 15 | |
| 模块九：关怀自身 | 60 | |
| 9.1 压力的来源 | | 25 |
| 9.2 压力的可能后果：同情疲劳和倦怠 | 10 | |
| 9.3 压力管理 | | 15 |
| 9.4 同伴支持 | 10 | |
| 模块十：评估和结束 | 15 | |
| 10.1 评估<br>10.2 结束 | | |

# 第一天

　　在培训工作坊正式开始之前，在参与者到达时向其表示欢迎。确保参与者拿到的培训材料都正确无误。如果没有特殊情况，应要求参与者在工作坊期间使用自己的真实姓名。

## 模块一：欢迎和介绍、培训计划和基本规则(建议用时：60 分钟)

学习要点

- 相互了解；
- 培训计划简介；
- 培训基本规则介绍。

欢迎

作为培训师，要以积极的方式开始这场培训，让参与者有机会适应周围环境，并有时间熟悉彼此，包括培训师。因为营造一个积极的、支持性的氛围有助于参与者与培训师建立信任的工作关系，并有信心分享自己的想法以及参与角色扮演。

### 1.1 介绍(建议用时：45 分钟)

首先，欢迎参与者的到来，并将培训所需使用的材料、演示文稿准备妥当。

在开始时，培训师要向参与者进行自我介绍，谈谈自己的背景，以及为什么认为非专业咨询是一项重要的工作；也可以通过讲述自己在此领域的个人故事来强调心理与社会支持和非专业咨询的重要性。

可以准备一个球放在桌子上，或在讲话的时候拿在手中，为参与者的自我介绍活动做准备。

网站上提供的其他材料中有一份破冰游戏材料清单，这些材料是本次工作坊活动中所需要用到的(http://www.pscentre.org)。

## 活动：抛球游戏——参与者的自我介绍

目标

使参与者互相了解彼此。

流程

参与者围成一圈，培训师将球抛给一位参与者，请他介绍自己的名字，说说自己对该组织的了解，以及自己和组织的关系，并分享一件对自己来说有特别意义的事情（比如喜欢徒步旅行、非常爱吃甜菜根、养了十只猫等）。在一位参与者介绍完自己之后，请他把球抛给另一位参与者，让其以同样的方式做自我介绍，直到所有人都进行过自我介绍为止。

## 活动：交流期望

作为培训师，必须把握好这项活动所用的时间，否则很有可能会超时。

目标

交流大家对此次培训工作坊的期望。同时，这项活动也为参与者提供了练习倾听的机会。

流程

要求参与者与他们不认识的人组成两人小组，轮流介绍自己并说明自己成为非专业咨询师的个人动机以及对培训的期望，每个人说 5 分钟。向参与者说明，当小组两人都介绍完毕后，参与者需要将对方所说的内容向所有人转述。

10 分钟后，小组交流结束，并开始向全体成员介绍自己同组的参与者。如果参与者的人数太多，则需要酌情控制时间，使本项活动的时间控制在合理的范围内。

活动总结

作为培训师，需要对这项活动进行总结，将参与者的期望总结到一张流程图上，并花几分钟的时间来解释哪些期望可以满足、哪些不可以满足，并说明原因。

## 1.2 培训计划（建议用时：5 分钟）

向参与者简要介绍培训计划和时间表，并询问他们是否有任何问题。

## 1.3 基本规则（建议用时：10 分钟）

在培训开始时，申明基本规则对于彼此建立尊重和信任是非常重要的。比如，在任何有关非专业咨询的培训中，保密性原则是尤其重要的，必须要保证每一位参与者都能做到这点。

以下是一些最基本的规则，培训师可以根据实际需要添加其他内容，参与者也可以就此提出建议：

· 将手机或其他电子设备关闭，或置于静音状态，保持对彼此的尊重。当其他参与者在分享个人故事时，如果他们被响起的铃声打断，他们会感到不被尊重。

· 强调准时性。遵守休息和午餐的时间，以保证培训按时开始和结束。

· 向参与者说明，培训过程中学习心理与社会支持会涉及了解心理过程以及个人感受、经历和记忆。提醒参与者对自己和他人的情感、记忆和感受都要保持敏感。如果参与者有任何疑虑或对任何主题感到不舒适，都可以随时与培训师沟通。

· 保密性是最为关键的规则。让参与者知道，他们在培训过程中说过的内容是不会被泄露的，所以参与者可以在此分享个人经历或谈论敏感问题。每个人都必须承诺遵守这一基本规则，以便在培训小组中能够畅所欲言。在担任非专业咨询师的时候，保密性也是至关重要的。

·鼓励参与者积极分享自己的观点和想法，并积极讨论不同的观点。通过小组讨论，参与者将有可能感到一种在活动中的主动权。

·强调每个人都有发言权，但没有人有义务必须发言。一些参与者可能不会就特定的问题（如敏感话题）发表意见，但这并不意味着他们没有倾听或没有学习。需要考虑到沟通中性别、文化或其他因素的影响。

·虽然鼓励参与者积极讨论和分享，但需要强调他们不必超越自己的个人界限和舒适范围来与他人分享自己的经历。同时，当他人分享自己的故事时，也要尊重他们分享的内容和界限，即使看起来还有更深层的故事。这也是非专业咨询师所需的技能——耐心和倾听。

·尊重和非评判的态度是学习过程和咨询的关键。每位参与者都应该感受到被重视。

·在谈论个人感受和反应时，没有"对与错"之分。在分享自己感受和对他人感受做出反应时需要采取合适的方式。当误会出现时，大家将在团队中共同努力以理解和解决这些误会。

## 模块二：我们的组织及其目标群体（建议用时：40 分钟）

学习要点

·让参与者了解组织；

·确定组织目标群体的需求；

·明确对非专业咨询师的期望。

这一模块将参与者定向到他们正在服务的组织及其服务的目标群体上。非专业咨询师必须了解组织的使命、价值观、求助者的身份以及所提供的服务类型。了解组织的工作有助于了解组织内部的非专业咨询需求。该模块有一个建议的大纲范例，但培训师可以根据实际情况对其进行修改。这一模块较为灵活，培训师也可以使用其他活动或材料。

## 活动：了解组织

目标

了解组织的目标、目标群体以及其成员与志愿者的角色。

流程

使用以下问题来促进对组织及其目标群体的讨论：

- 组织的目的是什么（即它的使命和愿景是什么）？
- 组织为何以及何时成立？
- 在为求助者提供支持时，该组织试图解决哪些问题？
- 组织的求助者是哪些人？
- 组织的正式成员和志愿者在其中扮演什么角色，做何工作，如何组织？
- 组织对非专业咨询师的期望是什么？
- 组织会为非专业咨询师提供哪些支持？

有些组织可能会与非专业咨询师签订合同，明确其工作条例以及在完成工作时组织会向其提供的支持。如果培训的组织属于这种情况，此时就可以讨论和提交合同。

## 活动：求助者是何人？

目标

确定组织目标群体的需求，讨论如何帮助求助者。

流程

让参与者设想自己所在组织的求助者可能会有何种需求。培训师可以用以下问题进行引导：

  · 求助者在生活中是什么样的？

  · 求助者的典型问题会是什么？

  · 求助者需要得到何种支持？

如果组织已经收集了有关其目标群体的信息以及其面临的挑战，可以在此时与参与者分享。给参与者留一些时间进行提问和回答。

### 了解求助者

邀请曾经得到过该组织帮助的求助者向参与者讲述他们的个人故事，这对参与者更好地了解求助者有重要的帮助。求助者可以谈谈目前的生活情况，曾经获得过何种支持以及这些支持对他们的意义。培训师可以通过询问具体的问题来引导对话，或帮助分享者事先做好准备。如果无法邀请到求助者，那么这一活动可以换成由培训师来描述曾经的案例，但需遵守保密原则。

### 总结

培训师应向参与者说明，在培训期间将探讨如何最大程度地满足求助者的需求，还将讨论非专业咨询师的角色，以及在进行非专业咨询工作时应该如何照顾好自己。

## 模块三：非专业咨询师的角色（建议用时：80 分钟）

### 学习要点

  · 将心理与社会支持理解为用于非专业咨询的一个框架；

  · 明确非专业咨询师的作用和责任；

  · 理解非专业咨询师的行为准则，道德观、价值观、个人偏见，以及保密性原则；

· 认识到非专业咨询师的个人问题可能会影响到与求助者的互动。

## 3.1 什么是心理与社会支持？非专业咨询是什么？（建议用时：15分钟）

这是一份关于心理与社会支持的简短介绍。培训师可以使用投影仪、打印的手册或图纸来呈现下述定义及图片。

在详细介绍非专业咨询之前，最重要的是奠定基础，并解释心理与社会支持是什么以及在哪里提供咨询服务。

心理与社会支持帮助人们从影响正常生活的危机事件中恢复。它指的是解决个人、家庭及社区的心理与社会需求的行动。下述定义进一步解释了人们在心理和社会两个层面的支持需求。

心理与社会支持：解决个人、家庭及社区的心理与社会需求的行动，旨在提高人们在经历危机后恢复正常生活的能力。

求助者寻求心理与社会支持的层面：心理层面 = 情绪、思维过程、感受和内部反应；社会层面 = 关系、家庭和社区网络、社会价值观和文化习俗。

心理与社会支持以提高人们在经历危机后恢复正常生活的能力为目标，它可以防止痛苦造成更严重的后果，并有助于克服生活上的困难。心理与社会支持活动包括实际上的帮助和情感上的帮助，能够帮助人们做出明智的决定，并帮助求助者动员其社会支持系统。

**IASC 针对紧急情况下心理健康和心理与社会支持的干预金字塔**

人们以不同方式受到重大生活事件和危机的影响，因此需要不同类型的支持：一些人需要专业的心理帮助，另一些人则可以在社交网络或其他类型的服务中获得支持。人们所需的不同类型支持可以通过下图这个金字塔来说明：

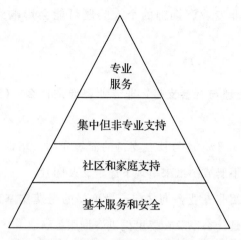

　　培训师可以使用这张图片来激发参与者的讨论，让参与者谈谈非专业咨询可以用在何处。

　　金字塔的底层包括所有人所需的基本服务和安全，比如食物、住所、水和医疗保健。如果这些基本需求被危及，那么非专业咨询师可以帮助求助者与提供这些服务的机构建立联系。

　　非专业咨询师可以在"社区和家庭支持"及"集中但非专业支持"这两个层面进行工作。社区和家庭支持包括帮助求助者激活自己的社会支持系统，这可能涉及通过妇女团体和青年俱乐部加强社区支持，通过追查家人下落帮助人们在危机发生后找到家庭成员并团聚——例如在灾害或恐怖袭击事件后的社区哀悼或治疗中帮他们找到亲人。在这一层面上，非专业咨询师可以帮助求助者动员自己的社会支持网络。

　　集中但非专业支持包括由受过训练或督导的助手（如非专业咨询师）进行个人、家庭或团体的心理与社会干预。这种支持涉及为面临重大生活压力或接触过重大事件的人们提供情感支持，以及心理紧急援助。

　　从底部到顶部观察这个金字塔，可以发现所有人都需要基本服务和安全保障，许多人需要社区和家庭支持来帮助他们恢复和应对，有些人可能还需要集中但非专业支持。在金字塔的顶部是专业人士的专业服务，只有少数人需要。

非专业咨询师不是专业人士，因此他们的职责是为有需要的人与专业人士或机构建立联系，如专业心理咨询师、心理学家或精神科医生。尽管金字塔的底部三层已经提供了不同的支持，但这些支持可能无法解决那些经历过重大创伤并仍无法应对的人的问题，此时非专业咨询师就应将求助者转介给专业人士。

### 3.2　非专业咨询师的定位是什么？（建议用时：10 分钟）

了解非专业咨询师的角色定位有助于为接下来的培训工作奠定基础。

非专业咨询师为遭遇危机事件的人员提供重要的服务，通过共情、倾听等能力帮助求助者，他们可以安慰、倾听、帮助求助者做出明智的决定，或将其转介给其他专业机构使其获得更好的支持。

非专业咨询师服务于他们所在的组织。对每个人来说，了解非专业咨询师在组织中相对于其他支持成员的位置是相当重要的，这有助于整个系统顺利运作。

**非专业咨询**

许多人道主义组织的一项关键活动就是让受过训练的非专业咨询师为遭遇危机的个人提供帮助。这些帮助包括主动倾听、信息共享和其他支持，以帮助求助者做出明智的决定，从而使其能够应对压力和危机情况。如果求助者需要专业的帮助，非专业咨询师也可以协助转介相关专家(心理学家、心理治疗师等)或专业服务机构。

在此需要强调一些关于非专业咨询的要点：

· 非专业咨询师不能代替求助者做出决定，而是要不带评判地倾听、安慰、帮助求助者，支持和鼓励求助者自己做出明智的决定。

· 非专业咨询师需要倾听并提供信息。

　　·非专业咨询师帮助人们确定待解决问题的优先级，并协助权衡决策的利弊。

　　·如果有必要，非专业咨询师需要将求助者转介给专业机构。

作为一名非专业咨询师，需要：

·给予求助者情感支持和实际帮助；

·倾听并安慰求助者；

·促进求助者自我帮助；

·提供求助者所需的信息；

·帮助求助者满足其基本需求；

·如果需要，将求助者转介给更专业的机构；

·帮助人们做出决定并解决问题；

·与求助者一起行动，但不是代替求助者行动。

非专业咨询师不要：

·违反保密原则；

·直接告诉求助者该如何做或如何解决问题；

·过度深入地追问；

·表现出不尊重；

·充当心理治疗师；

·做出无法遵守的承诺。

## 3.3　行为准则，道德观、价值观和偏见（建议用时：15分钟）

### 组织的行为准则

　　非专业咨询师不仅要考虑自己的声誉，还要代表自己所在组织的声誉。要让参与者了解组织的行为准则，并鼓励他们与管理人员讨论有关行为准则的任何疑问或意见。

### 道德观、价值观和偏见

　　作为一名非专业咨询师，重要的是了解自己以及他人的价值观、规范和期望，尤其是了解每个人可接受的和不可接受的行为。这为与不同背景的求助者建立尊重的关系奠定了基础，为非专业咨询的有效性提供了有力的支持。

**活动：过滤器**

目标

我们会通过过滤器来倾听和理解他人，请命名并反思这些过滤器。

流程

与全体参与者讨论我们用来倾听他人的过滤器，写下参与者说的所有单词，如果他们未提及以下内容，请将其添加到列表中：

· 性别；

· 年龄；

· 文化；

· 受教育水平；

· 爱好；

· 经历；

· 养育；

· 生活方式；

· 精神信仰；

· 性行为。

集思广益讨论完不同类型的过滤器之后，讨论它们会如何影响非专业咨询师倾听他人的方式。

讨论要点

在本次讨论中需要强调的内容包括：

· 当给来自一个不同的社会文化或背景的求助者咨询时，非专业咨询师可能会无意识地陷入自己的偏见中，并以微妙的方式传达自己对他们的宗教信仰的不同意见，或不赞同他们的生活方式。

•一种评判性的态度不需要言语就可以表达出来。以老年人、女同性恋者、男同性恋者及那些没有长期亲密关系的人为例，他们如果感到非专业咨询师将会震惊或反感，就不会和非专业咨询师提起他们这方面的焦虑。

•了解另一种文化的部分事实可能会导致错误的假设。提醒参与者对其他文化不要一概而论，因为他们只是管中窥豹。在某些文化或宗教中，人们是不赞成与异性讨论个人事务的，但即使如此，这也不一定适用于此种文化下的所有个体。

•提醒参与者不应该认为母语跟自己不同的人就无法有效沟通。非专业咨询师应该专注于求助者，并耐心倾听，如果仍不理解则可以礼貌地请求助者再次澄清其讲话的含义，同时要时不时地检查求助者是否理解了非专业咨询师所说的话。

总结

提醒参与者，我们无法避免倾听过程中的过滤器的影响。然而，通过主动反思这些过滤器及其对互动的可能影响，可以确保尊重且有效的支持。

### 3.4　个人边界(建议用时：20分钟)

在担任非专业咨询师的时候，重要的是了解个人边界以及如何帮助不同的人做出不同的决定。

**活动：个人边界**

目标

体验我们的个人边界，并了解不同人的个人边界是不一样的。

流程

与另一个人组成小组，体验自己的"舒适距离"。两人不停走动，一个人先开始定义自己的舒适距离，并允许另一个人留在他的舒适区内，然后两人交换体验。接着尝试就座时的舒适距离，找两把椅子，过程与走路相似，两人轮流体验。体验完毕后，两人用五分钟时间进行讨论，然后开始集体讨论。

讨论要点

询问参与者对本次活动的体验。

两人彼此有多近的距离？

与另一个人保持一定的距离感觉如何？

总结

解释个人边界是个人定义的一部分。它是关于你将要做什么或不做什么，你喜欢什么或不喜欢什么，以及你愿意在哪种距离上与别人接触的描述。这会受到文化、年龄和性别等因素的影响。在了解求助者的个人边界之前，非专业咨询师也应该了解自己，以便和求助者建立舒适并具有支持性的关系。

### 3.5　当个人问题出现在互动中时(建议用时：15 分钟)

非专业咨询师往往与他们的求助者有着相关的工作或生活经历，他们可能经历过离婚、失败、意外或者严重的疾病，这些生活事件会影响到他们帮助求助者的动机和方式。

然而，非专业咨询师需要了解自身是如何理解这些经历的，并接纳这种经历。否则，这些经历在他们帮助求助者时，可能会产生负面的影响。有时求助者会挑战到非专业咨询师的道德标准和态度，此时非专业咨询师就有可能根据自己的偏见或信仰不公正地评价求助者。要向参与者强调，尽管道德中立在咨询过程中很重要，但是每个人都难以做到完全的道德中立，因此，重要的是了解自己，了解自己的经验和信念，并在提供非专业咨询的时候尽量帮助求助者获得最大收益。

　　有时我们无法充分意识到自己的问题或动机，有时这些是潜意识的，但它们会影响到非专业咨询师与求助者之间的互动。这些潜意识的、个人的问题如果出现在咨询过程中，就可能会引起双方的痛苦和焦虑，并且会对咨访关系产生负面的影响，妨碍咨询的顺利进行。

**活动：处理个人问题**

　　*目标*

　　了解个人问题如何干扰与求助者的互动，思考可能的解决方案和应对策略。

　　*流程*

　　为本活动提供案例展示。例如，创建一个情境，在其中求助者希望非专业咨询师就自己离婚或受到配偶欺骗的事宜给出帮助，而咨询师也曾遇到相似的事件，所以认同于求助者或其配偶。提供足够多的情境细节，以便参与者更好地理解这个案例。可以让参与者组成小组讨论或进行角色扮演。角色扮演时，每个小组需要一名非专业咨询师、一名求助者和一名观察者。

　　*讨论要点*

　　使用以下问题来讨论案例：

- ·您认为与求助者相似的经历会如何影响互动？
- ·您如何看待求助者及其伴侣？
- ·作为非专业咨询师，您如何确定自己存在个人问题？
- ·如果意识到了这些个人问题会干扰咨询，您会怎么做？

　　*总结*

　　在集体讨论时，让大家分享自己的体验。思考当遇到类似情况时，非专业咨询师可以做些什么、提供些什么建议，如寻求督导，或将求助者转介给其他咨询师。

### 3.6 保密性（建议用时：5 分钟）

保密性是非专业咨询的核心原则。提醒参与者，作为非专业咨询师应该向求助者传达所讨论的内容将被保密——除了一些重要的例外。

保密的重要例外情况包括与"警告义务"或"保护义务"相冲突的情况。在这些情况下，求助者可能会伤害他自己（比如自杀）或其他人（比如虐待儿童或老人），或求助者无法照顾自己（如严重的痛苦或精神疾病）。如果非专业咨询师得知某人有受到伤害或以其他方式遭受刑事犯罪的危险，则有责任采取行动，并与警方取得联系。

同样，如果非专业咨询师从儿童那里了解到他们遭受性侵或其他犯罪行为，那么非专业咨询师有责任向警方报告，以保护儿童免受伤害。

保密性同样意味着非专业咨询师不会与组织中的其他志愿者或自己的亲友分享有关求助者的信息和故事。但在督导期间，可以自由地讨论所遇到的情况，以便更专业的人员能够指导非专业咨询师如何更好地帮助求助者、如何澄清自己的角色、何时将求助者转介，以及如何支持自己。

**可选活动**

两人一组，用 10 分钟左右讨论，在什么情况下遵守保密性会有困难，讨论自己是否能够预见这样的困境。讨论完毕后，在集体讨论的时候报告并澄清非专业咨询师在这些情况下的责任。

**总结**

在总结时，应再次强调非专业咨询师的主要任务。非专业咨询师可以向求助者提供宝贵的支持，同时必须明确自身的责任范围。另外，了解非专业咨询师提供的支持的局限性以及何时需要将求助者转介给专业人员，这对于非专业咨询师也相当重要。转介将在模块四中进一步讲解。

## 模块四：转介和报告（建议用时：25 分钟）

学习要点

· 了解何时、如何以及向谁报告或转介需要额外支持或专业支持的求助者。

所有的组织都有关于转介的程序和协议。作为培训师，需要在培训之前熟悉这些流程，以便在培训时讲解。

### 4.1　何时报告或转介（建议用时：15 分钟）

使用流程图和程序案例向参与者解释组织内部的支持系统。

对非专业咨询师来说，知道何时应该报告和转介求助者非常重要。正如上一模块所述，非专业咨询师需要明确自己可以提供的支持的局限性，并了解自身存在的个人问题。更重要的是，组织支持系统中的每个人都应该了解非专业咨询师的作用、角色限制以及应在何时转介。有时求助者正被严重的心理问题困扰，此时他们需要专业的心理支持；有时求助者需要社交、法律、健康或其他专业服务。非专业咨询师必须知道常见的转介事由，以及自己可以帮助联系的相关专业机构和专业人员。

建议求助者转介并获得更专业的帮助有时会具有挑战性。有些求助者会自愿被转介给心理健康专家，但另一些求助者则可能会对专业的心理咨询抱有误解、恐惧或不切实际的期望。例如，有些人会认为心理健康专家可以"读出"他们的想法，还有些人会认为心理健康专家只适用于帮助那些"近乎疯狂"的人。所以，非专业咨询师要帮助求助者正确地了解专业咨询，减轻求助者的紧张情绪，并告诉求助者心理健康专家会给他们提供何种帮助。鼓励求助者写下他们想与心理健康专家讨论的症状或担忧可以帮助他们减轻焦虑。

提醒参与者，在有些情况下需要立即采取行动以保障求助者或其他人的安全。如前所述，如果求助者有以下情况，则无需遵守保密原则：

- 无法照顾自己；
- 有可能伤害自己（比如自杀或自残）；
- 有可能伤害他人。

**活动：何时转介**

目标

让参与者意识到求助者需要转介给更专业服务人员或机构的各种迹象和行为。

流程

与参与者讨论：什么样的迹象或行为会导致您建议求助者转介？

以下内容可作为回答要点参考：

- 严重的睡眠问题；
- 无法控制的强烈情绪，如严重的抑郁症；
- 影响正常生活的持续的身体症状；
- 对自己构成风险的行为（如自杀或自残）；
- 对他人构成风险的行为（如虐待或犯罪）；
- 持续时间很长但没有改善的极度痛苦情绪。

在某些情况下，求助者的家庭成员或朋友可能会出于关心求助者而与非专业咨询师进行联系。非专业咨询师可以向有关的家人或朋友询问求助者的相关情况，如是否表现出需要转介的更严重迹象或行为，以便立即采取行动。如果有必要，非专业咨询师还应与自己的督导讨论，以便确定最合适的步骤帮助求助者，确保每个人都免受伤害。

### 4.2　如何转介以及转介何处(建议用时：10分钟)

本部分培训需要培训师准备以下内容：

  ·该组织的转介程序；

  ·可供转介的专家联系方式；

  ·非专业咨询师用于办理转介的流程说明(通常包括求助者的情况简介、所采取的行动以及转介机构的名称)。

**活动：转介**

目标

让参与者了解如何转介需要专业帮助的求助者。

流程

简要讨论以下问题：

  ·你如何告知求助者你需要报告或转介？

  ·你如何让求助者明白转介是更好的选择？

举例说明如何讨论这些问题。例如，如果需要将求助者转介给心理健康专家，你可能会这样说："有时我们很难向熟人吐露心扉，几乎所有人都是如此。这时就需要向某位不认识的局外人求助，以便用不同的方式看待事情，有经验的人会知道如何处理这类问题。"

**总结**

提供该组织的有关文件(转介程序、转介组织与专家名单、转介记录文件)，强调每份文件的要点并答疑。

## 模块五：沟通的基本技巧(建议用时：60分钟)

学习要点

  ·在非专业咨询中练习基本技能；

  ·学习如何在决策过程中陪伴求助者；

·理解并练习积极倾听。

良好的沟通是非专业咨询最基本的支持技能。学习如何倾听和关注求助者是至关重要的。与日常对话（通常是双方的积极对话）不同的是，非专业咨询师把大部分时间都花在扮演一个积极的听众而不是谈话者上。求助者为对话设定框架，因此会很专注。学习成为一个良好的倾听者是一种几乎任何人都可以通过练习和训练而获得的技能。良好倾听的核心是与求助者交流时倾听者所传达的一系列态度。

### 5.1 非专业咨询中的重要态度(建议用时：5 分钟)

倾听和活在当下是每个人都能给予处于困境中的人们的一份伟大的礼物。在非专业咨询中，倾听的目的是为求助者提供机会，让他们在一个支持的环境中表达自己的想法和感受。非专业咨询可以通过传达一些重要的态度来创造一个支持性的环境，鼓励求助者分享他们的经历，让他们感到在这一环境中进行分享是舒适的。

同理心是一种从别人的角度去看和感受的能力，是一种从内心去理解那个人是什么样子的能力。用同理心回应人们的感受是支持他们的最有效的方式。

尊重意味着热情地接受求助者，并把他们当作平等的人来对待。一个非专业咨询师应该思想开放，不带偏见，并且意识到自己的偏见，这样求助者就可以在互动中把它们放在一边。尊重使得非专业咨询师能够有效地听取意见，而不会对求助者做出错误的假设。

非专业咨询师应该给求助者时间和空间来分享情感和想法，无论他们给了什么反应。并且要专注于他们在寻求帮助时优先考虑的事情。

真诚是在任何互动中自然和真实地面对自己的能力。作为一个非专业咨询师，能够让求助者把自己看作是他们可以信任的人是很重要的。这并不意味着非专业咨询师应该告诉求助者自己的想法和感受。相反，它意味着在咨询过程中以一种自然和真实的方式做出反应。非专业咨询师应该意识到自己的问题——涉及情绪、意见或判断——这些可能会在咨询过程中出现，但非专业咨询师不应该将它们应用到其他人身上。非专业咨询师应该能够平衡自己的经历，以便与他人的需要保持一致，同时在互动中仍然是一个真实、自然的人。

最后，对于一个非专业咨询师来说，用同理心来倾听别人的想法和感受（例如关于悲伤或遗憾的故事）是很重要的，但不要被自己的情绪所淹没。如果非专业咨询师发现自己正在被求助者的故事所影响，或在帮助他人时难以保持情绪稳定，那么寻求上级的支持是很重要的。一个非专业咨询师需要记住，这是任何非专业咨询师都可能遇到的情况，在这种情况下，关心自己的健康也很重要。

### 5.2  帮助求助者做出自己的决定（建议用时：25分钟）

非专业咨询师的一个重要作用是帮助求助者（他们可能会对自己的处境感到不知所措）做出明智的决定。非专业咨询师会把他们自己的经验和知识带到他们所提供的支持中，但重要的是他们不会试图为求助者做决定，并且不会在这种情况下承担过多的责任或控制。

相反，支持求助者使用他们自己的应对资源来解决他们的问题是很重要的。

帮助求助者做出自己的决定的关键点包括：

· 提出问题，澄清问题，并提供相关的实际信息，以支持求助者的决策过程；

· 帮助求助者确定可能的解决方案；

· 处理好“此时此地”的问题，尝试引导求助者在感到非常沮丧时避免做出任何改变人生的决定；

·陪伴、支持和指导求助者，而不是提供直接的建议。尽可能做到这一点，倾听求助者所说的话，并注意他们可能暗示他们正在做决定。在这一点上，你可以向他们提示他们在咨询环节中与你分享的优先事项和关注事项，以帮助他们明确自己的决定。

**活动：决策**

目标

练习在决策过程中协助求助者。

流程

将参与者分成由三个人组成的小组。一个人是求助者，一个人是非专业咨询师，第三个人是观察者。这位求助者最近被诊断出患有严重疾病，然而，她有可能被完全治愈。求助者和她的丈夫正在和非专业咨询师讨论是否应该将此告诉他们的两个孩子(一个8岁，一个13岁)，因为孩子们感觉有些不对劲。

让参与者扮演每个角色5分钟，然后互换角色，这样每个参与者都有机会扮演每个角色。如果他们愿意并且有时间来做另一种角色扮演的话，让他们选择另一种困境。在全体会议中花5分钟讨论。使用下面的问题：

·求助者是否感到被理解并得到了良好的支持？并解释原因。

·什么样的询问有助于求助者澄清问题？

·对于非专业咨询师来说，最困难的部分是什么？

·从观察者的视角来看，这位非专业咨询师做得好吗？非专业咨询师还能做得更好吗？

总结

当非专业咨询师提出有助于澄清问题，并支持求助者找到他们自己的解决方案的询问时，求助者通常会感觉得到了最好的支持。在下一节积极倾听中，我们将更深入地讨论如何做到这一点。

### 5.3 积极倾听(建议用时：30 分钟)

积极倾听意味着充分注意说话人。这意味着不仅要听别人在说什么，还要听言语背后的"声音"，记录肢体语言、语调和面部表情。因此，倾听的艺术是能够从所说的内容和所说的方式中提炼出意思。

**什么是积极倾听?**

与参与者一起对"积极倾听是什么意思"以及"如何去做"进行一次头脑风暴。在白板上写下参与者用来描述积极倾听的所有词语和概念。

确保以下这些积极倾听的元素要在总结头脑风暴时被涉及：尝试充分理解求助者的观点；重复求助者所说的话，并询问自己的理解是否正确；在结尾处总结自己所理解的内容；好好探索其中情绪方面的问题；试图与求助者一起寻找解决方案，而不是替求助者找到解决方案。

在支持情境中的积极倾听，需要一种专注于说话人的能力，不要表达自己的想法、感受和问题，而是允许说话人有空间来说话。让参与者思考积极倾听的影响：积极倾听让说话者觉得他们被认真对待，被尊重，被当作一个完整的人来对待。当一个人有机会向另一个人表达他的情感和想法时，他的困难似乎更容易忍受。这还能让人放松，让人更清楚地知道如何迈出下一步。从这个意义上说，积极倾听为求助者的自我发展提供了基础。

**活动：积极倾听**

目标

练习积极倾听。

流程

让参与者配对，决定谁是积极的倾听者，谁是说话者。让说话者从日常生活中选择一个个人故事，这个故事应该让他们觉得分享起来很舒服，而且与危机事件无关。

让倾听者把百分之百的注意力放在说话者的讲话上，并允许对方以自己的方式来探讨这个话题，而不是"采访"他们。

活动结束后，请参与者与同伴互换角色。重复练习。以小组讨论结束，讨论中使用以下问题：

· 这与日常对话有何不同？

· 沉默时你感觉如何？

· 作为说话者或倾听者，你感觉哪一个更舒适？

· 你能给予说话者多大程度的注意力？你通常给你所支持的人的注意比重是多少？

· 是什么让你无法全身心地投入？

*总结*

通过总结积极倾听的要素以及它作为心理与社会支持工具的有效性来结束活动。

**总结**

非专业咨询最重要的方面之一是沟通技巧和如何将积极倾听作为关键工具来支持决策。除了了解相关技能之外，你还需要为所提供的支持建立一个结构，这将在接下来的模块中完成。

## 模块六：构建咨询对话（建议用时：45 分钟）

*学习要点*

· 学习如何构建咨询对话；

· 练习面谈技巧；

· 了解如何结束咨询。

与求助者进行咨询对话跟我们每天与朋友或家人的对话不同。咨询的过程通常有一个结构，从开始（第一次见面时签订合同）到求助者谈论他们的情况时的谈话阶段，最后到结束。咨询是建立信任关系的过程，帮助求助者可以公开谈论其问题。因此，设置是非常重要的。在理想情况下，咨询场所是一个安静的地方，足以维护隐私，以确保保密性以及求助者在分享他们故事时的舒适性。

**开始**

在第一次与求助者会面时，鼓励参加者创造一个欢迎和安全的氛围。适当地问候求助者（比如握手），介绍自己的名字，并说明自己在组织中作为一名非专业咨询师的角色。通过订立合同来列出所提供的支持范围是有帮助的。合同应规定非专业咨询师的角色，列出实际情况（例如见面的频率），并解释非专业咨询师所提供支持的限制。在咨询期间的不同时间点，如果需要协商，可以参考合同。

如果该组织有一份合同表格让非专业咨询师与求助者一起使用，那就打印一份给参与者。下面概述了合同中一些有用的元素。

• 时间框架：非专业咨询师与求助者会面的频率、会面时长以及他们持续会面的时间（注：在一些组织中，求助者不可能回来或者见到同一位咨询师——这一点可以在合同中注明）；

• 在咨询过程中会发生什么、不会发生什么（比如非专业咨询师会提供什么样的支持，不会提供什么样的服务或支持）；

• 由非专业咨询师和求助者共同决定的咨询环节的目的；

• 基本指导原则，如保密性；

• 潜在的转介（即让别人来帮助和支持求助者最符合求助者利益的情况）。

"开始"也指非专业咨询师在每一次遇到求助者时对话的开始。咨询环节的开始是一个重要的时间，可以为接下来的谈话创造气氛。它可以包括总结上次谈话的内容，然后询问对方上次来访后情况如何。

询问参与者，他们认为什么是开启一段会话的好方法。

**面谈技巧**

当与求助者以一种有益的方式交流时，非专业咨询师可以使用各种各样的技巧。下面介绍两种基本技术。

①反映。

通过反映求助者所说的话来让他们表达自己，这是一个很有用的咨询技巧。反映包括倾听对方所讲的内容，总结对方所表达的重要思想和感受，并将它们重新解释给对方。例如：

"我听你说你很想念你的儿子，这让你产生了一些不好的情绪。在我看来，你现在在想你的儿子。当你告诉我他昨晚做了什么时，你看起来很伤心。"

反映情感是"你感觉如何"这个问题的一种可替代选项。我们个人的过滤器、假设、判断和信念会扭曲我们所听到的东西。因此，使用反映技术，我们可以澄清我们理解这个人的感觉，并表明我们对他所关切的事物感兴趣。这也是一种有效的支持方式，鼓励求助者更多地分享他们的想法和经验。

②问问题。

问题可以用不同的方式提出。陈述和询问都有助于鼓励一个人表达自己。

用陈述是鼓励别人告诉你更多的有用方法，比如："你告诉我越多，我就越了解你。""我想知道更多。"

问一个直接的问题也能让别人说出更多东西。但是有不同类型的问题和不同类型的可能回答。

封闭式问题让被调查者只有机会说"是"或"不是"，比如："你是否感觉比我们上次见面时好一些？"

开放式问题可以让被调查者有机会以他们想要的方式回答，比如："你今天感觉怎么样?"

引导式问题是有假设的,它把询问者的话放进被调查者的口中,所以这个人觉得不得不同意询问者的观点:"你对你丈夫的死感到很不高兴吗?"

**可选活动**

如果有时间,则可以和参与者做一个简短的角色扮演,展示积极倾听、澄清问题等。

**识别局限**

向参与者解释,了解并尊重他们作为非专业咨询师的能力局限是很重要的,这不仅是为了他们自己的健康和幸福,也是为了求助者的最大利益。在咨询关系中可能会出现各种挑战。例如,求助者可能对非专业咨询师抱有不切实际的期望——比如解决他们的问题或随时待命——或者过于依赖非专业咨询师。在这种情况下,就要认识到提供非专业咨询的界限和限制,并要设法找到解决办法。最好的方法是和求助者一起探索其他的可能性,如果有必要的话则谈论下转介(如模块四所讨论的),并为前进的道路制订计划。

有时,非专业咨询师可能会被求助者或他们的特殊问题压倒,无法有效地提供帮助。例如,可能是非专业咨询师自己出现了问题,或者是求助者会得到其他人(另一个非专业咨询师或专业人士)更好的服务。向参与者解释,如果他们在咨询情况下感到不知所措,他们应该确保与督导沟通,找出最佳解决方案。

在某些情况下,提供非专业咨询可能并不适合求助者。求助者可能有一些无法通过非专业咨询来满足的期望,或者他们可能有一些需要紧急专业帮助来处理的困难,例如:

- 核心问题实际上是一个需要通过其他方式来解决的社会问题。
- 求助者对自己或他人都是危险的,或者患有严重的精神疾病。
- 求助者与非专业咨询师有私人安排,比如想要发展一段恋爱关系。

·问题过大，非专业咨询无法有效支持，或者求助者的抱怨随着时间推移而恶化。

向参与者解释，识别什么时候非专业咨询对求助者是不合适的，这种能力很重要，也显示了非专业咨询师的良好判断力。在这种情况下，鼓励他们向督导寻求指导，以帮助结束关系，并将求助者转介给其他服务机构。

### 结束

本环节包括两部分：结束咨询会话；结束咨询安排。

结束咨询会话，就像开启一段会话一样重要。非专业咨询师处理结束咨询会话或整个咨询过程的方式，可能会决定求助者是否会对所被提供的支持或信息感到信服并据此采取行动。这也可能影响求助者是否会再次联系或使用组织的咨询支持。

以一种支持的、开放的、礼貌的方式结束一段对话，表示尊重和同情，让求助者保有控制感。总结是一种结束一个会话的有用技巧，例如："让我们看看我们已经达到了什么程度，和我们想要达到的程度。"

在会话结束时，非专业咨询师可以提出再次会面，根据具体情况，可以为更多的会话制订计划。

良好地结束咨询安排，意味着清楚求助者如何（或是否）能够再次联系他们的非专业咨询师或组织。这取决于工作的设置。

可以提供后续服务，例如几天后打电话询问求助者做得怎么样，或者约他们回来。知道可以继续得到帮助是令人欣慰的。人们在经历和适应环境变化的过程中，会遇到新的需求和情绪。通过电话或面对面的方式与对方确认可以提供一个机会来评估他们还需要什么进一步的支持。

向参与者强调，如果他们承诺要跟进，他们必须确保这样做，并确保在组织框架内可行。

**活动：一场咨询对话**

目标

训练咨询对话。

流程

将参与者分成三组，一名求助者，一名非专业咨询师和一名观察员。

使用下面的案例，或者创建一个更适合目标群体的案例（在线的额外材料中有更多的案例）。要求参与者扮演角色，与求助者建立关系。让观察者注意到好的沟通的例子，例如订立合同，积极倾听和有效提问，以支持的方式收集信息。

花 10～15 分钟在角色扮演上，5 分钟在小组的总体反馈上。

案例

18 岁的马塞洛已经放弃了木匠的工作。他从来都不是一个好学生。他的父母 10 年前分居，他和母亲住在一起。他总是对考试感到焦虑，当他不得不参加考试时，他非常紧张和不安。放弃训练后，他从事了其他工作，但目前他没有工作。由于这种情况，他和母亲的关系非常紧张。他和他的父亲没有联系。他妈妈想让他回大学读书。马塞洛夜以继日地玩电脑游戏。他中午以前不起床，也不再跟他的同伴见面，因为他没有钱。他感到沮丧，认为自己是个失败者。他知道他必须改变生活中的一些事情，但不知道如何去改变。

然后，讨论以下问题。

非专业咨询师：

· 我是怎么开始的？我说了什么？我给出了什么结构？

· 我对马塞洛的感觉如何？

· 我是如何适应马塞洛的？

· 在互动中我感觉如何？我做得好吗？我还能做得更好吗？

马塞洛：

· 我最初是如何体验咨询的？

· 我有安全感吗？

· 我是否相信咨询师能帮助我？

· 我感到被理解了吗？

· 我感到受尊重吗？

观察员：

· 你注意到哪些问题有助于开启对话？

· 你注意到非专业咨询师使用的是哪种类型的问题？哪种有效？

· 非专业咨询师如何表明他们在倾听？

总结

作为总结，把参与者聚集在一起，问他们会话进行得怎么样，他们之后讨论了什么。

## 结束第一天(建议用时：5 分钟)

目标

让参与者反思这一天，并以积极的态度结束一天。

流程

让参与者围成一个圆圈。让他们互相扔一个球。当有人接球时，让他说一件他今天收获的东西。这可能是一个"激动人心的时刻"，一些他认为特别重要的事情，一个教训，一个新的理解，一个不同的观点，等等。把球扔给某人，开始这个活动。

总结

如果合适的话，对任何重要的观点、关注点或问题做出简短的回应，或者推迟到第二天再讨论。并对大家表示感谢，约好明天再见。

# 第二天

欢迎参与者来到第二天，并询问他们昨天有什么想法或者有什么问题。在适当的情况下，对前一天调查中提出的重要的观点、关注点或问题作出回应。

提醒他们今天的安排，并询问他们是否有任何问题。

## 模块七：生活事件和应对（建议用时：165 分钟）

*学习要点*
- 能够描述可能需要非专业咨询师帮助的重大生活事件类型；
- 认识到对生活事件的反应——压力和痛苦；
- 理解韧性、应对、悲伤和自杀的概念。

### 7.1　生活事件（建议用时：25 分钟）

在一生中，我们会有不同的经历——我们面对幸运和不幸，调整自己以适应变化的环境，学习和发展。很多生活状况都伴随着不确定性和压力，有些生活事件可能特别有压力。每个人都有资源、力量、能力和技巧来应对困难和挑战。这些都是促进韧性发展的保护性因素，对一个人在面对严苛情况时的应对方式有重要影响。在其他因素中，由困难（从令人讨厌的到可怕的）情况所引起的压力和紧张可以被视为危险因素。心理和情绪健康的关键是在生活中保持平衡，这样保护性因素就会强于风险因素。

不仅是生活事件的特征使人们充满压力，更重要的是人们对事件的主观体验。个人对相同的情况的感知可能会非常不同，影响因素包括个人过去的经历、性格、社会支持水平和事件发生时的生活环境。

在继续之前，请小组给出保护性因素的例子。

不同的生活事件会导致不同程度的压力。

一个重大的生活事件会中断我们日常生活的正常进程，并导致我们自己和我们的环境（即社会、物理世界）之间的不平衡。这一事件迫使我们面对变化，通过学习新的行动方式、感觉方式和思维方式来应对。这件事本身可能被认为是愉快的或不愉快的，但它总是给我们的生活带来改变。

一些生活事件可能会特别有压力，比如孩子的出生，年轻人的大学过渡，工作的变化，突发重病，结婚或离婚，搬到一个新的环境或失去亲人。这些事件经常会改变一个人的日常生活，要求他适应和发展新的应对策略。

创伤性事件是指超出日常人类经验范围的极端事件，往往威胁到生命或个人完整性，并引起强烈的恐惧、惊慌或无助感。创伤性事件可以包括身体严重受伤害或可能死亡的实际经历，或受到这些威胁的经历，或目睹这些事件发生在别人身上，或听到所爱的人经历过这样的事件。这些潜在的心理创伤可能与严重的压力症状有关。创伤性事件迫使我们以比面对其他重大生活事件更激烈的方式面对变化。

个人危机是一个人在经历重大生活事件或创伤性事件后所产生的一种内心的质疑或压力。在个人危机中，有些人会遇到他们用来应对压力的资源与他们所面对的压力之间的不平衡，以及他们生活中更深层的问题。他们可能会问自己："我生命的意义是什么？我能怎么活呢？我的家庭失去了一切，我们将如何生存？什么是正确的选择？我应该被什么样的价值观所指引？"每个人对重大或创伤性生活事件的反应都不一样，因此每个人对某一特定事件的危机感可能会有不同程度的感受。

对于参与者来说，重要的是要理解不同的求助者对他们生活中重大或创伤性事件的严重性或压力的感知是不同的。没有两个人的反应是相同的，任何事件都有可能导致个人危机。当一个人达到应付这种情况的能力和资源的极限时，危机就产生了。

### 活动：了解重要及重大生活事件

#### 目标

提高意识，并理解目标群体所经历的、可能导致个人危机的重大和创伤性生活事件类型。

#### 流程

与参与者讨论：

- 目标群体体验到什么样的事件？
- 哪些是创伤性的？
- 什么会让人觉得某件事是创伤性的？
- 他们有什么样的资源或好的应对方式？

### 7.2　对生活事件的反应：压力和痛苦（建议用时：25 分钟）

压力是生活中很自然的一部分。正常的日常压力来自我们的环境（例如噪声、极端天气），来自我们的工作，来自我们的人际关系，还来自我们自身，以期望、渴望和雄心的形式出现。

生活中有压力是有目的的。它有助于保持我们的动力和积极性，并调动我们的身体和头脑在情境中快速反应。有时候，生活中积极的事情也会让我们感到压力。想想你儿时上学的第一天，或者结婚，或者搬进一个更好的新房子。这些都是积极的事件，但它们也需要我们成长并学习新的技能，以便我们能够适应生活的变化。

痛苦是不同的。人们在生活中可能会遇到巨大的压力，超过了他们所掌握的资源的应对能力。当这种情况发生时，他们会感到痛苦。他们可以通过减轻自己的压力或增加自己的应对资源来处理局面，以便实现应对和恢复，而无须寻求援助。然而，在某些情况下，他们可能感受到的痛苦程度较深，这促使了他们主动寻求帮助。非专业咨询师可能是第一个与痛苦的人接触的帮助者。他们提供的支持可能足以让这个人恢复平衡，这样他就能应对和恢复。

然而，压力水平可能变得难以应对。这会以两种不同的方式发生。

累积式压力：这种情况发生在"小的压力堆积"或者"长期压力延长"看不到尽头的时候。例如，长期患慢性病或长期照顾慢性病患者会产生累积式压力。从长远来看，累积式压力会给人的身体、情感和关系带来很多问题。"倦怠"指的是慢性压力症状占据上风，患者无法应对的情况。

创伤式压力：这是一种极端的压力，可能发生在创伤事件期间。受影响的人可能会经历"应对或停止反应"。这些症状可能会很严重，比如回避任何对这种情况的提醒，感到非常不安和容易受到惊吓，通过梦或"闪回"（一种醒着的梦，好像这种经历又发生了）重新体验这件事。

如果痛苦持续了很长一段时间、恶化了或者特别严重，非专业咨询师就要把这个人转介给专业咨询师。

**活动：压力的迹象**

目标

注意压力的迹象。

流程

进行一场脑力风暴，讨论出求助者或同伴中常见的压力迹象。

在白板上写下建议，并确保提到以下几类（如果参与者没有提到，就把它们添加到白板上）：

· 身体迹象，例如胃痛、疲劳、睡眠紊乱、精力不足；

· 心理迹象，例如难以集中注意力，忘记时间；

· 情绪迹象，例如焦虑、悲伤、无用感、愤怒或易怒；

· 精神迹象，例如感到生活毫无意义，对自己的精神或信仰失去信心；

· 行为迹象，例如酗酒或使用药物；

· 人际迹象，例如从所爱的人那里退缩，与他人发生冲突。

**总结**

重要的是要知道，大多数人都用时间来应对重大生活事件（以及创伤性生活事件），同时会利用他们自己的资源，或者有一些基本的支持，比如从非专业咨询师那里得到的帮助。然而，如果这些压力的迹象持续并恶化了很长一段时间（4～6周），非专业咨询师应该考虑转介，向求助者推荐专业帮助。

如果有时间，谈一谈人们对极端压力和痛苦的一些常见反应。

①抑郁症。

抑郁症的特征是抑郁或悲伤的情绪，对过去令人愉快的活动的兴趣降低，体重增加或减少，焦虑，疲劳，不适当的负罪感，注意力不集中，有时反复思考死亡。抑郁症不仅仅是"糟糕的一天"，它是一种严重影响一个人的生活和工作能力的疾病。

②酒精、药物滥用。

用酒精或药物进行自我治疗是许多人用来应对重大或创伤性生活事件的一种常见方式。人们可能会饮用过多酒或使用药物来麻痹自己，使自己对与生活中创伤事件相关的痛苦想法、感觉和记忆变得麻木。虽然用酒精或药物进行自我治疗可能感觉上像是一个快速的解决方案，但它们最终往往会导致更大的问题。

③惊恐发作。

惊恐发作是一种强烈的焦虑感，可能会突然发生而没有任何明显的原因。症状可能包括心悸、胸痛、恶心、头晕、麻木、发热或发冷、颤抖、恐惧、想要逃离、对做一些令人尴尬的事情感到紧张或者害怕死亡。一次发作通常持续超过 10 分钟。经历过一次惊恐发作的人很可能会有更多次发作。

④创伤性应激症状：创伤后应激障碍。

一些经历过创伤性压力（见上文描述）的人可能会发展出创伤后应激障碍（PTSD）。PTSD 的特征是个体在经历创伤性事件后，以下三个症状持续存在至少一个月：

- 干扰（无法控制关于事件的想法、图像、声音和其他记忆）；
- 回避（指回避能让人想起事件的地点、人物或其他事物）；
- 唤醒（一种高度警觉、神经质和警惕危险的状态；经常有睡眠和注意力不集中的问题）。

所有这三个症状都必须存在，患者的日常功能必须严重受损才能诊断为 PTSD。如果一个人在事件后出现这些症状超过一个月，应该鼓励患者寻求专业帮助。

### 7.3 心理韧性（建议用时：30 分钟）

在没有专业帮助的情况下，大多数人都能从重大事件中恢复过来。他们在自己、家庭和社区中找到资源来应对困难。这种处理并克服哪怕是非常有压力的生活经历的能力，可能是你自己拥有的，也可能是你在朋友和家人身上看到过的。

心理韧性被描述为一个人或一个社区在经历重大或创伤性事件后接受冲击并恢复的能力。

心理韧性并不意味着人们不会因为生活中发生的事情而感到痛苦，而是他们能够利用自己的资源来应对和恢复。

**心理韧性的核心要素是什么？**

心理韧性不是一个人要么拥有、要么不拥有的一个刚性特质。事实上，每个人都有应对能力，这些能力是可以加强和提升的。但影响一个人如何在事件中进行反应并从中恢复的因素有很多，比如事件发生时个人的情况、个人的性格、生活经历以及事件的类型（如严重程度）。个人特点对于恢复力和帮助人们应对重大或创伤性生活事件很重要。这些特点包括：

- 制定切实可行的计划并付诸实施的能力；
- 有一个积极的自我形象；
- 感觉到自信；
- 有适应新环境的能力；
- 能够处理强烈的情绪；
- 能够表达自己的感受和想法；
- 相信变化会发生。

适应力强的人也相信他们能克服困难，并且会有积极的结果。适应力强的人往往表现出实际的应对方式，比如"不惜一切代价"。诸如自我强化、自尊、信任、乐观等个人特点似乎也与心理韧性有关。

在任何时候，一个人的心理韧性都与他所处的环境和社区密切相关。充满关爱的关系以及来自家庭内外的社会支持网络是建立心理韧性的核心。其他人可以在困难时期给予理解、陪伴和支持。心理韧性也可能会受到之前生活经历或重大事件的影响。那些经历过其他重大事件并已经从中恢复的人，在未来克服类似事件时可能更有韧性。然而，相反的情况也可能实际存在——如果一个人还没有完全从过去的重大事件中恢复过来，那么当他遇到其他重大事件或关键的生活事件时，他可能更容易陷入困境。

**活动：心理韧性**

让参与者想一想他们认识的一个被认为很有韧性的人（或者目标群体中的一个人）。列出他的个人特点，以及他所处环境的特点，并解释选择这个人的原因。在白纸上总结小组的反馈意见。

## 7.4 应对（建议用时：25 分钟）

如前所述，应对主要是处理由重大或创伤性生活事件所引起的个人危机。当不寻常的事情发生时，人们需要以某种方式让情况变得可控，适应新的环境，并在一段时间之后回到一种——也许是新的和改变过的——正常的模式。应对问题的方式可以是适当的、健康的，但有些人可能会陷入困境中，即他们的应对方式可能会让问题持续存在或加深，并使他们难以回归到"正常"状态。

当人们在压力和危机中采取积极的应对方式，他们往往能获得更快的恢复。

**活动：积极和消极应对**

目标

强化积极应对和消极应对的概念。

流程

让参与者想出积极应对和消极应对的例子。把他们的答案写在纸上，把页面分成积极和消极两种应对方式。在讨论中使用下面的信息。

讨论要点

一般来说，应对如果有助于以下这些方面，就可以被视为成功或积极的：

· 承认一些痛苦的事情发生了；

· 在对事件的感觉与想法、认知之间找到一个很好的平衡；

- 与（重要的）他人建立联系；
- 找到合适的表述来思考和谈论这些事件；
- 将这些经历融入一个人的生活故事；
- 积极主动地解决问题；
- 最终继续前进，并展望未来，不受侵入性记忆的阻碍，也不需要回避与事件相关的联想。

不那么积极甚至有害或消极的应对方式包括：

- 自我药物治疗，产生麻木与不舒服的感觉；
- 酗酒或滥用药物；
- 持续的回避，例如否认，过度寻求分心，从不谈论事件，回避所有事件的提醒等；
- 社会隔离；
- 持续很长一段时间的抑郁情绪；
- 攻击性行为。

总结

向参与者解释成功应对需要时间。当一个人经历了极度痛苦的事件后，强烈的负面情绪是很常见的。应对是要重新掌控这些情绪，而不是让它们突然以一种不可思议的方式消失。

一些支持积极应对的例子包括：

- 通过最小化进一步的风险或潜在压力来确保安全。
- 保持日常工作以恢复正常和可管理性。
- 专注于可以轻松处理的小规模行动和工作。
- 寻求朋友和家人的帮助和支持。
- 保持体力活动（比如锻炼、散步）。
- 谈论自己的经历，试图弄清楚发生了什么。
- 参与社区生活（比如文化、政治或宗教活动）。
- 设定目标并制定实现目标的计划。

·在发生自然灾害等大型危机事件时，参与重建活动或支持他人。

## 7.5 悲伤(建议用时：30 分钟)

通常情况下，求助者会因为失去一个人、他们的健康、他们的生活前景或其他损失而感到悲伤。悲伤是对重大损失的一种自然反应，它可以被认为是我们为了与生活中的人们建立爱的关系而付出的代价。我们越了解悲伤，就越能够帮助那些失去亲人的人。

在这种情况下，非专业咨询师要明白，悲伤不仅仅是一个线性的过程——也就是说，一个人失去了某个人或某物，然后逐渐稳定地好转。相反，悲伤的人往往会在康复的过程中先走两步，然后再退一步。

悲伤的人必须应对一些新的和压倒性的情绪，以及新的生活环境。对于任何一个跟悲伤的人打交道的人来说，重要的是要知道人们应对困难的各种方式。当我们失去对我们来说很重要的人或事物时，我们大多数人都会感到悲伤，有些人可能还会经历个人危机。

在讲解悲伤时，应解释以下的内容：

·悲伤是对失去所爱的人或事物的一种反应。这可以从我们为建立爱的关系所付出的代价看出。

·一个损失可能导致另一个损失，例如，一场重病可能导致失业、失去安全感、失去关系、失去社交网络。

·化解悲伤是一个需要时间的过程，包括学会接受损失、学会应对负面情绪、学会应对损失带来的变化、学会继续自己的生活。

当人们第一次经历悲伤的时候，悲伤会让人难以承受。他们可能会接触到他们自己都不知道的感觉。积攒经验并反思它们的能力是处理困难生活状况的核心技能。这技能可以因人而异，取决于个人拥有的资源。

悲伤没有时间表。当一个人悲伤的时候，周围的人可能认为他已经康复了，但实际上他仍然在理解和应对痛苦的情绪。来自客观人士的额外支持——比如非专业咨询师的支持——可以帮助其体验和处理痛苦。

**活动：如何帮助一个悲伤的人**

目标

确定帮助的方法。

流程

询问参与者：你会如何支持一个悲伤的人（作为一个非专业咨询师，你会怎么做）？

把答案写在白纸上。确保提到以下几点：

· 表达你的关心（对他的损失表示遗憾）。

· 倾听悲伤的人。

· 全身心地投入到对方身上（全身心地关注对方）。

· 提供实际的支持（询问你能够如何支持他）。

· 鼓励他继续从事喜欢的活动。

· 鼓励他不要一直孤立自己，而是继续和所爱的人在一起。

· 鼓励他从痛苦的情绪中解脱出来（例如，建议并鼓励他时不时地进行一些活动来放松一下，而不是一直沉浸在这些情绪中）。

· 帮助他接受这种情况，并鼓励他在未来会有快乐的时刻和日子。

· 在纪念性的日子里支持他。

总结

总结关于悲伤的这部分，强调以下几点：

· 向悲伤的人保证他们的感受是正常的并且是很重要的。

· 最好不要告诉丧亲的人他们"应该"有什么感受或做什么。悲伤没有正确的方式。

· 不要对他们作出评判，也不要擅自承受他们的悲伤反应（悲伤可能涉及极端的情绪和行为）。

· 不要强迫他们"继续前进"，也不要让他们觉得自己悲伤太久了。这实际上会减慢他们疗愈的速度。悲伤没有时间表。

## 7.6 自杀倾向（建议用时：30 分钟）

当一个人有自杀的想法或可能有一个实际的计划时，自杀便是一些非专业咨询师可能遇到的事情。它发生在不同的情况下，比如一个人正在经历"存在"的痛苦、长时间的悲痛或抑郁。向参与者解释，如果他们相信某位求助者可能正在考虑自杀，与其讨论这个问题是很重要的。一些非专业咨询师可能会担心，如果他们询问某人关于自杀想法的问题，他们就会把这个想法放置在这个人的头脑里，但情况并非如此！相反，那些正在考虑自杀的人往往愿意谈论他们的想法和计划，并可能发现能够分享和接受帮助及支持是一种解脱。非专业咨询师应尽快将求助者转介给专业人士或机构。在这种情况下，就像前面讨论的那样，有必要打破保密原则。

**活动：自杀倾向**

目标

学习如何帮助具有自杀倾向的求助者。

流程

将参与者分成两组（一名求助者和一名非专业咨询师），进行角色扮演。解释角色扮演有两个方面的作用。首先，找到一个好方法来询问求助者的感受以及他们是否有自杀的想法。其次，练习将求助者转介给专业人士或机构。

角色扮演约 10 分钟。

求助者须知：

想一想你将要面对的情况（例如失去关系或工作）。选择一个适合你的目标群体的环境。当你扮演这个角色时，对你所面临的问题给出一些暗示，并质疑"一切事物的意义"，但不要直接说你考虑过自杀。

非专业咨询师须知：

倾听求助者，评估问题的程度。询问自杀的风险，试着与求助者一起做出寻求专业帮助的决定。

讨论要点

召集全体参与者讨论：

- 非专业咨询师觉得这场会面进行得如何？
- 是否很容易识别出患者有自杀倾向的迹象？
- 被问及对自杀的想法时，求助者感觉如何？
- 你是如何转介并获得专业帮助的？

总结

要强调的是，非专业咨询师不应该忽视自杀的警告信号。如果一个人表现出有自杀倾向的迹象，那么非专业咨询师应该将这个人转介给专业人士或机构。

## 总结

非专业咨询师不应该忽视自杀的警告信号。如果一个人有自杀的念头，他必须被转介给专业人员。如果是这样的话，非专业咨询师必须清楚地记录下谈话、转介以及与求助者达成一致意见的整个过程。如果对一个人的自杀行为有任何疑问，非专业咨询师应该经常咨询他们的主管或督导。

如果所在组织专门有管理有自杀倾向者的协议，那么一定要向参与者解释这一点，并让他们熟悉必要的文件。

如何应对有自杀倾向者的相关法律，在不同国家之间是不一样的。应确保自己清楚有关报告、转介以及记录（即记录下组织为有自杀倾向者所做的事情）的法律要求。例如，这可能包括涉及以下行为的章程：在有违他们意愿的情况下为了治疗而将有自杀倾向者转介，并向他们告知你有义务报告和转介。在这一节结束时，提供有关立法的信息，以及非专业咨询师和所在组织的职责的相关信息。

## 模块八：心理紧急援助（PFA）（建议用时：60 分钟）

学习要点

- 什么是心理紧急援助（psychological first aid，PFA）？
- PFA：何时、何地、跟何人？
- 逐步的 PFA 指南。
- 提供 PFA 的基础知识。
- 要记住的重要事情。
- 接下来会发生什么？

非专业咨询师可能会面临这样的情况：必须为那些最近经历过重大事件并处于严重困境的人提供支持。也许他们在事故中受伤或受到袭击，他们也可能经历过自然灾害或火灾，或者他们刚刚听闻亲人死亡或重病的噩耗。了解如何提供心理紧急援助，将有助于非专业咨询师在这些情况下做出有效的反应。当人们刚刚经历了一个非常痛苦的事件，他们可能会感到不知所措、脆弱、焦虑、不确定或困惑。他们可能会突然感到情绪不安、悲伤、愤怒或绝望，甚至感到麻木。当处于震惊或危机状态时，他们可能难以清楚地思考和知道如何行动来帮助应对当前处境和他们自己的内心状态。

学习心理紧急援助的原则将有助于非专业咨询师理解最有帮助的言与行，并增加他们帮助急难中的人们的信心。

## 8.1  PFA：是什么，在何处以及在何时？（建议用时：15 分钟）

接下来的三个部分是对 PFA 的介绍。

是什么：PFA 是对经历过非常痛苦事件或情况的人的关心和支持。它包括表现出热心和同情，并倾听他们——这些也是非专业咨询师在日常工作中需要具备的技能和知识。然而，它也可能涉及确保环境对他们安全，并帮助他们处理与危机事件相关的实际需求和问题。有了这种支持，受助者就可以变得更强，重新拥有思考和照顾自己及他人的能力。

在何处：PFA 可以在任何对非专业咨询师和求助者安全的地方提供。它可能发生在社区中心、医院，甚至在灾难或其他危机事件的现场。如果是在事故或灾害发生的现场，非专业咨询师首先要注意自己的安全，然后还要注意求助者的安全。在必要和可能的情况下，非专业咨询师应该帮助求助者转移到一个更安全的地方。试着给求助者提供一个安静的休息和谈话的地方，以及一些适合他们年龄、文化和性别的隐私条件。

在何时：根据工作类型的不同，非专业咨询师可能会在人们经历了令人痛苦的事件后不久、几天或几周后会见他们。PFA 通常是为急性痛苦的人立即提供的，但也可能是为那些仍在经历痛苦或需要 PFA 的情感和实际支持的人提供的。

**活动：何时使用 PFA**

目标

列出参加者作为非专业咨询师可能遇到的需要提供 PFA 的各种事件。

流程

让参与者列出他们所帮助的人可能遇到的危机事件。把例子写在白纸上。使用下面的列表检查参与者所列的内容是否涵盖了可能的情况范围：

- 事故和火灾；
- 人际暴力（例如性暴力、抢劫）；
- 战争和恐怖袭击；
- 令人震惊的消息（例如爱人的死亡或重病）；
- 自然灾害。

然后让参与者思考并列出在这些情况下痛苦的人可能立即需要什么。在讨论中，强调处于困境中的人可能需要情感和实际的支持。

## 8.2　PFA 的基本要素：支持性交流和实际帮助（建议用时：10 分钟）

①保持密切联系。

危机当中的人会暂时失去对世界的基本安全感和信任感。这个世界可能会突然看起来是危险、混乱或不安全的，这个人甚至可能会对人类的善良失去信心。即使一个人表现出极端的情绪，非专业咨询师也可以通过保持亲密和冷静来帮助此人重新获得安全感和信任感。真诚、真实、诚实，会帮助痛苦的人重建信任感和安全感。

②专注地倾听。

花时间去倾听一个人的故事通常会帮助这个人理解并接受他所经历的事情。非专业咨询师通过给人真诚的关注来显示他们在倾听，包括非肢体语言和肢体语言（见模块五关于良好的沟通的内容）。

③接纳感受。

重要的是要对别人所说的话保持开放的心态，接受他们对事件的感受和解释。非专业咨询师不应该试图纠正事实或评判一个人对事情发生过程的看法。对人有同理心和尊重有助于接纳他们的感受。对处于困境中的人的幸福和价值表现出真诚、积极的关注，对帮助他们康复也很重要。

④提供一般照顾和实际帮助。

当一个人经历了危机或者正处于震惊中的时候，如果非专业咨询师在实际的事情上伸出援助之手，那将是一个很大的帮助。这可以包括联系可以和他在一起的人，安排他的孩子从学校被接走，帮助他回家，或者帮助他得到医疗照顾或其他需要的支持。同时要记住，尊重对方的意愿，不要承担过多的责任。相反，支持他重新控制自己的处境、考虑自己的选择并做出自己的决定。这将帮助他开始满足自己的需求。

## 8.3  逐步的 PFA 行动（建议用时：35 分钟）

逐步的 PFA 行动有以下要点。

①联系：通过介绍你自己（你的名字和代理机构）和对方联系，告诉对方你能帮上什么忙。

②注意安全：如有必要及可能，应将该名人士从危险环境中带走，避免其接触到令人不安的场面或声音、媒体或旁观者。

③提供安静和隐私：在适当和可能的情况下，找一个私人和安静的空间让人休息（如果他们需要）或者交谈。

④实用的安慰：提供实际的安慰，比如一杯水或毯子。

⑤倾听：询问对方是否愿意谈论所发生的事情，并仔细倾听他们的故事以及他们共同的感受和担忧。如果他们不想对话，就单纯和他们待在一起。

⑥消除疑虑并使情绪正常化：让他们相信，对一件非常痛苦的事情有情绪反应是正常的，也是人之常情。

⑦协助确定需求的优先顺序：询问他们需要什么，协助他们考虑什么是紧急的，什么可以等到以后再做。如果有必要，帮助他们满足紧急需求，比如住房或医疗保健。

⑧与所爱的人联系：帮助他人与能够提供支持的所爱的人联系。

⑨提供信息：提供关于在何处以及如何寻求额外支持的真实信息（如姓名、联系方式）。

## 活动：PFA 练习

目标

在安全的环境下练习 PFA。

流程

请参与者分成数个小组，并给每个小组一个案例。（相关案例场景请参阅在线材料。尝试使用那些适合该组织的案例场景，以及参与者们可能遇到的场景设置。）

请每个小组通过角色扮演展示他们将采取的步骤，提供 PFA 给场景中的受影响的人，记住 PFA 的基本要素和逐步的行动。给角色扮演安排 10～15 分钟。

向参与者强调，他们不必在角色扮演中完美无缺。PFA 最重要的一点是对人表现出真正的关心、温情。

在角色扮演后询问反馈。

总结

通过询问参与者在提供 PFA 时需要记住的重要内容来结束这个模块。你可以把这些内容呈现在白板上用于讨论。使用下面的信息来强调在使用 PFA 时要记住的重要事项。

· 做一个值得信赖的人，履行你的承诺。

· 始终不要利用你与你所帮助的人的关系。

· 尊重人们自己做出决定的权利，对他们的问题和需求保持敏感。

· 如果对方不想讲述自己的故事，不要咄咄逼人，也不要强迫对方讲故事。

· 保持诚实：在适当的情况下，将别人告诉你的事情和他们所经历的细节都保密。

· 了解你作为一名非专业咨询师的限制，以及什么时候应转介某人以便其获得专业支持。

## 模块九：关怀自身（建议用时：60 分钟）

学习要点

· 认识到可用的资源以及潜在的压力源；

· 确定个人应对策略；

· 了解同伴支持的重要性；

· 认识到团队和组织在自我关怀中的角色。

这部分强调的是非专业咨询师自己的资源以及组织在自我关怀和同伴支持方面的资源。使用下面的内容讨论自我关怀的重要性，然后展开关于个人资源的探讨活动。

向参与者解释，成为一名非专业咨询师可以得到很多回报。我们给予他人的支持和照顾对于我们所帮助的人来说是很重要的，并且可以给我们的生活带来特殊的意义。然而，这项任务也有一定的风险和责任。我们可能会遇到一些感到极度痛苦或有强烈情感反应的人，也可能会听到非常难以置信的关于悲伤、失落或创伤经历的故事。作为帮助他人的人员，我们需要谨慎地照顾自己，这样我们才能全身心地投入到生活中，并且能够帮助那些处于困境中的人们。这意味着要致力于我们所知道的能够帮助我们在日常生活中保持身心健康的事情。这可以帮助我们在工作或生活中遇到挑战时做好充分准备。如果我们经常对这些资源加以培养和重视，我们就能够更好地利用我们的资源来恢复活力。

每个人都拥有用来应对生活挑战的自然资源。当我们面临压力时，生活中保护我们的那些因素有利于我们的恢复力。恢复力的一个来源是我们作为非专业咨询师的工作动机。那些选择作为非专业咨询师而工作的人通常会以他们的同情心去帮助别人。通常，这也是因为他们自己也经历过困难时期，他们觉得他们可以为处于困境中的其他人提供一些有用的东西。

同情心和动力是恢复力的源泉。然而，看看我们对工作的期望，看看它们是现实主义的还是理想主义的，这也是很重要的。对于自己在非专业咨询师的角色上能够提供什么以及自己能从这份工作中收获什么抱有现实的期望，是自我关怀的一个基本部分。

## 活动：我的资源

目标

提高参与者对自身可用于压力管理的资源的认识。

流程

让参与者分别写下他们生活中支撑他们的事物：你有什么资源（在你自己和别人身上），你怎样做才能保持自己的健康？你需要什么资源，尤其是在经济困难的时候？

讨论要点

让参与者分享他们清单上的一些项目。还可以在一个白板上对这些项目进行分类，下列分类可供参考。

· 个人资源：包括我们的性格和特质、知识和经验、幽默感、灵活性，以一种平衡的方式（不全是好的或坏的）来看待人和事的能力，能够在一天结束时放下工作。

· 人：包括家人、朋友、同事、宗教团体、主管或督导。

· 活动：包括锻炼、健康饮食、休息充足、爱好、瑜伽或冥想、祈祷。

询问参与者，对于困难时期，他们是否列出了一些特别或不同的事物。和他们核实一下，在困难时期，是否需要格外注意自己是如何照顾自己的。

总结

建议参与者保留他们的清单，以提醒他们应对的资源和策略。

## 9.1  压力的来源（建议用时：25分钟）

**活动：非专业咨询师的潜在压力源是什么？**

目标

让参与者意识到作为一名非专业咨询师压力的来源。

流程

询问参与者：你在工作中会遇到什么样的压力或者想象你会遇到什么样的压力？广泛思考，不仅要考虑到你可能帮助的人，还要考虑到你自己或你的同事可能带来的压力。

在白板上列出一些例子。

总结

最后，如果有必要的话，从下面的列表中添加额外的压力源，然后继续下一个主题：了解压力源的重要性以及与压力相关的风险。

- 遇到困难（例如生气或沮丧）或不满意的求助者；
- 与非常痛苦的人一起工作；
- 听到涉及严重损失、悲剧或破坏的故事；
- 与可能给自己带来风险的客户合作；
- 在工作中遇到死亡或伤害事故；
- 对非专业咨询师在帮助他人方面能做些什么抱有理想主义的期望；
- 感觉自己必须为正在求助的人解决所有问题；
- 对自身需求（休息或支持）的关注会让自己感到内疚；

·感觉自己没有得到同事或主管的支持；

·团队内部缺乏动力，或与有压力的团队成员一起工作。

### 9.2  压力的可能后果：同情疲劳和倦怠（建议用时：10 分钟）

询问参与者"为什么知道可能的压力源是重要的"。

一个答案可能是：为了避免同情疲劳或倦怠，意识到可能的压力源是很重要的。

同情疲劳对于那些听过很多悲剧、损失或受伤故事的非专业咨询师来说是一种风险。它的特点是对求助者的同情心逐渐减弱，还包括：在工作中感到无助或无望，对求助者持消极态度，自我怀疑或无能感。

倦怠是长期的工作压力导致的身心疲惫状态。这意味着压力已经占据了人们的生活，人们不再能够有效地利用他们的应对资源。倦怠的特点是：

·情感疲惫；

·耗尽能量、疲劳；

·失去热情和动力；

·工作效率降低；

·悲观主义和犬儒主义；

·在工作中失去个人成就感；

·态度或行为的改变（例如忽视个人安全或自身的需求，发脾气，远离同事和所爱的人）。

当职业倦怠发生时，人们可能难以让自己脱离这种情况，或者让自己认识到压力的迹象。每个人（包括其他团队成员和督导）都能认识和理解正在发生的事情是很重要的，这样才能支持非专业咨询师。

## 9.3  压力管理(建议用时：15分钟)

向参与者解释一下，非专业咨询师可以在与痛苦的人一起工作之前、期间和之后或者在危机情况下，练习并实践良好的压力管理和健康策略。

### 活动：压力管理策略

#### 目标

提高对压力的不同反应策略的认识。

#### 流程

将参与者分成3组。

让第一组讨论："在工作前你能做什么来管理压力？"

让第二组讨论："在工作中你能做什么来管理压力？"

让第三组讨论："在工作后你能做什么来管理压力？"

给每个小组大约5分钟时间讨论他们的问题，然后把讨论的结果反馈给参与者全体。

#### 讨论要点

让参与者考虑，在压力特别大的时候他们能做些什么来帮助自己(回到他们之前列出的资源上)，以及在压力大的时候他们需要从团队和组织中得到什么(也就是说，什么对他们有帮助)。在小组讨论中，注意对个人和团队有帮助的策略的范围，以及参与者的反应的相似性和差异性。例如，一个人在不开心的时候可能想一个人待着，并有一些时间来"冷静下来"，而另一个人则想和别人交谈。相互之间的敏感性和灵活性是保持团队良好合作的关键。还要注意工作前、工作中和工作后的不同策略。

#### 总结

通过评论不同的策略来结束讨论。分发"压力管理策略：之前、期间、之后"的资料。

**压力管理的策略：之前，期间和之后**

①之前。

· 了解作为一名非专业咨询师的潜在压力及其对健康的风险；

· 保持健康的生活习惯（足够的休息、锻炼和良好的营养）；

· 意识到自己的应对资源；

· 诚实地评估自己在任何特定情况下帮助别人的意愿（例如，评估自己的健康和生活状况，以了解自己在这个时候是否能够承担起帮助别人的角色）；

· 参加情况通报会或培训课程，为自己将肩负的角色做好准备；

· 职位描述清晰；

· 与主管和督导有清晰的沟通渠道；

· 了解所在机构或组织提供了哪些支持，以及如何获得这些支持；

· 了解所在团队的成员，并与他们建立支持关系。

②期间。

· 保持合理的工作时间；

· 尽可能有足够的工作条件；

· 注意自己和团队成员的压力迹象，并采取行动防止出现更多问题；

· 当你感到压力很大，或者遇到特别难对付的情况时，愿意寻求上级或其他支持；

· 对其他团队成员保持尊重、耐心和理解，特别是在非常困难的情况下工作时；

· 对工作中你能做什么和不能做什么保持合理的期望；

· 参加监督会议，必要时寻求上级的帮助；

· 参加支持会议或团队会议，分享工作进行时的经验和感受；

· 在一天结束或任务结束时放下工作；

· 休息和放松；

· 关注并照顾到你的个人和家庭需要；

· 与能够提供支持的团队成员、朋友和亲人交谈。

③之后。

· 花时间反思自己的经历，并坦然面对其中的困难；

· 和主管一起对自己的工作做一个诚实的评价，承认自己做得很好的地方以及所遇到的任何局限；

· 在一个特别困难的环境下工作或与一个难相处的客户共事后，监察自己和团队成员的压力迹象；

· 参加支持会议或团队会议，汇报、反馈并分享感受和经验；

· 寻求帮助和支持（使用所在组织机构或其他来源的资源），以解决自己在帮助他人后可能感受到的困难情绪或压力迹象；

· 如果你或其他人发现自己出现了压力症状，愿接受被转介至咨询师或专业人士处；

· 在参与极具挑战性的工作之后，恢复其他工作职责之前，花点时间休息和放松。

## 9.4 同伴支持（建议用时：10 分钟）

除了我们照顾自己的这些方式之外，同伴支持也是一种有用的策略，可以帮助非专业咨询师进行应对和压力管理。同伴支持包括同级团队成员之间的互相支持和协助。

作为一名非专业咨询师，了解其他团队成员也会有同样的感受和反应、担忧或疑虑通常是有帮助的。团队成员很可能也熟悉工作环境、工作性质以及与工作相关的特殊压力。有时，向同级的同事寻求支持比向主管或督导寻求帮助更容易。

同事们在一起可以创造性地构想出策略，并且这些策略在特定的机构中或情况下能很好地工作。

同伴支持是一个积极的过程，需要同伴们相互支持，并创造出时间和空间来一起谈论反应、感受和如何应对。以下是同伴支持的关键要素：

- 关心、同情、尊重和信任；
- 有效的倾听和沟通；
- 明确的角色；
- 团队工作，合作和解决问题；
- 工作经验的讨论。

有许多不同类型的同伴支持，包括：

- 好友系统；
- 小组同伴支持会议；
- 受过培训的同伴支持者。

在所有情况下，同伴支持策略都可以非常有效地在同事之间创造出一个良好又开放的工作氛围，在其中，帮助者们将感到被彼此理解和支持。

**总结**

最后解释一下，应对压力和保持非专业咨询师的健康需要每个人的承诺和努力——包括非专业咨询师自己、同事、团队成员和组织主管的承诺和努力。压力不仅仅是个人的问题。每个人都可以在创造一个支持性的工作环境、理解工作的需求、彼此互相关心和尊重中发挥作用。

## 模块十：评估和结束(建议用时：15 分钟)

### 10.1 评估

评估培训工作坊可以为学员们提供一个向培训师反馈的机会，并且可以澄清培训目标是否切合实际和预期能否实现。随着时间的推移，反馈有助于培训课程的质量和培训师的专业发展。

**活动：评估**

这项活动可以通过使用网上的评估问卷或通过与参与者进行小组评估会议来完成。如果两者都做，需要先发问卷，否则全体会议的讨论可能会影响参与者在书面问卷中的回答。

与参与者形成的良好关系有助于征求意见，应鼓励建设性的批评。

请记住，在小组评估中记录反馈是很重要的。

小组评估的问题包括：

- 你对非专业咨询的了解增加到了什么程度？
- 你在非专业咨询方面的技能提高到了什么程度？
- 本次培训工作坊的目标在多大程度上实现了？
- 课程材料有多容易理解和运用？特别有用的是什么？有困难的是什么？
- 课程期间你对什么感到满意？
- 你对改进这门课程有什么建议吗？
- 说出你已经学到的最重要的三件事。
- 说出你在培训工作坊中最重要的经历。

## 10.2　结束

这可能是一个合适的时间向参与者们解释接下来将会发生什么，具体涉及以下这些方面：评估他们在培训课程中的表现，告诉他们何时他们将被联络或开始他们作为非专业咨询师的工作，以及可能会启动的监督过程。

**活动：说再见**

让参与者们围成一个圆圈。

把球抛给彼此，让接住球的人说一段他们从这次培训中会带走的记忆。这段记忆可能是一个"激动人心的时刻"，或者是一些他们认为特别重要的事情，一个教训，一个新的理解，一个不同的观点，等等。

花点时间让每个人都有机会发言。在一起待了两天之后，参与者们很可能会感觉到彼此之间的联系。个人故事会被分享。因此，就像你跟一个好朋友说再见一样，花点时间来说再见，并祝愿参与者在他们的非专业咨询师工作中做得顺利。

《非专业咨询：培训师手册》是为非专业咨询师的培训师设计的，并提供了为期两天的基本培训。由没有正式咨询学位的工作人员或志愿者所提供的心理与社会非专业咨询通常被用于帮助那些有需要的人，并且成千上万的非专业咨询师为弱势群体提供了一项重要的服务。这份培训课程将帮助学员培养一系列倾听和响应的技能，并深入了解他们作为非专业咨询师的价值、道德和工作界限。

# 参考文献

白洁．(2015)．危机中谣言采信的处理机制及政府应对策略(硕士学位论文)．武汉：华中师范大学．

白洁，郭永玉，徐步霄，杨沈龙．(2017)．阴谋论的心理学探索．心理科学，40(2)，505—511.

白洁，郭永玉，杨沈龙．(2017)．人在丧失控制感后会如何？——来自补偿性控制理论的揭示．中国临床心理学杂志，25(5)，982—985＋981.

曹蓉，张小宁．(2013)．应急管理中的心理危机干预．北京：北京大学出版社．

曾红．(2012)．应急与危机心理干预．北京：人民卫生出版社．

陈冬明．(2017)．系统公正感对集群行为的影响：愤怒情绪的中介作用(硕士学位论文)．武汉：华中师范大学．

陈汉明．(2015)．信息特征及信任度对暴恐事件风险认知的影响研究(硕士学位论文)．武汉：华中师范大学．

陈浩，薛婷，乐国安．(2012)．工具理性、社会认同与群体愤怒——集体行动的社会心理学研究．心理科学进展，20(1)，127—136.

陈曦，马剑虹，时勘．(2007)．绩效、能力、职位对组织分配公平观的影响．心理学报，39(5)，901—908.

陈绪兆，王习胜．(2008)．群体非预谋性突发事件的应对方略——以"万州事件"和"池州事件"为例．理论界，(5)，88—90.

陈艳红，陈向阳．(2009)．和谐社会建设进程中的信访工作．上海党史与党建，(7)，33—36.

陈阳，黄韫慧，王垒，施俊琦．(2008)．结构需求量表的信效度检验．北京大学学报(自然科学版),44(3),490—492.

戴健林.(2006).论公共危机管理中的社会心理调控.华南师范大学学报(社会科学版),(3),117—122+160.

付仁德畅.(2017).社会安全事件网络舆情的演变机理及对策研究(硕士学位论文).北京:中国人民公安大学.

耿爱英.(2008).社会支持在灾后心理危机干预中的作用.山东大学学报(哲学社会科学版),(6),44—49.

公安部.(2000).公安机关处置群体性治安事件规定.

宫宇轩.(1994).社会支持与健康的关系研究概述.心理学动态,2(2),34—39.

龚栩,谢熹瑶,徐蕊,罗跃嘉.(2010).抑郁—焦虑—压力量表简体中文版(DASS-21)在中国大学生中的测试报告.中国临床心理学杂志,18(4),443—446.

郭金鸿.(2008).关于政府道德责任制度建设的思考.青岛大学师范学院学报,25(3),19—24.

何丽艳.(2012).群体性事件之伦理辨思.山西高等学校社会科学学报,24(5),43—45+58.

贺佃奎.(2009).解决群体利益冲突的国际经验与中国机制.科学社会主义,(1),97—100.

黄敏儿,郭德俊.(2003).外倾和神经质对情绪的影响.心理科学,26(6),1047—1051.

姜乾金.(1999).领悟社会支持量表(PSSS).见汪向东,王希林,马弘(编),心理卫生评定量表手册增订版(pp.131—133).北京:中国心理卫生杂志社.

姜媛,林崇德.(2010).情绪测量的自我报告法述评.首都师范大学学报(社会科学版),(6),135—139.

蒋静.(2014).公共卫生安全类事件的网络舆情研究(硕士学位论文).长沙:湖南大学.

金太军,沈承诚.(2012).从群体性事件到群体性行动——认知理念转换与治理路径重塑.国家行政学院学报,(1),23—28.

金太军,赵军锋.(2011).群体性事件发生机理的生态分析.山东大学学报(哲学社会科学版),(5),82—87.

金嫣.(2011).自然灾害下政府应急管理中的心理危机干预研究(硕士学位论

文). 呼和浩特：内蒙古大学.

李凯. (2017). 洪水风险下政府信任与风险感知：信息加工方式的中介作用(硕士学位论文). 武汉：华中师范大学.

李倩倩，王红兵，刘怡君，马宁. (2022). 我国群体性事件的典型特征、治理问题与对策建议. 智库理论与实践，7(2)，74—82.

李小新. (2014). 不同社会阶层对受不公平对待的威胁敏感性差异研究(博士学位论文). 武汉：华中师范大学.

梁明明，李晔，李薇娜. (2010). 制度正当化理论述评. 心理科学进展，18(11)，1771—1781.

刘刚. (2004). 危机管理. 北京：中国经济出版社.

刘艳丽，陆桂芝，刘勇. (2016). 结构需求：概念、测量及与相关变量的关系. 心理科学进展，24(2)，228—241.

刘正奎，刘悦，王日出. (2017). 突发人为灾难后的心理危机干预与援助. 中国科学院院刊，32(2)，166—174.

马磊，刘欣. (2010). 中国城市居民的分配公平感研究. 社会学研究，25(5)，31—49+243.

茆家焱，杨沈龙，郭永玉. (2019). 信奉阴谋论的动机及干预手段. 中国临床心理学杂志，27(3)，623—627+529.

彭晓哲，周晓林. (2005). 情绪信息与注意偏向. 心理科学进展，13(4)，488—496.

邱鸿钟，梁瑞琼，等. (2008). 应激与心理危机干预. 广州：暨南大学出版社.

任勇. (2019). 社会公共安全研究的问题驱动、理论来源与学术建构. 学术月刊，51(3)，70—81.

汝信，陆学艺，李培林. (2004). 2004年中国社会形势分析与预测. 北京：社会科学文献出版社.

汝信，陆学艺，李培林. (2008). 2008年中国社会形势分析与预测. 北京：社会科学文献出版社.

施剑飞，骆宏. (2016). 心理危机干预实用指导手册. 宁波：宁波出版社.

石晶，崔丽娟. (2014). 群体愤怒与群体效能对集体行动的驱动：内在责任感的中介作用. 心理科学，37(2)，412—419.

时勘，等. (2010). 灾难心理学. 北京：科学出版社.

史安斌. (2008). 危机传播研究的"西方范式"及其在中国语境下的"本土化"问

题.国际新闻界,(6),22-27.

史安斌.(2011).情境式危机传播理论与中国本土实践的检视:以四川大地震为例.传播与社会学刊,15,105-124.

舒首立.(2016).道德判断在群体性事件中的作用(博士学位论文).武汉:华中师范大学.

宋歌.(2008).公共危机中的公众认知心理研究.法制与社会,(17),153-154.

孙元明.(2013).群体性事件新特征与基层维稳尺度拿捏.改革,(5),151-158.

王金红,黄振辉.(2012).中国弱势群体的悲情抗争及其理论解释——以农民集体下跪事件为重点的实证分析.中山大学学报(社会科学版),(1),152-164.

王丽莉.(2009).突发事件心理援助体系的建设.北京:中国社会出版社.

王林松,王庆功,张宗亮.(2012).社会认知偏差:群体性事件生成的社会心理启动根源.山东大学学报(哲学社会科学版),(4),11-18.

王艳丽,郭永玉,杨沈龙.(2017).家庭社会阶层与其结构需求的关系:补偿性控制理论视角.中国临床心理学杂志,25(2),371-373+377.

沃建中.(2008).灾后心理危机研究:5·12汶川地震心理危机干预的调查报告.北京:北京航空航天大学出版社.

吴鹏.(2013).内疚、同情与网络助人行为的关系及影响因素研究(博士学位论文).武汉:华中师范大学.

吴宜蓁.(2013).危机情境与策略的理论规范与实践:台湾本土研究的后设分析.国际新闻界,(5),33-42.

向乾坤,穆兰.(2011).音乐的力量:汶川灾区学生心理重建研究.四川戏剧,(3),22-24.

肖水源.(1994).《社会支持评定量表》的理论基础与研究应用.临床精神医学杂志,4(2),98-100.

解晓娜,郭永玉.(2021).突发事件凸显心理学在社会治理中的作用.中国社会科学报,20210121.

徐彪.(2013).公共危机事件后的政府信任修复.中国行政管理,(2),31-35.

薛澜,张强,钟开斌.(2003).危机管理:转型期中国面临的挑战.北京:清华大学出版社.

杨沈龙.(2014).不同社会阶层系统公正感的差异及其机制(硕士学位论文).武

汉：华中师范大学.

叶笃初，卢先福.(2009). 党的建设辞典. 北京：中共中央党校出版社.

叶国平.(2009). 公共危机管理中的民众心理干预探讨. 前沿，(9)，152－155.

叶红燕，张凤华.(2015). 从具身视角看道德判断. 心理科学进展，23(8)，1480－1488.

伊文嘉.(2010). 转型期突发社会安全事件的特点、成因及对策. 应急管理国际研讨会论文集，85－89.

于建嵘.(2009). 当前我国群体性事件的主要类型及其基本特征. 中国政法大学学报，(6)，114－120＋160.

俞可平.(2006). 中国公民社会：概念、分类与制度环境. 中国社会科学，(1)，109－122＋207－208.

张成福.(2015). 风险社会中的政府风险管理——评《政府风险管理——风险社会中的应急管理升级与社会治理转型》. 中国行政管理，(4)，157－158.

张国庆.(2004). 公共政策分析. 上海：复旦大学出版社.

张侃.(2008). 国外开展灾后心理援助工作的一些做法. 求是，(16)，59－61.

张萌萌.(2012). 愉悦情绪调节策略的实验研究(硕士学位论文). 杭州：杭州师范大学.

张书维.(2013). 群际威胁与集群行为意向：群体性事件的双路径模型. 心理学报，45(12)，1410－1430.

张书维，周洁，王二平.(2009). 群体相对剥夺前因及对集群行为的影响——基于汶川地震灾区民众调查的实证研究. 公共管理学报，6(4)，69－77＋126.

张书维，王二平，周洁.(2012). 跨情境下集群行为的动因机制. 心理学报，44(4)，524－545.

张书维，王二平.(2011). 群体性事件集群行为的动员与组织机制. 心理科学进展，19(12)，1730－1740.

张译心.(2014). 我国应急管理中心理危机干预的政府援助问题研究(硕士学位论文). 大连：东北财经大学.

中共中央办公厅.(2004). 关于积极预防和妥善处置群体性事件的工作意见.

周连根.(2013). 基于集体行动理论视角的"群体性事件"因应机制探略. 河南师范大学学报(哲学社会科学版)，40(3)，48－50.

Alexander, D. (2005). Early mental health intervention after disaster. *Advances in Psychiatric Treatment*，11(1)，12－18.

Allden, K. , Jones, L. , Weissbecker, I. , Wessells, M. , Bolton, P. , Betancourt, T. S. , Hijazi, Z. , Galappatti, A. , Yamout, R. , Patel, P. , & Sumathipala, A. (2009). Mental health and psychosocial support in crisis and conflict: Report of the Mental Health Working Group. *Prehospital and Disaster Medicine*, *24*(Suppl 2), s217−s227.

Allport, G. W. , & Postman, L. (1947). *The psychology of rumor*. New York: Henry Holt.

Anderson, J. , Chaturvedi, A. , & Cibulskis, M. (2007). Simulation tools for developing policies for complex systems: Modeling the health and safety of refugee communities. *Health Care Manage Science*, *10*, 331−339.

Bailey, C. A. , & Ostrov, J. M. (2008). Differentiating forms and functions of aggression in emerging adults: Associations with hostile attribution biases and normative beliefs. *Journal of Youth and Adolescence*, *37*(6), 713−722.

Banas, J. A. , & Miller, G. (2013). Inducing resistance to conspiracy theory propaganda: Testing inoculation and metainoculation strategies. *Human Communication Research*, *39*(2), 184−207.

Bandura, A. (1997). *Self-efficacy: The exercise of control*. New York: W. H. Freeman.

Barreto, M. A. , Cooper, B. L. , Gonzalez, B. , Parker, C. S. , & Towler, C. (2011). The Tea Party in the age of Obama: Mainstream conservatism or out-group anxiety? *Political Power and Social Theory*, *22*, 105−137.

Barrett, D. W. , Patock-Peckham, J. A. , Hutchinson, G. T. , & Nagoshi, C. T. (2005). Cognitive motivation and religious orientation. *Personality and Individual Differences*, *38*(2), 461−474.

Benight, C. C. (2004). Collective efficacy following a series of natural disasters. *Anxiety, Stress, and Coping*, *17*(4), 401−420.

Betsch, C. , & Sachse, K. (2013). Debunking vaccination myths: Strong risk negations can increase perceived vaccination risks. *Health Psychology*, *32*(2), 146−155.

Biel, A. , & Dahlstrand, U. (1995). Risk perception and the location of a repository for spent nuclear fuel. *Scandinavian Journal of Psychology*, *36*

(1), 25—36.

Blankenship, K. L. , & Holtgraves, T. (2005). The role of different markers of linguistic powerlessness in persuasion. *Journal of Language and Social Psychology*, *24*(1), 3—24.

Blasi, G. , & Jost, J. T. (2006). System justification theory and research: Implications for law, legal advocacy, and social justice. *California Law Review*, *94*(4), 1119—1168.

Bogart, L. M. , Wagner, G. , Galvan, F. H. , & Banks, D. (2010). Conspiracy beliefs about HIV are related to antiretroviral treatment nonadherence among African American men with HIV. *Journal of Acquired Immune Deficiency Syndromes*, *53*(5), 648—655.

Bolling, R. , Ehrlin, Y. , Forsberg, R. , Rüter, A. , Soest, V. , Vikström, T. , Ortenwall, P. , & Brändström, H. (2007). *KAMEDO Report* 90: *Terrorist attacks in Madrid*, *Spain*, 2004. *Prehospital and Disaster Medicine*, *22*, 252—257.

Bolton, P. , Tol, W. A. , & Bass, J. (2009). Combining qualitative and quantitative research methods to support psychosocial and mental health programmes in complex emergencies. *Intervention*, *7*(3), 181—186.

Bordia, P. , & Difonzo, N. (2004). Problem solving in social interactions on the Internet: Rumor as social cognition. *Social Psychology Quarterly*, *67*(1), 33—49.

Brewin, C. R. , Andrews, B. , & Valentine, J. D. (2000). Meta-analysis of risk factors for posttraumatic stress disorder in trauma-exposed adults. *Journal of Consulting and Clinical Psychology*, *68*(5), 748—766.

Bruder, M. , Haffke, P. , Neave, N. , Nouripanah, N. , & Imhoff, R. (2013). Measuring individual differences in generic beliefs in conspiracy theories across cultures: Conspiracy mentality questionnaire. *Frontiers in Psychology*, *4*, 225.

Brunet, A. , Weiss, D. S. , Metzler, T. J. , Best, S. R. , Neylan, T. C. , Rogers, C. , Fagan, J. , & Marmar, C. R. (2001). The Peritraumatic Distress Inventory: A proposed measure of PTSD criterion A2. *American Journal of Psychiatry*, *158*(9), 1480—1485.

Bryson, J. M. (2004). What to do when stakeholders matter: Stakeholder identification and analysis techniques. *Public Management Review*, *6* (1), 21—53.

Bundy, J., Pfarrer, M. D., Short, C. E., & Coombs, W. T. (2017). Crises and crisis management: Integration, interpretation, and research development. *Journal of Management*, *43*(6), 1661—1692.

Bunting, B. P., Ferry, F. R., Murphy, S. D., O'Neill, S. M., & Bolton, D. (2013). Trauma associated with civil conflict and posttraumatic stress disorder: Evidence from the Northern Ireland study of health and stress. *Journal of Traumatic Stress*, *26*(1), 134—141.

Byrne, D. (1964). Repression-sensitization as a dimension of personality. In B. A. Maher (Ed.), *Progress in experimental personality research* (pp. 169—220). New York: Academic Press.

Calamaras, M. R., Tone, E. B., & Anderson, P. L. (2012). A pilot study of attention bias subtypes: Examining their relation to cognitive bias and their change following cognitive behavioral therapy. *Journal of Clinical Psychology*, *68*(7), 745—754.

Calvot, T., Pégon, G., Rizk, S., & Shivji, A. (2013). *Mental health and psychosocial support interventions in emergency and post-crisis settings*. Retrieved from http://app. mhpss. net/ar? get = 176/1384534052-PG10Psychosocial. pdf.

Campbell A., Gurin G., & Miller, W. E. (1954). *The voter decides*. Evanston, IL: Row, Peterson and Company.

Cappella, J. N., & Jamieson, K. H. (1997). *Spiral of cynicism: The press and the public good*. New York: Oxford University Press.

Carmeli, A., & Tishler, A. (2005). Perceived organizational reputation and organizational performance: An empirical investigation of industrial enterprises. *Corporate Reputation Review*, *8*, 13—30.

Carver, C. S. (2004). Negative affects deriving from the behavioral approach system. *Emotion*, *4*(1), 3—22.

Carver, C. S. (2008). Two distinct bases of inhibition of behaviour: Viewing biological phenomena through the lens of psychological theory. *European*

*Journal of Personality*, *22*(5), 388—390.

Carver, C. S. , & White, T. L. (1994). Behavioral inhibition, behavioral activation, and affective responses to impending reward and punishment: The BIS/BAS Scales. *Journal of Personality and Social Psychology*, *67*(2), 319—333.

Chapman, A. R. (2007). Truth commissions and intergroup forgiveness: The case of the South African Truth and Reconciliation Commission. *Peace and Conflict: Journal of Peace Psychology*, *13*(1), 51—69.

Chen, E. , & Matthews, K. A. (2001). Cognitive appraisal biases: An approach to understanding the relation between socioeconomic status and cardiovascular reactivity in children. *Annals of Behavioral Medicine*, *23*(2), 101—111.

Christensen, T. , Lægreid, P. , & Rykkja, L. H. (2019). Organizing for societal security and crisis management: Governance capacity and legitimacy. In P. Lægreid & L. H. Rykkja (Eds. ), *Societal security and crisis management* (pp. 1—23). Cham: Palgrave Macmillan.

Clark, J. (2011). Transitional justice, truth and reconciliation: An underexplored relationship. *International Criminal Law Review*, *11*(2), 241—261.

Connor, K. M. , & Davidson, J. R. T. (2003). Development of a new resilience scale: The Connor-Davidson Resilience Scale (CD-RISC). *Depression and Anxiety*, *18*(2), 76—82.

Coombs, W. T. (1995). Choosing the right words: The development of guidelines for the selection of the "appropriate" crisis-response strategies. *Management Communication Quarterly*, *8*(4), 447—476.

Coombs, W. T. (1998). An analytic framework for crisis situations: Better responses from a better understanding of the situation. *Journal of Public Relations Research*, *10*(3), 177—191.

Coombs, W. T. (2004). Impact of past crises on current crisis communications: Insights from situational crisis communication theory. *Journal of Business Communication*, *41*, 265—289.

Coombs, W. T. (2006). The protective powers of crisis response strategies: Managing reputational assets during a crisis. *Journal of Promotion Manage-*

*ment*, *12*(3—4), 241—260.

Coombs, W. T. (2007). *Ongoing crisis communication: Planning, managing, and responding* (2nd ed. ). London: Sage Publication Inc.

Coombs, W. T. , & Holladay, S. J. (1996). Communication and attributions in a crisis: An experimental study of crisis communication. *Journal of Public Relations Research*, *8*(4), 279—295.

Coombs, W. T. , & Holladay, S. J. (2001). An extended examination of the crisis situation: A fusion of the relational management and symbolic approaches. *Journal of Public Relations Research*, *13*(4), 321—340.

Coombs, W. T. , & Holladay, S. J. (2002). Helping crisis managers protect reputational assets: Initial tests of the situational crisis communication theory. *Management Communication Quarterly*, *16*(2), 165—186.

Coombs, W. T. , & Holladay, S. J. (2004). Understanding the aggressive workplace: Development of the workplace aggression tolerance questionnaire. *Communication Studies*, *55*(3), 481—497.

Coombs, W. T. , & Holladay, S. J. (2005). An exploratory study of stakeholder emotions: Affect and crises. In N. M. Ashkanasy, W. J. Zerbe, & C. E. J. Härtel(Eds. ), *The effect of affect in organizational settings* (pp. 263—280). Leeds: Emerald Group Publishing Limited.

Coombs, W. T. , & Holladay, S. J. (2006). Unpacking the halo effect: Reputation and crisis management. *Journal of Communication Management*, *10*(2), 123—137.

Coombs, W. T. , & Holladay, S. J. (2007). The negative communication dynamic: Exploring the impact of stakeholder affect on behavioral intentions. *Journal of Communication Management*, *11*(4), 300—312.

Coombs, W. T. , & Holladay, S. J. (2008). Comparing apology to equivalent crisis response strategies: Clarifying apology's role and value in crisis communication. *Public Relations Review*, *34*(3), 252—257.

Coombs, W. T. , & Holladay, S. J. (2009). Further explorations of post-crisis communication: Effects of media and response strategies on perceptions and intentions. *Public Relations Review*, *35*(1), 1—6.

Crosby, F. J. (1976). A model of egotistical relative deprivation. *Psychological*

*Review*, *83*(2), 85—113.

Crossley, N. , &. Ibrahim, J. (2012). Critical mass, social networks and collective action: Exploring student political worlds. *Sociology*, *46*(4), 596—612.

Cutright, K. M. (2012). The beauty of boundaries: When and why we seek structure in consumption. *Journal of Consumer Research*, *38*(5), 775—790.

Cutright, K. M. , Bettman, J. R. , &. Fitzsimons, G. J. (2013). Putting brands in their place: How a lack of control keeps brands contained. *Journal of Marketing Research*, *50*(3), 365—377.

Dale, M. (2016). *The adaptation of immigrant and refugee students to the U. S. in supportive environments*. [Unpublished manuscript].

Dake, K. (1992). Myths of nature: Culture and the social construction of risk. *Journal of Social Issues*, *48*(4), 21—37.

De Dreu, C. K. , &. Beersma, B. (2010). Team confidence, motivated information processing, and dynamic group decision making. *European Journal of Social Psychology*, *40*(7), 1110—1119.

DeGroot, K. I. , Boeke, S. , Bonke, B. , &. Passchier, J. (1997). A revaluation of the adaptiveness of avoidant and vigilant coping with surgery. *Psychology* &. *Health*, *12*(5), 711—717.

Dennis, T. A. , &. Chen, C. C. (2007). Neurophysiological mechanisms in the emotional modulation of attention: The interplay between threat sensitivity and attentional control. *Biological Psychology*, *76*(1—2), 1—10.

DeYoung, C. G. (2010). Mapping personality traits onto brain systems: BIS, BAS, FFFS and beyond. *European Journal of Personality*, *24*(5), 404—422.

Douglas, M. (1985). *Risk acceptability according to the social sciences*. New York: Russell Sage Foundation.

Douglas, M. , &. Wildavsky, A. (1983). *Risk and culture: An essay on the selection of technological and environmental dangers*. Berkeley, CA: University of California Press.

Drottz-Sjöberg, B. -M. (1999). Divergent views on a possible nuclear waste repository in the community: Social aspects of decision making. In K. Andersson (Ed. ), *VALDOR: Values and decisions in risk* (pp. 363—369). Stockholm: European Commission: DG XI.

Drury, J. , & Reicher, S. D. (1999). The intergroup dynamics of collective empowerment: Substantiating the social identity model of crowd behavior. *Group Processes and Intergroup Relations*, *2*(4), 381—402.

Drury, J. , Reicher, S. , & Stott, C. (1999). *Shifting boundaries of collective identity: Intergroup context and social category change in an anti-roads protest*[Unpublished paper]. Brighton, UK: University of Sussex.

Earle, T. C. (2010). Trust in risk management: A model-based review of empirical research. *Risk Analysis*, *30*(4), 541—574.

Eaton, W. W. , Smith, C. , Ybarra, M. , Muntaner, C. , & Tien, A. (2004). *Center for Epidemiologic Studies Depression Scale: Review and revision (CESD and CESD -R)*. In M. E. Maruish(Ed. ), *The use of psychological testing for treatment planning and outcomes assessment: Instruments for adults*(3rd ed. , pp. 363 — 377). Mahwah, NJ: Lawrence Erlbaum Associates Publishers.

Ehrenreich, J. (2001). *Coping with disasters: A guidebook to psychosocial intervention*. New York: Centre for Psychology and Society, State University of New York.

Ellemers, N. (1993). The influence of socio-structural variables on identity management strategies. *European Review of Social Psychology*, *4* (1), 27—57.

Ellemers, N. , Spears, R. , & Doosje, B. (Eds. ). (1999). *Social identity: Context, commitment, content*. Oxford: Blackwell.

Everly, G. S. , Jr. (2000). Five principles of crisis intervention: Reducing the risk of premature crisis intervention. *International Journal of Emergency Mental Health*, *2*(1), 1—4.

Farazmand, A. (2014). Crisis and emergency management: Theory and practice. In A. Farazmand (Ed. ), *Crisis and emergency management: Theory and practice* (2nd ed. , pp. 1—12). New York: Routledge.

Farberow, N. L. (1978). *Training manual for human service workers in major disasters* (DHEW Publication No. ADM 79 — 538). Washington, DC: U. S. Government Printing Office.

Fischhoff, B. , Slovic, P. , Lichtenstein, S. , Read, S. , & Combs, B. (1978). How safe is safe enough? A psychometric study of attitudes towards technological risks and benefits. *Policy Sciences*, *9*, 127—152.

Flannery, R. B. , Jr. , & Everly, G. S. , Jr. (2000). Crisis intervention: A review. *International Journal of Emergency Mental Health*, *2*(2), 119—125.

Flynn, J. , Burns, W. , Mertz, C. K. , & Slovic, P. (1992). Trust as a determinant of opposition to a high-level radioactive waste repository: Analysis of a structural model. *Risk Analysis*, *12*(3), 417—429.

Fombrun, C. J. , & van Riel, C. B. (2003). *Fame & fortune: How successful companies build winning reputations*. New Jersey: Financial Times.

Frewer, L. , & Salter, B. (2007). Societal trust in risk analysis: Implications for the interface of risk assessment and risk management. In M. Siegrist, T. C. Earle, & H. Gutscher (Eds. ), *Trust in Risk Management: Uncertainty and Scepticism in the Public Mind* (pp. 143—159). London: Earthscan.

Friesen, J. P. , Kay, A. C. , Eibach, R. P. , & Galinsky, A. D. (2014). Seeking structure in social organization: Compensatory control and the psychological advantages of hierarchy. *Journal of Personality and Social Psychology*, *106*(4), 590—609.

Ge, Y. , Xu, W. , Gu, Z. H. , Zhang, Y. C. , & Chen, L. (2011). Risk perception and hazard mitigation in the Yangtze River Delta region, China. *Natural Hazards*, *56*, 633—648.

Gerwarth, R. (2016). *The vanquished why the First World War failed to end*. New York: Farrar, Straus and Giroux.

Gibson, J. L. (2005). The Truth about truth and reconciliation in South Africa. *International Political Science Review*, *26*(4), 341—361.

Glick, P. , & Fiske, S. T. (2001). An ambivalent alliance: Hostile and benevolent sexism as complementary justifications for gender inequality. *American Psychologist*, *56*(2), 109—118.

Gray, J. A. (1987). *The psychology of fear and stress* (2nd ed. ). New York: Cambridge University Press.

Gray, J. A. , & McNaughton, N. (1996). The neuropsychology of anxiety: Reprise. In D. A. Hope (Ed. ), *Nebraska Symposium on Motivation*, 1995, *volume* 43: *Perspectives on anxiety, panic, and fear* (pp. 61−134). Lincoln, NE: University of Nebraska Press.

Greene, J. (2003). From neural 'is' to moral 'ought': What are the moral implications of neuroscientific moral psychology? *Nature Reviews Neuroscience, 4*, 846−850.

Gross, J. J. (1998). Antecedent- and response-focused emotion regulation: Divergent consequences for experience, expression, and physiology. *Journal of Personality and Social Psychology*, 74(1), 224−237.

Hafer, C. L. , & Bègue, L. (2005). Experimental research on just-world theory: Problems, developments, and future challenges. *Psychological Bulletin*, *131*(1), 128−167.

Hajat, A. , Diez-Roux, A. , Franklin, T. G. , Seeman, T. , Shrager, S. , Ranjit, N. , Castro, C. , Watson, K. , Sanchez, B. , & Kirschbaum, C. (2010). Socioeconomic and race/ethnic differences in daily salivary cortisol profiles: The Multi-Ethnic Study of Atherosclerosis. *Psychoneuroendocrinology, 35*(6), 932−943.

Harlé, K. M. , & Sanfey, A. G. (2010). Effects of approach and withdrawal motivation on interactive economic decisions. *Cognition and Emotion, 24* (8), 1456−1465.

Health Service Executive. (2014). *Psychosocial & mental health needs following major emergencies: A guidance document.* Retrieved from https://www. hse. ie/eng/services/publications/mentalhealth/emer. pdf.

Heath, R. (1998). *Crisis management for managers and executives: Business crises, the definitive handbook to reduction, readiness, responses and recovery.* London: Financial Times Professional Limited.

Henry, J. D. , & Crawford, J. R. (2005). The short-form version of the Depression Anxiety Stress Scales (DASS-21): Construct validity and normative data in a large non-clinical sample. *British Journal of Clinical Psychology*, 44(2), 227−239.

Henry, P. J. , & Saul, A. (2006). The development of system justification in the developing world. *Social Justice Research*, *19*(3), 365—378.

Hermann, C. F. (Ed.). (1975). *Research tasks for international crisis avoidance and management*. Columbus, OH.: Mershon Center, Ohio State University, Final Report, October.

Herron, K. G., & Jenkins-Smith, H. C. (2006). *Critical masses and critical choices: Evolving public opinion on nuclear weapons, terrorism, and security*. Pittsburgh, PA: University of Pittsburgh Press.

Hess, T. M. (2001). Ageing-related influences on personal need for structure. *International Journal of Behavioral Development*, *25*(6), 482—490.

Hobfoll, S. E. (2012). Conservation of resources and disaster in cultural context: The caravans and passageways for resources. *Psychiatry*, *75*(3), 227—232.

Hobfoll, S. E., Canetti-Nisim, D., & Johnson, R. J. (2006). Exposure to terrorism, stress-related mental health symptoms, and defensive coping among Jews and Arabs in Israel. *Journal of Consulting and Clinical Psychology*, *74*(2), 207—218.

Hobfoll, S. E., Watson, P., Bell, C. C., Bryant, R. A., Brymer, M. J., Friedman, M. J., Friedmen, M., et al. (2007). Five essential elements of immediate and mid-term mass trauma intervention: Empirical evidence. *Psychiatry*, *70*(4), 283—315.

Hofstadter, R. (1966). *The paranoid style in American politics and other essays*. New York: Alfred A. Knopf.

Huang, Y. H., Lin, Y. H., & Su, S. H. (2005). Crisis communicative strategies in Taiwan: Category, continuum, and cultural implication. *Public Relations Review*, *31*(2), 229—238.

Inter-Agency Standing Committee. (2007). *IASC guidelines on mental health and psychosocial support in emergency settings*. Geneva, Switzerland: IASC.

IFRC. (2009). *Psychosocial interventions: A handbook* (1st ed.). Copenhagen: International Federation Reference Centre for Psychosocial Support, International Federation of Red Cross and Red Crescent Societies. Retrieved from https://pscentre. org/wp-content/uploads/2018/02/PSI-Handbook _ EN _ July10. pdf.

Iyer, A. , Schmader, T. , & Lickel, B. (2007). Why individuals protest the perceived transgressions of their country: The role of anger, shame, and guilt. *Personality and Social Psychology Bulletin*, *33*(4), 572—587.

Jann, W. (2016). Accountability, performance and legitimacy. In T. Christensen & P. Lægreid (Eds.), *The routledge handbook to accountability and welfare state reforms in Europe*(pp. 31—44). London: Routledge.

Jeong, S. H. (2009). Public's Responses to an oil spill accident: A test of the attribution theory and situational crisis communication theory. *Public Relations Review*, *35*(3), 307—309.

Johnson, S. E. , Richeson, J. A. , & Finkel, E. J. (2011). Middle class and marginal? Socioeconomic status, stigma, and self-regulation at an elite university. *Journal of Personality and Social Psychology*, *100*(5), 838—852.

Jolley, D. (2013). Are conspiracy theories just harmless fun? *The Psychologist*, *26*(1), 60—62.

Jolley, D. , & Douglas, K. M. (2014a). The social consequences of conspiracism: Exposure to conspiracy theories decreases intentions to engage in politics and to reduce one's carbon footprint. *British Journal of Psychology*, *105*(1), 35—56.

Jolley, D. , & Douglas, K. M. (2014b). The effects of anti-vaccine conspiracy theories on vaccination intentions. *PLoS One*, *9*(2), e89177.

Jolley, D. , & Douglas, K. M. (2017). Prevention is better than cure: Addressing anti-vaccine conspiracy theories. *Journal of Applied Social Psychology*, *47*(8), 459—469.

Jost, J. T. , & Banaji, M. R. (1994). The role of stereotyping in system-justification and the production of false consciousness. *British Journal of Social Psychology*, *33*(1), 1—27.

Jost, J. T. , & Hunyady, O. (2002). The psychology of system justification and the palliative function of ideology. *European Review of Social Psychology*, *13*, 111—153.

Jost, J. T. , & Hunyady, O. (2005). Antecedents and consequences of system-justifying ideologies. *Current Directions in Psychological Science*, *14*(5), 260—265.

Jost, J. T., Banaji, M. R., & Nosek, B. A. (2004). A decade of system justification theory: Accumulated evidence of conscious and unconscious bolstering of the status quo. *Political Psychology*, 25(6), 881—919.

Jost, J. T., Chaikalis-Petritsis, V., Abrams, D., Sidanius, J., van der Toorn, J., & Bratt, C. (2012). Why men (and women) do and don't rebel: Effects of system justification on willingness to protest. *Personality and Social Psychology Bulletin*, 38(2), 197—208.

Jost, J. T., Glaser, J., Kruglanski, A. W., & Sulloway, F. J. (2003). Political conservatism as motivated social cognition. *Psychological Bulletin*, 129(3), 339—375.

Juen, B., Warger, R., Nindl, S., Siller, H., Lindenthal, M. J., Huttner, E., Ajdukovic, D., Bakic, H., Olff, M., Thormar, S. (2016). *The comprehensive guideline on mental health and psychosocial support (MHPSS) in disaster settings*. OPSIC-Project: Operationalising Psychosocial Support in Crisis.

Kalichman, S. C., Eaton, L., & Cherry, C. (2010). "There is no proof that HIV causes AIDS": AIDS denialism beliefs among people living with HIV/AIDS. *Journal of Behavioral Medicine*, 33(6), 432—440.

Kamans, E., Otten, S., & Gordijn, E. H. (2011). Power and threat in intergroup conflict: How emotional and behavioral responses depend on amount and content of threat. *Group Processes and Intergroup Relations*, 14(3), 293—310.

Kaptan, G., Shiloh, S., & Önkal, D. (2013). Values and risk perceptions: A cross-cultural examination. *Risk Analysis*, 33(2), 318—332.

Kasperson, R. E., Renn, O., Slovic, P., Brown, H. S., Emel, J., Goble, R., Kasperson, J. X., & Ratick, S. (1988). The social amplification of risk: A conceptual framework. *Risk Analysis*, 8(2), 177—187.

Kata, A. (2012). Anti-vaccine activists, Web 2.0, and the postmodern paradigm—An overview of tactics and tropes used online by the anti-vaccination movement. *Vaccine*, 30(25), 3778—3789.

Kawakami, K., & Dion, K. L. (1995). Social identity and affect as determinants of collective action: Toward an integration of relative deprivation and social identity theories. *Theory and Psychology*, *5*(4), 551—577.

Kay, A. C., & Eibach, R. P. (2013). Compensatory control and its implications for ideological extremism. *Journal of Social Issues*, *69*(3), 564—585.

Kay, A. C., & Friesen, J. (2011). On social stability and social change: Understanding when system justification does and does not occur. *Current Directions in Psychological Science*, *20*(6), 360—364.

Kay, A. C., & Jost, J. T. (2003). Complementary justice: Effects of "poor but happy" and "poor but honest" stereotype exemplars on system justification and implicit activation of the justice motive. *Journal of Personality and Social Psychology*, *85*(5), 823—837.

Kay, A. C., Gaucher, D., Napier, J. L., Callan, M. J., & Laurin, K. (2008). God and the government: Testing a compensatory control mechanism for the support of external systems. *Journal of Personality and Social Psychology*, *95*(1), 18—35.

Kay, A. C., Jimenez, M. C., & Jost, J. T. (2002). Sour grapes, sweet lemons, and the anticipatory rationalization of the status quo. *Personality and Social Psychology Bulletin*, *28*(9), 1300—1312.

Kay, A. C., Shepherd, S., Blatz, C. W., Chua, S. N., & Galinsky, A. D. (2010). For God (or) country: The hydraulic relation between government instability and belief in religious sources of control. *Journal of Personality and Social Psychology*, *99*(5), 725—739.

Kay, A. C., Whitson, J. A., Gaucher, D., & Galinsky, A. D. (2009). Compensatory control: Achieving order through the mind, our institutions, and the heavens. *Current Directions in Psychological Science*, *18*(5), 264—268.

Keen, H. (1970, May 12). San Diego student who set self afire in war protest dies. *Los Angeles Times*.

Kim, H. J., & Cameron, G. T. (2011). Emotions matter in crisis: The role of anger and sadness in the publics' response to crisis news framing and corporate crisis response. *Communication Research*, *38*(6), 826—855.

Kim, S., Avery, E. J., & Lariscy, R. W. (2009). Are crisis communicators practicing what we preach?: An evaluation of crisis response strategy analyzed in public relations research from 1991 to 2009. *Public Relations Re-*

*view*, *35*(4), 446—448.

Kofta, M. , & Sedek, G. (2005). Conspiracy stereotypes of Jews during systemic transformation in Poland. *International Journal of Sociology*, *35*(1), 40—64.

Kraus, M. W. , Côté, S. , & Keltner, D. (2010). Social class, contextualism, and empathic accuracy. *Psychological Science*, *21*(11), 1716—1723.

Kraus, M. W. , Horberg, E. J. , Goetz, J. L. , & Keltner, D. (2011). Social class rank, threat vigilance, and hostile reactivity. *Personality and Social Psychology Bulletin*, *37*(10), 1376—1388.

Kraus, M. W. , Piff, P. K. , Mendoza-Denton, R. , Rheinschmidt, M. L. , & Keltner, D. (2012). Social class, solipsism, and contextualism: How the rich are different from the poor. *Psychological Review*, *119*(3), 546—572.

Krohne, H. W. (1993). Vigilance and cognitive avoidance as concepts in coping research. In H. W. Krohne (Ed. ), *Attention and avoidance: Strategies in coping with aversiveness* (pp. 19—50). Ashland, OH: Hogrefe & Huber Publishers.

Krohne, H. W. , Egloff, B. , Varner, L. J. , Burns, L. R. , Weidner, G. , & Ellis, H. C. (2000). The assessment of dispositional vigilance and cognitive avoidance: Factorial structure, psychometric properties, and validity of the mainz coping inventory. *Cognitive Therapy & Research*, *24*(3), 297—311.

Kroó, A. (2013). Trauma and identity: A narrative study among refugee torture survivors. *European Journal of Psychotraumatology*, *4*(1). https://doi. org/10. 3402/ejpt. v4i0. 22987.

Kruglanski, A. W. , & Freund, T. (1983). The freezing and unfreezing of lay-inferences: Effects on impressional primacy, ethnic stereotyping, and numerical anchoring. *Journal of Experimental Social Psychology*, *19*(5), 448—468.

Landau, M. J. , Kay, A. C. , & Whitson, J. A. (2015). Compensatory control and the appeal of a structured world. *Psychological Bulletin*, *141*(3), 694—722.

Leach, C. W. , Snider, N. , & Iyer, A. (2002). "Poisoning the consciences of the fortunate": The experience of relative advantage and support for social equality. In I. Walker & H. J. Smith(Eds. ), *Relative deprivation: Speci-*

*fication, development, and integration* (pp. 136—163). New York: Cambridge University Press.

Leiserowitz, A. (2006). Climate change risk perception and policy preferences: The role of affect, imagery, and values. *Climatic Change*, *77*, 45—72.

Leman, P. J., & Cinnirella, M. (2013). Beliefs in conspiracy theories and the need for cognitive closure. *Frontiers in Psychology*, *4*, Article 378.

Leppin, A., & Aro, A. R. (2009). Risk perceptions related to SARS and avian influenza: Theoretical foundations of current empirical research. *International Journal of Behavioral Medicine*, *16*(1), 7—29.

Lewandowsky, S., Oberauer, K., & Gignac, G. E. (2013). NASA faked the moon landing—therefore, (climate) science is a hoax: An anatomy of the motivated rejection of science. *Psychological Science*, *24*(5), 622—633.

Luhmann, N. (1985). Society, meaning, religion—Based on self-reference. *Sociological Analysis*, *46*(1), 5—20.

Lyon, L., & Cameron, G. T. (2004). A relational approach examining the interplay of prior reputation and immediate response to a crisis. *Journal of Public Relations Research*, *16*(3), 213—241.

Marchlewska, M., Cichocka, A., & Kossowska, M. (2018). Addicted to answers: Need for cognitive closure and the endorsement of conspiracy beliefs. *European Journal of Social Psychology*, *48*(2), 109—117.

Martinko, M. J., Douglas, S. C., Ford, R. C., & Gundlach, M. J. (2004). Dues paying: A theoretical explication and conceptual model. *Journal of Management*, *30*(1), 49—69.

Mase, A. S., Cho, H., & Prokopy, L. S. (2015). Enhancing the social amplification of risk framework (SARF) by exploring trust, the availability heuristic, and agricultural advisors' belief in climate change. *Journal of Environmental Psychology*, *41*, 166—176.

Mashuri, A., & Zaduqisti, E. (2014). The role of social identification, intergroup threat, and out-group derogation in explaining belief in conspiracy theory about terrorism in Indonesia. *International Journal of Research Studies in Psychology*, *3*(1), 35—50.

Masuda, J. R., & Garvin, T. (2006). Place, culture, and the social amplification of risk. *Risk Analysis*, *26*(2), 437—454.

McCarthy, J. D. , & Zald, M. N. (1977). Resource mobilization and social movements: A partial theory. *American Journal of Sociology*, *82*(6), 1212—1241.

Miller, K. E. , Kulkarni, M. & Kushner, H. (2006). Beyond trauma-focused psychiatric epidemiology: Bridging research and practice with war-affected populations. *American Journal of Orthopsychiatry*, *76*(4), 409—422.

Ministry of Health. (2016). *Framework for psychosocial support in emergencies.* Wellington: Ministry of Health.

Mogg, K. , Bradley, B. P. , Miles, F. , & Dixon, R. (2004). Time course of attentional bias for threat scenes: Testing the vigilance-avoidance hypothesis. *Cognition and Emotion*, *18*(5), 689—700.

Morina, N. , Rudari, V. , Bleichhardt, G. & Prigerson, H. G. (2010). Prolonged grief disorder, depression, and posttraumatic stress disorder among bereaved Kosovar civilian war survivors: A preliminary investigation. *International Journal of Social Psychiatry*, *56*(3), 288—297.

Mummendey, A. , Kessler, T. , Klink, A. , & Mielke, R. (1999). Strategies to cope with negative social identity: Predictions by social identity theory and relative deprivation theory. *Journal of Personality and Social Psychology*, *76*(2), 229—245.

Napier, J. L. , & Jost, J. T. (2008). Why are conservatives happier than liberals? *Psychological Science*, *19*(6), 565—572.

NATO Joint Medical Committee. (2008). *Psychosocial care for people affected by disasters and major incidents: A model for designing, delivering and managing psychosocial services for people involved in major incidents, conflict, disasters and terrorism.* Retrieved from https://www. coe. int/t/dg4/majorhazards/ressources/virtuallibrary/materials/Others/NATO_Guidance_Psychosocial_Care_for_People_Affected_by_Disasters_and_Major_Incidents. pdf.

Nawyn, S. J. (2006). Faith, ethnicity, and culture in refugee resettlement. *American Behavioral Scientist*, *49*(11), 1509—1527.

Neuberg, S. L. , & Newsom, J. T. (1993). Personal need for structure: Individual differences in the desire for simpler structure. *Journal of Personality and Social Psychology*, *65*(1), 113—131.

Oegema, D. , & Klandermans, B. (1994). Why social movement sympathizers don't participate: Erosion and non-conversion of support. *American Sociological Review*, *59*(5), 703—722.

Offit, P. A. (2010). *Deadly choices: How the anti-vaccine movement threatens us all*. New York: Basic Books.

Oliver, J. E. , & Wood, T. (2014). Medical conspiracy theories and health behaviors in the United States. *JAMA Internal Medicine*, *174*(5), 817—818.

Oreskes, N. , & Conway, E. M. (2010). *Merchants of doubt: How a handful of scientists obscured the truth on issues from tobacco smoke to global warming*. London: Bloomsbury Publishing.

Owuamalam, C. K. , Rubin. M. , & Issmer. C. (2016). Reactions to group devaluation and social inequality: A comparison of social identity and system justification predictions. *Cogent Psychology*, *3*(1), Article 1188442.

Padgett, V. R. , & Jorgenson, D. O. (1982). Superstition and economic threat: Germany, 1918—1940. *Personality and Social Psychology Bulletin*, *8*(4), 736—741.

Parmak, M. , Mylle, J. , & Euwema, M. C. (2013). Personality and the perception of situation structure in a military environment: Seeking sensation versus structure as a soldier. *Journal of Applied Social Psychology*, *43*(5), 1040—1049.

Paton, D. (2008). Risk communication and natural hazard mitigation: How trust influences its effectiveness. *International Journal of Global Environmental Issues*, *8*(1), 2—16.

Paul, K. I. , & Moser, K. (2009). Unemployment impairs mental health: Meta-analyses. *Journal of Vocational Behavior*, *74*(3), 264—282.

Penuel, K. B. , Statler, M. , & Hagen, R. (Eds. ). (2013). *Encyclopedia of crisis management*. London: Sage Publications.

Perna, G. (2013). Understanding anxiety disorders: The psychology and the psychopathology of defence mechanisms against threats. *Rivista di Psichiatria*, *48*(1), 73—75.

Petty, R. E. , Priester, J. R. , & Briñol, P. (2002). Mass media attitude change: Implications of the elaboration likelihood model of persuasion. In J. Bryant & D. Zillmann(Eds. ), *Media effects: Advances in theory and research*, (2nd ed. , pp. 155—198). New Jersey: Lawrence Erlbaum Associates Publishers.

Pierskalla, J. H. , & Hollenbach, F. M. (2013). Technology and collective action: The effect of cell phone coverage on political violence in Africa. *American Political Science Review*, *107*(2), 207—224.

Pine, D. S. , & Cohen, J. A. (2002). Trauma in children and adolescents: Risk and treatment of psychiatric sequelae. *Biological Psychiatry*, *51* (7), 519—531.

Pornpitakpan, C. (2004). The persuasiveness of source credibility: A critical review of five decades' evidence. *Journal of Applied Social Psychology*, *34* (2), 243—281.

Porritt, D. (2005). The reputational failure of financial success: The 'bottom line backlash' effect. *Corporate Reputation Review*, *8*(3), 198—213.

Prins, A. , Bovin, M. J. , Smolenski, D. J. , Marx, B. P. , Kimerling, R. , Jenkins-Guarnieri, M. A. , Kaloupek, D. G. , Schnurr, P. P. , Kaiser, A. P. , Leyva, Y. E. , & Tiet, Q. Q. (2016). The primary care PTSD screen for DSM-5 (PC-PTSD-5): Development and evaluation within a veteran primary care sample. *Journal of General Internal Medicine*, *31* (10), 1206—1211.

Qin, D. B. , Saltarelli, A. , Rana, M. , Bates, L. , Lee, J. A. , & Johnson, D. J. (2015). "My culture helps me make good decisions": Cultural adaptation of Sudanese refugee emerging adults. *Journal of Adolescent Research*, *30*(2), 213—243.

Rayner, S. (1992). Cultural theory and risk analysis. In S. Krimsky & D. Golding (Eds. ), *Social theories of risk* (pp. 83 — 115). Westport, CT: Praeger.

Rees, S. , Silove, D. , Verdial, T. , Tam, N. , Savio, E. , Fonseca, Z. , Thorpe, R. , Liddell, B. , Zwi, A. , Tay, K. , Brooks, R. , & Steel, Z. (2013). Intermittent explosive disorder amongst women in conflict affected Timor - Leste: Associations with human rights trauma, ongoing violence, poverty, and injustice. *PLoS One*, *8*(8), e69207.

Reicher, S. D. (1984). The St. Pauls' riot: An explanation of the limits of crowd action in terms of a social identity model. *European Journal of Social Psychology*, *14*(1), 1—21.

Reicher, S. D. (1996). Social identity and social change: Rethinking the context of social psychology. In P. Robinson (Ed.), *Social groups and identities: Developing the legacy of Henri Tajfel* (pp. 317—336). Oxford, England: Butterworth-Heinemann.

Rogers, M. B., Amlôt, R., Rubin, G. J., Wessely, S., & Krieger, K. (2007). Mediating the social and psychological impacts of terrorist attacks: The role of risk perception and risk communication. *International Review of Psychiatry*, *19*(3), 279—288.

Romero-Canyas, R., Downey, G., Berenson, K., Ayduk, O., & Kang, N. J. (2010). Rejection sensitivity and the rejection-hostility link in romantic relationships. *Journal of Personality*, *78*(1), 119—148.

Rosenthal, U., Hart, T. P., & Charles, M. T. (1989). The world of crises and crisis management. In U. Rosenthal, M. T. Charles, & P. T. Hart (Eds.), *Coping with crises: The management of disasters, riots and terrorism* (pp. 3—33). Springfield, IL: Charles C. Thomas Publisher Ltd.

Rosnow, R. L. (1991). Inside rumor: A personal journey. *American Psychologist*, *46*(5), 484—496.

Roth, A. (1995). *Personality differences between patients with peptic ulcer disease and those with essential hypertension: A test of the specificity hypothesis (doctoral dissertation)*. Retrieved from https://www.pqdtcn.com/thesisDetails/11B19D5EB100B3C86A09E9D6D4802D60.

Rothschild, Z. K., Landau, M. J., Sullivan, D., & Keefer, L. A. (2012). A dual-motive model of scapegoating: Displacing blame to reduce guilt or increase control. *Journal of Personality and Social Psychology*, *102*(6), 1148—1163.

Rousseau, D. M., Sitkin, S. B., Burt, R. S., & Camerer, C. (1998). Not so different after all: A cross-discipline view of trust. *Academy of Management Review*, *23*(3), 393—404.

Rozin, P. , Lowery, L, Imada, S. , & Haidt, J. (1999). The CAD triad hypothesis: A mapping between three moral emotions (contempt, anger, disgust) and three moral codes (community, autonomy, divinity). *Journal of Personality and Social Psychology*, *76*(4), 574—586.

Runciman, W. G. (1966). *Relative deprivation and social justice: A study of attitudes to social inequality in twentieth-century England.* Berkeley: University of California Press.

Rutjens, B. T. , van der Pligt, J. , & van Harreveld, F. (2010). Deus or Darwin: Randomness and belief in theories about the origin of life. *Journal of Experimental Social Psychology*, *46*(6), 1078—1080.

Rutjens, B. T. , van Harreveld, F. , van der Pligt, J. , Kreemers, L. M. , & Noordewier, M. K. (2013). Steps, stages, and structure: Finding compensatory order in scientific theories. *Journal of Experimental Psychology: General*, *142*(2), 313—318.

Rydell, R. J. , Mackie, D. M. , Maitner, A. T. , Claypool, H. M. , Ryan, M. J. , & Smith, E. R. (2008). Arousal, processing, and risk taking: Consequences of intergroup anger. *Personality and Social Psychology Bulletin*, *34*(8), 1141—1152.

Sawyer, A. , Ayers, S. , & Field, A. P. (2010). Posttraumatic growth and adjustment among individuals with cancer or HIV/AIDS: A meta-analysis. *Clinical psychology review*, *30*(4), 436—447.

Schmidt-Daffy, M. (2011). Modeling automatic threat detection: Development of a face-in-the-crowd task. *Emotion*, *11*(1), 153—168.

Schultz, F. , Utz, S. , & Göritz, A. (2011). Is the medium the message? Perceptions of and reactions to crisis communication via twitter, blogs and traditional media. *Public Relations Review*, *37*(1), 20—27.

Schwarz, A. (2012). How publics use social media to respond to blame games in crisis communication: The Love Parade tragedy in Duisburg 2010. *Public Relations Review*, *38*(3), 430—437.

Seynaeve, G. J. R. (Ed. ). (2001). *Psycho-social support in situations of mass emergency. A European Policy Paper concerning different aspects of psychological support and social accompaniment for people involved in major accidents and disasters*. Brussels: Ministry of Public Health.

Shankman, S. A. , Nelson, B. D. , Sarapas, C. , Robison-Andrew, E. J. , Campbell, M. L. , Altman, S. E. , McGowan, S. K. , Katz, A. C. , & Gorka, S. M. (2013). A psychophysiological investigation of threat and reward sensitivity in individuals with panic disorder and/or major depressive disorder. *Journal of Abnormal Psychology*, *122*(2), 322—338.

Shepherd, S. , Kay, A. C. , Landau, M. J. , & Keefer, L. A. (2011). Evidence for the specificity of control motivations in worldview defense: Distinguishing compensatory control from uncertainty management and terror management processes. *Journal of Experimental Social Psychology*, 47 (5), 949—958.

Shultz, J. M. , Espinel, Z. , Flynn, B. W. , Hoffman, Y. , & Cohen, R. E. (2007). *Deep prep: All-hazards disaster behavioral health training*. Tampa, FL: Disaster Life Support Publishing.

Shweder, R. A. , Much, N. C. , Mahapatra, M. , & Park, L. (1997). The "big three" of morality (autonomy, community, and divinity), and the "big three" explanations of suffering. In A. Brandt & P. Rozin (Eds. ), *Morality and Health*(pp. 119—169). New York: Routledge.

Siegrist, M. , & Cvetkovich, G. (2000). Perception of hazards: The role of social trust and knowledge. *Risk Analysis*, *20(5)*, 713—720.

Siegrist, M. , & Cvetkovich, G. (2001). Better negative than positive? Evidence of a bias for negative information about possible health dangers. *Risk Analysis*, *21*(1), 199—206.

Siegrist, M. , Cvetkovich, G. T. , & Gutscher, H. (2001). Shared values, social trust, and the perception of geographic cancer clusters. *Risk Analysis*, *21*(6), 1047—1053.

Silove, D. (1998). Is posttraumatic stress disorder an overlearned survival response? An evolutionary-learning hypothesis. *Psychiatry*, *61* (2), 181—190.

Silove, D. (2002). The asylum debacle in Australia: A challenge for psychiatry. *Australian and New Zealand Journal of Psychiatry*, *36(3)*, 290—296.

Silove, D. (2013). The ADAPT model: A conceptual framework for mental health and psychosocial programming in post conflict settings. *Intervention*, *11*(3), 237—248.

Silove, D., Bateman, C. R., Brooks, R. T., Fonseca, C. A., Steel, Z., Rodger, J., Soosay, I., Fox, G., Patel, V., & Bauman, A. (2008). Estimating clinically relevant mental disorders in a rural and an urban setting in postconflict Timor Leste. *Archives of General Psychiatry*, *65* (10), 1205—1212.

Silove, D., Brooks, R., Steel, C. R. B., Steel, Z., Hewage, K., Rodger, J., & Soosay, I. (2009). Explosive anger as a response to human rights violations in post-conflict Timor -Leste. *Social Science & Medicine*, *69* (5), 670—677.

Silove, D., & Steel, Z. (2006). Understanding community psychosocial needs after disasters: Implications for mental health services. *Journal of Postgraduate Medicine*, *52*(2), 121—125.

Silove, D., Ekblad, S., & Mollica, R. (2000). The rights of the severely mentally ill in post-conflict societies. *Lancet*, *355*(9214), 1548—1549.

Simon, B., & Klandermans, B. (2001). Politicized collective identity: A social psychological analysis. *American Psychologist*, *56*(4), 319—331.

Singer, J. A. (2004). Narrative identity and meaning making across the adult lifespan: An introduction. *Journal of Personality*, *72*(3), 437—459.

Sisco, H. F. (2012). Nonprofit in crisis: An examination of the applicability of situational crisis communication theory. *Journal of Public Relations Research*, *24*(1), 1—17.

Sitkin, S. B., & Weingart, L. R. (1995). Determinants of risky decision-making behavior: A test of the mediating role of risk perceptions and propensity. *Academy of Management Journal*, *38*(6), 1573—1592.

Sjöberg, L. (2000). Factors in risk perception. *Risk Analysis*, *20*(1), 1—12.

Sjöberg, L. (2001). Political decisions and public risk perception. *Reliability Engineering & System Safety*, *72*(2), 115—123.

Sjöberg, L. (2005). The perceived risk of terrorism. *Risk Management*, *7*(1), 43—61.

Skitka, L. J., Bauman, C. W., & Sargis, E. G. (2005). Moral conviction:

Another contributor to attitude strength or something more? *Journal of Personality and Social Psychology*, *88*(6), 895—917.

Slovic, P. (1987). Perception of risk. *Science*, *236*(4799), 280—285.

Slovic, P. (2002). Terrorism as hazard: A new species of trouble. *Risk Analysis*, *22*(*3*), 425—426.

Slovic, P. , Fischhoff, B. , & Lichtenstein, S. (1979). Rating the risks. *Environment: Science and Policy for Sustainable Development*, *21*(3), 14—39.

Smith, H. J. , Ortiz, D. J. (2002). Is it just me?: The different consequences of personal and group relative deprivation. In I. Walker & H. J. Smith (Eds. ), *Relative deprivation: Specification, development, and integration* (pp. 91—115). Cambridge: Cambridge University Press.

Smith, P. , & Waterman, M. (2003). Processing bias for aggression words in forensic and nonforensic samples. *Cognition & Emotion*, *17*(5), 681—701.

Smith, P. , Dyregrov, A. , & Yule, W. (2002). *Children and Disaster: Teaching Recovery Techniques (TRT)*. Bergen: Children and War Foundation.

Starr, C. (1969). Social benefit versus technological risk. *Science*, *165*(3899), 1232—1238.

Stea, J. N. , & Hodgins, D. C. (2012). The relationship between lack of control and illusory pattern perception among at-risk gamblers and at-risk cannabis users. *The Social Science Journal*, *49*(4), 528—536.

Steel, Z. , Chey, T. , Silove, D. , Marnane, C. , Bryant, R. A. , & van Ommeren, M. (2009). Association of torture and other potentially traumatic events with mental health outcomes among populations exposed to mass conflict and displacement: A systematic review and meta-analysis. *JAMA*, *302* (5), 537—549.

Stürmer, S. , & Simon, B. (2004). Collective action: Towards a dual-pathway model. *European Review of Social Psychology*, *15*, 59—99.

Stürmer, S. , & Simon, B. (2009). Pathways to collective protest: Calculation, identification, or emotion? A critical analysis of the role of group-based anger in social movement participation. *Journal of Social Issues*, *65* (4), 681—705.

Sullivan, D. , Landau, M. J. , & Rothschild, Z. K. (2010). An existential function of enemyship: Evidence that people attribute influence to personal and political enemies to compensate for threats to control. *Journal of Personality and Social Psychology*, *98*(3), 434—449.

Sunstein, C. R. (2014). *Conspiracy theories and other dangerous ideas.* New York: Simon and Schuster.

Sunstein, C. R. , & Vermeule, A. (2009). Conspiracy theories: Causes and cures. *Journal of Political Philosophy*, *17*(2), 202—227.

Swami, V. , & Furnham, A. (2012). Examining conspiracist beliefs about the disappearance of Amelia Earhart. *Journal of General Psychology*, *139*(4), 244—259.

Swami, V. , Chamorro-Premuzic, T. , & Furnham, A. (2010). Unanswered questions: A preliminary investigation of personality and individual difference predictors of 9/11 conspiracist beliefs. *Applied Cognitive Psychology*, *24* (6), 749—761.

Swami, V. , Coles, R. , Stieger, S. , Pietschnig, J. , Furnham, A. , Rehim, S. , & Voracek, M. (2011). Conspiracist ideation in Britain and Austria: Evidence of a monological belief system and associations between individual psychological differences and real-world and fictitious conspiracy theories. *British Journal of Psychology*, *102*(3), 443—463.

Swami, V. , Voracek, M. , Stieger, S. , Tran, U. S. , & Furnham, A. (2014). Analytic thinking reduces belief in conspiracy theories. *Cognition*, *133*(3), 572—585.

Tabri, N. , & Conway, M. (2011). Negative expectancies for the group's outcomes undermine normative collective action: Conflict between Christian and Muslim groups in Lebanon. *British Journal of Social Psychology*, *50*(4), 649—669.

Tajfel, H. (1978). The achievement of inter-group differentiation. In H. Tajfel (Ed. ), *Differentiation between social groups* (pp. 77 — 100). London: Academic Press.

Tajfel, H. (1981). *Human groups and social categories: Studies in social psychology.* Cambridge, UK: Cambridge University Press.

Tajfel, H. , & Turner, J. (1979). An integrative theory of intergroup conflict.

In W. G. Austin & S. Worchel (Eds. ), *The social psychology of intergroup relations* (pp. 33—47). Monterey, CA: Brooks/Cole.

Tausch, N. , Becker, J. , Spears, R. , & Christ, O. (2008). Emotion and efficacy pathways to normative and non-normative collective action: A study in the context of student protests in Germany. Paper presented at the Intra-and Intergroup Processes' Pre-conference to the 15th General Meeting of the EAESP (Invited paper), Opatija, Croatia.

Tausch, N. , & Becker, J. C. (2013). Emotional reactions to success and failure of collective action as predictors of future action intentions: A longitudinal investigation in the context of student protests in Germany. *British Journal of Social Psychology*, *52*(3), 525—542.

Tausch, N. , Becker, J. C. , Spears, R. , Christ, O. , Saab, R. , Singh, P. , & Siddiqui, R. N. (2011). Explaining radical group behavior: Developing emotion and efficacy routes to normative and nonnormative collective action. *Journal of Personality and Social Psychology*, *101*(1), 129—148.

Tay, A. K. , & Silove, D. (2017). The ADAPT model: Bridging the gap between psychosocial and individual responses to mass violence and refugee trauma. *Epidemiology and Psychiatric Sciences*, *26*(2), 142—145.

Taylor, A. J. W. , & Frazer, A. G. (1981). *Psychological sequelae of operation overdue following the DC10 aircrash in Antarctica*. Wellington, NZ: Victoria University of Wellington.

Taylor, S. E. , Burklund, L. J. , Eisenberger, N. I. , Lehman, B. J. , Hilmert, C. J. , & Lieberman, M. D. (2008). Neural bases of moderation of cortisol stress responses by psychosocial resources. *Journal of Personality and Social Psychology*, *95*(1), 197—211.

Tetlock, P. E. (2002). Social functionalist frameworks for judgment and choice: Intuitive politicians, theologians, and prosecutors. *Psychological Review*, *109*(3), 451—471.

Tetlock, P. E. , Kristel, O. V. , Elson, S. B. , Green, M. C. , & Lerner, J. S. (2000). The psychology of the unthinkable: Taboo trade-offs, forbidden base rates, and heretical counterfactuals. *Journal of Personality and Social Psychology*, *78*(5), 853—870.

Tol, W. A. , Barbui, C. , Galappatti, A. , Silove, D. , Betancourt, T. S. , Souza, R. , Golaz, A. , & van Ommeren, M. (2011). Mental health and psycho-social support in humanitarian settings: Linking practice and research. *The Lancet*, *378*(9802), 1581—1591.

Tortosa-Edo, V. , López-Navarro, M. A. , Llorens-Monzonís, J. , & Rodríguez-Artola, R. M. (2014). The antecedent role of personal environmental values in the relationships among trust in companies, information processing and risk perception. *Journal of Risk Research*, *17*(8), 1019—1035.

Trickey, D. , Siddaway, A. P. , Meiser-Stedman, R. , Serpell, L. , & Field, A. (2012). A meta-analysis of risk factors for post-traumatic stress disorder in children and adolescents. *Clinical Psychology Review*, *32*(2), 122—138.

Trumbo, C. W. , & McComas, K. A. (2003). The function of credibility in information processing for risk perception. *Risk Analysis*, *23*(2), 343—353.

Trumbo, C. W. , & McComas, K. A. (2008). Institutional trust, information processing and perception of environmental cancer risk. *International Journal of Global Environmental Issues*, *8*(1—2), 61—76.

Turkish Red Crescent. (2008). *Implementation guidelines for psycho-social support in disasters.* Yenimahalle, Ankara: Turkish Red Crescent. Retrieved from https: //www. coe. int/t/dg4/majorhazards/ressources/virtuallibrary/materials/turkey/Turkey. pdf.

Tyler, T. R. , & Jost, J. (2007). Psychology and the law: Reconciling normative and descriptive accounts of social justice and system legitimacy. In A. W. Kruglanski & E. T. Higgins (Eds. ), *Social psychology: Handbook of basic principles* (2nd ed. , pp. 807 — 825). New York: The Guilford Press.

UNICEF. (2011). *Inter-agency guide to the evaluation of psychosocial programming in humanitarian crises.* New York: United Nations Children's Fund.

Uscinski, J. E. , Parent, J. , & Torres, B. (2011). *Conspiracy theories are for losers.* Paper presented at the 2011 American Political Science Association Annual Meeting, Seattle, WA.

Utz, S. , Schultz, F. , & Glocka, S. (2013). Crisis communication online: How medium, crisis type and emotions affected public reactions in the Fukushima Daiichi nuclear disaster. *Public Relations Review*, *39*(1), 40−46.

van der Meer, T. G. L. A. , & Verhoeven, J. W. (2014). Emotional crisis communication. *Public Relations Review*, *40*(3), 526−536.

van Prooijen, J.-W. , & Acker, M. (2015). The influence of control on belief in conspiracy theories: Conceptual and applied extensions. *Applied Cognitive Psychology*, *29*(5), 753−761.

van Prooijen, J.-W. , & Jostmann, N. B. (2013). Belief in conspiracy theories: The influence of uncertainty and perceived morality. *European Journal of Social Psychology*, *43*(1), 109−115.

van Prooijen, J.-W. , & van Dijk, E. (2014). When consequence size predicts belief in conspiracy theories: The moderating role of perspective taking. *Journal of Experimental Social Psychology*, *55*, 63−73.

van Stekelenburg, J. , & Klandermans, B. (2013). The social psychology of protest. *Current Sociology*, *61*(5−6), 886−905.

van Zomeren, M. , & Iyer, A. (2009). Introduction to the social and psychological dynamics of collective action. *Journal of Social Issues*, *65* (4), 645−660.

van Zomeren, M. , & Spears, R. (2009). Metaphors of protest: A classification of motivations for collective action. *Journal of Social Issues*, *65* (4), 661−679.

van Zomeren, M. , Leach, C. W. , & Spears, R. (2012). Protesters as "passionate economists": A dynamic dual pathway model of approach coping with collective disadvantage. *Personality and Social Psychology Review*, *16*(2), 180−199.

van Zomeren, M. , Postmes, T. , & Spears, R. (2008). Toward an integrative social identity model of collective action: A quantitative research synthesis of three socio-psychological perspectives. *Psychological Bulletin*, *134* (4), 504−535.

van Zomeren, M. , Spears, R. , Fischer, A. H. , & Leach, C. W. (2004). Put your money where your mouth is! Explaining collective action tendencies through group-based anger and group efficacy. *Journal of Personality and*

*Social Psychology*, *87*(5), 649—664.

Viklund, M. J. (2003). Trust and risk perception in western Europe: A cross-national study. *Risk Analysis*, *23*(4), 727—738.

Wakslak, C. J., Jost, J. T., Tyler, T. R., & Chen, E. S. (2007). Moral outrage mediates the dampening effect of system justification on support for redistributive social policies. *Psychological Science*, *18*(3), 267—274.

Walter, F. E., Battiston, S., & Schweitzer, F. (2009). Personalized and dynamic trust in social networks. In L. Bergman & A. Tuzhilin (Chairs), *Proceedings of the third ACM conference on recommender systems—RecSys'09* (pp. 197—204). New York: ACM Press.

Weathers, F. W., Blake, D. D., Schnurr, P. P., Kaloupek, D. G., Marx, B. P., & Keane, T. M. (2013). *The Life Events Checklist for DSM-5 (LEC-5)-Standard*. Retrieved from https://www.ptsd.va.gov/professional/assessment/te-measures/life_events_checklist.asp

Weathers, F. W., Litz, B. T., Keane, T. M., Palmieri, P. A., Marx, B. P., & Schnurr, P. P. (2013). *The PTSD Checklist for DSM-5 (PCL-5)*. Retrieved from https://www.ptsd.va.gov/professional/assessment/adult-sr/ptsd-checklist.asp

Weiner, B. (1985). An attributional theory of achievement motivation and emotion. *Psychology Review*, *92*(4), 548—573.

Weiner, B. (2006). *Social motivation, justice, and the moral emotions: An attributional approach*. Mahwah, NJ: Lawrence Erlbaum Associates, Inc.

Weiss, D. S., & Marmar, C. R. (1997). The Impact of Event Scale-Revised. In J. P. Wilson & T. M. Keane (Eds.), *Assessing psychological trauma and PTSD* (pp. 399—411). New York: The Guilford Press.

White, M. P., Pahl, S., Buehner, M., & Haye, A. (2003). Trust in risky messages: The role of prior attitudes. *Risk Analysis*, *23*(4), 717—726.

Whitson, J. A., & Galinsky, A. D. (2008). Lacking control increases illusory pattern perception. *Science*, *322*(5898), 115—117.

Williams, R., Bisson, J., Ajdukovic, D., Kemp, V., Olff, M., Alexander, D., Hughes, J. H., & Bevan, P. (2009). *Guidance for responding to the psychosocial and mental health needs of people affected by disasters or ma-*

*jor incidents*. Retrieved from http: //www. coe. int/t/dg4/majorhazards/ ressources/virtuallibrary/materials/uk/Principles _ for _ Disaster _ and _ Major _ Incident _ Psychosocial _ Care _ Final. pdf.

Woods, J. , Eyck, T. A. T. , Kaplowitz, S. A. , & Shlapentokh, V. (2008). Terrorism risk perceptions and proximity to primary terrorist targets: How close is too close? *Human Ecology Review*, *15*(1), 63—70.

World Health Organization, War Trauma Foundation, & World Vision International. (2011). *Psychological first aid : Guide for field workers*. Geneva: WHO.

Wright, S. C. (2009). The next generation of collective action research. *Journal of Social Issues*, *65*(4), 859—879.

Wright, S. C. , Taylor, D. M. , & Moghaddam, F. M. (1990a). Responding to membership in a disadvantaged group: From acceptance to collective protest. *Journal of Personality and Social Psychology*, *58*(6), 994—1003.

Wright, S. C. , Taylor, D. M. , & Moghaddam, F. M. (1990b). The relationship of perceptions and emotions to behavior in the face of collective inequality. *Social Justice Research*, *4*(3), 229—250.

Yannopoulou, N. , Koronis, E. , & Elliott, R. (2011). Media amplification of a brand crisis and its affect on brand trust. *Journal of Marketing Management*, *27*(5—6), 530—546.

Yoo, B. K. , Holland, M. L. , Bhattacharya, J. , Phelps, C. E. , & Szilagyi, P. G. (2010). Effects of mass media coverage on timing and annual receipt of influenza vaccination among medicare elderly. *Health Services Research*, *45*, 1287—1309.

Zaal, M. P. , Laar, C. V. , Ståhl, T. , Ellemers, N. , & Derks, B. (2011). By any means necessary: The effects of regulatory focus and moral conviction on hostile and benevolent forms of collective action. *British Journal of Social Psychology*, *50*(4), 670—689.

Zung, W. W. (1971). A rating instrument for anxiety disorders. *Psychosomatics*, *12*(6), 371—379.

**图书在版编目(CIP)数据**

危机管理中的心理与社会支持/ 郭永玉等著.
北京 : 北京师范大学出版社, 2025.8. -- ISBN 978-7
-303-30703-6

Ⅰ. D035.29；C93-051

中国国家版本馆 CIP 数据核字第 2025AX0016 号

---

WEIJI GUANLI ZHONG DE XINLI YU SHEHUI ZHICHI

出版发行：北京师范大学出版社 https://www.bnupg.com
　　　　　北京市西城区新街口外大街 12-3 号
　　　　　邮政编码：100088
印　　刷：北京盛通印刷股份有限公司
经　　销：全国新华书店
开　　本：700 mm×1000 mm　1/16
印　　张：33.5
字　　数：436 千字
版　　次：2025 年 8 月第 1 版
印　　次：2025 年 8 月第 1 次印刷
定　　价：158.00 元

---

策划编辑：周益群　李司月　　　　责任编辑：李司月
美术编辑：李向昕　　　　　　　　装帧设计：李向昕
责任校对：王丽芳　包冀萌　　　　责任印制：马　洁